Le Guide Vert

Aquitaine

Pays basque
Béarn

Cet ouvrage tient compte des conditions de tourisme connues
au moment de sa rédaction.
Certains renseignements peuvent perdre de leur actualité
en raison de l'évolution incessante des aménagements
et des variations du coût de la vie.
Nos lecteurs sauront le comprendre.

Éditions des Voyages

46, avenue de Breteuil — 75324 Paris Cedex 07
Tél. 01 45 66 12 34
•
www.michelin-travel.com

Manufacture Française Des Pneumatiques Michelin
Société en commandite par actions au capital de 2 000 000 000 de francs
Place des Carmes-Déchaux – 63000 Clermont-Ferrand – R. C. S. Clermont-Fd 855 200 507
© Michelin et Cie, Propriétaires-Éditeurs, 2001
Dépôt légal février 2001 – ISBN 2-06-036706-9 – ISSN 0293-9436

Compograveur : LE SANGLIER, Charleville-Mézières – Printed in France 01-02/6.3
Impression : Maury Imprimeur à Malesherbes – Brochage : S.I.R.C. à Marigny-le-Châtel
Conception graphique : Christiane Beylier à Paris 12ᵉ
Maquette de couverture extérieure : Agence Carré Noir à Paris 17ᵉ

Le Guide Vert,
l'esprit de découverte !

Avec cette nouvelle collection LE GUIDE VERT, nous avons l'ambition de faire de vos vacances des moments passionnants et mémorables, d'accompagner votre découverte de nouveaux horizons, bref... de vous faire partager notre passion du voyage.

Voyager avec LE GUIDE VERT, c'est être acteur de ses vacances, profiter pleinement de ce temps privilégié pour découvrir, s'enrichir, apprendre au contact direct du patrimoine culturel et de la nature.

Le temps des vacances avec LE GUIDE VERT, c'est aussi la détente, se faire plaisir, apprécier une bonne adresse pour se restaurer, dormir, ou se divertir.

Explorez notre sélection !

Une mise en pages claire, attrayante, illustrée d'une nouvelle iconographie, des cartes et plans redessinés, outils indispensables pour bâtir vos propres itinéraires de découverte, une nouvelle couverture parachevant l'ensemble...

LE GUIDE VERT change.

Alors plongez vite dans LE GUIDE VERT à la découverte de votre prochaine destination de voyage. Partagez avec nous cette ouverture sur le monde qui donne au temps des vacances son sens, sa substance et en définitive son véritable esprit.

L'esprit de découverte.

Jean-Michel DULIN
Rédacteur en Chef

Sommaire

Informations pratiques

Invitation au voyage

*La Vénus de Brassempouy
(Landes), vieille de 23 000 ans.*

*Le maître de chais, un
personnage clé dans le Bordelais.*

4

Villes et sites

Monflanquin, une des nombreuses
bastides de Guyenne.

Retour de la pêche au thon,
dans le port de St-Jean-de-Luz.

Cartographie

Les cartes routières qu'il vous faut

Tout automobiliste prévoyant doit se munir d'une bonne cartographie. Les produits Michelin sont complémentaires : chaque site présenté dans ce guide est accompagné de ses références cartographiques sur les différentes gammes de cartes que nous proposons. L'assemblage de nos cartes est présenté ci-dessous avec délimitations de leur couverture géographique.

Pour circuler sur place vous avez le choix entre :

• **les cartes régionales** au 1/200 000 n°s 233, 234 et 235 couvrent le réseau routier principal et secondaire et donnent de nombreuses indications touristiques. Elles seront favorisées dans le cas d'un voyage sur un secteur large. Elles permettent d'apprécier chaque site d'un seul coup d'œil et signalent, outre les caractéristiques des routes, les châteaux, les grottes, les édifices religieux, les emplacements de baignade en rivière ou en étang, des piscines, des golfs, des hippodromes, des terrains de vol à voile, des aérodromes...

• **les cartes détaillées**, dont le fonds est équivalent à celui des cartes régionales mais dont le format est réduit à une demi-région pour plus de facilité de manipulation. Celles-ci sont mieux adaptées aux personnes qui envisagent un séjour sédentaire sans déplacement éloigné. Consulter les cartes n°s 71, 75, 78, 79, 82 et 85.

• **les cartes départementales** (au 1/150 000, agrandissement du 1/200 000). Ces cartes de proximité, très lisibles, permettent de circuler au cœur des départements. Dans la région, vous pouvez utiliser la carte 4064 sur les Pyrénées-Atlantiques. Elle dispose d'un index complet des localités et propose le plan de la ville préfecture.

Et n'oubliez pas, la **carte de France n° 989** vous offre la vue d'ensemble de la région Aquitaine, ses grandes voies d'accès d'où que vous veniez. Le pays est ainsi cartographié au 1/1 000 000 et fait apparaître le réseau routier principal.

Enfin sachez qu'en complément de ces cartes, un serveur minitel **3615 Michelin** permet le calcul d'itinéraires détaillés avec leur temps de parcours, et bien d'autres services. Les **3617** et **3623 Michelin** vous permettent d'obtenir ces informations reproduites sur fax ou imprimante. Les internautes pourront bénéficier des mêmes renseignements en surfant sur le site **www.michelin-travel.com**

L'ensemble de ce guide est par ailleurs riche en cartes et plans, dont voici la liste ci-contre.

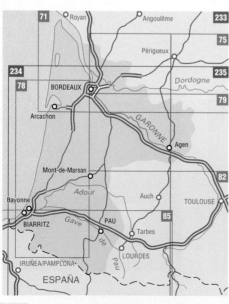

Cartes thématiques

Plans de villes

Plan de monument

Cartes des circuits décrits

Légende

Monuments et sites

Itinéraire décrit, départ de la visite

Église

Temple

Synagogue - Mosquée

Bâtiment

Statue, petit bâtiment

Calvaire

Fontaine

Rempart - Tour - Porte

Château

Ruine

Barrage

Usine

Fort

Grotte

Monument mégalithique

Table d'orientation

Vue

Autre lieu d'intérêt

Signe particulier

Bastide : dans le Sud-Ouest de la France, ville neuve créée aux 13ᵉ-14ᵉ s. et caractérisée par son plan régulier.

Sports et loisirs

Hippodrome

Patinoire

Piscine : de plein air, couverte

Port de plaisance

Refuge

Téléphérique, télécabine

Funiculaire, voie à crémaillère

Chemin de fer touristique

Base de loisirs

Parc d'attractions

Parc animalier, zoo

Parc floral, arborétum

Parc ornithologique, réserve d'oiseaux

Promenade à pied

Intéressant pour les enfants

Abréviations

A   Chambre d'agriculture

C   Chambre de commerce

H   Hôtel de ville

J   Palais de justice

M   Musée

P   Préfecture, sous-préfecture

POL.   Police

Gendarmerie

T   Théâtre

U   Université, grande école

	site	station balnéaire	station de sports d'hiver	station thermale
vaut le voyage	★★★	≋≋≋	✲✲✲	‡‡‡
mérite un détour	★★	≋≋	✲✲	‡‡
intéressant	★	≋	✲	‡

Autres symboles

🛈	Information touristique
══ ══	Autoroute ou assimilée
❶ ❶	Échangeur : complet ou partiel
▭▭ ══	Rue piétonne
I ═ ═ ═ I	Rue impraticable, réglementée
▥▥▥ - - - -	Escalier - Sentier
🚆 🚉	Gare - Gare auto-train
🚌 S.N.C.F.	Gare routière
─┼─	Tramway
Ⓜ	Métro
P R	Parking-relais
♿	Facilité d'accès pour les handicapés
✉	Poste restante
☎	Téléphone
✉	Marché couvert
⁘✗⁘	Caserne
△	Pont mobile
∪	Carrière
✗	Mine
Ⓑ Ⓕ	Bac passant voitures et passagers
⛴	Transport des voitures et des passagers
⛵	Transport des passagers
③	Sortie de ville identique sur les plans et les cartes Michelin
Bert (R.)...	Rue commerçante
AZ B	Localisation sur le plan
⌂	Hébergement
▣	Lieu de restauration

Carnet d'adresses

20 ch : *250/375F*	Nombre de chambres : prix de la chambre pour une personne/chambre pour deux personnes
demi-pension ou pension : 280F	Prix par personne, sur la base d'une chambre occupée par deux clients
⊂⊐ *45F*	Prix du petit déjeuner; lorsqu'il n'est pas indiqué, il est inclus dans le prix de la chambre (en général dans les chambres d'hôte)
jusq. 5 pers. : sem. 2400F	Capacité maximale du gîte rural : prix pour la semaine
3 gîtes 2/7 pers · sem. 2300/6000F	Nombre de gîtes ruraux, capacité du plus petit gîte/du plus grand gîte, prix pour la semaine du plus petit gîte/du plus grand gîte
100 appart. 2/7 pers. : sem. 2000/5000F	Nombre d'appartements (résidence hôtelière ou village vacances) capacité mini/maxi des appartements, prix mini/maxi pour la semaine
100 lits : 50F	Nombre de lits (auberge de jeunesse ou gîte d'étage) : prix pour une personne
120 empl. : 80F	Nombre d'emplacements de camping : prix de l'emplacement pour 2 personnes avec voiture
110/250F	Restaurant prix mini/maxi : menus (servis midi et soir) ou à la carte
rest. 110/250F	Restaurant dans un lieu d'hébergement, prix mini/maxi : menus (servis midi et soir) ou à la carte
restauration	Petite restauration proposée
repas 85F	Repas type « Table d'hôte »
réserv.	Réservation recommandée
⊠̸	Cartes bancaires non acceptées
P	Parking réservé à la clientèle de l'hôtel

Les prix sont indiqués pour la haute saison

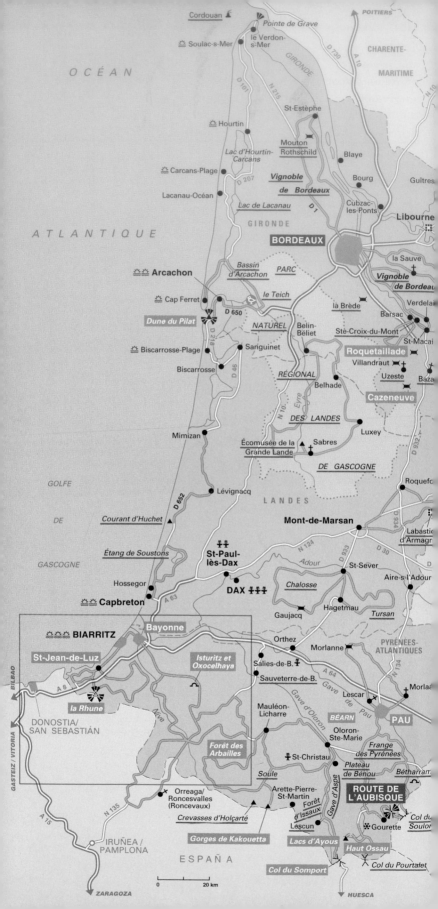

Les plus beaux sites

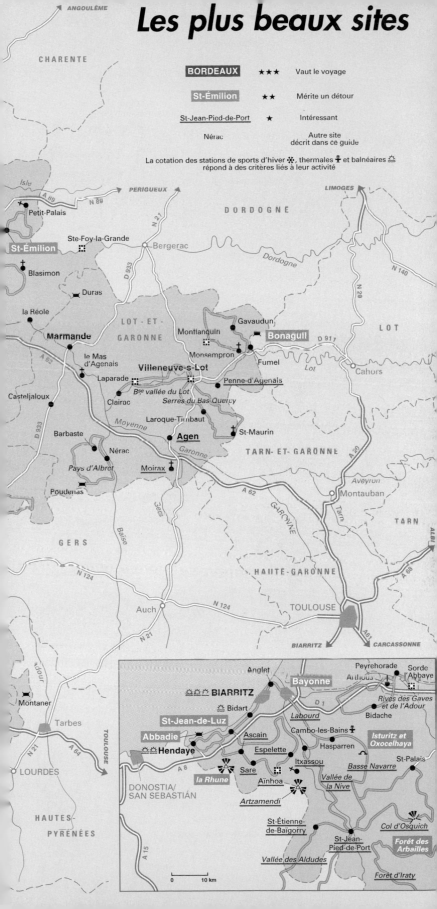

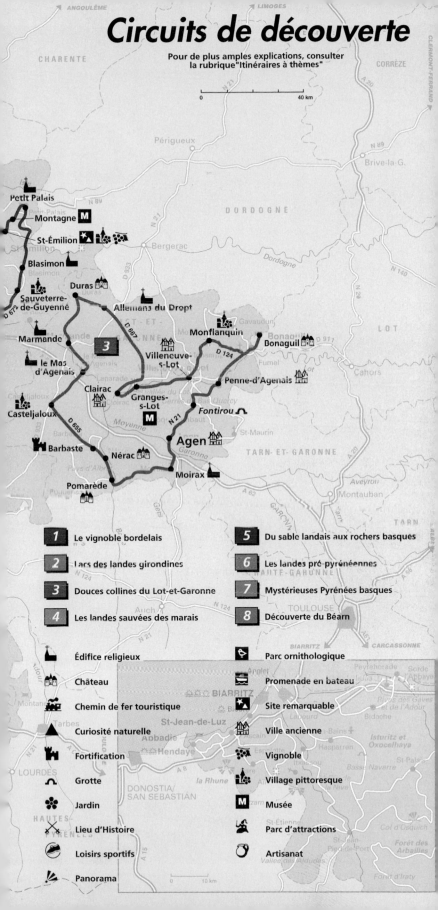

Circuits de découverte

Pour de plus amples explications, consulter
la rubrique "Itinéraires à thèmes"

0   40 km

Petit Palais
Montagne **M**
St-Émilion
Blasimon
Duras
Sauveterre-
de-Guyenne
Allemans du Dropt
Monflanquin
Marmande
3
Bonaguil
Villeneuve-
s-Lot
le Mas
d'Agenais
Penne-d'Agenais
Clairac
Granges-
s-Lot
Fontirou
Casteljaloux
M
Agen
Barbaste
Nérac
Moirax
Pomarède
TARN-ET-GARONNE

1 Le vignoble bordelais
5 Du sable landais aux rochers basques
2 Lacs des landes girondines
6 Les landes pré-pyrénéennes
3 Douces collines du Lot-et-Garonne
7 Mystérieuses Pyrénées basques
4 Les landes sauvées des marais
8 Découverte du Béarn

Édifice religieux | Parc ornithologique
Château | Promenade en bateau
Chemin de fer touristique | Site remarquable
Curiosité naturelle | Ville ancienne
Fortification | Vignoble
Grotte | Village pittoresque
Jardin | **M** Musée
Lieu d'Histoire | Parc d'attractions
Loisirs sportifs | Artisanat
Panorama

0   10 km

Que le vin coule à flots ! Le Bordelais fait partie des vignobles les plus réputés du monde.

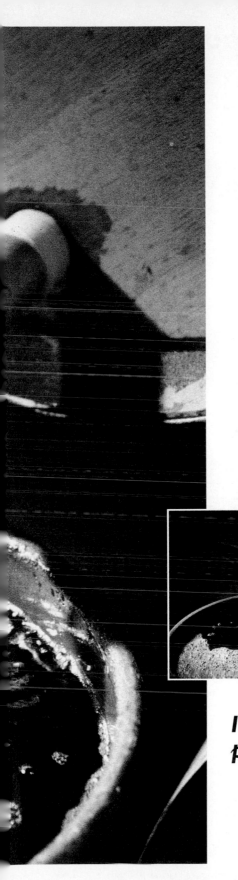

Informations pratiques

Avant le départ

adresses utiles

Ceux qui aiment préparer leur voyage dans le détail peuvent rassembler la documentation utile auprès des professionnels du tourisme de la région. Outre les adresses indiquées ci-dessous, sachez que les coordonnées des offices de tourisme ou syndicats d'initiative des villes et sites décrits dans le corps du guide sont données systématiquement au début de chaque chapitre (paragraphe « la situation »).

COMITÉ RÉGIONAL DE TOURISME

Aquitaine – Bureaux de la Cité mondiale, 23 parvis des Chartrons, 33074 Bordeaux Cedex, ☎ 05 56 01 70 00, fax 05 56 01 70 07. www.cr-aquitaine.fr/tourisme

COMITÉS DÉPARTEMENTAUX DE TOURISME

Maison du tourisme de la Gironde – 21 cours de l'Intendance, 33000 Bordeaux, ☎ 05 56 52 61 40, fax 05 56 81 09 99. www.tourisme.cg33.fr
Landes – 4 av. Aristide-Briand, BP 407, 40012 Mont-de-Marsan Cedex, ☎ 05 58 06 89 89, fax 05 58 06 90 90. www.tourismelandes.com
Lot-et-Garonne – 4 r. André-Chénier, BP 158, 47005 Agen Cedex, ☎ 05 53 66 14 14, fax 05 53 68 25 42. www.lot-et-garonne.com
Pyrénées-Atlantiques – Agence touristique du **Béarn**, 22 ter r. Jean-Jacques-de-Monaix, 64000 Pau, ☎ 05 59 30 01 30, fax 05 59 84 10 13. www.tourisme64.com
Agence de tourisme du **Pays basque**, 4 allée des Platanes, BP 811, 64108 Bayonne Cedex, ☎ 05 59 46 52 52, fax 05 59 46 52 46. www.tourisme64.com

MAISONS DES PYRÉNÉES

15 r. St-Augustin, 75002 Paris, ☎ 01 42 86 51 86.
6 r. Vital-Carles, 33000 Bordeaux, ☎ 05 56 44 05 65.
7 r. Paré, 44000 Nantes, ☎ 02 40 20 36 36.

forfait intéressant

FORFAIT « SITES ET MUSÉES DES LANDES »

Il s'applique à plusieurs sites landais et donne droit à des tarifs réduits dès le 2e site visité : Paradis des Papillons à Sanguinet, maison de l'Estupe Huc à Luxey, écomusée de l'Armagnac à Labastide-d'Armagnac, Ganaderia de Buros (élevage de vaches sauvages pour la course landaise) à Escalans, Jardin des plantes de nos grand-mères près de Mont-de-Marsan, moulin de Poyaller (élevage de cerfs et de biches) près de Mugron, plantarium et château de Gaujacq, musée de Brassempouy, bateau Jean B (promenades et pêche en mer) à Capbreton, écomusée de la mer à Capbreton, Tropica Parc à Soustons, port miniature à Soustons-Plage, moulin de Galope (élevage de truites) à Castets et ferme du Born (parc de découverte) à St-Paul-en-Born. Renseignements : ☎ 05 58 97 95 72.

météo

QUEL TEMPS POUR DEMAIN ?

Le service Météo-France a mis en place un système de répondeurs téléphoniques : les bulletins diffusés sont réactualisés trois fois par jour et sont valables pour une durée de cinq jours.
Prévisions nationales – ☎ 08 36 68 01 01.
Prévisions régionales – ☎ 08 36 68 00 00.
Prévisions départementales – ☎ 08 36 68 02 suivi du numéro du département (☎ 08 36 68 02 64 pour les Pyrénées-Atlantiques par exemple).
Prévisions pour les bords de mer – ☎ 08 36 68 08 suivi du numéro du département côtier et ☎ 08 36 68 08 77 pour les informations au large.
Prévisions pour les massifs montagneux – ☎ 08 36 68 04 04. Bulletins d'enneigement et des risques d'avalanches, ☎ 08 36 68 10 20.
Toutes ces informations sont également disponibles sur minitel 3615 météo.

transports

PAR LA ROUTE

Tourisme-Informations sur minitel – Consultez le **3615 Michelin** : ce serveur vous aide à préparer ou décider du meilleur itinéraire à emprunter en vous communiquant d'utiles informations routières. Les 3617 et 3623 Michelin vous permettent d'obtenir ces informations sur fax ou imprimante. Consultez la carte Michelin n° 989 (au 1/1 000 000).

Informations autoroutières – Du lundi au vendredi : Centre des renseignements autoroutes, 3 r. Edmond-Valentin, 75007 Paris, ☎ 01 47 05 90 01. Informations sur les conditions de circulation sur les autoroutes : ☎ 08 36 68 10 77, 3615 autoroute et www.autoroutes.fr Consultez également l'Atlas autoroutier Michelin n° 914.

Grands axes – Plusieurs autoroutes convergent vers l'Aquitaine : A 10 (Paris-Bordeaux), A 62 (Bordeaux-Toulouse), A 63 (Bordeaux-Bilbao, en cours de réalisation), A 64 (Bayonne-Toulouse). Compter : de Paris à Bordeaux (583 km), 5h30, de Paris à Bayonne (771 km), 7h15, de Paris à Mont-de-Marsan (710 km), 7h, de Paris à Pau (780 km), 8 h, de Paris à Agen (629 km), 7h15.

EN TRAIN

Le TGV relie Paris à Bordeaux en 3h, à Agen ou Dax en 4h, à Bayonne, Biarritz et St-Jean-de-Luz en 4h40, à Pau en 5h.
Des trains directs permettent de se rendre à Bordeaux depuis Brest, Quimper, Nantes, La Rochelle, Toulouse, Marseille, Nice, Lyon, etc. Les Trains Express Régionaux (TER) sillonnent toute la région au départ des villes principales (26 lignes et 360 destinations). Ces lignes ferroviaires sont complétées sur certaines relations par des lignes d'autocars TER. Informations générales, Minitel 3615 ou 3616 SNCF ; informations sur le réseau régional, 3615 ou 3616 TER ; informations, réservation, vente, ☎ 08 36 35 35 35 ; informations sur répondeur, ☎ 08 36 67 68 69.

EN AVION

Paris-Bordeaux : 1h05 ; Paris-Pau : 1h20 ; Paris-Biarritz : 1h15 ; Paris-Agen : 1h20.

Air Inter Europe – 3615 air inter, ☎ 0 802 802 802. Assure des liaisons entre Bordeaux et Brest, Lille, Lorient, Lyon, Marseille, Mulhouse, Nantes, Nice, Paris, Quimper, Rennes et Strasbourg ; entre Biarritz et Brest, Mulhouse, Nantes, Paris et Strasbourg ; entre Pau et Brest, Mulhouse, Nantes, Paris et Strasbourg.

Air Littoral – 417 r. Samuel-Morse, 34961 Montpellier Cedex, ☎ 0 803 834 834. Liaisons entre Bordeaux et Montpellier et Nice, entre Biarritz et Lyon, Marseille, Nice et Pau.

Air Liberté – 3615 air liberté, ☎ 0 803 805 805. Relie Bordeaux et Paris.

Régional Airlines – Aéroport Nantes Atlantique, 44345 Bouguenais Cedex, ☎ 0 803 00 52 00. Relie Pau et Ajaccio, Clermont-Ferrand, Dijon, Lille, Lyon, Marseille, Montpellier, Mulhouse, Nice, Rennes, Strasbourg et Toulon.

tourisme et handicapés

Un certain nombre de curiosités décrites dans ce guide sont accessibles aux handicapés. Elles sont signalées par le symbole &. Pour de plus amples renseignements au sujet de l'accessibilité des musées aux personnes atteintes de handicaps moteurs ou sensoriels, contacter la Direction des musées de France, service Accueil des publics spécifiques, 6 r. des Pyramides, 75041 Paris Cedex 1, ☎ 01 40 15 35 88.

Guides Michelin Hôtels-Restaurants et Camping Caravaning France – Révisés chaque année, ils indiquent respectivement les chambres accessibles aux handicapés physiques et les installations sanitaires aménagées.

Comité national français de liaison pour la réadaptation des handicapés – 236 bis r. de Tolbiac, 75013 Paris, ☎ 01 53 80 66 66. Le serveur minitel **3614 Handitel** et le site Internet **www.handitel.org** assurent un programme d'information au sujet des transports, des vacances, de l'hôtellerie et des loisirs adaptés.

Guide Rousseau H... comme Handicaps – En relation avec l'association France handicaps (9 r. Luce-de-Lancival, 77340 Pontault-Combault, ☎ 01 60 28 50 12), il donne de précieux renseignements sur la pratique du tourisme et des loisirs.

Association Handiplage – ☎ 05 59 93 12 42. Cette association sensibilise les municipalités de la Côte basque et du Sud des Landes pour qu'elles facilitent l'accès aux plages aux handicapés (places de parkings, pose de caillebotis sur les plages). Elle propose également l'installation du « Tiralo », un fauteuil flottant qui permet aux personnes à mobilité réduite de se baigner en toute sécurité. Ce système est installé sur les plages d'Hendaye, St-Jean-de-Luz, Anglet et Capbreton.

Hébergement, restauration

Les séjours en Aquitaine permettent de marier harmonieusement culture, nature et gastronomie. Car si la région est riche en curiosités culturelles, et très contrastée quant à ses paysages – mer, montagne, campagne –, c'est aussi le pays du bien-boire et du bien-manger.

Certains « pays », tels les vignobles bordelais, la campagne agenaise ou les Pyrénées basques et béarnaises, se prêtent particulièrement bien aux séjours « au vert », chez l'habitant ou en gîte rural. Sur la côte atlantique, toute dévolue au tourisme, nombreuses possibilités d'hébergement, de la location saisonnière au camping. Dans les villes d'eaux, prise en charge par les hôtels.

Dans le Bordelais, les bars à vins permettent de déguster des plats régionaux accompagnés du verre de vin de son choix. Dans le bassin d'Arcachon, savourer des huîtres dans une cabane d'ostréiculteur peut faire l'objet d'un agréable repas. De Biarritz à la frontière espagnole, on trouve de nombreux bars à tapas, dans la pure tradition espagnole. Le littoral basque fournit aux restaurants des fronts de mer d'innombrables et savoureux fruits de mer. Dans le Lot-et-Garonne, foies gras et confits sont immanquablement proposés en menu ou à la carte.

les adresses du guide

C'est une des nouveautés de la collection LE GUIDE VERT : partout où vous irez, vous trouverez notre sélection de bonnes adresses. Nous avons sillonné la France pour repérer des chambres d'hôte et des hôtels, des restaurants et des fermes-auberges, des campings et des gîtes ruraux... En privilégiant des étapes agréables, au cœur des villes ou sur nos circuits touristiques, en pleine campagne ou les pieds dans l'eau ; des maisons de pays, des tables régionales, des lieux de charme et des adresses plus simples... Pour découvrir la France autrement : à travers ses traditions, ses produits du terroir, ses recettes et ses modes de vie.

Le confort, la tranquillité et la qualité de la cuisine sont bien sûr des critères essentiels ! Toutes les maisons ont été visitées et choisies avec le plus grand soin, toutefois il peut arriver que des modifications aient eu lieu depuis notre dernier passage : faites-le nous savoir, vos remarques et suggestions seront toujours les bienvenues !

Les prix que nous indiquons sont ceux pratiqués en haute saison ; hors saison, de nombreux établissements proposent des tarifs plus avantageux, renseignez-vous...

MODE D'EMPLOI

Au fil des pages, vous découvrirez nos carnets pratiques : toujours rattachés à des villes ou à des sites touristiques remarquables du guide, ils proposent une sélection d'adresses à proximité. Si nécessaire, l'accès est donné à partir du site le plus proche ou sur des schémas régionaux.

Dans chaque carnet, les maisons sont classées en trois catégories de prix pour répondre à toutes les attentes :

Vous partez avec un petit budget ? Choisissez vos adresses parmi celles de la catégorie « **À bon compte** » : vous trouverez là des campings, des chambres d'hôte simples et conviviales, des hôtels à moins de 250F et des tables souvent gourmandes, toujours honnêtes, à moins de 100F.

Votre budget est un peu plus large, piochez vos étapes dans les « **Valeurs sûres** » : de meilleur confort, les adresses sont aussi plus agréablement situées et aménagées. Dans cette catégorie, vous trouverez beaucoup de maisons de charme, animées par des passionnés, ravis de vous faire découvrir leur demeure et leur table. Là encore, chambres et tables d'hôte sont au rendez-vous, avec des hôtels et des restaurants plus traditionnels, bien sûr.

Vous souhaitez vous faire plaisir, le temps d'un repas ou d'une nuit, vous aimez voyager dans des conditions très confortables ? La catégorie « **Une petite folie !** » est pour vous... La vie de château dans de luxueuses chambres d'hôte – pas si chères que ça – ou la vie de pacha dans les palaces et les grands hôtels : à vous de choisir ! Vous pouvez aussi profiter des décors de rêve des palaces mythiques à moindres frais, le temps d'un brunch ou d'une tasse de thé... À moins que vous ne préfériez casser votre tirelire pour un repas gastronomique dans un restaurant étoilé, par exemple. Sans oublier que la traditionnelle formule « tenue correcte exigée » est toujours d'actualité dans ces lieux élégants !

Une venta (épicerie-bazar) à la frontière franco-espagnole.

L'HÉBERGEMENT

LES HÔTELS

Nous vous proposons un choix très large en terme de confort. La location se fait à la nuit et le petit-déjeuner est facturé en supplément. Certains établissements assurent un service de restauration également accessible à la clientèle extérieure.

LES CHAMBRES D'HÔTE

Vous êtes reçu directement par les habitants qui vous ouvrent leur demeure. L'atmosphère est plus conviviale qu'à l'hôtel, et l'envie de communiquer doit être réciproque : misanthrope, s'abstenir ! Les prix, mentionnés à la nuit, incluent le petit-déjeuner. Certains propriétaires proposent aussi une table d'hôte, en général le soir, et toujours réservée aux résidents de la maison. Il est très vivement conseillé de réserver votre étape, en raison du grand succès de ce type d'hébergement.

LES RÉSIDENCES HÔTELIÈRES

Adaptées à une clientèle de vacanciers, la location s'y pratique à la semaine mais certaines résidences peuvent, suivant les périodes, vous accueillir à la nuitée. Chaque studio ou appartement est généralement équipé d'une cuisine ou d'une kitchenette.

LES GÎTES RURAUX

Les locations s'effectuent à la semaine ou éventuellement pour un week-end. Totalement autonome, vous pourrez découvrir la région à partir de votre lieu de résidence. Il est indispensable de réserver, longtemps à l'avance, surtout en haute saison.

LES CAMPINGS

Les prix s'entendent par nuit, pour deux personnes et un emplacement de tente. Certains campings disposent de bungalows ou de mobile homes d'un confort moins spartiate : renseignez-vous sur les tarifs directement auprès des campings. NB : certains établissements ne peuvent pas recevoir vos compagnons à quatre pattes ou les accueillent moyennant un supplément, pensez à demander lors de votre réservation.

LA RESTAURATION

Pour répondre à toutes les envies, nous avons sélectionné des restaurants régionaux bien sûr, mais aussi classiques, exotiques ou à thème...
Et des lieux plus simples, où vous pourrez grignoter une salade composée, une tarte salée, une pâtisserie ou déguster des produits régionaux sur le pouce.
Quelques fermes-auberges vous permettront de découvrir les saveurs de la France profonde. Vous y goûterez des produits authentiques provenant de l'exploitation agricole, préparés dans la tradition et généralement servis en menu unique. Le service et l'ambiance sont bon enfant. Réservation obligatoire ! Enfin, n'oubliez pas que les restaurants d'hôtels peuvent vous accueillir.

... et aussi

Si d'aventure vous n'avez pu trouver votre bonheur parmi toutes nos adresses, vous pouvez consulter les guides Michelin d'hébergement ou passer par des centrales de réservation ou encore, en dernier recours, vous rendre dans un hôtel de chaîne.

LE GUIDE ROUGE HÔTELS ET RESTAURANTS FRANCE

Pour un choix plus étoffé et actualisé, LE GUIDE ROUGE Michelin recommande hôtels et restaurants sur toute la France. Pour chaque établissement, le niveau de confort et de prix est indiqué, en plus de nombreux renseignements pratiques. Les bonnes tables, étoilées pour la qualité de leur cuisine, sont très prisées par les gastronomes. Le symbole 🍽 (Bib gourmand) sélectionne les tables qui proposent une cuisine soignée à moins de 130F.

LE GUIDE CAMPING FRANCE

Le Guide Camping propose tous les ans une sélection de terrains visités régulièrement par nos inspecteurs. Renseignements pratiques, niveau de confort, prix, agrément, location de bungalows, de mobile homes ou de chalets y sont mentionnés.

LES CHAÎNES HÔTELIÈRES

L'hôtellerie dite « économique » peut éventuellement vous rendre service. Sachez que vous y trouverez un équipement complet (sanitaire privé et télévision), mais un confort très simple. Souvent à proximité de grands axes routiers, ces établissements n'assurent pas de restauration. Toutefois, leurs tarifs restent difficiles à concurrencer (moins de 200F la chambre double). En dépannage, voici donc les centrales de réservation de quelques chaînes :

- Akena, ☎ 01 69 84 85 17
- B&B, ☎ 0 803 00 29 29
- Etap Hôtel, ☎ 08 36 68 89 00 (2,23F la minute)

Enfin, les hôtels suivants, un peu plus chers (à partir de 300F la chambre), offrent un meilleur confort et quelques services complémentaires :
- Campanile, Climat de France, Kyriad, ☎ 01 64 62 46 46
- Ibis, ☎ 0 803 88 22 22

LOCATIONS, VILLAGES DE VACANCES, HÔTELS...

SERVICES DE RÉSERVATION LOISIRS-ACCUEIL

Ils proposent des circuits et des forfaits originaux dans une gamme étendue : gîtes ruraux, gîtes d'enfants, chambres d'hôtes, meublés, campings, hôtels de séjour.

Fédération nationale des services de réservation Loisirs-Accueil – 280 bd St-Germain, 75007 Paris, ☎ 01 44 11 10 44, www.resinfrance.com, 3615 résinfrance. Elle édite un annuaire regroupant les coordonnées des 59 SRLA et, pour certains départements, une brochure détaillée.

Pour une réservation rapide, s'adresser directement au « Loisirs-Accueil » du département concerné : **Gironde**, ☎ 05 56 52 61 40, fax 05 56 81 09 99 ; **Lot-et-Garonne**, ☎ 05 53 66 14 14, fax 05 53 68 25 42. Les adresses sont les mêmes que celles des Comités départementaux de tourisme.

CLÉVACANCES

Fédération nationale Clévacances France – 54 bd de l'Embouchure, BP 2166, 31022 Toulouse Cedex, ☎ 05 61 13 55 66, fax 05 61 13 55 94. 3615 clévacances. Cette fédération propose près de 20 000 locations de vacances réparties sur 43 départements en France, de la villa à la chambre en passant par l'appartement ou le chalet. Cet organisme publie un catalogue par département (passer commande au service de réservation de chaque département) : **Gironde**, ☎ 05 56 52 61 40, fax 05 56 81 09 99 ; **Landes**, ☎ 05 58 06 89 89, fax 05 58 06 90 90 ; **Lot-et-Garonne**, ☎ 05 53 66 14 14, fax 05 53 47 36 54 ; **Pyrénées-Atlantiques**, ☎ 05 59 30 01 30, fax 05 59 02 52 75.

HÉBERGEMENT RURAL

GÎTES DE FRANCE

Maison des Gîtes de France et du Tourisme vert – 59 r. St-Lazare, 75439 Paris Cedex 09, ☎ 01 49 70 75 75, www.gites-de-france.fr, 3615 gîtes de France. Cet organisme donne les adresses des relais départementaux et publie des guides sur les différentes possibilités d'hébergement en milieu rural (gîte rural, chambre et table d'hôte, gîte d'étape, chambre d'hôte et gîte de prestige, gîte de neige, gîte et logis de pêche, gîte équestre).

Les Gîtes de France proposent également des vacances à la ferme avec trois formules : ferme de séjour (hébergement, restauration et loisirs), camping à la ferme et ferme équestre (hébergement et activités équestres). Renseignements et réservation dans les Relais départementaux : **Gironde**, ☎ 05 56 81 54 23, fax 05 56 51 67 13 ; **Landes**, ☎ 05 58 85 44 44, fax 05 58 85 44 45 ; **Lot-et-Garonne**, 05 53 47 80 87, fax 05 53 66 88 29 ; **Pyrénées-Atlantiques**, ☎ 05 59 80 19 13, fax 05 59 80 04 20.

STATIONS VERTES

Fédération des Stations vertes de Vacances et Villages de Neige – BP 598, 21016 Dijon Cedex, ☎ 03 80 43 49 47, fax 03 80 43 49 22. Cet organisme édite annuellement un répertoire de localités rurales sélectionnées pour leur tranquillité et les distractions de plein air qu'elles proposent. Renseignements sur les 554 stations vertes de vacances et les 29 villages de neige disponibles auprès de la fédération.

HÉBERGEMENT POUR RANDONNEURS

Les randonneurs peuvent consulter le guide *Gîtes d'étapes, refuges* par A. et S. Mouraret (Rando Éditions, BP 24, 65421 Ibos, ☎ 05 62 90 09 90, minitel 3615 cadole). Cet ouvrage est principalement destiné aux amateurs de randonnée, d'alpinisme, d'escalade, de ski, de cyclotourisme et de canoë-kayak.

AUBERGES DE JEUNESSE

Ligue française pour les Auberges de la Jeunesse – 67 r. Vergniaud, 75013 Paris, ☎ 01 44 16 78 78, www.auberges-de-jeunesse.com, 3615 auberge de jeunesse. La carte LFAJ est délivrée contre une cotisation annuelle de 70F pour les moins de 26 ans et de 100F au-delà de cet âge.

sites remarquables du goût

Quelques sites de la région (lieux de production, foires et marchés ou manifestations), dont la richesse gastronomique s'appuie sur des produits de qualité liés à un environnement culturel et touristique intéressant, ont été dotés du label " sites remarquables du goût ". Il s'agit de St-Émilion (Gironde) pour ses vins, du bassin d'Arcachon pour ses huîtres et ses anguilles, de Labastide-d'Armagnac

Tourtière aux pommes.

Faire un tel choix, c'est déjà connaître le type de voyage que vous envisagez. La carte que nous vous proposons p. 22 fait apparaître des **villes-étapes**, localités de quelque importance possédant de bonnes capacités d'hébergement, et qu'il faut visiter. Les **lieux de séjour traditionnels** sont sélectionnés pour leurs possibilités d'accueil et l'agrément de leur site. Enfin les ville de Bordeaux, Arcachon et Biarritz méritent d'être classées parmi les **destinations de week-end**.

Les offices de tourisme et syndicats d'initiative renseignent sur les possibilités d'hébergement (meublés, gîtes ruraux, chambres d'hôtes) autres que les hôtels et terrains de camping, décrits dans les publications Michelin, et sur les activités locales de plein air, les manifestations culturelles ou sportives de la région.

(Landes) pour l'eau-de-vie d'Armagnac et le floc de Gascogne, de St-Aubin (Lot-et-Garonne) pour sa Foire aux pruneaux, de l'abbaye de Bellocq (Pyrénées-Atlantiques) pour son fromage de brebis, du pays d'Ossau Iraty pour le fromage de brebis Ossau-Iraty et d'Espelette (Pyrénées-Atlantiques) pour sa Fête du piment.

Propositions de séjour

On peut décider de passer un mois à bronzer sur la plage et il est clair que cette activité est assez absorbante pour justifier qu'on s'y consacre à temps plein. Mais il arrive qu'on dispose de moins de temps ou qu'on souhaite découvrir certains aspects de l'Aquitaine : le temps d'un week-end, en trois ou quatre jours ou en une semaine. Voici quelques idées de séjour, suivant le temps dont vous disposez.

idées de week-end

BORDEAUX

Musées, églises, expositions... un week-end n'y suffirait pas. Pour vous familiariser rapidement avec la ville, mieux vaut d'abord la découvrir à pied. Une balade entre la place St-Michel (marché le samedi matin) et celle de la Douane vous mettra dans le ton. Déjeunez place du Parlement ou place St-Pierre. Ne manquez pas de passer à la Maison des Vins de Bordeaux, près des Quinconces, pour une dégustation, puis remontez la très commerçante rue piétonne Sainte-Catherine. Le soir allez prendre un verre à la Victoire. Le lendemain matin, visitez le musée d'Aquitaine. Si vous avez envie d'huîtres, sachez qu'il s'en vend toute l'année, le dimanche, devant les boulangeries. L'après-midi, le croiseur Colbert vous attend quai des Chartrons pour une visite de fond en comble et de pont en cale.

PAU

Première chose à faire en arrivant : aller admirer la vue depuis le boulevard des Pyrénées. « It's a must », comme disaient les Anglais qui y venaient au début du siècle. On y monte depuis la ville basse par le funiculaire ou à pied par les sentiers du Roy. Ensuite, pour faire plus ample connaissance avec la ville, baladez-vous dans les rues qui environnent le château. Nombreuses boutiques d'antiquaires et restaurants. L'après-midi, visite du château natal d'Henri IV et promenade au parc Beaumont. Le soir, allez dîner ou prendre un verre dans le quartier du Triangle (autour de la rue Émile-Guichenné), le plus animé en soirée. Le dimanche, découvrez le haras national de Gelos, le monde des abeilles à la Cité des Abeilles (St-Faust), et la jolie ville de Lescar, première capitale du Béarn.

ARCACHON

Dès les premiers beaux jours du printemps, on peut y passer un superbe week-end. Après s'être promené sur le front de mer, et s'être baigné, direction la Ville d'Hiver pour découvrir l'incroyable variété architecturale des villas, ici basco-landaise, là néogothique, ici encore arabisante... Le soir, allez tenter votre chance au casino. Le dimanche, embarquez à bord d'une pinasse, cette longue barque à fond plat dont se servent les ostréiculteurs et allez

Lieux de séjour

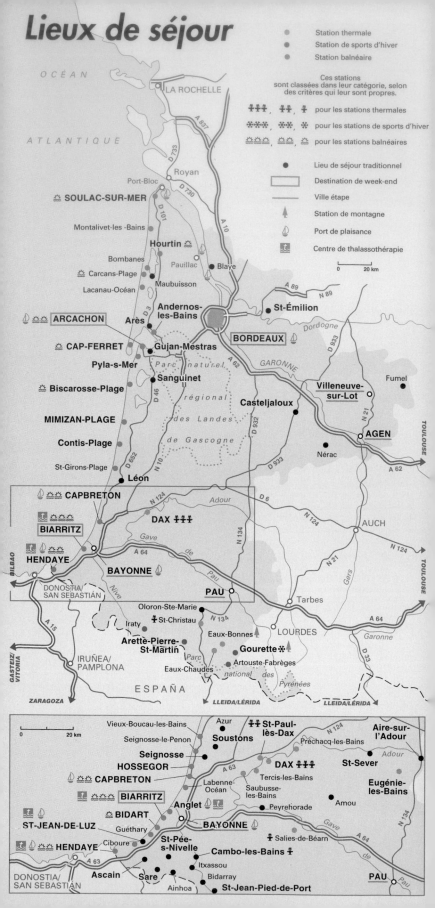

Station thermale
Station de sports d'hiver
Station balnéaire

Ces stations sont classées dans leur catégorie, selon des critères qui leur sont propres.

♯♯♯ , ♯♯ , ♯ pour les stations thermales

❋❋❋ , ❋❋ , ❋ pour les stations de sports d'hiver

⌂⌂⌂ , ⌂⌂ , ⌂ pour les stations balnéaires

● Lieu de séjour traditionnel
▭ Destination de week-end
Ville étape
Station de montagne
Port de plaisance
Centre de thalassothérapie

0   20 km

OCÉAN
ATLANTIQUE

LA ROCHELLE

Royan
Port-Bloc

⌂ SOULAC-SUR-MER

Montalivet-les-Bains

Hourtin ⌂

Bombanes
⌂ Carcans-Plage
Lacanau-Océan
Maubuisson
Pauillac
Blaye

Andernos-les-Bains

St-Émilion

ARCACHON
Arès

⌂ CAP-FERRET
Gujan-Mestras

Pyla-s-Mer
Sanguinet

⌂ Biscarosse-Plage

BORDEAUX

GARONNE
Dordogne

Villeneuve-sur-Lot
Fumel

MIMIZAN-PLAGE

Contis-Plage

St-Girons-Plage
Léon

Casteljaloux

AGEN

Nérac

TOULOUSE

Parc naturel régional des Landes de Gascogne

⌂⌂ CAPBRETON

🔱 BIARRITZ

HENDAYE

BAYONNE

DAX ♯♯♯

PAU

AUCH

Adour
Gave de Pau

Oloron-Ste-Marie
✝ St-Christau

Tarbes

LOURDES

BILBAO

DONOSTIA/
SAN SEBASTIÁN

Iraty

Arette-Pierre-St-Martin

Eaux-Bonnes

Gourette ❋

Eaux-Chaudes
Artouste-Fabrèges

Parc national des Pyrénées

IRUÑEA/
PAMPLONA

ESPAÑA

GASTEIZ/
VITORIA

ZARAGOZA

LLEIDA/LÉRIDA

LLEIDA/LÉRIDA

TOULOUSE

Garonne

---

0   20 km

Vieux-Boucau-les-Bains

Azur

✝✝ St-Paul-lès-Dax

Aire-sur-l'Adour

Seignosse-le-Penon
Soustons

Préchacq-les-Bains

Seignosse

HOSSEGOR

⌂⌂ CAPBRETON

DAX ♯♯♯

St-Sever

Labenne-Océan

Tercis-les-Bains

Eugénie-les-Bains

🔱 BIARRITZ

Saubusse-les-Bains

Anglet

BIDART

Amou

Peyrehorade

ST-JEAN-DE-LUZ

Guéthary

BAYONNE

Gave de Pau

Ciboure

St-Pée-s-Nivelle

✝ Salies-de-Béarn

HENDAYE

Cambo-les-Bains ♯

Ascain   Sare

Itxassou

Bidarray

PAU

DONOSTIA/
SAN SEBASTIÁN

Ainhoa

St-Jean-Pied-de-Port

rendre visite aux oiseaux du bassin d'Arcachon en n'omettant surtout pas, le midi, de déguster quelques huîtres accompagnées de crépinettes de porc (« huîtres à l'arcachonnaise ») : il y a tout autour du bassin des petits ports ostréicoles tous plus mignons les uns que les autres.

BIARRITZ ET LA CÔTE BASQUE

Pour vous mettre en jambes, faites une balade de la Grande Plage au rocher de la Vierge ; vous pouvez aussi profiter du petit train de Biarritz pour cette même balade. Au musée de la Mer, rendez visite aux requins et aux phoques. Allez boire un verre au casino et y dépenser quelque argent dans les machines à sous. Puis partez à l'assaut de la plage non sans avoir goûté aux douceurs gastronomiques basques (tourons, rochers de la vierge, palets d'Izarra). Le soir allez dîner dans le quartier de la place Ste-Eugénie et prendre un verre sur le joli port de pêcheurs. Le lendemain, descendez à Ciboure pour faire votre marché dans la matinée et promenez-vous dans les ruelles. Passez le reste de la journée à St-Jean-de-Luz où vous visiterez le musée Grévin, jetterez un coup d'œil à la belle église St-Jean-Baptiste, typiquement basque, et profiterez de l'atmosphère *dolce vita* qui règne à St-Jean.

Rochers à Guéthary.

idées de séjour de 3 à 4 jours

LE PARC NATUREL RÉGIONAL DES LANDES DE GASCOGNE

Après avoir visité la réserve ornithologique du Teich, en Gironde, suivez à pied le sentier du littoral qui longe le delta de la Leyre et le bassin d'Arcachon. Descendez ensuite à travers la pignada au cœur du parc. Là, vous découvrirez l'architecture et les traditions landaises mises en valeur dans les trois sites de l'écomusée (Moustey, Marquèze et Luxey). En chemin, vous rencontrerez maintes maisons landaises traditionnelles cachées sous les pins et de petites églises médiévales.
Un conseil, laissez le plus souvent possible la voiture de côté pour découvrir le parc à bicyclette, à pied ou en canoë (location sur la Leyre, pour une demi-journée ou plus). Vous verrez sans doute moins de choses mais vous profiterez mieux des paysages et de l'air balsamique de la pinède.

LE PAYS D'ALBRET ET LE BAS ARMAGNAC

Après avoir découvert Nérac, la cité de Henri IV, et les jolis villages du pays d'Albret, descendez vers les Landes pour vous initier à l'art noble de l'armagnac (écomusée de Château Garreau, à Labastide-d'Armagnac). À Notre-Dame-des-Cyclistes, vous pourrez aller vous recueillir devant quelques trophées de la Petite Reine. Les fanatiques du ballon ovale pousseront jusqu'à Larrivière, au Sud de Grenade-sur-Adour pour rendre hommage à Notre-Dame-du-Rugby. Profitez de ces quelques jours pour vous initier à la gastronomie locale : foie gras d'oie et de canard, magrets, confits.

LE LONG DES GAVES BÉARNAIS

Quatre jours pour découvrir les séduisantes villes du Nord-Est du Béarn : Orthez, Salies-de-Béarn et Sauveterre de Béarn. Visitez le musée du Sel à Salies, celui du Maïs à Laàs, promenez-vous la nuit à Sauveterre pour profiter du village illuminé, allez taquiner le saumon à Navarrenx, arrêtez-vous au spectacle son et lumière de l'église St-Girons à Monein, faites votre marché çà ou là au gré de vos haltes. Une fois vos souliers usés par les balades, une seule solution : faire un saut au Pays basque pour acheter une provision d'espadrilles à Mauléon-Licharre !

DANS LES TERRES BORDELAISES

Au petit matin, partez à la découverte du vignoble bordelais. Première halte avant d'attaquer le vif du sujet, à La Sauve où vous vous baladerez en plein air parmi les vestiges de l'abbaye. Après cette mise en bouche, cap sur St-Émilion. Vous n'aurez pas trop d'une journée pour faire connaissance avec cette ravissante petite ville et ses alentours aux noms évocateurs (Montagne, St-Georges, Petit-Palais), tout en vous initiant aux nectars locaux (pour la visite de caves, renseignez-vous à l'Office du tourisme de St-Émilion). Descendez ensuite vers St-Macaire et Verdelais pour découvrir ces jolis sites et les vins de l'Entre-deux-Mers. Au retour, arrêtez-vous au romantique château de la Brède où Montesquieu aimait à parcourir ses vignes. Et s'il vous reste un moment, passez (re)découvrir les « légumes oubliés » du musée-conservatoire de Sadirac. Vos papilles éduquées par le bon vin n'en seront que plus sensibles à ces saveurs d'antan.

Aux abords de St-Émilion...

LE LABOURD

La première journée, visitez Bayonne : la cathédrale, le musée Bonnat, les jolies ruelles autour de l'église, le Petit Bayonne où vous dégusterez le jambon local à la Conserverie artisanale du jambon de Bayonne Pierre-Ibaïalde. C'est dans ce quartier, de l'autre côté de la Nive, qu'il vous faudra aller le soir pour dîner. Assistez à une corrida, ou, si vous êtes là début août, dansez au son des *txirula* lors des Fêtes de Bayonne. La 2e journée sera consacrée à la corniche basque : Bidart, Guétary, St-Jean-de-Luz, Ciboure. Le marché de St-Jean (mardi, vendredi et samedi matin) est le plus joli de la région. Le domaine d'Abbadia est une halte très agréable pour la beauté du paysage. Les férus d'ornithologie prendront leurs jumelles pour y observer les oiseaux migrateurs. Partez ensuite à l'assaut de la Rhune (petit train) et découvrez les pittoresques villages alentour : Ascain, Sare (surnommé « l'enfer des palombes »), Ainhoa. Au gré de vos promenades, assistez aux fêtes et aux manifestations traditionnelles basques : chants, concerts, danses, pastorales, noces, concours de chiens de berger, parties de pelote basque, force basque... Le dernier jour, ne manquez pas d'aller visiter la villa d'Edmond Rostand à Cambo-les-Bains (villa Arnaga) puis retour à Bayonne par la route impériale des Cimes.

idées de séjour d'une semaine

L'AGENAIS

Le premier jour, visitez Agen. Cette petite ville calme mais vivante saura certainement vous séduire. Allez vous promener sur l'esplanade des Graviers pour avoir une belle vue sur la Garonne. Le samedi matin s'y tient le marché. Ne manquez pas non plus le musée des Beaux-Arts, riche en peintres 19e s. de renom. Le soir, allez dîner du côté de la rue Richard-Cœur-de-Lion. Le lendemain, une halte au musée du Foie gras, à Freespech, vous mettra l'eau à la bouche avant d'entreprendre un parcours aussi culturel que gastronomique dans l'Agenais. Au-dessus des champs, Hautefage pointe sa haute tour Renaissance. Un détour vers les grottes de Fontirou vous emmènera au centre de la terre. Puis prenez de l'altitude en allant visiter Penne-d'Agenais la perchée. Après un saut dans les jardins du château de Fumel, embarquez sur une gabarre pour le somptueux château médiéval de Bonaguil. Sauveterre-la-Lémance vous fera faire un grand retour dans le temps, avec son musée de la Préhistoire. Revenez plus proche dans l'histoire en faisant halte à la petite église de St-Avit et au donjon de Gavaudin. Là peut-être vous sentirez-vous l'envie d'une balade en canoë ou d'un brin de spéléologie. Continuez votre périple par la bastide de Monflanquin. À Villeneuve, pays de la prune d'ente par excellence, faites quelques provisions de douceurs au pruneau. À Clairac, visitez l'abbaye des Automates. Le musée du Train et La Forêt Magique enchanteront les plus petits. Vous aurez alors bien mérité un bon plongeon : le village dispose d'une plage sur le Lot. La dernière journée pourra être consacrée à la détente au parc d'attractions Walibi, tout proche d'Agen.

LE HAUT BÉARN

Durant ce séjour, vous découvrirez les villages aux toits d'ardoise, perchés à flanc de montagne, les églises rurales, les paysages grandioses des Pyrénées. La marche à pied sera un excellent moyen de partir à la rencontre des lacs, des gorges et des pics, randonnées que vous pourrez ponctuer de dégustations de fromage de brebis chez les fabricants. Dans la vallée d'Ossau, ne pas manquer le trajet jusqu'au lac d'Artouste à bord du petit train ainsi que la Falaise aux vautours à Aste-Béon. Dans la vallée d'Aspe, le village de Lescun offre l'un des plus beaux panoramas qui soit sur les Pyrénées. Renseignez-vous dans les Maisons du Parc national des Pyrénées, qui organisent des promenades guidées sur les traces des animaux sauvages (isards, marmottes, vautours).

Itinéraires à thème

routes historiques

Pour découvrir le patrimoine architectural local, le Centre des Monuments Historiques a élaboré des itinéraires à thème. Tracés et dépliants sont disponibles auprès des offices de tourisme. Sur le terrain, chaque route historique est signalée par des panneaux nominatifs tout au long du parcours emprunté.

La région couverte par ce guide est parcourue par quatre routes historiques :

Route historique des Plantagenêts – 11 itinéraires sillonnent l'Ouest de la France qui fut marqué par la grande dynastie des Plantagenêts. Dans ce guide est situé l'itinéraire passant par La Sauve-Majeure, Blaye, St-Émilion, Bazas, Dax et Bayonne. Renseignements ☎ 01 40 27 63 50.

Route historique des châteaux et cités au cœur d'Aquitaine – Ce circuit prestigieux fait halte dans les châteaux de La Brède, Cadillac, Malle, Mongenan, Roquetaillade et Cazeneuve ainsi que dans les cités de Loupiac, Ste-Croix-du-Mont et Bazas. Renseignements au château de Cazeneuve, 33730 Préchac, ☎ 05 56 25 48 16.

Route historique Gaston Fébus – Cet itinéraire suit les pas de Gaston Fébus, seigneur de Foix et du Béarn, qui tenta d'unifier au 14ᵉ s. les pays pyrénéens, de Foix à Orthez. Ses châteaux et de remarquables églises constituent les principales étapes de la Route Gaston Fébus. Ce guide décrit Mongaston, Sauveterre-de-Béarn, Bellocq, Orthez, Morlanne, Pau, Montaner. La route continue à l'Est vers Tarbes, Foix et Mirepoix. Renseignements au Musée national du château de Pau, 64000 Pau, ☎ 05 59 82 38 12.

Route historique sur les pas des seigneurs du Béarn et du Pays basque – Cette route fait étape dans quelques-unes des plus belles demeures du Béarn et du Pays basque, témoins de l'histoire de l'Aquitaine, du 12ᵉ au 18ᵉ s. : châteaux d'Urtubie, d'Antoine Abbadie à Hendaye, de Mongaston, d'Andurain, de Laas, de Morlanne, de Momas, de Pau, de Mascaraàs-Haron, de Montaner, d'Etchaux, de Trois-Villes, de Sévignacq-Meyracq et d'Aren ; villes de Sauveterre, Navarrenx, Oloron-Ste-Marie, Salies-de-Béarn, Orthez, Lescar ; enfin, maisons Louis-XIV et de l'Infante à St-Jean-de-Luz, villa Leïhorra à Ciboure et maison Carrée à Nay. Renseignements au château de Mongaston, 64190 Charre, ☎ 05 59 38 65 92.

autre route thématique

La route du fromage Ossau-Iraty – Le traditionnel fromage de brebis des Pyrénées est fabriqué au cœur du Béarn et du Pays basque. De St-Jean-de-Luz au col d'Aubisque (182 km), une quarantaine d'étapes jalonnent cette route ; producteurs fermiers ou fromageries offrent une dégustation à tous les pèlerins amateurs de ce fromage. Renseignements : Syndicat de défense de l'AOC Ossau-Iraty, Maison Baratchartenea, 64120 Ostabat Asme, ☎ 05 59 37 86 61.

circuits de découverte

Pour visualiser l'ensemble des circuits proposés, reportez-vous à la carte p. 12 du guide.

① LE VIGNOBLE BORDELAIS

Circuit de 305 km au départ de Bordeaux – Si le Bordelais évoque le vin, rien d'étonnant, mais attention, l'ivresse n'est pas tout. Il y a aussi les châteaux, les coteaux et les chais, car ici le raisin fait partie de l'histoire. Vous la suivrez à Bordeaux puis à Cadillac, bastide du 13ᵉ s. Viennent ensuite les vignobles de St-Croix-du-Mont et de Sauternes (en particulier Château Yquem et Château de Malle). Le temps de faire une halte dans le village pittoresque de Sauveterre-de-Guyenne et d'une visite des ruines de l'abbaye de Blasimon, vous voilà alors dans le vignoble de St-Émilion. Amoureux des plaisirs du vin, vous avez là un trésor entre les mains (et les yeux, et le palais). À Petit-Palais admirez l'église romane et à Montagne l'écomusée du Libournais. Le joyau de cette couronne est sans conteste St-Émilion, où chaque rue, chaque édifice semble dédié à ce prestigieux vignoble et vous donne envie de savourer la région à travers le reflet d'un verre. Faites donc une pause à Libourne, d'où partent les plus fameuses appellations vers le monde entier. Vous voilà dans le bain, alors pourquoi vous arrêter en si bon chemin... le haut Médoc vous ouvre ses portes. Château Margaux ou Château Maucaillou, conjuguez vignobles et architecture, en ne manquant pas, au passage, de vous initier aux méthodes de viticultures. Fort-Médoc est la touche militaire de votre périple, pour vous rappeler que le Bordelais fut longtemps disputé entre Français et Anglais. Les Châteaux Mouton-Rothschild et Lafite-Rothschild évoquent des millésimes sans âge, des étiquettes jaunies par le temps et des rêves pour le palais.

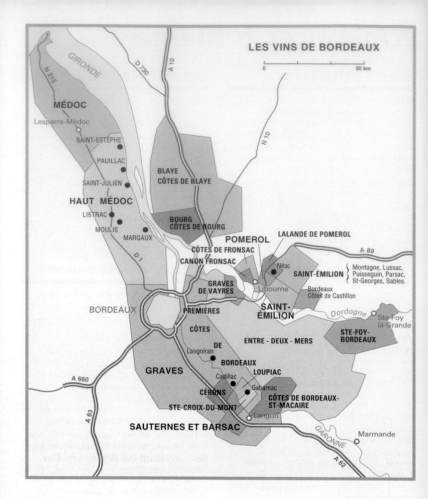

LES VINS DE BORDEAUX

MÉDOC
Lesparre-Médoc
SAINT-ESTÈPHE
PAUILLAC
SAINT-JULIEN
HAUT MÉDOC
LISTRAC
MOULIS
MARGAUX

BLAYE
CÔTES DE BLAYE

BOURG
CÔTES DE BOURG

POMEROL
CÔTES DE FRONSAC
CANON FRONSAC
LALANDE DE POMEROL
Néac
SAINT-ÉMILION
Montagne, Lussac, Puisseguin, Parsac, St-Georges, Sables.
Libourne
Bordeaux Côtes de Castillon

GRAVES DE VAYRES
PREMIÈRES
SAINT-ÉMILION
Dordogne
Ste-Foy la-Grande

BORDEAUX
CÔTES
DE
Langoiran
BORDEAUX
ENTRE - DEUX - MERS
STE-FOY-BORDEAUX

GRAVES
Cadillac
Gabarnac
LOUPIAC
CÉRONS
STE-CROIX-DU-MONT
CÔTES DE BORDEAUX-ST-MACAIRE
Langon

SAUTERNES ET BARSAC
GARONNE
Marmande

② Lacs des Landes girondines

Circuit de 330 km au départ de Soulac – En découvrant cette partie de la Côte d'Argent, vous vous mettez à l'heure des vacances avec, selon vos envies, sports nautiques ou balades dans la nature. La visite de Soulac-sur-Mer vous amène tout naturellement à prendre le petit train pour le phare de Cordouan et la pointe de Grave d'où vous pouvez faire des promenades en bateau. Point besoin de Daudet pour avoir de moulin : celui de Vensac fait découvrir aux plus jeunes la fabrication de la farine « comme jadis ». Une fois la leçon terminée, leur récompense est sans doute le parc de loisirs de la Hume. Entre balade et curiosité naturelle, la dune du Pilat est comme un morceau de désert coincé entre l'océan et les forêts de pins. Un panorama à découvrir en famille ou en amoureux. Pour tous, Arcachon est sportive et romantique. Un peu folle, avec ses airs de vieille dame excentrique, vous pouvez vous y promener à pied ou en bateau. Après les plaisirs de la ville, laissez-vous séduire par la découverte des oiseaux qui élisent domicile dans

le parc ornithologique du Teich. Pour le repos de la plage ou le fun des sports nautiques, vous n'avez que l'embarras du choix entre Andernos-les-Bains, le lac de Lacanau et Lacanau-Océan. Après un tennis ou une séance de tir à l'arc à la base de loisirs de Bombannes, vous pouvez encore profiter des loisirs d'eau au lac d'Hourtin-Carcans et à Hourtin-Plage. Après cela, ne nous dites pas que vous préférez ne rien faire !

③ Douces collines du Lot-et-Garonne

Circuit de 315 km au départ d'Agen – Comme son paysage tout en montées et en descentes, ce circuit vous conduit de villes en villages avec, de-ci de-là, une église ou un château, voire une grotte. Visites donc en perspective pour découvrir d'où vient réellement le pruneau. Avant de quitter Agen, mettez-vous en condition en parcourant la vieille ville (ses ruelles, ses maisons, son musée...). Sur la route de Penne-d'Agenais, passez par les grottes de Fontirou pour une plongée dans l'époque tertiaire. Autre style avec le château fort de Bonaguil qui semble se protéger d'un hypothétique envahisseur. Retour au plaisir des ruelles et des vieilles villes, que ce soit Monflanquin, ancienne bastide du 13e s., ou Villeneuve-sur-Lot, point d'appui des places fortes du haut Agenais. Le pruneau, c'est Granges-sur-Lot. Cela sonne moins bien qu'Agen, mais le musée vous dit tout de l'élaboration de ce produit. Puis, de nouveau les balades dans la vieille ville de Clairac, pour la visite de l'église d'Allemans-du-Dropt ou du château de Duras (qui n'a de Marguerite que le nom). Un peu d'histoire religieuse à Marmande et au Mas-d'Agenais, avant de flâner dans Casteljaloux et de visiter les fortifications de Barbaste. Vous voulez encore des châteaux, pas de problème, Nérac et Pomarède sont là pour vous combler. Dernière église romane à Moirax et c'est le retour sur Agen.

④ LES LANDES SAUVÉES DES MARAIS

Circuit de 375 km au départ d'Arcachon – Un circuit tout en nuances de couleurs et de paysages pour le Sud de la Côte d'Argent. Si vous commencez par vous promener dans Arcachon, vous serez vite dans la nature en faisant l'ascension de la dune du Pilat qui semble ne s'être posée là que pour vous offrir un superbe panorama sur l'océan et les forêts de pins. Vous pouvez ensuite vous préparer pour quelques activités sportives... entre les lacs de Biscarosse et de Parentis et Mimizan-Plage, vous n'avez que l'embarras du choix. Du courant de Contis, vous pouvez apprécier les promenades en bateau qui vous font découvrir le marais, les plantations de pins et les dunes. De Sabres, empruntez le petit train pour un détour par Marquèze et son écomusée de la Grande Lande, dont vous pouvez compléter la visite à Luxey... ; après cela, l'exploitation des ressources locales n'aura plus de secrets pour vous. Une petite série de monuments ? Qu'à cela ne tienne, avec le royal écrin du château de Cazeneuve, la cathédrale et la vieille ville de Bazas et le château de Roquetaillade. Passez par Pissos pour rencontrer l'artisanat du verre, du bois ou du cuivre. Après le travail traditionnel des landes, venez découvrir les croyances locales au musée de Moustey. Mais les loisirs sportifs ne sont pas loin, puisque Belhade, Hostens et Belin-Béliet sont l'occasion de belles balades à pied. Et si l'eau vous manque, finissez votre périple par l'étang de Cazaux et de Sanguinet, tout aussi ludique, avant de revenir vous « reposer » sur une terrasse à Arcachon.

⑤ DU SABLE LANDAIS AUX ROCHERS BASQUES

Circuit de 280 km au départ de Biarritz – Au départ de Biarritz aux maisons de poupées, vous suivez la côte vers Bidart et Guéthary où l'océan vous attend pour un petit plongeon dans les rouleaux. À St-Jean-de-Luz, vous ferez un saut dans le passé avec le souvenir d'un mariage royal à chaque coin de la vieille ville. Juste passé la frontière espagnole, après avoir longé la corniche basque, arrêtez-vous à San Sebastián, lieu de loisirs (au choix, sports, visites ou sorties...). Retour en France où vous attendent La Rhune, dont le panorama vaut bien une ascension par le train à crémaillère, et des petits villages pittoresques (Sare, Ainhoa et Espelette). Regagnez Bayonne en passant par la route impérial des Cimes. Retour dans les Landes pour admirer plantes exotiques et oiseaux au Tropica Parc de Soustons. Pour une promenade en bateau, c'est sur le courant d'Huchet que cela se passe, avant de vous animer de nouveau à Vieux-Boucau-les-Bains, Hossegor ou Capbreton. Au bout de la route apparaît de nouveau le rocher de la Vierge de Biarritz.

⑥ LES LANDES PRÉ-PYRÉNÉENNES

Circuit de 205 km au départ de Dax – Plaisirs du terroir et traces du passé pour ce circuit qui démarre de Dax, ville d'eau et d'histoire. Vous entrez alors dans le pays d'Albret, avec une première visite au château de Pomarède. Le château de Gaujacq a su mettre en valeur ses jardins sur fond de chaîne des Pyrénées. C'est aussi « sous » la terre que l'homme a montré ses talents, comme dans les grottes de Brassempouy. Remontés à la surface, vous passez par les vestiges de l'abbaye de St-Girons que Charlemagne fonda à Hagetmau en 778. Faïence au programme de votre étape à Samadet. Le choix, vous l'avez entre l'église St-Pierre-du-Mas et les marchés au gras quand vous vous arrêterez à Aire-sur-l'Adour. Au château de Ravignan, vous découvrez meubles et vêtements de l'époque de Louis XVI. À Labastide-d'Armagnac, la bien nommée, votre halte se fait sous le signe du vin. Mont-de-Marsan, capitale du pays de Marsan, vous ramène à une époque plus récente avec son musée consacré à la sculpture moderne figurative des années 1930. Pour compléter ce tour de région, il vous manque encore une abbatiale romane... Ne cherchez plus, elle est sur votre route, à St-Sever. Une initiation à l'économie rurale en Chalosse ? C'est chose faite à Montfort-en-Chalosse, naturellement. Et la route vous ramène tranquillement vers la cité thermale de Dax.

Vallée de Laurhibar (Pays basque).

7 MYSTÉRIEUSES PYRÉNÉES BASQUES

Circuit de 285 km au départ de St-Jean-Pied-de-Port – À la frontière entre la France et l'Espagne, cette région est faite de montagnes et de crevasses, de petits villages et de lieux chargés d'histoire. C'est donc le plaisir des yeux qui prime. Quoi de plus naturel que la capitale de la Basse-Navarre pour commencer votre petit voyage ? Voici donc la médiévale St-Jean-Pied-de-Port. De là, en route vers les paysages de montagne et les activités sportives à Iraty, petite station de sports d'hiver très familiale. Après les cimes, les crevasses d'Holçarté, et un peu de marche forcée pour atteindre les gorges de Kakouetta (grandioses). Repos du corps, repos de l'âme au calvaire de Gotein, ancienne place forte à Mauléon-Licharre et pelote basque à St-Palais, voilà ce qu'il vous faut avant de repartir dans les grottes d'Isturitz et d'Oxocelhaya. Le périple continue vers St-Étienne-de-Baïgorry (typique) qui vous amène vers la vallée des Aldudes et ses sympathiques petits cochons noirs et enfin Roncevaux en Espagne, présent dans la mémoire de tous les Français grâce à la *Chanson de Roland*.

8 DÉCOUVERTE DU BÉARN

Circuit de 370 km au départ de Pau – Ses paysages sont fait de prairies et de labours, mais aussi de pentes vinicoles et de sommets escarpés de la chaîne des Pyrénées. Contrastes donc pour cette région parfois rude mais toujours accueillante. Partez de Pau, non sans avoir pris le temps de déambuler dans la vieille ville et aux alentours du château. Pour tout savoir sur le béret, qui est béarnais avant d'être basque, arrêtez-vous au musée de Nay. La route vous emmène ensuite dans les montagnes par le col de l'Aubisque où passe le Tour de France... ; vues fabuleuses garanties. Les Pyrénées, c'est aussi le ski, à Gourette, et les bienfaits du thermalisme à Eaux-Bonnes. Du pic de la Sagette, vous pouvez rejoindre de lac d'Artouste par un petit train qui serpente à fleur de montagne. De là, pourquoi ne pas redescendre un peu pour admirer la colonie de vautours qui vivent dans les falaises d'Aste-Béon ? À ne pas rater, le village de Lescun, au milieu des pics calcaires. Après la traversée de la forêt d'Issaux, un peu de ski à Arette-Pierre-St-Martin. Pour vous remettre de vos descentes vous n'avez qu'à choisir de visiter Oloron-Ste-Marie, Sauveterre-de-Béarn ou la thermale Salies-de-Béarn. Finissez alors votre découverte de la région par la vieille ville d'Orthez, ancienne capitale du Béarn, le château de Morlanne, la cathédrale Notre-Dame à Lescar ou l'église Ste-Foy de Morlaàs.

Découvrir autrement la région

vue du ciel

Europe Hydravion – Espace Latecoère, 265 r. Louis-Bréguet, 40600 Biscarrosse, ☎ 05 58 78 71 27, fax 05 58 78 86 18. Biscarrosse étant fief de l'hydraviation, on peut y apprendre à piloter un hydravion ou faire un baptême de l'air.

Aéroclub du bassin d'Arcachon – Aérodrome Villemarie, Cedex 163, 33260 La Teste-de-Buch, ☎ 05 56 54 72 88.

Aérolune – Quai Queyries, 33000 Bordeaux, ☎ 05 56 40 20 22. Au port de la Lune, en face du croiseur *Colbert*. Ballon captif permettant d'admirer Bordeaux à 150 m au-dessus du sol. Vols de nuit également proposés.

Lambert Voyages – 84 r. Montesquieu, 33500 Libourne, ☎ 05 57 25 98 10, fax 05 57 74 12 20. Survol des grands domaines du Libournais sur RV (1 à 4 passagers).

Airlec Air Espace – Aéroport de Mérignac, 33700 Mérignac, ☎ 05 56 34 02 14. Découverte du vignoble en hélicoptère, avec escales dégustatives.

Fédération française de Vol à Voile – 29 r. de Sèvres, 75006 Paris, ☎ 01 45 44 04 78, www.ffvv.org

Fédération française de vol libre – 4 r. de Suisse, 06000 Nice, ☎ 04 97 03 82 82, 3615 ffvl

Fédération française de planeur ultra-léger motorisé – 96 bis r. Marc-Sangnier, BP 341, 94709 Maisons-Alfort Cedex, ☎ 01 49 81 74 50.

sur terre

EN PETIT TRAIN

Un moyen reposant et amusant de découvrir une ville ou une région. En ville, s'informer auprès des offices de tourisme. Hors ville :

Train touristique de Guîtres-Marcenais (Gironde) – ☎ 05 57 24 58 78.

Tramway forestier du Cap-Ferret (Gironde) – ☎ 05 56 60 68 90.

Train touristique de la pointe de Grave-Verdon-Soulac (Gironde) – ☎ 05 56 09 61 78.

Train des Grands Vignobles de St-Émilion – ☎ 05 57 51 13 76. Mai-oct. tlj.

Train de l'écomusée de la Grande Lande (Landes) – ☎ 05 58 07 52 70.

Chemin de fer de la Rhune (Pays basque) – ☎ 05 59 54 20 26.

Petit train d'Artouste (Béarn) – ☎ 05 59 05 36 99 ou 05 59 05 99 10.

EN AUTOCAR

Visite découverte des grands vignobles bordelais (1/2 journée), mai-oct. : tlj à 13h30 ; rendez-vous devant l'Office du tourisme de Bordeaux. 160F. Visite et dégustation des grands vins dans les châteaux du Bordelais (1 journée), mai-oct. : mer. et sam. à 9h30 ; rendez-vous devant l'Office du tourisme de Bordeaux. 290F.

sur l'eau

Sur les fleuves et les rivières, sur les canaux et sur les courants, la promenade en bateau constitue une agréable activité permettant de découvrir les paysages le long des berges : sur l'Adour (de Bayonne à Dax) et ses affluents, la Nive (d'Esterençuby à Bayonne), la Bidouze (de Bidache au pont de Peyroutiq), les Gaves Réunis (de Peyrehorade au Bec du Gave) et le Luy (de Oeyreluy à Tercis-les-Bains) ; sur la Baïse, le cours inférieur du Lot et le canal latéral de la Garonne (Lot-et-Garonne) ; sur les courants d'Huchet et de Léon (Landes) ; sur la Douze et la Midouze (Landes) ; sur l'Isle (Gironde) ; sur la Dordogne (au départ de Ste-Foy-la-Grande) ; vous pouvez également explorer le bassin d'Arcachon.

LES CROISIÈRES ACCOMPAGNÉES

Nombre d'organismes proposent des promenades en bateau sur les rivières, les canaux, les courants, en mer. Ces croisières peuvent durer quelques heures, ou une journée. Un forfait avec déjeuner ou dîner à bord est parfois proposé.

La Gabare de Gironde – Office de tourisme, allées Marine, 33390 Blaye, ☎ 05 57 42 12 09 ; découverte de l'estuaire de la Gironde, entre Blaye et Bourg, à bord d'une gabare.

Bateau Fleur de l'Isle – 33910 St-Denis-de-Pile, ☎ 05 57 74 29 63 ; promenades sur l'Isle avec passage d'écluses.

Bateau Promenade – Office de tourisme, 102 r. de la République, 33220 Ste-Foy-la-Grande, ☎ 05 57 46 03 00 ; promenade commentée en gabare sur la Dordogne.

Bateau-Promenade l'Escapade – 43 bis r. des Salières, 33210 Langon, ☎ 05 56 63 06 45 ; croisière sur le canal latéral à la Garonne.

Union des Bateliers arcachonnais – Promenades en pinasse sur le bassin ; voir le carnet pratique du bassin d'Arcachon, p. 106.

Arcachon Croisière Océan – Chemin des Tanneries, 33260 La Teste-de-Buch, ☎ 05 56 54 36 70 ; excursions en bateau au large du littoral arcachonnais ; départ d'Arcachon, face à l'aquarium.

Vedette La Bohème II – Excursion en mer depuis la pointe de Grave ; voir le carnet pratique de Soulac, p. 281.

Aliénor – Mini-croisières dans l'estuaire de la Gironde, à la découverte du Bordelais ; voir le carnet pratique de Bordeaux, p. 144.

La Hire – Croisières sur l'Adour à partir de Dax ; voir le carnet pratique de Dax, p. 188.

André Labadie – Descente du courant d'Huchet ; voir la rubrique « se promener » p. 202.

Croisière du Prince Henry – Quai de la Baïse, 47600 Nérac, ☎ 05 53 65 66 66 ; croisières sur la Baïse en gabare, location à la journée.

Capitaine Croisière – Ponton de l'Aviron, 47300 Villeneuve-sur-Lot, ☎ 05 53 49 48 55 ; promenades en gabare sur le Lot.

Bateau l'Épervier – 47320 Clairac, ☎ 05 53 84 34 48.

Gabare Val de Garonne – Diverses croisières sur le canal latéral de la Garonne en juil. et août ; se renseigner à la maison du tourisme du Val de Garonne, Pont des Sables, 47200 Fourques-sur-Garonne, ☎ 05 53 89 25 59.

LOCATION DE BATEAUX HABITABLES

La location de « bateaux habitables » *(house-boats)* aménagées en général pour deux à douze personnes permet une approche insolite des sites parcourus sur le canal latéral à la Garonne, sur le cours inférieur du Lot et sur la Baïse. Diverses formules existent : à la journée, au week-end ou à la semaine. Voici les coordonnées des loueurs de bateaux présents sur ces trois axes fluviaux :

Crown Blue Line – 47430 Le Mas-d'Agenais, ☎ 05 53 89 50 80 ; sur le canal latéral, la Baïse et le Lot.

Aquitaine Navigation – Halte nautique, 47160 Buzet-sur-Baïse, ☎ 05 53 84 72 50 ; Quai de la Baïse, 47600 Nérac, ☎ 05 53 65 66 66. www.aquitaine-navigation.com

Locaboat Plaisance – Quai de Dunkerque, 47000 Agen, ☎ 05 53 66 00 74. Centrale de réservation, ☎ 03 86 91 72 72. www.locaboat.com

Connoisseur Cruisers – Port Lalande, rte de Fongrave, 47260 Castelmoron-sur-Lot, ☎ 05 53 79 58 17 ; uniquement sur le cours inférieur du Lot.

Nautic Aquitaine – Bassin du canal, 47160 Damazan, ☎ 05 53 79 59 39 ; uniquement sur le canal latéral.

Cartes – Avant de partir, il est conseillé de se procurer les cartes nautiques et cartes-guides : **Éditions Grafocarte-Navicarte**, 125 r. Jean-Jacques-Rousseau, BP 40, 92132 Issy-les-Moulineaux Cedex, ☎ 01 41 09 19 00. **Éditions du Plaisancier**, 43 porte du Grand-Lyon, 01700 Neyron, ☎ 04 72 01 58 68.

dans le vignoble

VISITE DES CAVES VITICOLES

L'Aquitaine possède un des vignobles les plus réputés de France. Aussi, n'hésitez pas à visiter les caves pour découvrir l'extrême diversité des crus locaux. Elles sont généralement ouvertes à la visite et proposent quelquefois des dégustations (bien entendu à pratiquer avec modération). Vous trouverez leurs coordonnées dans les offices de tourisme et les maisons du vin, dont nous donnons ci-dessous quelques adresses. Les syndicats viticoles éditent des brochures de présentation de leurs crus, parfois avec tracé de routes des vins. Certaines visites de caves sont indiquées dans la partie « Villes et sites » de notre guide (Château Margaux, Château Maucaillou, Château Lanessan, Château Mouton-Rothschild et Château Lafite-Rothschild).

Vins de Bordeaux – Maison du vin de **Bordeaux**, 3 cours du XXX-Juillet, 33075 Bordeaux Cedex, ☎ 05 56 00 22 88.
Maison du tourisme et du vin de Pauillac **(Médoc)**, 33250 Pauillac, ☎ 05 56 59 03 08.
Maison des vins de **Graves**, 61 cours du Mar.-Foch, BP 51, 33720 Podensac, ☎ 05 56 27 09 25.
Maison du vin de **Barsac**, pl. de l'Église, 33720 Barsac, ☎ 05 56 27 15 44.
Maison du vin des **Premières Côtes de Blaye**, 11 cours Vauban, BP 122, 33390 Blaye, ☎ 05 57 42 91 19.
Maison du vin des **Côtes de Bourg**, pl. de l'Éperon, 33710 Bourg, ☎ 05 57 94 80 20.
Maison des vins de **Ste-Foy-Bordeaux**, rte de Bergerac, 33220 Pineuilh, ☎ 05 57 46 31 71.
Maison du vin de **St-Émilion**, pl. Pierre-Meyrat, BP 52, 33330 St-Émilion, ☎ 05 57 55 50 55.
Le guide *Vignobles et chais en Bordelais – Terroirs de Gironde* donne de précieux renseignements sur plus de

600 établissements viticoles ; on peut se le procurer sur simple demande auprès du Comité départemental du tourisme de la Gironde et de la Maison du vin de Bordeaux.

Vin basque – Cave coopérative des vins d'**Irouléguy** et du Pays basque, 64430 St-Étienne-de-Baïgorry, ☎ 05 59 37 41 33.

Vins béarnais – Cave des producteurs de **Jurançon**, 53 av. Henri-IV, 64290 Gan, ☎ 05 59 21 57 03 (sur RV si possible).
Cave coopérative **Béarn-Bellocq**, 64270 Bellocq, ☎ 05 59 65 10 71.

Vin landais – Les Vignerons du **Tursan**, 40320 Geaune, ☎ 05 58 44 51 25.
Le guide des *Restaurants et Vins du Sud-Ouest* est disponible auprès de l'association « Les Vins du Sud-Ouest », ☎ 05 61 73 87 06.

Vins de l'Agenais – Les Vignerons de **Buzet**, 47160 Buzet-sur-Baïse, ☎ 05 53 84 74 30.
Union interprofessionnelle des vins des **Côtes de Duras**, Maison du vin, 47120 Duras, ☎ 05 53 83 81 88.
Cave de Goulens en **Brulhois**, 47390 Layrac, ☎ 05 53 87 01 65.

LES STAGES D'ŒNOLOGIE

Ce type de stage se développe de plus en plus, en particulier dans le Bordelais, car il est désormais accessible à tout public alors qu'il y a quelques années, il était l'exclusivité des professionnels.

Office du tourisme de Bordeaux – 12 cours du XXX-Juillet, 33080 Bordeaux, ☎ 05 56 00 66 00. Il propose une initiation à la dégustation le jeu. à 16h30 , séance supplémentaire sam. à 16h30 de mi-juil. à mi-août.

École du vin – 1 cours du XXX-Juillet, 33075 Bordeaux Cedex, ☎ 05 56 00 22 66. Elle fait découvrir les vins de Bordeaux à travers des stages de 2h (été) à 6 jours mais également en cours du soir, en français, anglais et allemand.

Maison du vin des Premières Côtes de Blaye – Initiations à la dégustation mar.-jeu. à 17h en juil.-août.

Maison du vin de St-Émilion – Elle a mis en place une école du Vin où sont proposées des initiations à la dégustation, tlj 11h-12h de mi-juil. à mi-sept. 110F.

Maison du tourisme et du vin de Pauillac – Des initiations à la dégustation sont organisées le mercredi à 11h de début juil. à mi-sept. ; réservation conseillée. 90F.

École du vin du Château Maucaillou – Espace Maucaillou, 33480 Moulis-en-Médoc, ☎ 05 56 58 01 23. Elle enseigne les techniques de dégustation durant deux jours.
Le château propose également des journées découverte du vignoble médocain et des week-ends vins, châteaux et golf.

Petit vocabulaire relatif à la dégustation des vins :
« Bien en bouche » : vin riche et équilibré, qui remplit la bouche.
« Charnu » : vin qui a du corps, qui donne la sensation de mordre dans un fruit.
« Gras » : vin à la fois moelleux, charnu, corsé et riche en alcool (signes d'un grand vin).
« Corsé » : vin riche en alcool ; on dit aussi qu'il a du « corps », de la « cuisse », de la « jambe ».
« Souple » : vin peu chargé en tanin, agréable au palais.
« Gouleyant » : vin facile à boire, fruité, frais.
« Mâché » : vin assez consistant, qui donne la sensation de pouvoir être mâché.
« Nerveux » : vin qui dénote un caractère vif, avec une pointe d'acidité.
« Rond » : vin souple, charnu, légèrement velouté.
« Chaleureux » : vin qui procure, par sa richesse en alcool, une sensation de chaleur.
« Épais » : vin très coloré, donnant une sensation de lourdeur et d'épaisseur.
« Râpeux » : vin très astringent, qui racle le palais.

par sa gastronomie

STAGES DE CUISINE

Une fois que vous saurez tout sur les vins, il faut vous mettre à la cuisine. Pas de panique, des cuisiniers sont là pour vous l'apprendre.

Office de tourisme – 40700 Hagetmau, ☎ 05 58 79 38 26. Le bon achat du foie, la découpe du canard, la préparation des magrets, foies gras et cous farcis, autant de choses que l'on découvre durant un stage d'initiation à la cuisine des foies et confits de canard dans une ferme de Chalosse, durant trois jours (oct.-mars).

Destination Salies-de-Béarn – R. des Bains, 64270 Salies-de-Béarn, ☎ 05 59 65 03 06 ou 05 59 38 00 33. En automne, on apprend à préparer le canard gras au sel de Salies, tout en dégustant les produits locaux et en visitant la région.

Hôtel de la Reine Jeanne – 44 r. du Bourg-Vieux, 64300 Orthez, ☎ 05 59 67 00 76.Un stage d'initiation à la cuisine traditionnelle à la ferme est organisé le week-end de mi-octobre à avril.

LES MARCHÉS AU GRAS

Traditionnels sont ces marchés, qui avaient autrefois lieu exclusivement en hiver, où l'on peut acheter des canards et des oies, des foies crus ou déjà préparés. Les plus pittoresques ont lieu à :

Agen (Lot-et-Garonne) mercredi de novembre à mars ; Aire-sur-l'Adour (Landes) mardi ; Dax (Landes) samedi sous les halles ; Orthez (Pyrénées-Atlantiques) mardi de novembre à février ; Villeneuve-de-Marsan (Landes) mercredi matin ; Villeneuve-sur-Lot (Lot-et-Garonne) mardi et samedi de novembre à mars.

avec vos enfants

Outre les innombrables plages de la Côte d'Argent qui satisferont les envies de baignade et de châteaux de sable de vos chères têtes blondes, vous pourrez dépenser leur énergie débordante en les emmenant à vélo à travers la forêt landaise : c'est plat, à l'ombre et ça sent bon le pin ; sur votre chemin, vous trouverez des piscines de plein air pour vous rafraîchir. Près d'Agen, le parc d'attraction Walibi Aquitaine est particulièrement appréciable : on y trouve toutes sortes de distractions, certaines étant aquatiques, idée sympathique lorsque l'on sait qu'Agen n'est pas tout près de la mer.

Pour des visites plus « culturelles », nous avons sélectionné pour vous un certain nombre de sites qui intéresseront particulièrement votre progéniture. Il s'agit par exemple d'aquariums, de parcs animaliers ou de musées bien adaptés à ce type de public. Vous les repérerez dans la partie « Villes et sites » grâce au pictogramme ☺.

Sports et loisirs

baignade

Les plages de la Côte d'Argent sont en général surveillées durant les mois d'été. Il faut cependant faire attention aux vagues déferlantes du fait de leur puissance, des courants qui entraînent le nageur loin des côtes. Il faut éviter de nager après un repas ou une longue station au soleil ; il ne faut pas sortir de la zone surveillée. En outre, les pavillons hissés chaque jour sur les plages surveillées indiquent si la baignade est dangereuse ou non, l'absence de pavillon signifiant l'absence de surveillance :
Drapeau vert = baignade surveillée sans danger ;
Drapeau jaune = baignade dangereuse mais surveillée ;
Drapeau rouge = baignade interdite. La baignade dans les lacs et plans d'eau n'est pas toujours autorisée ; se renseigner au préalable dans les offices de tourisme.

chasse

Les Pyrénées attirent les chasseurs à la recherche de gros gibier. Les amateurs de pièces rares telles que le lagopède et le coq de bruyère sont des passionnés qui fréquentent les stations d'altitude. Dans les Landes et le Pays basque se pratique principalement la chasse à la palombe, en octobre et en novembre. Certains prestataires organisent des week-ends ou des journées de chasse à la palombe, avec transfert sur les lieux de chasse.
Renseignements d'ordre général : **Union nationale des fédérations départementales des chasseurs**, 48 r. d'Alésia, 75014 Paris, ☎ 01 43 27 85 76, ou auprès des fédérations départementales de chasseurs.

course landaise

Demander le calendrier officiel à la **Fédération française de la course landaise**, 1600 av. du Prés.-Kennedy, 40282 St-Pierre-du-Mont Cedex, ☎ 05 58 46 50 89.

course à pied

Marathon des châteaux du Médoc – Il a lieu début septembre. Ce n'est pas un marathon ordinaire : les concurrents, déguisés, traversent villages et châteaux, se ravitaillant en vin de kilomètre en kilomètre et toujours dans la bonne humeur. Demander par courrier le bulletin d'inscription dès octobre à l'AMCM, La Verrerie, 33250 Pauillac.

cyclotourisme

La randonnée cyclotouristique est une activité très pratiquée en Gironde et dans les Landes. De nombreuses pistes sillonnent la haute Lande girondine, le Bazadais, le pays de Podensac, le Langonnais, le pays de St-Macaire, le haut Entre-Deux-Mers. Pour chacune de ces régions, le Comité départemental du tourisme de la Gironde édite des plans-guides. La montagne pyrénéenne se prête à des randonnées à vélo tout terrain. La liste des loueurs de cycles est fournie par les syndicats d'initiative et les offices de tourisme.

Maison du tourisme et du vin de Pauillac – ☎ 05 56 59 03 08. Location de VTT avec itinéraires à travers les vignes du Médoc.

Renseignements d'ordre général : **Fédération française de cyclotourisme**, 8 r. Jean-Marie-Jégo, 75013 Paris, ☎ 01 44 16 88 88.

escalade

En montagne et en haute montagne, il vaut mieux partir avec un guide de montagne ou un moniteur d'escalade breveté d'État, qui connaît bien le terrain et la pratique de ces sports. Des stages d'initiation et de perfectionnement sont généralement organisés par divers prestataires.

Bureaux des guides – Les guides de montagne sont d'excellents accompagnateurs pour toutes vos sorties sportives : randonnée, escalade, ski de randonnée, sports d'eau vive, vol libre, etc. Leur connaissance de la montagne est précieuse.
Bureau des guides de la vallée d'Ossau, 64440 Laruns, ☎ 05 59 05 33 04.
Bureau des guides, Maison de la Montagne, 64490 Lescun, ☎ 05 59 34 79 14.

Fédération française de Montagne et d'Escalade – 10 quai de la Marne, 75019 Paris, ☎ 01 40 18 75 50. Minitel 3615 ffme. Internet : www.ffme.fr
Consulter également le *Guide des sites naturels d'escalade en France*, par D. Taupin (Éd. Cosiroc/FFME) pour connaître la localisation des sites d'escalade dans la France entière.

golf

Voici une sélection des parcours de golf les plus beaux et les plus intéressants.

Gironde – Golf de Bordeaux-Lac, av. de Pernon, 33300 Bordeaux, ☎ 05 56 50 92 72. 2 parcours de 18 trous. Environnement privilégié près du parc floral, à 15 mn du centre de Bordeaux.
Golf de Pessac, r. de la Princesse, 33600 Pessac, ☎ 05 57 26 03 33. Parcours de 9 et 27 trous.
Golf des Graves et du Sauternais, 33210 St-Pardon-de-Conques, ☎ 05 56 62 25 43. Parcours de 18 trous en plein cœur du vignoble.
Golf de Gujan-Mestas, rte de Sanguinet, ☎ 05 57 52 73 73. Parcours de 9 et 18 trous à travers les pins, en bordure du bassin d'Arcachon.
Golf d'Arcachon, 35 bd d'Arcachon, 33260 La Teste-de-Buch, ☎ 05 56 54 44 00. Parcours de 18 trous au-dessus du bassin.
Golf du Médoc, chemin de Courmateau, Louens, 33290 Le Pian-Médoc, ☎ 05 56 70 11 90. Deux parcours classés parmi les plus beaux d'Europe.
Golf de l'Ardilouse, domaine de l'Ardilouse, 33680 Lacanau-Océan, ☎ 05 56 03 92 98. Parcours de 18 trous sur 77 ha de paysage forestier et vallonné.

Landes – Golf de Biscarrosse, rte d'Ispe, 40600 Biscarrosse, ☎ 05 58 09 84 93. Parcours de 18 trous au bord du lac. Leçons et stages sur demande.

Golf d'Hossegor, av. du Golf, 40150 Hossegor, ☎ 05 58 43 56 99. Parcours de 18 trous.
Golf-hôtel de Seignosse, av. du Belvédère, 40510 Seignosse, ☎ 05 58 41 68 30. Parcours de 18 trous.
Golf de Moliets, 40660 Moliets, ☎ 05 58 48 54 65. Parcours de 27 trous près de la côte.
Pyrénées-Atlantiques – Golf de Chiberta, 104 bd des Plages, 64600 Anglet, ☎ 05 59 52 51 10. Parcours de 18 trous entre mer et forêt.
Golf du Phare, 2 av. Édith-Cavell, 64200 Biarritz, ☎ 05 59 03 71 80. Parcours de 18 trous en centre ville, à proximité de la mer.
Golf d'Ilbarritz, av. du Château, 64210 Bidart, ☎ 05 59 43 81 30. Parcours de 9 trous sur les falaises au-dessus de la mer.
Golf de Chantaco, rte d'Ascain, 64500 St-Jean-de-Luz, ☎ 05 59 26 14 22. Parcours de 18 trous en bordure d'un petit lac.
Pau Golf Club, 64140 Billère, ☎ 05 59 13 18 56. Le plus ancien golf d'Europe (1856), en bordure du gave de Pau.

kayak de mer

Cette discipline utilise le même équipement que le kayak, mais avec des embarcations plus longues et plus étroites. Il est interdit de s'éloigner de plus d'un mille (1 852 m) de la côte et il est préférable d'avoir de solides notions du milieu marin. Les premières sorties se font accompagnées de navigateurs expérimentés. Le kayak de mer est possible dans le bassin d'Arcachon, à condition de ne pas chercher à franchir les passes pour gagner l'océan.

navigation de plaisance

De l'embouchure de la Gironde à celle de la Bidassoa, de nombreux ports de plaisance peuvent accueillir les plaisanciers. Sélectionnés pour leur nombre de places important et les services dispensés, ils figurent sur la carte des lieux de séjours, p. 22.
Renseignements auprès des **capitaineries des ports** :
d'**Arcachon** (☎ 05 56 22 36 75),
de **Bordeaux** (☎ 05 56 52 51 04),
de **Pauillac** (☎ 05 56 59 12 16),
de **Capbreton** (☎ 05 58 72 21 23),
d'**Anglet** (☎ 05 59 63 05 45) et
d'**Hendaye** (☎ 05 59 48 06 00/10).
Le permis de naviguer peut être obtenu dès 16 ans ; il est obligatoire pour piloter un navire à moteur à partir de 6 CV. Tout bon navigateur se renseignera avant de prendre la mer sur les conditions météorologiques et l'heure des marées. La vitesse est limitée à 5 nœuds à moins de 300 m du littoral.

pêche en eau douce

Les Pyrénées et l'Aquitaine offrent aux pêcheurs un grand choix de rivières, lacs et étangs. Généralement, le cours des rivières est classé en 1re catégorie (salmonidés dominants comme la truite, l'ombre ou l'omble chevalier) ou en 2e catégorie (cyprinidés dominants comme la carpe, la brème ou l'ablette et carnassiers comme le brochet, le sandre et le black-bass).
Le Parc national des Pyrénées est particulièrement réputé avec ses quelque 230 lacs, alevinés en salmonidés. Quel que soit l'endroit choisi, il convient d'observer la réglementation en vigueur et d'être affilié à une association de pêche et de pisciculture agréée. Se renseigner auprès du **Conseil supérieur de la pêche**, 134 av. de Malakoff, 75116 Paris, ☎ 01 45 02 20 20.
Il existe des stages d'initiation à la pêche au toc ou à la mouche qui sont proposés par des guides de pêche.

pêche en mer

L'amateur de pêche en eau salée peut exercer son sport favori à pied, en bateau ou en plongée dans l'enclave du bassin d'Arcachon ou sur les côtes landaise et basque. Des sorties de pêche en mer sont organisées à la belle saison : pêche à la ligne, à la traîne, au « gros » (thon), pour une demi-journée ou à la journée entière en fonction du temps, du nombre de participants et du poisson à prendre. Le matériel est toujours fourni par l'équipage du bateau. Il est conseillé de s'inscrire à l'avance.

Fédération française des pêcheurs en mer – Résidence Alliance, centre Jorlis, 64600 Anglet, ☎ 05 59 31 00 73.

pelote basque

Chaque village basque ou béarnais ainsi possède son fronton ou son trinquet où des parties de pelote ont lieu régulièrement.

Fédération française de pelote basque « Trinquet Moderne » – BP 816, 64108 Bayonne Cedex, ☎ 05 59 59 22 34.

plongée sous-marine

La plongée sous-marine nécessite un apprentissage long et motivé, dispensé par des moniteurs titulaires des diplômes de moniteurs fédéraux 1er et 2e degrés ou par des moniteurs titulaires des brevets d'État d'éducateur sportif 1er ou 2e degré, option plongée subaquatique. Pour connaître les clubs où il est possible d'apprendre à plonger, s'adresser à la **Fédération française d'études et de sports sous-marins**, 24 quai de Rive-Neuve, 13284 Marseille, Cedex 07 ☎ 04 91 33 99 31. 3615 FFESSM. www.ffessm.fr

randonnée équestre

La randonnée équestre est une activité en plein développement. Il existe des itinéraires balisés dans toute la région, à travers la forêt, la campagne ou la montagne. Pour les connaître et obtenir les topoguides et cartes correspondantes, s'adresser aux comités départementaux du tourisme équestre (CDTE), dont les adresses sont disponibles auprès du **Comité national de tourisme équestre**, 9 bd Macdonald, 75019 Paris, ☎ 01 53 26 15 50. 3615 chevalfrance. www.ffe.fr

randonnée pédestre

Activité de choix pour découvrir en toute tranquillité les paysages, la randonnée pédestre s'adresse à tout le monde. La Fédération française de randonnée pédestre a mis en place trois sortes de sentiers balisés : les GR (sentiers de grande randonnée), les GRP (sentiers de grande randonnée de pays) et les PR (sentiers de promenade et randonnée). Les GR et les GRP s'adressent aux marcheurs avertis, sur plusieurs centaines de kilomètres pour les GR, limités à une seule région pour les GRP. Les PR sont plus accessibles car faciles, courts et n'exigeant pas une préparation spécifique.

Les GR : le GR 6 relie St-Macaire et Montbazillac et sa variante, le GR 636, traverse le Lot-et-Garonne par Monflanquin ; le GR 65, dit « sentier de St-Jacques », relie Moissac

(Garonne) à St-Jean-Pied-de-Port et sa variante, le GR 653 passe à Pau, reliant le col du Somport à Auch et Toulouse (Midi-Pyrénées) ; le GR 8 parcourt la Côte d'Argent de Lacanau à Urt. Le GR 10 traverse les Pyrénées d'Ouest en Est, franchissant plusieurs cols de plus de 2 000 m d'altitude. Il s'adresse aux randonneurs bien entraînés, habitués à marcher en terrain varié.

Des topoguides édités par la **Fédération française de randonnée pédestre** (point d'information et de vente : 14 r. Riquet, 75019 Paris, ☎ 01 44 89 93 90. www.ffrp.asso.fr) donnent le tracé détaillé des GR, GRP et PR ainsi que d'utiles conseils.

Les comités régionaux et départementaux du tourisme, les syndicats d'initiative et les offices de tourisme éditent leurs propres parcours, faisant découvrir les paysages spécifiques à leurs régions ou pays, le patrimoine culturel et naturel qui s'y rattache. Des brochures sont disponibles gratuitement auprès de ces organismes.

Enfin, la Haute Route des Pyrénées (HRP) relie Hendaye à Banyuls (Midi-Pyrénées) par la haute montagne ; elle n'est praticable dans son intégralité qu'en été et au début de l'automne. La HRP s'adresse à des randonneurs expérimentés, ayant l'habitude de la haute montagne (piolet et corde indispensables) et sachant se diriger à l'aide d'une carte (le sentier n'est pas balisé).

QUELQUES RECOMMANDATIONS AUX RANDONNEURS

Pour partir en randonnée dans les meilleures conditions possibles, il faut tout d'abord se renseigner sur la météo (voir p. 16 – les conditions météorologiques sont en outre fournies dans la plupart des offices de tourisme). Si le temps se dégrade trop, ne pas hésiter à abandonner et à rebrousser chemin. Mieux vaut être un peu entraîné avant de s'engager sur un sentier, d'autant plus si le parcours se fait en haute montagne.

Dans tous les cas, il ne faut jamais partir seul. Il est recommandé de préparer avec soin son itinéraire et d'en faire part à quelqu'un avant de partir. Quelle que soit la durée ou la difficulté du parcours, en particulier en montagne, l'équipement sera composé d'une carte au 1/25 000 ou au 1/50 000, d'un à deux litres d'eau par personne (l'eau des torrents n'est pas bonne à la consommation), de denrées énergétiques, d'un vêtement imperméable, d'un pull-over, de lunettes de soleil, de crème solaire et d'une pharmacie légère. De bonnes chaussures de marche sont également recommandées. Emporter des sacs en plastique pour stocker les détritus ; il est interdit de les laisser dans les refuges. Respecter la nature est une des premières règles à suivre lorsqu'on se promène : ne pas cueillir les plantes, ne pas effrayer les animaux. La randonnée n'est pas une course contre la montre : marcher à son rythme et profiter du paysage rendra la marche plus agréable.

LES PRESTATAIRES

D'innombrables associations de randonnée, dans chaque département décrit dans ce guide, proposent des randonnées accompagnées (elles peuvent être intéressantes pour la découverte de la faune et de la flore et pour les parcours en montagne, nécessitant une certaine expérience du terrain), des circuits préparés.

Chamina Sylva – 20 r. Conturie, BP 5, 48300 Langogne, ☎ 04 66 69 00 44. Circuits avec ou sans accompagnateurs en Pays basque et Béarn.

La Balaguère – 65400 Arrens-Marsous, ☎ 05 62 97 20 21, www.balaguere.com, 3615 balaguere. Organise des « voyages à pied » dans les Pyrénées, avec ou sans portage, parfois sur des thèmes (histoire, flore, faune...) et pour tous niveaux.

Gardes-moniteurs du Parc national des Pyrénées – Sorties à la journée ou demi-journée en juil.-août : renseignements au siège du parc et dans les maisons du parc, voir coordonnées p. 233.

Association des Amis du Parc – 32 r. Samonzet, 64000 Pau, ☎ 05 50 27 15 30. Sorties gratuites toutes les semaines (mercredi et dimanche), moyennant une cotisation annuelle (200 F), dans le parc national des Pyrénées. Propose également d'autres activités sportives (rando, ski de fond, ski de piste).

Centre d'Information Montagne et Sentiers (CIMES-Pyrénées) – 4 r. Maye-Lane, BP 24, 65421 Ibos Cedex, ☎ 05 62 90 09 92, fax 05 62 90 67 61. Il répond gratuitement à toute demande de renseignements sur la randonnée et les activités de montagne dans les Pyrénées : sentiers, refuges, cartes, guides professionnels, conseils personnalisés.

Rando SA – 4 r. Maye-Lane, BP 24, 65420 Ibos, ☎ 05 62 90 09 90. Publication d'ouvrages et de cartes au 1/50 000 sur la chaîne des Pyrénées.

rugby

D'octobre à mai, chaque rencontre dominicale prend l'allure d'une épopée, souvent contée avec beaucoup d'esprit. L'équipe locale est l'objet de toutes les attentions et les discussions, sans cesse avivées par la subtilité des règles du jeu et les décisions de l'arbitre, n'en finissent pas.

En dehors des grands matches nationaux et internationaux, on pourra se procurer le calendrier des matches d'amateurs auprès des offices de tourisme et aux adresses suivantes :

Section paloise – Stade municipal du Hameau, bd de l'Aviation, 64000 Pau, ☎ 05 59 02 47 74.

Comité du Béarn Rugby – 27 av. de l'Europe, 64000 Pau, ☎ 05 59 02 78 03.

Comité de Rugby de la Côte basque-Landes – Résidence Soult, av. du Mar.-Soult, 64100 Bayonne, ☎ 05 59 63 36 57.

Bar du Stade Montois – Pl. Joseph-Pancaut, 40000 Mont-de-Marsan, ☎ 05 58 75 05 57.

Pour en savoir plus : **Fédération française de rugby**, 9 r. de Liège, 75009 Paris, ☎ 01 53 21 14 88, fax 01 53 21 14 85.

ski

Dans les Pyrénées, on distingue les **stations de vallée**, qui exploitent en altitude un domaine skiable de hautes courbes ou de plateaux et les **stations hautes** qui sont souvent des créations (Arette-Pierre-St-Martin, Gourette). L'équipement performant de certaines stations pyrénéennes les rend tout à fait comparables à leurs sœurs alpines. On pratique plus spécialement le **ski de fond** dans les stations d'Iraty, Issarbe et Somport-Candanchu. Pour avoir plus d'informations sur la montagne, consulter le serveur Minitel 3615 TSLM (Tout Sur La Montagne).

LA SÉCURITÉ EN MONTAGNE

La montagne a ses dangers, redoutables pour le néophyte, toujours présents à l'esprit de ses fervents les plus expérimentés. Avalanches,

Stations	Nombre de pistes de ski alpin	Km de pistes de ski de fond	Autres activités	Renseignements téléphoniques	Page de description détaillée
Arette-Pierre-St-Martin (64)	19	5	Stade de luge	05 59 66 20 09	112
Artouste-Fabrèges (64)	13	10	Stades de snowboard et half-pipe	05 59 05 34 00	233
Gourette (64)	30	20	Stades de half-pipe et slalom ; ski nocturne ; ski hors-piste autorisé	05 59 05 12 17	122
Iraty-Soule (64)	–	42		05 59 28 51 29	217
Issarbe (64)	–	31		05 59 05 82 28	112
Le Somport-Candanchu (64)	–	34		05 59 34 71 48	–

« dévissages », chutes de pierres, mauvais temps, brouillard, traîtrises du sol et de la neige, eau glaciale des lacs d'altitude ou des torrents, désorientation, appréciation défectueuse des distances peuvent surprendre l'alpiniste, le skieur, voire le simple promeneur.

Les évolutions des skieurs et randonneurs sur les magnifiques espaces de neige ne doivent pas faire oublier les dangers toujours présents d'**avalanches**, naturelles ou déclenchées par le déplacement du skieur. Les Bulletins Neige et Avalanche (BNA), affichés dans chaque section et lieux de randonnée, avertissent des risques et doivent être impérativement consultés avant tout projet de sortie. On peut également connaître ces risques sur le répondeur téléphonique de Météo France, ☎ 08 36 68 10 20.

sports d'eaux vives

La Caronne, l'Eyro, l'Adour, et les nombreux gaves et nives pyrénéens se prêtent à la pratique des sports d'eau vive. Dans les régions montagneuses, il est conseillé, en été, de sortir l'après-midi en raison du débit d'eau qui s'accroît suite à la fonte des neiges d'altitude. Plusieurs bases nautiques permettent de découvrir les divers aspects de ces activités à travers des animations de groupe, des cours particuliers, des stages ou des séjours « découverte » sur plusieurs sites et avec plusieurs sports d'eau vive. Le plus souvent, le matériel, les assurances et l'accompagnement sont compris dans le tarif.

CANOË-KAYAK

Le **canoë**, d'origine canadienne, se manie avec une pagaie simple. C'est l'embarcation pour la promenade fluviale en famille, à la journée, en rayonnant au départ d'une base ou en randonnée pour la découverte d'une vallée à son rythme. Le **kayak**, d'origine esquimaude, est utilisé assis et se déplace avec une pagaie double. Les lacs et les parties basses des cours d'eau offrent un vaste choix.
La **Fédération française de canoë-kayak** (87 quai de la Marne, BP 58, 94344 Joinville-le-Pont, ☎ 01 45 11 08 50, 3615 canoe plus, www.ffcanoe.asso.fr) édite, avec le concours de l'IGN, une carte *France canoë kayak et sports d'eau vive* avec tous les cours d'eau praticables.

RAFTING

C'est le plus accessible des sports d'eaux vives. Il s'agit de descendre le cours des rivières à fort débit dans des radeaux pneumatiques à six ou huit places maniés à la pagaie et dirigés par un moniteur barreur installé à l'arrière. L'équipement isotherme et antichoc est fourni par le prestataire. Pour tout renseignement : **AN Rafting**, 144 r. de Rivoli, 75001 Paris, ☎ 01 42 96 63 63. www.an-rafting.com

HYDROSPEED OU NAGE EN EAUX VIVES

L'hydrospeed, ou nage en eaux vives, consiste à descendre un torrent, le buste appuyé sur un flotteur caréné très résistant. Il exige une bonne condition physique ainsi que la maîtrise de la nage avec palmes. Le sportif doit porter un casque et une combinaison, qui sont fournis par le prestataire.

CANYONING

La technique du canyoning emprunte à la fois à la spéléologie, à la plongée et à l'escalade. Il s'agit de descendre, en rappel ou en saut, le lit des torrents dont on suit le cours au fil des gorges étroites et des cascades. Deux techniques de déplacement sont particulièrement utilisées : le toboggan (allongé sur le dos, bras croisés), pour glisser sur les dalles lisses, et le saut (hauteur moyenne de 5 à 10 m), plus délicat, où l'élan du départ conditionne la bonne réception dans la vasque. Il est impératif d'effectuer un sondage de l'état et de la profondeur de la vasque avant de sauter. L'initiation débute par des parcours n'excédant pas 2 km, avec un encadrement de moniteurs brevetés. Ensuite, il demeure indispensable d'effectuer des sorties avec un moniteur sachant « lire » le cours d'eau emprunté et connaissant les particularités de la météo locale.

(Parlementia – pour surfeurs expérimentés), St-Jean-de-Luz (Lafitenia), Hendaye (Grande Plage). Pour obtenir les adresses des clubs et écoles labellisés, s'adresser à la **Fédération française de surf**, BP 28, 30 impasse de la Digue-Nord, 40150 Hossegor, ☎ 05 58 43 55 88.

surf

Les plages des côtes landaise et basque, avec les impressionnants rouleaux du golfe de Gascogne, constituent un paradis pour les adeptes du surf et du body board. À condition de savoir nager et de ne pas avoir peur de mettre la tête sous l'eau, tout le monde peut s'adonner à ce sport. Les meilleurs spots se trouvent à Lacanau-Océan, Le Porge-Océan, Mimizan, Seignosse-Le Penon, Hossegor, Capbreton, Anglet (Sables d'Or et Cavaliers), Biarritz (côte des Basques, Grande Plage et Marbella), Bidart (plage du Centre), Guéthary

voile, planche à voile, char à voile

Bon nombre de lacs et plans d'eau de la chaîne des Pyrénées et de la Côte d'Argent font le bonheur des amateurs de voile et de planche à voile. Le réseau France Station Voile regroupe les communes les mieux équipées pour la pratique de la voile, parmi lesquelles Arcachon, La Teste-de-Buch et Hendaye. Les amateurs de **char à voile** quant à eux apprécieront les grandes plages de sable de la Côte d'Argent.
Renseignements d'ordre général : **Fédération française de Voile**, 55 av. Kléber, 75784 Paris Cedex 16, ☎ 01 44 05 81 00. www.ffv.fr

Forme et santé

Sur la carte p. 22 sont localisés les stations thermales et les centres de thalassothérapie de la région couverte par ce guide. Par ailleurs, Le Guide Rouge France signale les dates officielles d'ouverture et de clôture de la saison thermale.

le thermalisme

L'abondance des sources minérales et thermales a fait la renommée des Pyrénées dès l'Antiquité. Par leur nature et leur composition variées, elles offrent un large éventail de propriétés thérapeutiques. Le thermalisme fut remis au goût du jour dès la fin du 18e s. et en particulier au

milieu du 19e s., grâce à l'amélioration des transports et à la création par Napoléon III d'une route thermale reliant les stations. Prenant le relais du thermalisme mondain d'autrefois, le thermalisme actuel attire des foules de curistes venus se soigner pour des affections très diverses, respiratoires et rhumatismales principalement.
Les eaux pyrénéennes appartiennent à deux grandes catégories, les sources sulfurées et les sources salées.

LES SOURCES SULFURÉES

Elles se situent principalement dans la zone axiale des Pyrénées. Leur température, tiède, peut s'élever jusqu'à 80°. Le soufre, qualifié de

« divin » par les Grecs, en raison de ses vertus médicales, entre dans leur composition en combinaisons chloro-sulfurées et sulfurées-sodiques. Sous la forme de bains, douches et humages, ces eaux sont utilisées dans le traitement de nombreuses affections : oto-rhino-laryngologie (oreilles, nez, gorge et bronches), maladies osseuses et rhumatismales, rénales et gynécologiques. Les principales stations de ce groupe sont Cambo-les-Bains et Eaux-Bonnes.

LES SOURCES SALÉES

Elles se trouvent en bordure du massif ancien. Les eaux dites chlorurées-sodiques (Salies-de-Béarn) sont utilisées sous forme de douches et de bains et soulagent les affections gynécologiques et infantiles.

LES BOUES

Dans les Landes, les boues de Dax ont une action bénéfique sur les rhumatismes. Les limons prélevés sur les bords de l'Adour sont mis en maturation au contact d'une eau chaude thermale (de 53 à 62°). La boue qui en résulte est appliquée sur les articulations. Les soins thérapeutiques sont complétés par divers bains et douches à l'eau thermale.

la thalassothérapie

À la différence du thermalisme, la thalassothérapie n'est pas considérée comme un soin médical (le séjour n'est d'ailleurs pas remboursé par la Sécurité sociale), même si le patient a la possibilité d'être suivi par un médecin. L'eau de mer possède certaines propriétés qui sont surtout utilisées pour des stages de remise en forme, de beauté, des séjours pour futures ou jeunes mamans, des forfaits spécial dos, anti-stress et anti-tabac. La Côte basque est célèbre pour ses centres de thalassothérapie, proposant des séjours d'une semaine ainsi que des séjours week-ends, avec ou sans logement : Atlanthal à Anglet, Thalassa Biarritz et Thermes marins à Biarritz, Hélianthal à St-Jean-de-Luz, Serge-Blanco à Hendaye.

adresses utiles

Fédération thermale et climatique française – 16 r. de l'Estrapade, 75005 Paris. ☎ 01 43 25 11 85.
Chaîne thermale du Soleil/Maison du Thermalisme – 32 av. de l'Opéra, 75002 Paris, ☎ 01 44 71 37 00 ou 0 800 05 05 32 (n° vert). 3614 novotherm. www.cts-groupe.com
Fédération Mer et Santé – 8 r. de l'Isly, 75008 Paris, ☎ 01 44 70 07 57. 3615 talasso. www.mer-et-sante.asso.fr
Maison de la thalassothérapie – 5 r. Denis-Poisson, 75017 Paris, ☎ 01 45 72 38 38.

« Thermes marins » à Biarritz.

Souvenirs

gastronomie du terroir

Préparations salées – L'Aquitaine est bien connue pour sa cuisine ; faites donc le plein de ces bonnes choses que l'on trouve du Bordelais au Pays basque en passant par les Landes, le Lot-et-Garonne et le Béarn. En résumé, nous vous conseillons tous les confits et foie gras (en bocaux), le jambon de Bayonne et, pourquoi pas, le caviar de la Gironde (assez rare cependant). Ne quittez pas les Pyrénées sans avoir fait provision de fromage de brebis (l'appellation Ossau-Iraty vous garantira l'achat d'un produit de qualité). Sans oublier les piments d'Espelette qui parfumeront tous vos petits plats.

Douceurs – Pruneaux d'Agen (naturels, fourrés, à l'armagnac, au chocolat), canelés bordelais, chocolats de Bayonne et de Biarritz, tourons basques, confiture de cerises noires d'Itxassou, dont on fourre d'ailleurs les excellents gâteaux basques.

Vins et eaux-de-vie – Un séjour en Aquitaine est l'occasion rêvée pour agrandir sa cave. Pas seulement de grands et petits crus bordelais, mais également de ces vins locaux comme le jurançon, l'irouléguy, le tursan, le buzet, etc. Bien entendu, tout cela est à consommer avec modération. On trouve armagnac et floc de Gascogne dans les Landes et en particulier à Labastide-d'Armagnac, haut lieu de ces nectars gascons.

pour vous

Pure laine – Dans les Pyrénées, la laine apportée par les bergers à la filature est tricotée puis frottée sur un " métier de cardes ", qui remplace les chardons d'autrefois, pour donner aux couvertures et aux pull-overs une douceur pelucheuse. On trouve ces produits dans les commerces et les magasins d'usine de production.

Bérets – Symbole de la France, le béret est en fait originaire du Béarn, avant d'être basque. En laine tricotée, il servait aux bergers des montagnes à se protéger du froid. Une grande fabrique de bérets subsiste à Oloron-Ste-Marie (société Beatex) ainsi qu'à Nay (société Blancq-Olibet).

Échasses – Aujourd'hui curiosité folklorique, les échasses ont longtemps servi aux bergers pour se déplacer dans les landes marécageuses. Hautes de 85 cm à 1 m 20, elles sont maintenues à la jambe par des sangles de cuir, le pied reposant sur un petit plateau de bois. L'association Nouvelles Échasses, qui propose des randonnées en échasses (voir p. 206), vend et loue des échasses.

Espadrilles – Pratiques pour l'été, légères pour s'exercer aux danses traditionnelles basques, idéales pour aller à la plage, les espadrilles basques sont tout simplement indispensables. En plus, elles sont faites en tissu basque, ce qui n'ôte rien à leur beauté. Elles sont fabriquée pour la plupart à Mauléon-Licharre.

Objets basques – Le **makila** est à la fois un bâton de marche et une arme de défense. Le bâton en bois de néflier sauvage est muni, en haut, d'un aiguillon, pointe que l'on découvre en dévissant la poignée et, en bas, d'une massue. Les riches décorations en acier ciselé font de ces objets de véritables œuvres d'art. Quant au **chistera**, c'est l'accessoire indispensable pour jouer à la pelote basque. Sa structure en bois de châtaignier est garnie d'osier tressé. La poignée de cuir est rattachée au chistera en fin de fabrication. On trouve des makilas à Larressore et des chisteras à Anglet, au Pays basque.

Bourdon de pèlerin – Si l'envie vous prend de suivre à pied les chemins de St-Jacques-de-Compostelle, sachez qu'il faudra vous munir d'un bourdon, grand bâton compagnon de ces infatigables marcheurs que furent, de tout temps, les pèlerins de St-Jacques. Une fabrique artisanale existe à Bellocq, dans le Béarn.

pour la maison

Linge basque – Le tissu basque est bien connu des maîtresses de maison qui apprécient sa qualité et sa résistance pour leur linge de maison. Tissé en coton et en lin, il est le plus souvent décoré de bandes de couleur, parfois constituées de motifs floraux stylisés.

Kiosque

généralités

Le Grand Guide des Pyrénées, Rando éditions et Milan, Toulouse, 1995.

Béarn, éd. Bonneton.

Bigorre, éd. Bonneton.

Bordelais Gironde, éd. Bonneton.

La Forêt landaise, J. Montané, Privat, Toulouse.

Pays basque, A. de La Cerda, Privat, Toulouse.

Les Landes, M. Chauvirey, éd. Lavielle, Biarritz.

histoire-art

Histoire de l'Aquitaine, M. Suffran, Calmann-Lévy.

Histoire de la Guyenne et de la Gascogne, J. Castarède, éd. France-Empire.

Histoire d'Agen, de Bayonne, de Bordeaux, de Pau, Privat, Toulouse.

Histoire du peuple basque : le peuple basque dans l'histoire, J.-L. Davant, éd. Elkar, Bayonne.

L'Aventure des bastides, G. Bernard, Privat, Toulouse.

Pyrénées romanes, Guyenne romane, Zodiaque, exclusivité Desclée de Brouwer.

itinéraires

Les Sentiers d'Émilie au Pays basque, en Gironde, dans les Landes, Rando-Éditions, Ibos.

Les Plus Belles Balades autour de Bordeaux, Les Créations du Pélican, Lyon.

Haute Randonnée pyrénéenne, G. Véron, Rando-Éditions, Ibos.

Le Chemin de St-Jacques du Puy à Roncevaux, d'Arles vers St-Jacques-de-Compostelle, R. Day et L. Laborde-Balen, Rando-Éditions, Ibos.

Les Grands Vignobles pas à pas, J.-P. Xiradakis et A. Aviotte, Rando-Éditions, Ibos.

Les Plus Belles Randonnées des Pyrénées, Combo Multimédia : cédérom sur PC et Mac.

gastronomie-vie pratique

Les bonnes recettes des Landes, M.-F. Chauvirey, éd. Lavielle, Biarritz.

Les bonnes recettes du Béarn, C. Lagreoulle, éd. Lavielle, Biarritz.

Meilleures recettes du Bordelais, M. du Pontavice, Ouest-France.

Cuisines pyrénéennes, N. Saint-Lèbe, éd. Milan, Toulouse.

Encyclopédie des Crus classés du Bordelais, M. Dovaz, Julliard.

La Grande Flore illustrée des Pyrénées, M. Saul, éd. Milan, Toulouse.

Animaux sauvages des Pyrénées, C. Dendaletche, éd. Milan, Toulouse.

littérature

Les Châtaignes, J. Cayrol, Seuil.

Crépuscule, taille unique, C. de Rivoyre, Le Livre de Poche.

Le buveur de Garonne, M. Perrein, Flammarion.

Bords d'eaux, P. Veilletet, Arléa.

Le Pont de la Garonne, H. Sarrazin, éd. Aubéron, Bordeaux.

Les Rives de la Garonne, A. Dufilho, éd. Aubéron, Bordeaux.

Ramuntcho, P. Loti, Folio Gallimard.

Docteur, un cheval vous attend (Mémoires d'un médecin du Pays basque), A. Dufhilo, Aubéron, Bordeaux.

Les Impudents, Marguerite Duras, Folio Gallimard.

Thérèse Desqueyroux, F. Mauriac, Le Livre de Poche.

Contes traditionnels du Pays basque, M. Cosem, éd. Milan, Toulouse.

Contes de la Grande Lande, F. Arnaudin, bilingue occitan-français, Princi Negre.

Contes traditionnels de Gascogne, M. Cosem, éd. Milan, Toulouse.

Contes traditionnels des Pyrénées, M. Cosem, éd. Milan, Toulouse.

langues

Manuel pratique du basque, J. Allières, Picard.

Guide de la conversation français-basque, avec prononciation intégrale, éd. Elkar, Bayonne.

Initiation au gascon, R. Darrigrand, éd. Per Noste, Orthez.

Que Parlam : guide de conversation français-gascon, éd. Jakin.

librairies spécialisées

Librairie basque Zabal, 52 r. Pannecau, 64100 Bayonne, ☎ 05 59 25 43 90.
Librairie des pays d'oc Pam de Nas, 30 r. des Grands-Augustins, 75006 Paris, ☎ 01 43 54 04 84.
Librairie Mollat, 15 r. Vital-Carles, 33000 Bordeaux, ☎ 05 56 56 40 40

musiques traditionnelles

Adixkideak, chœurs basques, éd. Agorila, Bayonne.

Chorales basques, éd. Agorila, Bayonne.

Euskal Herriko Musika, compilation de musiques basques, éd. Elkar, Bayonne.

Los Troubadours aquitains, ensemble Tre Fontane, éd. Princi Negre.

presse

QUOTIDIENS

L'Éclair des Pyrénées, La République des Pyrénées, Sud-Ouest.

REVUES

Pyrénées Magazine (Milan Presse), Pays Basque (Milan Presse), Landes Magazine (Avantgreen), L'Esprit du Sud-Ouest (Milan Presse).

RADIOS

Sud Radio – FM 100.4 (bassin d'Arcachon), 103.2 (Médoc), 106.0 (Bordeaux), 102.3 (Agen), 102.9 (Villeneuve-sur-Lot), 94.1 (Mont-de-Marsan), 102.0 et 103.9 (Pyrénées-Atlantiques).
Radio-France Bordeaux-Gironde – 101.8 (Arcachon), 101.5 (Belin-Béliet), 100.1 (Bordeaux, Langon, Libourne), 101.4 (Lacanau), 90.4 (La Réole), 101.6 (Soulac).

Radio-France Landes – 98.8 (Aire-sur-l'Adour, Mont-de-Marsan), 103.4 (Biscarosse), 100.5 (Capbreton).
Radio-France Pau-Béarn – 105.0 (Arudy), 96.4 (Laruns), 93.2 (Oloron), 102.5 (Pau).
Radio-France Pays basque – 101.3 (Bayonne, Hendaye), 103.1 (Mauléon-Licharre), 102.4 (St-Étienne-de-Baïgorry).
Radio Païs - 103.6 (Aire-sur-l'Adour), 93.8 (Hagetmau), 89.8 (Pau).
FIP Bordeaux – 96.7.

Cinéma, télévision

Certains sites de la région couverte par ce guide ont servi en partie ou en totalité au tournage des films et feuilletons suivants :
Balzac (1998), téléfilm de Didier Decoin et Josée Dayan, avec Gérard Depardieu et Jeanne Moreau : Bordeaux.
Les Filles du maître de chai (1996), série TV de François Luciani : vignoble bordelais.
Highlander (1996), série TV d'A. Paul : château de Roquetaillade.
Beaumarchais l'Insolent (1995), d'Édouard Molinaro : Bordeaux.
L'Ange noir (1994), de Jean-Claude Brisseau : Bordeaux.

La Reine Margot (1994), de Patrice Chéreau, avec Isabelle Adjani : Bordeaux.
Les Roseaux sauvages (1993), d'André Téchiné : Lot-et-Garonne.
Merci la Vie (1990) de Bertrand Blier : Lacanau.
Valmont (1989), de Milos Forman : Bordeaux.
Le Miraculé (1987), de Jean-Pierre Mocky : Salies-de-Béarn, Pyrénées-Atlantiques.
Tandem (1986) de Patrice Leconte : Arcachon.
Le Rayon vert (1986) d'Éric Rohmer : Biarritz.
Le Lieu du crime (1985), d'André Téchiné : Lot-et-Garonne.
J'ai épousé une ombre (1983), de Robin Davis : Médoc.
Hôtel des Amériques (1981), d'André Téchiné : Biarritz.
La Banquière (1980), de Francis Girod : Pays basque.
Tout l'or du monde (1961), de René Clair : Castillonès, Lot-et-Garonne.
Le Salon de musique (1958), de Satyajit Ray : Château Cos-d'Estournel, Gironde.
Le soleil se lève aussi (1957), de Peter Viertel et Henry King : Côte basque.
Des gens sans importance (1955), de Henri Verneuil : Bordeaux.
Ramuntcho (1937), de Raymond Barberis : Pays basque.

Escapade en Espagne

Comme vous le savez, les Pyrénées marquent la frontière entre la France et l'Espagne.

Pour définir l'itinéraire entre votre point de départ en France et votre destination en Espagne, consultez les cartes Michelin n°s 441 à 446 à 1/400 000 couvrant l'ensemble du pays. Vous trouverez sur les cartes n°s 442 et 443 les différentes voies de passage.

La vitesse est limitée à 50 km/h dans les villes et agglomérations, à 90 km/h sur le réseau courant, à 100 km/h sur les routes nationales et à 120 km/h sur les autoroutes et voies rapides. Le port de la ceinture de sécurité est obligatoire à l'avant du véhicule.

ADRESSE UTILE

Office espagnol du tourisme – 43 r. Decamps, 75016 Paris, ☎ 01 45 03 82 50. 3615 Espagne.

FORMALITÉS D'ENTRÉE

Pièces d'identité – La carte nationale d'identité en cours de validité ou le passeport (même périmé depuis moins de 5 ans) sont valables pour les ressortissants des pays de l'Union européenne, d'Andorre, du Liechtenstein, de Monaco, de Suisse. Les mineurs voyageant seuls ont besoin d'un passeport en cours de validité. S'ils n'ont que la carte d'identité, il ont demandé une autorisation parentale sous forme d'attestation délivrée par la mairie ou le commissariat de police.

Véhicules – Pour le conducteur : permis de conduire à trois volets ou permis international. Le conducteur doit être en possession d'une autorisation écrite du propriétaire, si celui-ci n'est pas dans la voiture. Outre les papiers du véhicule, il est nécessaire de posséder la carte verte d'assurance.

Animaux domestiques – Pour les chats et les chiens, un certificat de vaccination antirabique de moins d'un an et un certificat de bonne santé sont exigés.

Assurance sanitaire – Afin de profiter de la même assistance médicale que les Espagnols, les Français avant le départ doivent se procurer le formulaire E 111 auprès de leur centre de paiement de Sécurité sociale. Dès l'arrivée en Espagne, vous devez solliciter auprès de la Dirección provincial del Instituto Nacional de la Seguridad Social un carnet à souches de soins de santé qui vous sera remis en échange de l'imprimé E 111.

DEVISES

L'unité monétaire est la peseta (environ 4 centimes français fin 2000).

Change et cartes de crédit – On peut changer dans les banques, certaines gares, la plupart des hôtels et agences de voyages. Billets : 1 000, 2 000, 5 000 et 10 000 pesetas ; pièces : 1, 5, 10, 25, 50, 100, 200 et 500 pesetas. Les chèques de voyage et les principales cartes de crédit internationales (dont la carte bleue Visa) sont acceptés dans presque tous les commerces, hôtels et restaurants. Les distributeurs de billets fonctionnent notamment avec la carte Visa internationale.

HORAIRES

Les horaires sont assez différents de ceux pratiqués en France. À titre indicatif : déjeuner 13h30-15h30, dîner 21h-23h.

Bureaux de poste – 9h-14h. Les bureaux principaux dans les grandes villes restent ouverts 24h/24.

Banques – En général 9h-14h les jours de semaine. En été, elles sont fermées le samedi.

Magasins – Généralement 9h30 ou 10h-13h30 et 16h30-20h ou 20h30. Cependant, de plus en plus de commerces restent ouverts le midi et même le samedi après-midi. Ils sont fermés le dimanche. En été dans les régions touristiques, il n'est pas rare de trouver des commerces ouverts jusqu'à 22h ou 23h.

Pharmacies – Généralement 9h30-14h et 16h30-20h. Service de garde assuré la nuit, les dimanches et jours fériés. La liste des établissements de garde est affichée en vitrine des pharmacies.

POSTE ET TÉLÉCOMMUNICATIONS

COURRIER

Les bureaux de poste sont signalés par le nom *Correos*. Les timbres *(sellos)* sont également en vente dans les bureaux de tabac *(estancos)*.

TÉLÉPHONE

Pour appeler l'étranger depuis l'Espagne, composer le 00, suivi du 33 et du numéro du correspondant (10 chiffres).

Les cabines téléphoniques fonctionnent avec des pièces de 5 ptas (appel urbain), 25, 50 et 100 ptas pour l'étranger. Les cartes téléphoniques *(tarjetas telefónicas)* sont en vente dans les bureaux de poste et dans les *estancos* (1 000 ou 2 000 ptas).

Calendrier festif

fêtes traditionnelles

Jeudi précédent Mardi gras

Fête des bœufs gras : défilé des bœufs à travers la ville, **Bazas**
leurs cornes enrubannées et fleuries, suivi
d'un concours de race devant la mairie.
Un banquet gastronomique clôture la fête.

Dimanche des Rameaux

Courses de vaches landaises. **Amou**

1er mai

Fête de la mer. **Mimizan-Plage**

Début mai

Fête de l'agneau : reconstitution d'une bergerie, **Pauillac**
cérémonie de pâturage, tonte d'un mouton,
transhumance et démonstrations de chiens de bergers ;
la dégustation d'agneau est bien sûr prévue.

Samedi, veille de la fête des Mères

Fête de la Commanderie du Bontemps. **Ste-Croix-du-Mont**

Fin mai ou début juin

Fête des cerises d'Itxassou. **Itxassou**

Autour de la Saint-Jean

Fête de la Saint-Jean : grand-messe, concerts, chistera, **St-Jean-de-Luz**
force basque, feux de la Saint-Jean, bal, toro de fuego, etc.

3e dimanche de juin

Fête de printemps de la Jurade : messe, intronisations. **St-Émilion**

1er week-end de juillet

« Bordeaux fête le vin » : découverte du vignoble, **Bordeaux**
dégustation, concerts.

2e week-end de juillet

Fête du thon : défilé, animations et jeux, dégustations **St-Jean-de-Luz**
de ttoro (ragoût de poisson) et bal de clôture.
Samedi – Foire aux sarments : soirée de spectacle et **St-Ysans-de-Médoc**
de gastronomie médocaine.
Mairie, ☎ 05 56 09 05 06.
Dimanche – Foire à la tourtière : préparation des **Penne-d'Agenais**
tourtières aux pommes ou aux pruneaux et dégustation.

13 juillet

Junte de Roncal. **Arette-Pierre-**
St-Martin
Fête des chipirons (petits poulpes basques) : **Hendaye**
dégustation et animations folkloriques.

Un dimanche proche du 14 juillet

Championnat de force basque. **St-Étienne-**
de-Baïgorry

14 juillet

Reconstitution d'une noce basque 1900. **St-Étienne-**
de-Baïgorry

Mi-juillet

Fête de l'huître. **Lanton, Lège-**
Cap-Ferret

*Reconstitution
de noce basque 1900,
à St-Étienne-de-Baïgorry.*

1er week-end d'août

Dimanche : concours international de menteries et
sacre du « roi des Menteurs » selon une tradition
gasconne perpétuée par l'Académie des Menteurs
(40 membres), fondée à Moncrabeau au 18e s.
Moncrabeau

Les 5 jours d'Hagetmau : corridas, courses landaises,
feux d'artifice, orchestres.
Hagetmau

Fête du vin de Jurançon.
Monein

Fête des vins de Duras, dans la cour du château.
Union interprofessionnelle des vins des Côtes de Duras,
☎ 05 53 83 81 88.
Duras

1re semaine d'août

Fêtes traditionnelles : courses de vaches landaises,
corridas, jeux nautiques, corso lumineux, concerts, bals,
toro de fuego.
Bayonne

Reconstitution historique : vie de la cité du Moyen Âge
à nos jours. Spectacle son et lumière. ☎ 05 58 76 34 64.
St-Sever

2e week-end d'août

Courses de vaches landaises. ☎ 05 58 89 00 22.
Amou

Fête de l'huître.
Gujan-Mestras, Arès

15 août

Fêtes de la mer.
Nuit féerique : spectacle pyrotechnique.
☎ 05 59 22 37 10.
**Arcachon
Biarritz**

Courses landaises. ☎ 05 58 89 30 28.
Feu d'artifice devant le château. ☎ 05 57 55 25 55.
Reconstitution d'une noce basque 1900.
**Pomarez
Vayres
St-Étienne-
de-Baïgorry**

Mi-août

Féria : corridas, concours landais, jeux avec vachettes,
spectacles folkloriques, bals, feux d'artifice.
Dax

Avant-dernier ou dernier week-end d'août

Reconstitution historique en costumes d'époque.
Dîner aux chandelles sous les arcades.
☎ 05 58 44 67 56.
**Labastide-
d'Armagnac**

1er week-end de septembre

Championnat international de garbure.
Oloron-Ste-Marie

2e week-end de septembre

Fête du sel : grand marché aux salaisons, artisans en
costumes traditionnels, chants et danses du Béarn, etc.
Salies-de-Béarn

3e dimanche de septembre

Ban des vendanges.
St-Émilion

Fin septembre

Fête de la palombe.   **Bazas**

1ᵉʳ week-end d'octobre

Vendanges à l'ancienne au domaine de Carcher   **Montfort-en-**
(le samedi uniquement).   **Chalosse**
Foire aux fromages, avec marché à l'ancienne.   **Laruns**

1ᵉʳ ou 2ᵉ dimanche d'octobre

Vendanges à l'ancienne. ☎ 05 57 32 41 03.   **Marcillac**

Dernier week-end d'octobre

Fête du piment.   **Espelette**

festivals

Mi-juin-mi-juillet

Festival de Pau (théâtre, musique, danse).   **Pau**
☎ 01 47 20 95 40.

Début juillet

Not'ambules : spectacles de rue. ☎ 05 57 52 98 98.   **Arcachon**

2ᵉ semaine de juillet

Festival d'art flamenco. ☎ 05 58 06 89 89.   **Mont-de-Marsan**

2ᵉ quinzaine de juillet

Festival Jazz en liberté (sur 3 jours). ☎ 05 56 82 02 95.   **Andernos-les-Bains**

Début août

Festival international des Pyrénées : folklore, art et   **Oloron-Ste-Marie**
traditions populaires. ☎ 05 59 39 37 36.
Internet www.danseaveclemonde.com

2ᵉ quinzaine d'août

Hestejada de las arts d'Uzeste musical : variétés,   **Uzeste**
théâtre, poésie, arts plastiques, danse, cinéma, etc.
☎ 05 56 25 38 46.

1ᵉʳ dimanche après le 15 août

Festival de la force basque. ☎ 05 59 65 71 15.   **St-Palais**

Fin août-début septembre

Les Chantiers de Blaye : festival de théâtre.   **Blaye**
☎ 05 57 42 93 39.

Début septembre

Festival de musiques croisées. ☎ 05 58 06 85 85.   **St-Sever**

1ʳᵉ quinzaine de septembre

Musique en Côte basque (classique). ☎ 05 59 51 19 95.   **Anglet, Bayonne,**
                                                         Biarritz, Ciboure,
                                                         St-Jean-de-Luz
Festival du cinéma au féminin. ☎ 05 56 22 47 00.   **Arcachon**

événements sportifs

Week-end de la Pentecôte

Grand Prix automobile de Pau.   **Pau**

Juin

Jumping international d'Arcachon.   **Arcachon**

Début juillet

18 heures Arcachon Sud-Ouest : course à la voile.   **Arcachon**

Mi-juillet à mi-août

Pelote basque au grand chistera ; folklore landais.   **Soustons**

Le Biarritz Surf Festival

3ᵉ semaine de juillet

Biarritz Surf Festival : compétitions internationales
de longboard.

Biarritz

Dernière semaine de juillet

Biarritz Golf Cup.

Biarritz

Juillet-août

Internationaux professionnels de cesta punta
(tous les mar. et ven. à 21h).

St-Jean-de-Luz

Août

Gant d'Or professionnel de cesta punta.
Lacanau Pro : compétition de surf.

Biarritz
Lacanau

2ᵉ dimanche d'août

Course à la Rhune : course à pied
(montée et descente de la montagne).

Ascain

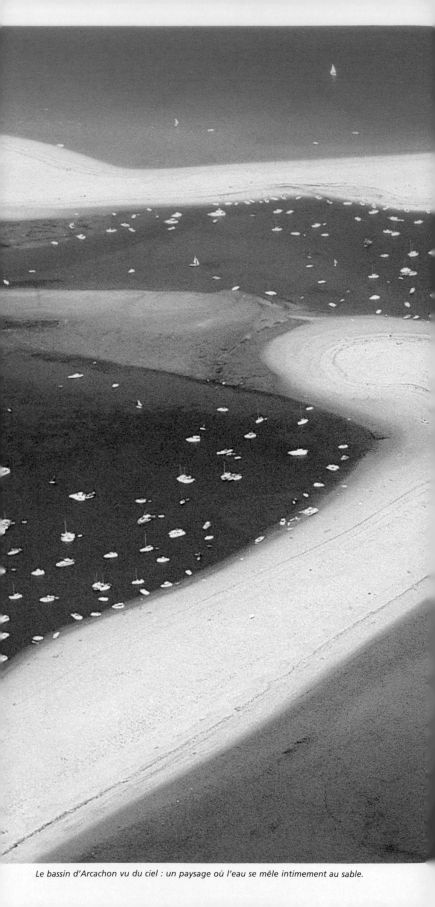

Le bassin d'Arcachon vu du ciel : un paysage où l'eau se mêle intimement au sable.

*Invitation
au voyage*

L'Aquitaine côté mer

Avec un littoral long de plusieurs centaines de kilomètres, partagé entre falaises, dunes et plages de sable fin, un paysage abreuvé par les étangs et l'Adour, l'Aquitaine offre une étendue gigantesque propice à la rêverie, au tourisme et aux sports nautiques.

Les bonnes huîtres du bassin d'Arcachon.

Côtes, dunes et étangs

La vaste plaine des Landes, qui s'étend sur 14 000 km², s'inscrit dans un triangle dont la base, couvrant 230 km, est constituée par la côte, de la Gironde à l'Adour. Cette côte rectiligne, dite Côte d'Argent, formait, à l'origine, une immense plage où se sont déposés les sables rapportés par la mer. Ces sables desséchés, essentiellement dans la partie du rivage atteinte par les marées d'équinoxe, et transportés par le vent d'Ouest vers l'intérieur, se sont accumulés jusqu'au siècle dernier, pour former des dunes progressant de 7 à 25 m par an. Aujourd'hui, boisées et fixées, ces dunes, larges de 5 km, bordent la côte. Ce sont les plus étendues et les plus hautes d'Europe : la dune du Pilat, mondialement réputée, culmine à 114 mètres.

À l'exception de la Leyre (appelée Eyre dans son cours inférieur) qui vient s'évanouir dans l'océan au creux du bassin d'Arcachon, les cours d'eau ont été arrêtés par la barrière des dunes. De nombreux étangs se sont formés. S'ils communiquent entre eux, leurs eaux se frayent péniblement un passage jusqu'à l'océan par des « courants » capricieux dont la descente fait la joie des amateurs de sports nautiques. Les plus typiques sont les courants d'Huchet et de Contis. Les vastes plans d'eau des étangs côtiers se prêtent allègrement aux équipements nautiques de grande envergure, comme à Bombannes, sur le lac d'Hourtin-Carcans.

L'Adour, fleuve vagabond

Dans un lointain passé géologique, l'Adour a creusé une profonde vallée, aujourd'hui sous-marine. À 35 km au large, l'entaille atteint jusqu'à 3 000 m de profondeur : c'est le gouf de Capbreton, qui se résorbe seulement à 60 km de la côte. Des documents anciens permettent de suivre la course capricieuse imposée à l'Adour par les sables, de Capbreton à Vieux-Boucau-Port-d'Albret, actuel Vieux-Boucau-les-Bains, en passant par Bayonne. En 1569, Charles IX ordonne d'assurer à l'Adour une embouchure définitive sauvegardant le port. Louis de Foix – architecte du phare de Cordouan – prend la direction des travaux. En 1578, un chenal direct est ouvert à travers 2 km de dunes ; Boucau-Neuf est créé. De l'ancien bras, il ne reste aujourd'hui que de petits lacs, dont celui d'Hossegor.

Le bassin d'Arcachon, vu du ciel.

Quelques marches pour atteindre le sommet de la dune du Pilat.

Des poissons et des huîtres

Si la plupart des étangs, des lacs et des rivières d'Aquitaine sont très poissonneux (anguilles, truites, tanches et saumons), le littoral peut s'enorgueillir de vastes parcs d'ostréiculture et d'une variété de poissons remarquable.

Dans le port d'Arcachon, à la pêche industrielle (du thon et de la sardine) a succédé une pêche artisanale importante (soles, merlus, bars, rougets, daurades...). L'huître du bassin connaît une réputation internationale. À bord de pinasses, bateaux traditionnels, 750 ostréiculteurs exploitent environ 1 800 hectares pour une production annuelle de 11 000 tonnes d'huîtres, réalisée principalement à La Teste et Gujan-Mestras. À côte de réalités économiques non négligeables, l'ostréiculture, partagée entre l'élevage et le ramassage, constitue un atout touristique non négligeable.

La vague du surf

De la pointe de Grave à Hendaye, plus de 300 km de littoral revêtent des allures de paradis pour les amateurs de sports de glisse sur eau : la Côte d'Argent a l'avantage d'offrir aux surfeurs de belles vagues toute l'année.

Né aux îles Hawaï, le surf arrive dans l'Hexagone en 1956. Ce sport de glisse consiste à gagner le large allongé sur une planche puis à retourner au rivage en se laissant porter par une vague déferlante. Figures diverses et virages font partie de l'épreuve. D'autres sports, longboard, skimboard, body-board (ou morey) et bodysurf, dérivés du surf, ont vu leurs pratiques se développer sur la côte atlantique.

La côte aquitaine, un paradis pour les surfers

PETIT VOCABULAIRE DU SURF

Nouvellement inscrit dans la culture sportive en Aquitaine, le surf n'en possède pas moins son vocabulaire, puisé essentiellement dans l'anglais. Le spot indique l'endroit propice à la pratique du surf, appréciable selon la houle (swell). Le départ (take-off) s'effectue au « peak », au sommet de la vague. Si le tube désigne le cylindre formé par la vague, dans lequel le surfeur vient se glisser, le roller est le virage à négocier en haut de la vague. Le off-shore est le vent d'Est qui fait se redresser les vagues.

Le Bordelais

Caractérisé par d'immenses étendues de vignes autour de l'estuaire de la Gironde comme sur les rives de la Garonne et de la Dordogne, le Bordelais est une terre à vins que se partagent 12 000 châteaux. D'un paysage exceptionnel à l'art de la dégustation des petits et grands crus, mode d'emploi.

Grands crus

La diversité des produits du vignoble bordelais, premier au monde pour les vins fins, est prodigieuse : 12 000 « châteaux », 53 appellations, auxquelles se rattachent le « crémant de Bordeaux », vin effervescent, et la « fine de Bordeaux », eau-de-vie locale. Au total, la production se partage entre 75 % de vins rouges et 25 % de vins blancs ; annuellement, elle atteint près de 650 millions de bouteilles.

Les vins rouges

L'aptitude des vins rouges au vieillissement est remarquable. À l'élégance des médoc – les grands bordeaux rouges – auxquels s'apparentent les graves rouges fins et séveux, fait écho l'arôme puissant, le caractère corsé des saint-émilion.

Vignoble de Pauillac (Château Pontet Canet).

Les pomerol, chauds et colorés, rappellent à la fois les médoc et les saint-émilion. Les fronsac, fermes et charnus, plutôt durs en primeur, s'affinent avec l'âge. Plus en aval, les régions du Bourgeais et du Blayais sont réputées pour leurs « grands ordinaires », rouges et blancs.

Les vins blancs

Avec une gamme non moins harmonieuse que les rouges, les vins blancs ont aussi leur réputation. Ici, la place d'honneur revient aux grands vins de Sauternes et à ceux de Barsac, premiers vins blancs liquoreux du monde, obtenus à partir d'un raisin atteint d'une maturation particulière : la fameuse « pourriture noble ». Sur la rive opposée de la Garonne, les sainte-croix-du-mont et loupiac ont aussi gagné leurs galons d'excellence.

Au goût tout à fait opposé, les graves blancs secs, vins nerveux, ont fini par représenter le type du bordeaux blanc. Les produits des vignobles de Cérons forment le trait d'union entre les meilleurs vins de Graves et les grands vins de Sauternes. Dans les premières côtes de Bordeaux, le cadillac donne des vins blancs veloutés, moelleux, d'une fraîcheur agréable.

Enfin, la vaste région de l'Entre-Deux-Mers est une grosse productrice de vins blancs secs et de vins rouges « grands ordinaires ».

L'art de la dégustation

Il ne suffit pas d'avoir de bonnes bouteilles, il faut savoir les servir selon certaines règles. Pour un vin rouge, il est conseillé de laisser reposer la bouteille quelques heures à température ambiante (18 à 20°) et de l'ouvrir une heure avant le repas. Un vin rouge de grand âge doit être servi dans un panier verseur ; il vaut mieux le décanter, en particulier s'il présente des impuretés en suspension. Si les vins rouges, suivant leur âge, doivent être servis entre 14 et 18° (« chambrés »), les vins rouges jeunes (5 ans) se boivent relativement frais (entre 12 et 14°).

Le viticulteur surveille de près l'évolution de son vin.

Les vins blancs secs et les rosés seront servis frais, à 8°, les blancs moelleux très frais, autour de 6°.

Il est préférable au cours d'un repas, de commencer par le vin le plus jeune et le plus léger pour finir par le vin le plus vieux et le plus corsé.

Comment goûter un vin ?

La vue – La dégustation commence par un examen visuel de la « robe » et du « disque » du vin. La robe, différente selon les vins, désigne la couleur et la limpidité du vin. Le disque est la surface du vin dans le verre : il doit être brillant et ne présenter aucune particule.

L'odorat – Les odeurs évoquées par les vins sont classées en 10 familles : animale, boisée, épicée, balsamique, chimique, florale, fruitée, végétale, empyreumatique et éthérée. Un vin qui prend de l'âge dégage des odeurs plus sauvages et épicées. On commence par inhaler puis on fait tourner le verre (les arômes sont libérés), en essayant à chaque fois de définir les odeurs.

Le goût – L'examen gustatif débute par une « attaque en bouche », de quelques secondes, le temps que le vin entre en contact avec la langue. L' « évolution en bouche » permet d'analyser plus longuement toutes les nuances du vin. On peut alors avaler une gorgée et apprécier la « fin de bouche » (l'excédent est rejeté).

Tout le sérieux du dégustateur de bordeaux.

Le Pays basque

Adossé à la chaîne des Pyrénées, étendu entre l'Adour et la Bidassoa et bordant le golfe de Gascogne, le Pays basque français offre l'attrait des richesses océanes, des parfums de la montagne et des bois ombreux. C'est aussi une entité forte scellée par la triple consécration de la langue, des traditions et du sang, rehaussée par un art de vivre coloré et pittoresque, de la pelote basque aux maisons à pans de bois.

Forêt de mâts dans le port de St-Jean-de-Luz.

La Côte basque

Ultime partie du littoral aquitain, reliant la France à l'Espagne, jalonnée de villas balnéaires, de petits ports de pêche, de vieilles cités colorées et de vastes plages, éclairée par une lumière pure et limpide tout au long d'un rivage mouvementé et houleux, la Côte basque possède nombre de charmes.

Au-delà de l'embouchure de l'Adour, les dunes landaises et leurs pinèdes se prolongent jusqu'à la pointe de St-Martin, près de Biarritz. Plus au Sud, les roches, fortement plissées et feuilletées, superposées comme une pile d'assiettes, forment des petites falaises inclinées qui ont fait la réputation pittoresque de la « corniche basque », de St-Jean-de-Luz à Hendaye.

La mer a creusé des grottes, le long de la côte, tandis que des bancs de sable et quelques îlots freinent la fureur des flots : la Côte basque offre un spectacle vivant, enchanteur et toujours renouvelé. C'est aussi là que s'épanouissent les surfeurs, amateurs impénitents de ces vagues basques folles et tourmentées, de Biarritz à Guéthary en passant par Anglet.

Cité reine de la côte, fière de sa Grande Plage, Biarritz doit son essor à l'impératrice Eugénie de Montijo. De luxueuses résidences ont survécu aux vicissitudes économiques. Ce lieu de villégiature privilégié par les grands de ce monde, au front de mer déchiqueté par l'océan, offre un remarquable panorama de la Côte basque, alternant promontoires, plages et falaises. Après les villages côtiers que sont Bidart et Guéthary, St-Jean-de-Luz, avec sa baie tout entière ouverte sur l'océan et protégée par les digues, représente l'un des rares havres de paix avant la longue descente sur Hendaye, ville frontière très convoitée pour ses plages étirées de sable fin.

Hortensias roses et mer bleue, un tableau composé pour Biarritz, reine des stations balnéaires de la Côte basque.

Sur fond de montagne, les chevaux du Pays basque, les dociles pottoks.

La montagne

L'écrasement des plis pyrénéens, les vallées tortueuses et les communications difficiles entre les différents bassins sont autant de raisons qui font de cette région un « Pays fort bossu » selon un chroniqueur du 17e s.

L'ensemble du Pays basque s'étend sur les deux versants de la chaîne des Pyrénées. La disparition de la zone axiale des Pyrénées-Atlantiques a créé une confusion accrue des reliefs si bien que l'on ne trouve plus là de ligne de faîte continue, propre à fixer une frontière « naturelle ».

Les accidents de relief les plus remarquables se situent à l'Est du département, dans la couverture calcaire de la zone axiale : pic d'Anie, fier de ses 2 504 m de hauteur ; traits de scie des gorges de Kakouetta et d'Holçarté ; arête du Contende, s'élevant à 2 338 m ou pic d'Orhy, situé à 2 017 m d'altitude, ultime borne Pyrénéenne vers l'Ouest. Le sous-sol de ces calcaires fissurés et criblés de gouffres est devenu pour les spéléologues un immense domaine d'exploration et d'étude (grottes d'Isturitz et d'Oxocelhaya). C'est aussi là que l'on rencontre le plus grand nombre de pins à crochets, capables de vivre près de sept cents ans.

Ces « basses » Pyrénées présentent une montagne abondamment boisée et relativement peu pénétrable telle la forêt d'Iraty, étendue sur 2 300 ha, la plus importante concentration de hêtres en Europe. Des tensions, des torsions et des dépressions font de cette montagne basque un paysage sublime, verdoyant, marqué par les pics, entrecoupé de terrasses, de précipices et traversé de torrents. Plus près de l'océan, la topographie se révèle plus calme, témoignant d'une réapparition de roches gréseuses ou cristallines composant le décor du Pays basque, tels que le sommet de la Rhune, culminant à 900 m, d'où l'on domine la montagne et les flots, le mont Ursaya (Cambo), ou les monts encadrant St-Jean-Pied-de-Port. Mais, dans l'ensemble, le paysage entre l'Adour et l'Espagne fait la part belle aux collines modelées dans une masse hétérogène de sédiments de formation marine.

C'est dans les montagnes basques qu'est né le célèbre fromage de brebis Ossau-Iraty.

LES VINS DU PAYS BASQUE

Sur les versants des vallées, à Baïgorry, Anhaux et Irouléguy, un vignoble de montagne s'étend sur près de 190 hectares. Bien abrité des vents, l'irouléguy jouit d'un microclimat favorisant la maturation parfaite des raisins. Remarquable vin rouge (et, dans une moindre mesure, rosé et blanc), composé d'une dominante cabernet franc (60 %), de cabernet sauvignon (20 %) et de tannat (20 %), l'irouléguy bénéficie d'une Appellation d'origine contrôlée depuis 1954. Les rouges, corsés et généreux, au bouquet sentant le terroir, gagnent à être bu après un an. L'izarra, liqueur jaune ou verte, obtenue avec des plantes de montagne, achève parfaitement un repas toujours parfumé.

Un peuple mystérieux

L'origine du peuple basque reste énigmatique. Selon certains chercheurs, les Basques viendraient du Caucase, d'où ils auraient émigré entre 2000 et 3000 avant J.-C. pour échapper aux invasions indo-européennes. En 56 avant J.-C., les légions romaines menées par Crassus conquièrent l'Aquitaine. Les Gallo-Romains installent un comptoir à Guéthary puis un *castrum* à Lapurdum (actuelle Bayonne). À la fin du 6e s., les Wisigoths venus du Sud refoulent les Basques, positionnés dans la vallée de l'Èbre, vers les Pyrénées occidentales et l'Aquitaine et s'emparent de Pampelune. Les Basques fondent le royaume de Vasconie. Jusqu'au 8e s., ils se heurtent au Francs (bataille de Roncevaux). Les Vascons deviennent les « Gascons » tandis que la population des montagnes, les ancêtres des Basques d'aujourd'hui, garde farouchement sa langue et ses traditions.

Autre signe de ralliement des Basques, le drapeau (Porte-étendard basque, par E. Pascau, Musée basque, Bayonne).

Euskadi, le Pays basque

Les sept provinces – Il existe sept provinces basques, constituant l'Eskual Herri. La formule consacrée « Zaspiak-bat » se traduit par « les sept ne font qu'une » : la race, la langue sont, en effet, les mêmes des deux côtés des Pyrénées. Représentant un peu plus du tiers (2 869 km²) du département des Pyrénées-Atlantiques, le Pays basque français est constitué de trois provinces, le Labourd, le long de la côte, la Basse-Navarre, au centre, et la Soule, flirtant avec le Béarn.

Autonomie et nationalisme basques – Au 9e s., Iñigo Arista fonde une dynastie basque et devient roi de Pampelune. Deux siècles plus tard, Sanche le Grand monte sur le trône de Navarre et fédère les Basques des deux côtés de la chaîne pyrénéenne. Sous l'Ancien Régime, les provinces gardent leur autonomie politique. La Révolution française met fin à ce privilège : les trois provinces franco-basques sont rattachées au Béarn pour former le département des Basses-Pyrénées.

À la fin du 19e s., le grand mouvement nationaliste traversant l'Europe n'épargne pas l'Espagne basque. En 1895, Sabino Arana Goiri (1865-1903) fonde, à Bilbao, le Partido nacionalista vasco (Parti nationaliste basque) avec la volonté manifeste de rassembler les sept provinces basques d'Espagne et de France en un seul État confédéral (il crée le néologisme « Euskadi » que la Communauté autonome basque d'Espagne a adopté aujourd'hui). En 1894, Arana invente l'*ikurrina*, drapeau rouge aux

La croix basque, plus qu'un ornement, le symbole de tout un pays.

deux croix verte et blanche. L'autonomie est accordée aux provinces basques espagnoles en octobre 1936, en échange de leur soutien républicain contre les franquistes, durant la guerre civile. Le nouveau gouvernement basque est écrasé à Guernica en 1937. Le régime de Franco exerce alors une répression contre la culture basque. Dans ce contexte naît la lutte clandestine armée, en 1959, avec l'ETA (*Euskadi ta askatasuna* = « Pays basque et liberté »). Après la mort de Franco, le Pays basque espagnol obtient l'autonomie en 1978, devenant l'Euskadi.

Au Pays basque français, un courant nationaliste naît en 1960 autour de l'hebdomadaire *Enbata*. En 1973, un groupement clandestin proche de l'ETA, Iparetarrak, est créé. Quatre mouvements nationalistes légaux existent également, siégeant au conseil municipal de plusieurs villes.

Euskara, la langue basque

Les origines de la langue basque, fondatrice de l'identité régionale, restent encore aujourd'hui inconnues. Pour autant, on sait que son implantation est antérieure à celle des langues indo-européennes. Sa longue histoire perdure ; elle est en effet pratiquée par 21 % de la population basque et par plus de la moitié des Bas-Navarrins et des Soulétins.

L'écriture basque est phonétique ; on prononce toutes les lettres. Le E se dit « é », le U « ou », le G « gu », le J « y », le N « nn », le Z « s », le S « sh » et le X « ch ». La grammaire est d'une grande complexité et sa syntaxe parfois originale.

Des écrivains de langue basque (surtout en Espagne) ont publié des œuvres littéraires dès le 16e s. En 1643, Pedro de Agerre Axular publie *Gero*, œuvre phare de la littérature basque. Un siècle plus tard naît une grande école autour d'auteurs espagnols comme Mendiburu, Kardaberaz et Ubillos, malgré l'interdiction de publier dans une autre langue que le castillan. Ainsi, de ce côté de la frontière commencent la défense et le développement du basque qui aboutissent, au 19e s., à un véritable nationalisme linguistique. En 1919 est créée l'Académie de la langue basque, Euskaltzaindia, rassemblant les intellectuels basques espagnols et français. Des poètes tels Lizardi, Larraxeta et Orixe se font connaître dans le monde littéraire des années 1930. De 1937 à 1950, le régime franquiste contraint les Basques espagnols à pratiquer leur langue

Sabino Arana, fondateur de l'Euskadi, (Musée basque, Bayonne).

clandestinement. Dans les années 1960, le basque reprend ses droits et gagne les textes scolaires. Aujourd'hui, Euskara est enseigné de la maternelle au secondaire. Au Pays basque français, depuis 1984, les étudiants peuvent suivre un cursus universitaire de langue basque. Le quotidien unilingue *Egunkaira* est tiré à 12 000 exemplaires, les enfants ont leur mensuel, *Xirrista*, tandis que Radio France Pays basque propose une heure d'émission en basque chaque jour.

La maison, fondement de la société

Chaque maison *(etxe)* basque possède son poids de valeur sociale et son originalité selon sa province. La maison labourdine, considérée comme la plus pittoresque des habitations basques, a inspiré nombre de villas et de pavillons de banlieue. Isolée ou regroupée avec d'autres maisons, faite de torchis, elle a conservé des pans de bois apparents, peints le plus souvent en rouge brun. Sa faça-

La maison labourdine, au crépi blanc et aux poutres et volets rouges.

de, tournée vers l'Est pour éviter les pluies rapportées par le vent d'Ouest, est protégée par un vaste toit de tuiles en débord. Agrémentée d'un balcon, dotée parfois de plusieurs fenêtres, elle s'ouvre le plus souvent par un porche, le *lorio*. La maison de Basse-Navarre apparaît plus austère malgré une façade blanchie à la chaux, de beaux encadrements de pierre et des balcons circulaires. En Soule, la maison construite en largeur est couverte d'un toit de tuiles plates ou d'ardoises plus foncées qui annoncent déjà le Béarn. Les maisons basques arborent, au-dessus de la porte d'entrée, leur date de construction ou le nom de leur propriétaire. Nulle part ailleurs l'identification de la famille et de la demeure n'est aussi prononcée.

Sous l'Ancien Régime, les meubles, les droits sur les terres communes de la paroisse, les droits d'église (place occupée dans l'église, qui détermine le rang social) et le droit de sépulture étaient inhérents à la maison, véritable entité économique et sociale, perpétuée au fil des siècles. Le maître de maison, l'*etxeko jaun*, exerce une autorité souveraine et assure la pérennité du patrimoine familial. La maison revient à l'enfant, garçon ou fille, que le père a désigné comme « aîné ». Celui qui possède la maison est moins un propriétaire qu'un conservateur.

Trilogie basque : mairie-église-fronton

Regroupés sur la place et formant le cœur du village, mairie, église et fronton sont les trois lieux autour desquels se cristallise la vie communautaire basque. L'église joue un rôle primordial : tout le village est symboliquement groupé autour d'elle. De nombreux fidèles assistent chaque jour aux offices généralement célébrés en basque. Grand mur aux couleurs orangées, le fronton rassemble les hommes autour d'une partie de pelote, le jeu séculaire du Basque.

L'architecture religieuse – La plupart des églises basques ont été remaniées dès 1556, après le Concile de Trente, et plus encore au 17e s. L'architecture extérieure varie selon le clocher adopté. Les églises souletines offrent de curieux clochers-calvaires : il s'agit d'un clocher-mur à trois pignons surmontés chacun d'une croix (celui de Gotein en est un bel exemple). Cette forme évoque la Trinité tandis que les trois croix rappellent celles de la Crucifixion. En Basse-Navarre et dans le Labourd, le mur-pignon est arrondi et terminé par des courbes ou volutes évoquant la forme d'un fronton. Certaines églises, comme celle d'Ascain, possèdent un massif clocher-porche à plusieurs étages. Quelle que soit sa

Linteau de porte portant le nom de la famille.

forme, le porche est le plus souvent surmonté d'une salle servant au conseil municipal ou au cathéchisme.

Un type de disposition intérieure est particulier aux seules provinces basques du Nord (Labourd et Basse-Navarre) : une large nef est entourée par deux ou trois étages de galeries, en principe réservées aux hommes. La chaire fait

Boire à la gourde, un geste courant au Pays basque.

corps avec la galerie inférieure. Le maître-autel porte généralement un retable baroque monumental utilisant à profusion l'or, les sculptures et les volutes. Dans les cimetières entourant les églises, les tombes les plus caractéristiques et les plus anciennes – antérieures au 16e s. parfois – sont dites « stèles discoïdales » : la stèle s'orne d'un disque de pierre fréquemment sculpté de la « croix basque », qui pourrait être une métamorphose du svastika (croix gammée, d'origine hindoue, à branches coudées)

Us et coutumes

Les cagots – Au Pays basque, comme en Béarn et en Bigorre, certains métiers (bûcheron, charpentier, menuisier, maçon, tisserand, agriculteur ou pêcheur) étaient pratiqués traditionnellement par les cagots, *chrestiaas* ou *agotak*. Du Moyen Âge au début du 19e s., ces parias, probablement victimes de la terreur suscitée par les épidémies de lèpre, formèrent une caste exclue de la communauté, vivant à l'écart des villes et des villages, et portant sur leurs vêtements une marque rouge en forme de patte d'oie. Obligés de désigner les produits alimentaires qu'ils voulaient acheter à l'aide d'un bâton, ils étaient aussi cantonnés à une place particulière dans les églises. Une porte spéciale et un bénitier, encore visibles aujourd'hui, leur étaient réservés à l'église. Enfin, le mariage en dehors de leur caste pouvait être puni de mort. Il aura fallu attendre la Révolution et l'Empire pour les voir pleinement intégrés à la communauté

La chasse à la palombe – Sorte de pigeon sauvage, la palombe descend du Nord, à l'automne, pour gagner l'Espagne par groupes atteignant parfois plusieurs milliers. La chasse à la palombe est une véritable institution. Si dans les Landes on domestique des palombes pour servir d'appeaux, au Pays basque on utilise plus facilement des filets, dits « pantières », tendus entre les plus hauts arbres d'un col situé sur le trajet des palombes. Des rabatteurs, perchés dans les arbres alentour ou sur des tourelles de pierres sèches, canalisent les oiseaux en poussant des cris gutturaux. Ils agitent parfois des drapeaux blancs et lancent de faux éperviers en bois. Effrayées, les palombes rasent le sol et s'engouffrent dans le filet qui s'abat alors sur elles.

Stèle discoïdale du 17e s.

Folklore

Si le Basque apparaît silencieux et grave, il se libère publiquement dans les danses, les chants, les divertissements collectifs. Les jeunes hommes – la plupart des danses traditionnelles ne comprennent pas de partenaire féminin – se déplacent de village en village pour les fêtes locales ; le soir, au retour, leur cri de ralliement résonne de montagne en montagne.

Les danses s'exécutent au son de la *txirula*, sorte de flûte à trois trous, et du *ttun-ttun*, petit tambour, ou du tambourin à cordes (parfois remplacé par l'accordéon, la clarinette ou le cornet à piston). Les fameux « sauts basques », aux multiples figures, sont dansés par les hommes seuls. On peut apprécier le contraste frappant entre l'immobilité du buste, l'impassibilité du visage et la fantastique agilité des jambes.

Le *fandango*, « chaste et passionné », figure l'éternelle quête de la femme. Le mouvement du buste et des bras s'harmonise aux rythmes alternés de recherche et de fuite.

Pour la danse du verre, les danseurs souletins, d'une légèreté aérienne, arborent des costumes éblouissants. Le *zamalzain*, à la fois cavalier et cheval (une armature d'osier simule une monture) et les autres danseurs décrivent de véritables arabesques autour d'une coupe pleine de vin. Puis, ils se posent, une fraction de seconde, en équilibre sur la coupe, sans en renverser une goutte.

Les chants, primitifs et directs, inspirés de la vie quotidienne, ont des mélodies pleines de poésie. Les Basques français reprennent parfois le chant sacré des Basques espagnols : *Guernikako Arbola*, véritable hymne national.

Les pastorales souletines rappellent les mystères du Moyen Âge et opposent les « Bons » aux « Mauvais » dans un spectacle pittoresque qui peut durer des heures. Fréquemment encore, les repas de fête se terminent par des improvisations, véritables concours de chant et de composition sur un même air et un même thème.

Jeux et défis

La pelote basque – Alliant la rapidité au coup d'œil, l'intelligence stratégique à la finesse, la pelote basque revêt plusieurs formes. Depuis 1900, la formule la plus appréciée des touristes est le jeu au grand chistera, tirant son nom de la gouttière en osier prolongeant le gant protecteur.

Danse traditionnelle basque, à St-Palais.

Pelote basque.

Ce « grand jeu », à 2 équipes de 3 joueurs, fut popularisé par les prouesses de Joseph Apesteguy (1881-1950), devenu célèbre sous le nom de Chiquito de Cambo. La pelote, plus grosse qu'une balle de tennis, doit allier la dureté à l'élasticité. Elle comporte un noyau de buis ou de caoutchouc enrobé de laine et garni de cuir de chevrette ou de veau. Lancée contre le mur du fronton, elle est reprise de volée ou après un premier rebond, à l'intérieur des limites tracées sur le terrain.

Une variante du jeu de chistera, spectaculaire et athlétique, connaît une faveur plus récente : la *cesta punta*, importée d'Amérique latine. Elle se joue sur un fronton espagnol couvert *(jaï alaï)* à 3 murs (devant, derrière, à gauche). Le but se marque, sur le « mur à gauche », entre deux des lignes verticales numérotées. Les connaisseurs basques préfèrent d'autres jeux, plus anciens et plus subtils : le « jeu net » *(yokogarbi)* au petit gant (chistera de petit format), le jeu à main nue. Le jeu de rebot se joue à deux équipes se faisant face. Pour engager le point, le buteur fait rebondir la pelote sur un billot et la lance à la volée, vers le mur, dans le camp adverse. On retrouve dans les jeux en trinquet, pratiqués en salle, le cadre des anciens jeux de paume. La pelote est lancée à main nue, avec une palette de bois *(paleta)* ou la raquette argentine (jeu de sare). Dans le jeu de *pasaka*, pratiqué avec le gant, les joueurs

Jeu de force basque :
le zakulari (porteur de sac).

se font face comme au tennis, de part et d'autre d'un filet.

Dans les grandes parties, les « pelotaris », en chemise et pantalon blancs, se distinguent par la couleur de leur ceinture, bleue ou rouge. Ils bondissent d'un bout à l'autre de la piste et renvoient la balle d'un puissant moulinet de bras. Le *txatxaria* (crieur) chante les points d'une voix sonore.

La force basque – Le goût du défi est un trait essentiel du caractère basque. Ainsi la tradition se plaît à mettre en concurrence des équipes de 12 colosses venus défendre l'honneur de leur village. Chacun des équipiers a sa spécialité parmi huit épreuves, inspirées des activités quotidiennes à la ferme. L'*orga yoko* (lever de la charrette) consiste à faire tourner à bout de bras une charrette de 350 kg sur son timon, en faisant le plus grand nombre de tours possible, tandis que l'*aizkolari* (bûcheron) doit couper des troncs de 35 à 60 cm de diamètre le plus vite possible, et que le *segari* (scieur de bois) scie 10 troncs de 60 cm de diamètre, toujours le plus rapidement possible. Le *zakulari* (porteur de sac) court avec un sac de 80 kg sur les épaules. Le *lasto altari* (lever de bottes de paille) consiste à hisser à 8 mètres de hauteur une botte de paille de 45 kg le plus grand nombre de fois possible en deux minutes. Pour le *harri altxatzea* (lever de pierres), on effectua une levée de pierres de 250 ou 300 kg le plus de fois possible. Les *esneketariak* (porteurs de bidons de lait) doivent parcourir la plus grande distance avec deux bidons de 40 kg à chaque main. Enfin la *soka tira* (tir à la corde), épreuve reine, oppose deux équipes de 8 hommes tirant chacune de son côté une corde afin que le milieu de celle-ci (marqué par un foulard noué) franchisse un repère au sol.

Épreuve reine de la force basque, la soka tira (tir à la corde).

Le Béarn

Représentant la moitié orientale des Pyrénées-Atlantiques, partagé entre les hauts sommets, les vertes vallées et les gaves, animé par une faune et une flore exceptionnellement denses, le Béarn est l'une des plus anciennes contrées françaises. Parsemé de vestiges médiévaux, c'est un pays chargé d'histoire, peuplé de bergers, illuminé de grandes figures, de Fébus à Henri IV.

Un des points culminants du Béarn, le pic du Midi d'Ossau.

La montagne

La formation de la chaîne – Résultat de plissements de la vieille structure hercynienne (Massif Central, Ardennes), la chaîne des Pyrénées, que l'on voit de Pau se dessiner au-dessus des coteaux béarnais, frappe par la continuité de ses crêtes finement échancrées, ne laissant place, depuis la capitale régionale, ni à des seuils, ni à des cimes maîtresses, hormis le pic du Midi d'Ossau (alt. 2 884 m) qui doit la majesté de sa silhouette à des pointements de roches volcaniques.

L'érosion n'a cessé de niveler le massif. Multipliant ses attaques contre les régions surélevées, elle fait réapparaître, par décapage, les formations sédimentaires primaires et, en certains endroits, le noyau cristallin. Lors des premières grandes invasions glaciaires, à l'aube du paléolithique, les Pyrénées apparaissent à nouveau démantelées, ayant perdu plusieurs milliers de mètres d'épaisseur depuis la phase alpine.

Les vallées – Trois superbes vallées forment l'ossature de la montagne béarnaise. À l'Ouest, pays de pâturages, la vallée de Barétous. Au centre, la vallée d'Aspe, la plus sauvage, suit la route naturelle menant d'Oloron au col du Somport. Enfin, la vallée d'Ossau, dominée par le pic du Midi d'Ossau, découpée par les torrents et les lacs, est réputée pour son marbre d'Arudy et les eaux chaudes de Laruns.

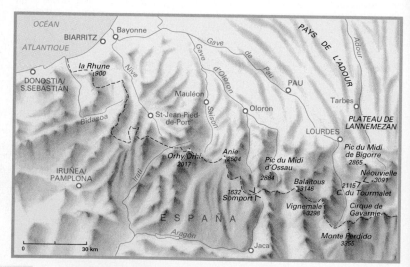

La flore

La diversité de la végétation des Pyrénées dépend de l'altitude. En dessous de 800 m, la montagne se couvre de forêts de chênes, pédonculés et pubescents. Jusqu'à 1 700 m, l'étage montagnard est le domaine du hêtre et du sapin. Entre 1 700 et 2 400 m d'altitude, l'étage subalpin est couvert de pins à crochets qui se mêlent aux bouleaux ou aux sorbiers des oiseleurs. Vers 2 400 m, des forêts claires avoisinent les landines couvertes de rhododendrons et les pelouses alpines parsemées de fleurs. De 2 400 à 2 800 m d'altitu-

Dans les vallées d'Aspe et d'Ossau, l'ours brun, en cours de réhabilitation.

de, à l'étage alpin, peu d'arbres subsistent sinon le saule nain ; une végétation bariolée et basse règne en maître. Au-delà de 2 800 m, le paysage est composé de rocs sur lesquels s'accroche une végétation rudimentaire, mousses et lichens.

On peut découvrir d'innombrables espèces endémiques aux étages montagnard, alpin et subalpin : lys des Pyrénées, saxifrage à feuilles longues, chardon bleu des Pyrénées, silène acaule, pavot du Pays de Galles, etc.

La faune

Parmi les animaux protégés, l'ours brun vit aujourd'hui dans les forêts de l'étage montagnard où survivent aussi les derniers lynx. L'isard préfère la pelouse et les rochers de l'étage alpin. Les berges des torrents (à plus de 1 500 m d'altitude) abritent le desman, rongeur spécifiquement pyrénéen. Autrefois vides de poissons, les lacs et les rivières sont

Le desman est un petit rongeur typiquement pyrénéen.

aujourd'hui peuplés de saumons et de truites.

Dans les airs, planent plusieurs espèces de rapaces dont l'aigle royal et le vautour fauve. Le gypaète barbu, le plus grand des rapaces d'Europe, reste très rare. Le grand tétras, ou coq de bruyère, fraye dans les sous-bois tandis qu'au petit matin, les marmottes sortent de leur terrier.

Un esprit indépendant

Le « for de Morlaàs » – De tous temps, les Béarnais, à l'instar des populations pyrénéennes, ont montré un goût très vif pour la liberté. Le suzerain, qu'il soit roi de Navarre, d'Angleterre ou de France, devra rendre très lâches les liens assujettissant le petit État. À l'intérieur du Béarn même, le vicomte accorde nombre de privilèges aux habitants. Au 11e s., Gaston IV le Croisé octroie le « for (droit) de Morlaàs ». C'est une sorte de charte politique et judiciaire qui limite les pouvoirs seigneuriaux et soumet tout le monde à l'impôt de la taille. À leur avènement, les vicomtes de Béarn sont tous tenus de « jurer le for ».

Gaston Fébus – En 1290, la maison de Foix acquiert, par alliance, la vicomté de Béarn. Le plus célèbre des comtes de Foix et vicomtes de Béarn est Gaston III (1331-1391), qui adopte vers 1360 le surnom de Fébus (ou Phébus), signifiant « le brillant », « le chasseur ». Ayant pour devise « toque-y si gauses » (touches-y si tu l'oses), c'est un politique avisé, qui exerce un pouvoir absolu, méprisant les « fors » jurés par lui. Lettré, poète, il s'entoure d'écrivains et de troubadours ; mais brutal et sans scrupules, il fait assassiner son frère et tue son fils unique au cours d'une querelle. Au retour d'une expédition de chasse, il tombe foudroyé par une hémorragie cérébrale.

La Marguerite des Marguerites – Grâce à la protection des rois de France et à la suite de mariages profitables, les Albret, petits seigneurs landais, se trouvent au 16e s. en possession du comté de Foix, du Béarn et de la Basse-Navarre. Henri d'Albret épouse Marguerite d'Angoulême, sœur de François Ier, en 1527. La beauté, l'intelligence et la bonté de Marguerite ont été célébrés par les poètes. Elle use de son influence sur son frère pour protéger les esprits trop libres et les novateurs religieux (Clément Marot, Calvin...). Elle compose un recueil de contes galants dans la lignée des fabliaux, l'*Heptaméron*. Son château de Pau, où se déroulent fêtes et bals, sera un des grands centres d'activité intellectuelle en l'Europe.

La rude Jeanne d'Albret – On avait dit de Marguerite de Navarre : « corps féminin, cœur d'homme et tête d'ange ». Sa fille, Jeanne d'Albret, n'a pas éveillé autant de lyrisme : « Elle n'a de femme que le sexe », disait crûment un contemporain.

Son mariage l'unit à Antoine de Bourbon, descendant de Saint Louis, ce qui permettra à leur fils (futur Henri IV) de recueillir l'héritage des Valois quand cette branche s'éteindra avec Henri III.

Jeanne devient reine de Navarre à la mort de son père puis abjure le catholicisme pour la religion réformée. Assurant l'avenir de sa maison et de sa religion, elle obtient le mariage de son fils Henri avec Marguerite de Valois, fille de Catherine de Médicis et de Henri II. Elle meurt à Paris, en 1572, deux mois avant les noces de son fils.

« Lou Nouste Henric », le grand Henri IV, roi de France et de Navarre.

Les sonnailles des Pyrénées sont reconnaissables à leur forme étroite et allongée.

LES VIGNOBLES DU BÉARN

Jurançon – Vin capiteux, c'est le cru le plus fameux, dont on a chanté « la couleur de maïs » et la « couleur d'ambre ». Les vignobles s'étendent sur la rive gauche du gave de Pau, englobant 25 communes (15 000 hl par an). Les plants tardifs sont vendangés souvent après la Toussaint au stade de la pourriture noble pour donner un vin moelleux.

Rosés et rouges du Béarn – Également de vieille réputation, le rosé léger et fruité est produit principalement près de Salies et Bellocq. Le rouge est un vin puissant et généreux.

« Lou Nouste Henric », le grand Béarnais – Henri de Navarre naît à Pau le 13 décembre 1553. On raconte que le grand-père d'Albret lui frotte d'abord les lèvres avec une gousse d'ail et les mouille d'un peu de vin de Jurançon. Puis, avant de placer l'enfant dans l'écaille de tortue qui lui servira de berceau, il le montre à la foule, s'écriant : *« Voici le lion enfanté par la brebis de Navarre »*, répondant ainsi au trait insolent qui avait accueilli autrefois la naissance sa mère : *« Miracle ! la vache a enfanté une brebis ».* Le jeune Henri passe les premières années de sa vie au château de Coarraze, entre Pau et Lourdes.

À 12 ou 13 ans, Henri entre officiellement en religion reformée. Six jours après son mariage avec Marguerite de Valois éclate la St-Barthélemy (1572). Le jeune époux n'échappe à la mort que par l'abjuration ; il reviendra ensuite à la religion réformée jusqu'à l'abjuration solennelle précédant son

Un toit à forte pente : trait de distinction de la maison béarnaise.

avènement. Lors de celui-ci (1589), ménageant l'esprit d'indépendance de ses Béarnais, Henri IV prend le titre de « roi de France et de Navarre ». Louis XIII, en 1620, réunit définitivement le Béarn à la couronne. L'esprit particulariste de la province est ménagé par la concession de privilèges et de libertés locales.

La vie en Béarn

Trois démocraties pastorales – Les montagnards des vallées d'Aspe, d'Ossau et de Barétous, jouissant de la propriété collective des pâturages de montagne, vécurent jusqu'à la fin de l'Ancien Régime à l'écart du système féodal sous un régime de « fors » assimilables, pratiquement, à l'autonomie politique. Un compte de « feux » datant du Moyen Âge fixe toujours la répartition, par commune, des bénéfices de gestion. Vie agricole dans la plaine, vie pastorale dans la montagne, voilà ce qui caractérise la vie béarnaise. Brebis et moutons, « œilhes et moutons », fournissent laine, viande et surtout lait, notamment utilisé pour la fabrication du fromage.

Les maisons traditionnelles – Les habitations sont de vastes dimensions, avec des toits d'ardoise (ou de tuiles, au Nord) fortement inclinés. Une grande porte charretière cintrée s'ouvre sur une grange qui sert aussi d'étable, de bûcher ; un escalier intérieur conduit aux pièces d'habitation. Les murs de clôture ou même les bâtiments, sont faits de galets roulés et polis par le gave.

Le blason du Béarn (château de Montaner) : « deux vaches passantes portant clarines au cou. »

Les Landes

Avec leurs espaces naturels préservés et fièrement aménagés, les Landes constituent un face à face extraordinaire : la plus grande forêt artificielle d'Europe face à l'océan Atlantique. À l'intérieur, les terres de Gascogne poursuivent un spectacle fait de gastronomie et de courses de vaches landaises.

Autrefois les marais

Au milieu du 19e s., la zone intérieure était une lande insalubre que les pluies transformaient en marécage. Là vivait une population de bergers, se déplaçant sur des échasses pour surveiller les moutons qu'ils élevaient pour l'engrais de leur fumier, leur viande ou leur laine.

La fixation des dunes – L'ingénieur des Ponts et Chaussées Brémontier met au point, à partir de 1788, un projet de fixation des dunes. Il construit d'abord une digue destinée à arrêter le cheminement des sables. À 70 m de la ligne atteinte par les plus hautes mers, il dispose une palissade de madriers contre laquelle le sable s'accumule. Relevant les madriers à mesure que le sable monte, il crée une « dune littorale » de 10 à 12 m de haut, formant barrière.

Autrefois, les bergers des Landes se juchaient sur des échasses pour traverser les marais (écomusée de la Grande Lande, Marquèze).

Pour fixer les dunes intérieures, des graines de pin maritime, mélangées à des graines d'ajonc et de genêt, sont semées. Après 4 ans, le genêt atteint près de 2 m de hauteur. Le pin, d'une croissance plus lente, grandit ainsi protégé.

L'assainissement de l'intérieur – Au début du 19e s., la plaine intérieure reste mal drainée et rebelle à toute tentative de colonisation agricole. Sous le Second Empire, l'ingénieur Chambrelent établit un plan de drainage, de défrichement et d'ensemencement forestier. Les résultats obtenus justifient la plantation massive de pins maritimes, de chênes-lièges et chênes verts.

Récolte de la sève des pins des Landes.

Le pin des Landes – Le pin maritime est un arbre peu fourni, mais élégant, dont la croissance est rapide. Depuis l'Antiquité, il a été, dans les Landes, à l'origine d'une activité traditionnelle aujourd'hui révolue : le gemmage (ou récolte de la résine). Autrefois, le gemmeur incisait périodiquement le pin à l'aide d'un « hapchot ». Par cette plaie, la gemme coulait dans des petits pots de terre « cramponnés » au fût ou dans des sachets en plastique. Les techniques modernes avaient introduit l'acide sulfurique qui activait le processus et avait l'avantage de réduire considérablement la blessure faite à l'arbre.

La forêt en danger – Les pins maritimes couvrent 950 000 ha environ. Pour préserver cette forêt, un corps de sapeurs-pompiers forestiers a été créé. De nombreux observatoires reliés par téléphone et radio permettent la détection rapide des feux. L'accès, dans les moindres

Course landaise dans les arènes de Mont-de-Marsan.

Affiche de corrida à Aire-sur-l'Adour.

délais, du matériel de lutte a été amélioré et des points d'eau ont été établis. Enfin, pour obtenir des coupures plus larges et en même temps assurer le maintien sur place des populations, l'extension des cultures a été encouragée.

Chalosse et Tursan

Plus à l'Est se déploient de verdoyantes collines lacérées par les affluents de l'Adour et jalonnées de vignes, les versants s'abaissant en terrasses vers les fonds cultivés des rivières. La Chalosse et le Tursan sont de riches régions agricoles où le maïs domine. Côté élevage, on ne tarira pas d'éloge pour le fameux bœuf de Chalosse ni pour les oies et canards qui fournissent des foies gras, faisant des Landes un des plus grands producteurs du Sud-Ouest dans ce domaine.

Courses et corridas landaises

La course landaise – Entre l'Adour et le bassin d'Arcachon, la course landaise reste la forme la plus prisée de la tauromachie en Guyenne.
Chaque écarteur affronte une vache de course, dont l'origine espagnole ou camarguaise garantit la combativité. Il doit esquiver le coup de tête de la bête maintenue en ligne par un teneur de corde. Par souci de sécurité, les cornes sont emboulées ; il n'y a pas de mise à mort.

La corrida – Le spectacle commence par le passage des *bandas* (groupes musicaux) à travers les rues de la ville et se poursuit par la corrida dans une arène, suivant les mêmes règles qu'en Espagne, ne prenant fin qu'à la mort du taureau.

Le maïs est une des cultures dominantes de la Chalosse et du Tursan.

LES VINS LANDAIS

Vin VDQS élevé par 250 viticulteurs, le tursan se décline en vins blancs, vins rouges et rosés corsés et généreux. Au Sud-Est de la Gascogne, le madiran, réputé pour sa vigueur tannique, développe des odeurs de pain grillé et d'épices, à côté du pacherenc du Vic-Bilh, vin blanc sec ou moelleux apprécié pour son bouquet agréable. Enfin, le côtes de St-Mont produit des vins blancs, rouges et rosés corsés et fruités (VDQS).

L'Agenais

La plus petite région de l'Aquitaine, engoncée paisiblement entre le Périgord et les Landes, ne manque pas de singularité ni d'attrait. Pays de vallées, l'Agenais doit sa réputation aux fameux pruneaux.

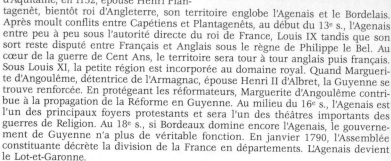

Histoire

Théâtre de querelles historiques, objet de revendications, l'Agenais a connu un passé tumultueux. Quand Aliénor d'Aquitaine, en 1152, épouse Henri Plantagenêt, bientôt roi d'Angleterre, son territoire englobe l'Agenais et le Bordelais. Après moult conflits entre Capétiens et Plantagenêts, au début du 13e s., l'Agenais entre peu à peu sous l'autorité directe du roi de France, Louis IX tandis que son sort reste disputé entre Français et Anglais sous le règne de Philippe le Bel. Au cœur de la guerre de Cent Ans, le territoire sera tour à tour anglais puis français. Sous Louis XI, la petite région est incorporée au domaine royal. Quand Marguerite d'Angoulême, détentrice de l'Armagnac, épouse Henri II d'Albret, la Guyenne se trouve renforcée. En protégeant les réformateurs, Marguerite d'Angoulême contribue à la propagation de la Réforme en Guyenne. Au milieu du 16e s., l'Agenais est l'un des principaux foyers protestants et sera l'un des théâtres importants des guerres de Religion. Au 18e s., si Bordeaux domine encore l'Agenais, le gouvernement de Guyenne n'a plus de véritable fonction. En janvier 1790, l'Assemblée constituante décrète la division de la France en départements. L'Agenais devient le Lot-et-Garonne.

Douces collines

Région de transition entre le Périgord méridional, le bas Quercy et les Landes, l'Agenais doit son unité à la vallée de la Garonne.

Dans la partie Nord au climat humide, sur les terrains argileux de Lauzun couverts de pâturages abondent les vaches laitières. Plus à l'Est, entre Monflanquin et Gavaudun, les bois de châtaigniers, de chênes et de pins apparaissent. Peu industrialisé, l'Agenais ne possède qu'une ville de tradition ouvrière : Fumel, dont l'exploitation des sables riches en minerai de fer a jadis permis la création de petites usines métal-

LES VINS DE L'AGENAIS

Buzet – Il existe une petite production de blancs et rosés mais le buzet est davantage apprécié et reconnu pour ses vins rouges souples et légers, qui prennent beaucoup de corps après quelques années de garde.

Côtes du Brulhois – Ce vignoble situé au Sud d'Agen, entre Dunes, Donzac, Goulens et Layrac, produit un vin rouge et rosé léger aux parfums fruités et épicés, classé VDQS.

Côtes de Duras – Dans la vallée de la Dourdèze, les vins rouges sont légers et fruités, les blancs de sauvignon très fruités.

Côtes du Marmandais – Au Nord de Marmande, sous l'influence bordelaise, ce sont des vins rouges bien charpentés, dégageant des parfums de fruits.

La vallée du Lot vue des environs de St-Pastour.

*Récolte des prunes d'ente
qui seront transformées en pruneaux.*

Marmande produit de divines tomates.

lurgiques avant de céder la place aux fonderies pour l'automobile.

Le pays des Serres, caractérisé par de bas plateaux allongés séparés par des vallons fertiles, s'étend au Sud du Lot et porte principalement du blé sur les plateaux limoneux de Tournon-d'Agenais, tandis que les vignes se multiplient sur les pentes.

La vallée de la Garonne – Des cultures délicates très variées s'y étagent en terrasses, favorisées par la qualité des alluvions et la douceur du climat. Chaque ville ou bourgade possède une spécialité : Tonneins est la capitale de la cigarette (la Gauloise bleue), Sainte-Marie produit pêches et cerises tandis que Marmande, proche du Bordelais, est une grosse productrice de tomates et potirons. Depuis le 18e s., des plantations de peupliers permettent de tirer profit des terres inondables, le bois servant en menuiserie et papeterie.

La vallée du Lot – C'est un immense verger coupé de jardins et de champs de tabac. Les petits pois, haricots verts et melons de Villeneuve-sur-Lot ont gagné depuis quelques lustres leurs galons de renommée.

Fameux pruneaux

Agen a acquis une réputation internationale grâce au pruneau. Celui-ci s'obtient à partir d'une prune fraîche, qui provient d'un arbre greffé, le « prunier d'ente ». S'il en existe plusieurs variétés, la « Robe-Sergent » fournit la presque totalité des plantations actuelles. Agen n'est en réalité qu'un lieu de transit. Cultivée dans la vallée du Lot, calibrée dès la cueillette, la prune est séchée au four ou à l'étuve. Étendue sur plus de 10 000 ha, la production de pruneaux rassemble près de 2 400 entreprises.

Boîte ancienne de pruneaux d'Agen.

L'Aquitaine gourmande

Du Béarn au Pays basque, des Landes au Bordelais, l'Aquitaine est une authentique fête de la table, fière des ses traditions et de la qualité des produits de son terroir. Quand le foie gras de canard et la poule au pot le disputent à la garbure, les confits aux magrets, le gâteau basque à la tourtière agenaise... Ici, la saveur est reine d'un certain art de vivre.

Des oies, des oies, encore des oies ! Amateurs de foies gras, à vos assiettes !

Le règne du canard et de l'oie

Le Béarn, les Landes et l'Agenais sont des foyers d'art culinaire, toujours inventifs. Les ingrédients de base sont la graisse de porc et d'oie dans laquelle on prépare le **confit**, mode de conservation des volailles et du porc.

Le **foie gras** d'oie et de canard relève d'une tradition régionale qui a depuis longtemps traversé les frontières. Aujourd'hui, à l'aide d'une gaveuse pneumatique, les palmipèdes ingurgitent de la semoule puis des grains de maïs, 2 à 3 fois par jour. Après un mois, l'oie ou le canard sont si lourds qu'ils ne marchent plus qu'avec peine. Quand ils refusent de se lever, ils sont « à point ».

Le **salmis** est une préparation remarquable à partir d'une pièce de gibier ou d'une volaille rôtie détachée en morceaux. La carcasse se hache menu avec les chairs restantes et les abats pour obtenir une sauce épaisse. Passer au tamis fin, compléter l'assaisonnement et après cuisson, ajouter les morceaux du volatile.

Filet détaché des flancs de la bête, le **magret** se mange frais et grillé, plus ou moins saignant selon les goûts. Fumé, il entre dans la composition de la salade landaise.

La **poule au pot** était l'un des mets favoris du bon roi Henri. La tradition exige de barder une poule de deux ans avant de préparer la farce en mélangeant le foie de la volaille, 200 g de jambon de Bayonne coupés en petits morceaux, trois œufs battus salés, poivrés et muscadés, un hâchis d'échalote, d'ail, de persil et d'estragon, et 30 g de mie de pain préalablement trempée dans du lait froid. Dans une marmite, on porte 3 l d'eau à ébullition avec les bouts de patte et le gésier vidé avant d'y plonger la poule. Après ébullition, on écume, on sale modérément et on laisse frémir pendant une heure à petits bouillons. On ajoute les légumes classiques du pot-au-feu : carottes, navets, poireaux, oignon piqué de clous de girofle, branche de céleri, gousse d'ail et on laisse cuire pendant 1h30. Ce plat savoureux se sert avec une sauce tomate bien onctueuse.

La **garbure** est le potage de campagne typique en Béarn ; plus qu'une soupe, c'est un plat complet, ancestral et multiforme préparé à partir de légumes frais. Pommes de terre, choux, fèves, haricots, pois, persil, thym et ail s'ajoutent au confit d'oie, plongé dans le bouillon en cours de cuisson.

La poule au pot, plat fétiche du Béarn.

Piment d'Espelette et charcuterie basque font bon ménage : le piment sert, entre autres, à parfumer le jambon de Bayonne.

Piments basques

Fortement assaisonnée et pimentée, la cuisine basque joue amplement sur la variété du paysage, des richesses océanes aux parfums de la montagne. Au triomphant piment d'Espelette s'ajoutent les produits de la mer (morue, merlu, thon...), les brebis et les agneaux au goût d'alpage, des champignons et un gibier foisonnant. La soupe de poissons, le ttoro, est préparée à base de congre, de lotte et de grondin. Les chipirones, petites seiches, se mangent farcis ou cuits à la casserole tandis que la piperade est une omelette aux piments verts et à la tomate. L'axoa est un plat à base d'épaule de veau mijoté avec des piments d'Espelette. Le Pays basque peut s'enorgueillir encore d'une délicieuse charcuterie, des loukinkos, petites saucisses à l'ail, du tripotxa, boudin de veau, jusqu'au fameux jambon de Bayonne. Le fromage de brebis est le plus répandu, blanc (xuria) ou rouge (gorritia). Sur le plateau d'Iraty est fabriqué l'AOC Ossau-Iraty.

LES DESSERTS
Haute en couleurs, l'Aquitaine ne manque pas de desserts pour achever un repas savoureux. Dans l'Agenais, on termine par une tourtière, gâteau feuilleté garni de pruneaux. À côté des macarons et du chocolat de Bayonne et de Saint-Jean-de-Luz, des noix fourrées de Ciboure, le célèbre gâteau basque est souvent garni de confiture de cerises d'Itxassou. Enfin, à Bordeaux, on se régale de canelés, petits gâteaux caramélisés dont l'intérieur est moelleux.

Le gâteau basque est souvent fourré à la confiture de cerises noires d'Itxassou.

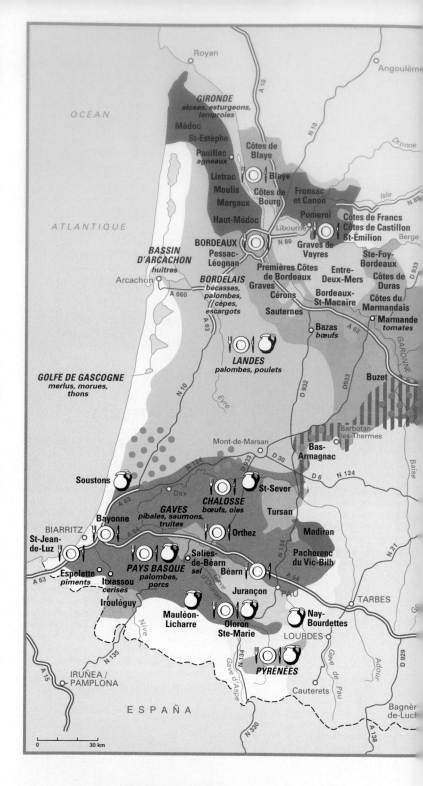

Bordeaux et ses sauces

Nombre de plats sont agrémentés de cette fameuse sauce au vin dite « bordelaise » qui accompagne admirablement les viandes rouges.

Pour la préparer, mettez à bouillir deux verres de bordeaux rouge. Ajoutez 6 échalotes hachées, une branche de thym, une pincée de sel, de poivre blanc et de muscade. Laissez bouillir pour réduire le mélange aux trois quarts. Hors du feu, ajoutez

SPÉCIALITÉS ET VIGNOBLES

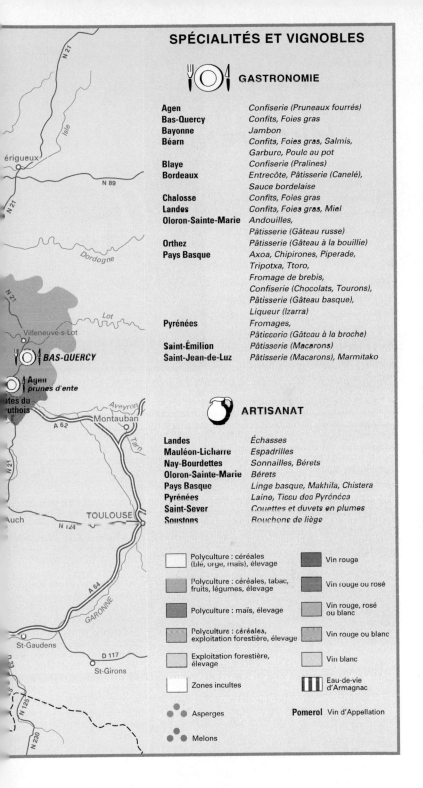

GASTRONOMIE

Agen	Confiserie (Pruneaux fourrés)
Bas-Quercy	Confits, Foies gras
Bayonne	Jambon
Béarn	Confits, Foies gras, Salmis, Garbure, Poule au pot
Blaye	Confiserie (Pralines)
Bordeaux	Entrecôte, Pâtisserie (Canelé), Sauce bordelaise
Chalosse	Confits, Foies gras
Landes	Confits, Foies gras, Miel
Oloron-Sainte-Marie	Andouilles, Pâtisserie (Gâteau russe)
Orthez	Pâtisserie (Gâteau à la bouillie)
Pays Basque	Axoa, Chipirones, Piperade, Tripotxa, Ttoro, Fromage de brebis, Confiserie (Chocolats, Tourons), Pâtisserie (Gâteau basque), Liqueur (Izarra)
Pyrénées	Fromages, Pâtisserie (Gâteau à la broche)
Saint-Émilion	Pâtisserie (Macarons)
Saint-Jean-de-Luz	Pâtisserie (Macarons), Marmitako

ARTISANAT

Landes	Échasses
Mauléon-Licharre	Espadrilles
Nay-Bourdettes	Sonnailles, Bérets
Oloron-Sainte-Marie	Bérets
Pays Basque	Linge basque, Makhila, Chistera
Pyrénées	Laine, Tissu des Pyrénées
Saint-Sever	Couettes et duvets en plumes
Soustons	Bouchons de liège

Polyculture : céréales (blé, orge, maïs), élevage

Polyculture : céréales, tabac, fruits, légumes, élevage

Polyculture : maïs, élevage

Polyculture : céréales, exploitation forestière, élevage

Exploitation forestière, élevage

Zones incultes

Vin rouge

Vin rouge ou rosé

Vin rouge, rosé ou blanc

Vin rouge ou blanc

Vin blanc

Eau-de-vie d'Armagnac

Asperges

Melons

Pomerol Vin d'Appellation

60 g de moelle de bœuf hachée, ébouillantée auparavant et une pincée de persil ciselé. Enfin, ajoutez quelques noisettes de beurre et remettez à cuire sans laisser bouillir. La cuisine bordelaise accommode aloses, saumons, lamproies, anguilles et éperlans que lui apporte la Garonne. Enfin, les huîtres d'Arcachon se dégustent traditionnellement avec une crépinette de porc.

Histoire

Véritable théâtre chargé d'histoire, des conquêtes romaines au royaume des Wisigoths, de Charlemagne aux invasions normandes, du duché de Guyenne à la guerre de Cent Ans, des guerres de Religion au gouvernement Poincaré de 1914, l'Aquitaine s'est toujours trouvée intimement liée à l'histoire de France.

La préhistoire

35 000-10 000 (paléolithique supérieur) – C'est l'époque de l'homo sapiens, homme caractérisé par le fort volume de son crâne et par son langage articulé. Muni d'outils sans cesse perfectionnés, il a consacré une part de son temps à la création d'œuvres artistiques (la Dame de Brassempouy, dans les Landes). Essentiellement animalier, l'art des cavernes connaît sa suprême élévation à la période magdalénienne, comme en témoigne la précieuse représentation de l'ours dans les grottes d'Isturitz en Basse-Navarre.

De l'âge des métaux à l'Empire carolingien

• **De 1800 à 50 avant J.-C.**– De grands mouvements de peuples fixent la physionomie ethnique de l'Occident. Les populations des Pyrénées atlantiques forment déjà une souche homogène résistant aux influences extérieures.

L'ÉTAT PLANTAGENÊT À SON APOGÉE (Milieu du 12e s.)

Possessions des Plantagenêts

--- Frontière du Royaume de France

--- Frontière actuelle

0   300 km

• **56 avant J.-C.** – Crassus, lieutenant de César, conquiert l'Aquitaine.

• **5e s. après J.-C.** – Royaume Wisigoth d'Aquitaine. Les Wisigoths perpétuent la culture latine et le droit romain écrit.

• **Fin du 6e s.** – Les Vascons, montagnards basques du Sud refoulés par les Wisigoths, se répandent dans le plat pays, la « Gascogne ».

• **778** – L'arrière-garde de Charlemagne est écrasée à Roncevaux.

• **781** – Charlemagne fait sacrer son fils Louis roi d'Aquitaine.

• **848** – Les Normands détruisent Bordeaux.

• **1058** – Union des duchés d'Aquitaine et de Gascogne.

L'Aquitaine anglaise

• **Début du 12e s.** – Apparition de la littérature de langue d'oc.

Livre de chasse de *Gaston Fébus (1387)* :
« *Comment l'on doit chasser et prendre le loup* » *(Bibliothèque nationale, Paris).*

- **1137** – Le prince Louis, fils du roi de France et futur Louis VII, épouse Aliénor (Éléonore), fille unique du duc Guillaume d'Aquitaine, qui lui apporte en dot le duché de Guyenne, le Périgord, le Limousin, le Poitou, l'Angoumois, la Saintonge, la Gascogne et la suzeraineté sur l'Auvergne et le comté de Toulouse.
- **1152** – Aliénor d'Aquitaine, divorcée de Louis VII, se remarie avec Henri II Plantagenêt, comte d'Anjou.
- **1154** – Henri Plantagenêt, duc d'Aquitaine, devient roi d'Angleterre.
- **1290** – Les comtes de Foix héritent du Béarn.
- **1360** – Traité de Brétigny : l'Aquitaine redevient anglaise.
- **1375** – Junte de Roncal : trois génisses françaises doivent être données aux Espagnols en échange du droit de pacage dans la vallée de Roncal.
- **1380** – Les Anglais sont réduits à Bordeaux et Bayonne.
- **1453** – Dernière bataille de la guerre de Cent Ans, gagnée à Castillon-la-Bataille par les frères Bureau.

Rattachement à la couronne de France

- **1484** – Les Albret, « rois de Navarre », deviennent prépondérants dans les Pyrénées gasconnes.
- **1512** – Dépossédés par Ferdinand le Catholique, les Albret ne conservent que le pays au Nord des Pyrénées (Basse-Navarre).
- **1555-72** – Jeanne d'Albret, reine de Navarre.
- **1559** – Naissance à Pau d'Henri de Navarre, fils de Jeanne d'Albret.

Portrait de Montesquieu (musée du château de Versailles).

- **1570-71** – Durant les guerres de Religion, Jeanne d'Albret impose le calvinisme au Béarn. Son lieutenant, Montgomery, et, du côté catholique, Blaise de Monluc, rivalisent d'atrocités.
- **1607** – Henri IV réunit à la France son propre domaine royal (Basse-Navarre) et les fiefs qu'il détient comme héritier de la maison d'Albret (Foix-Béarn).
- **1659** – Traité des Pyrénées dont une des conséquences sera le mariage de Louis XIV et de Marie-Thérèse d'Autriche à St-Jean-de-Luz (1660).
- **1685** – Révocation de l'édit de Nantes par Louis XIV. Persécutions en Béarn contre les protestants, exécutées par les dragons du roi.

Naissance du pyrénéisme, essor de Bordeaux

- **1743-57** – Tourny, intendant de Guyenne, donne au développement économique de Bordeaux une impulsion décisive.
- **1754** – La thèse de Théophile de Bordeu sur les eaux minérales d'Aquitaine contribue à la spécialisation des stations de cure et à l'essor du thermalisme.
- **1771** – Le trafic maritime de Bordeaux est à son apogée.
- **1852-70** – Second Empire, période faste pour la Côte basque et les stations thermales des Pyrénées centrales. Assainissement des landes et plantations de pins.

Expansion et replis

- **1914** – Devant l'offensive allemande, le président Poincaré, le gouvernement et les Chambres s'installent temporairement à Bordeaux.
- **1951** – Éruption du gaz de Lacq.
- **1954** – Début de l'exploitation du pétrole à Parentis.
- **1998** – Secrétaire général de la préfecture de la Gironde de 1942 à 1944, Maurice Papon est jugé à Bordeaux pour crime contre l'humanité.

Les pèlerins de St-Jacques

Vieux de plusieurs siècles, le chemin de Saint-Jacques-de-Compostelle rassemble encore quelques Jacquets. Le long de l'ancienne voie romaine allant de Bordeaux à Astorga, passant par Saint-Jean-Pied-de-Port, en Basse-Navarre, c'est un pèlerinage toujours chargé d'émotions.

L'apôtre

Jacques vint de Palestine pour évangéliser l'Espagne. Selon la légende enracinée dans l'histoire, il fut décapité et son corps transporté par deux de ses disciples, échoués sur la côte de Galice. Il aurait alors été enterré à l'emplacement de la ville qui portera son nom. Lors de la reconquête de l'Espagne, Jacques serait apparu dans un combat sur un cheval blanc, terrassant les Maures (d'où son surnom de Matamore). Sanctifié, l'apôtre devint le patron des chrétiens, symbole de la reconquête.

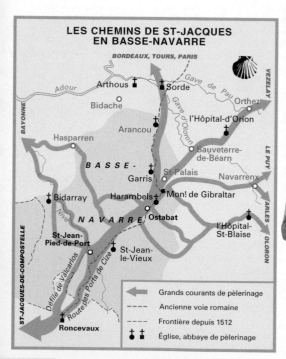

LES CHEMINS DE ST-JACQUES
EN BASSE-NAVARRE

BORDEAUX, TOURS, PARIS

Adour — Arthous — Sorde — Gave de Pau — Orthez
VÉZELAY
BAYONNE
Bidache
Gave d'Oloron — l'Hôpital-d'Orion
Arancou
Hasparren
Sauveterre-de-Béarn
LE PUY
BASSE-
Garris — St-Palais — Navarrenx
Bidarray — Harambels — Mon! de Gibraltar
ARLES
NAVARRE — Ostabat
l'Hôpital-St-Blaise
OLORON
St-Jean-Pied-de-Port
St-Jean-le-Vieux
ST-JACQUES-DE-COMPOSTELLE
Nive
Défilé de Valcarlos
Route des Ports de Cize
Roncevaux

Grands courants de pèlerinage
Ancienne voie romaine
Frontière depuis 1512
Église, abbaye de pèlerinage

Saint Jacques en pèlerin, statue du 15ᵉ s. (musée national du Moyen Âge, Paris).

Le pèlerin

La pratique des pèlerinages lointains, notamment celui de Compostelle, amenait dans un village un étranger, souvent loqueteux, redouté par les autorités locales, mais apportant des récits propres à enflammer l'imagination populaire. Son costume ressemblait à celui des voyageurs de l'époque, mis à part le gros bâton à crosse, ou bourdon, et les insignes du pèlerinage : coquille et médaille. La vaste cape et le mantelet court (esclavine), une panetière (musette), une gourde, un couvert, une écuelle, un coffret en tôle contenant les papiers et les sauf-conduits complétaient sa tenue.

Le fidèle qui avait pris la coquille et le bourdon était à son retour considéré comme un notable. Les confréries de St-Jacques avaient

Le bourdon, avec la coquille, symboles de ralliement de tous les pèlerins de St-Jacques.

leur chapelle particulière dans les églises ; elles constituaient des fraternités (frairies) et conservaient les comptes rendus de voyage.

Le chemin de la foi

Au Moyen Âge, le tombeau de saint Jacques le Majeur attire en Espagne une foule considérable de pèlerins. La dévotion envers « Monsieur Saint Jacques » est si vivante que Santiago (Compostelle) devient un lieu de rassemblement exceptionnel. Depuis le premier pèlerinage français accompli par l'évêque du Puy en 951, des millions de Jacquets, Jacquots ou Jacobits ont pris la route pour aller vénérer les reliques de l'apôtre à partir des villes de regroupement que constituaient pour l'Europe entière Paris, Vézelay, Le Puy, Autun et Arles.

Une organisation très complète d'hospices facilite le voyage et pourvoit, le long des principaux itinéraires, à l'hébergement des pèlerins, au maintien de leur bonne santé spirituelle. Les itinéraires convergeaient en Basse-Navarre avant le franchissement des Pyrénées, opérant leur jonction à Ostabat. St-Jean-Pied-de-Port représentait la dernière étape avant l'ascension vers le col frontière. Les pèlerins gagnaient Roncevaux par la route des hauteurs, section de l'ancienne voie romaine de Bordeaux à Astorga. Chaque pèlerin portait une croix de feuillage faite de ses mains avant la montée. Au terme de la première escalade, au col de Cize (Ibañeta), près de la « Croix de Charles », le Jacquet prie, chante et plante sa croix. À l'ermitage voisin, la cloche sonnait par temps de brouillard et durant une partie de la nuit afin de rallier les égarés. Au cours des siècles, la foi des Jacquets s'est s'émoussée. Lucre et brigandage rassemblaient des bandes de « coquillards », faux pèlerins, dont fit partie le poète François Villon. Avec les guerres de Religion, le protestantisme et le jansénisme, les mentalités changeaient, et la méfiance populaire voyait volontiers sous la pèlerine un aventurier ou un escroc.

Si au 16ᵉ s., les pérégrinations se raréfient, au 18ᵉ s., quiconque voulait se rendre à St-Jacques-de-Compostelle devait se munir d'un extrait de baptême légalisé par l'autorité de police, d'une lettre de recommandation de son curé, elle-même légalisée, et d'un formulaire, dûment rempli, de son évêque. Depuis quelque vingt ans, les pèlerins ont de nouveau repris la route de Saint-Jacques qui fait de Compostelle la ville pour laquelle ils vont au bout de leurs limites.

ABC d'architecture

Architecture religieuse

BORDEAUX – Plan de la cathédrale St-André (11ᵉ-14ᵉ s.)

La nef de la cathédrale de Bordeaux ne possède pas de bas-côtés. Elle était primitivement divisée en trois travées carrées dont le nombre fut doublé au 13ᵉ puis au 16ᵉ s.

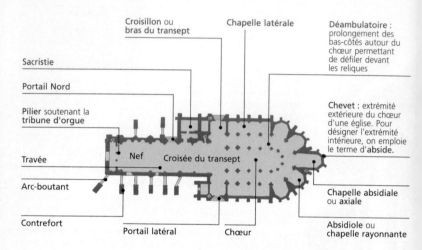

Croisillon ou bras du transept

Chapelle latérale

Déambulatoire : prolongement des bas-côtés autour du chœur permettant de défiler devant les reliques

Sacristie

Portail Nord

Pilier soutenant la tribune d'orgue

Chevet : extrémité extérieure du chœur d'une église. Pour désigner l'extrémité intérieure, on emploie le terme d'abside.

Travée

Nef

Croisée du transept

Arc-boutant

Contrefort

Chapelle absidiale ou axiale

Portail latéral

Chœur

Absidiole ou chapelle rayonnante

MARMANDE – Coupe longitudinale de l'église Notre-Dame (13ᵉ-16ᵉ s.)

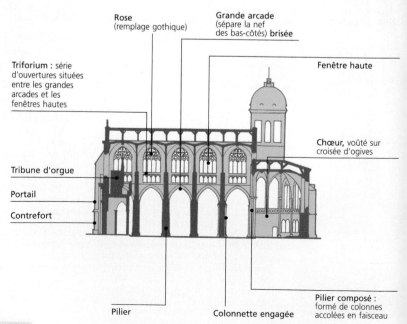

Rose (remplage gothique)

Grande arcade (sépare la nef des bas-côtés) brisée

Fenêtre haute

Triforium : série d'ouvertures situées entre les grandes arcades et les fenêtres hautes

Tribune d'orgue

Portail

Contrefort

Chœur, voûté sur croisée d'ogives

Pilier

Colonnette engagée

Pilier composé : formé de colonnes accolées en faisceau

MOIRAX – Chœur de l'église Ste-Marie (11ᵉ-12ᵉ s.)

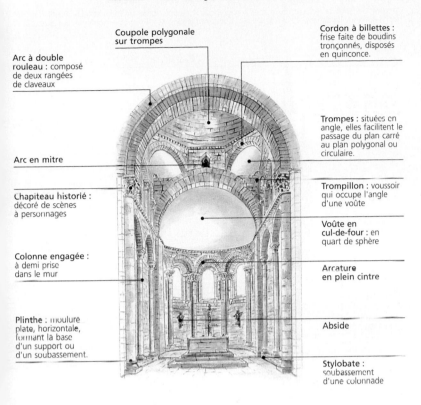

Coupole polygonale sur trompes

Cordon à billettes : frise faite de boudins tronçonnés, disposés en quinconce.

Arc à double rouleau : composé de deux rangées de claveaux

Arc en mitre

Chapiteau historié : décoré de scènes à personnages

Colonne engagée : à demi prise dans le mur

Plinthe : moulure plate, horizontale, formant la base d'un support ou d'un soubassement.

Trompes : situées en angle, elles facilitent le passage du plan carré au plan polygonal ou circulaire.

Trompillon : voussoir qui occupe l'angle d'une voûte

Voûte en cul-de-four : en quart de sphère

Arcature en plein cintre

Abside

Stylobate : soubassement d'une colonnade

PETIT-PALAIS – Église St-Pierre (fin 12ᵉ s.)

La façade occidentale de l'église de Petit-Palais s'inspire de l'art saintongeais (voir le Guide Vert Michelin Poitou-Vendée-Charentes), caractérisé par la superposition d'arcatures et le pignon triangulaire.

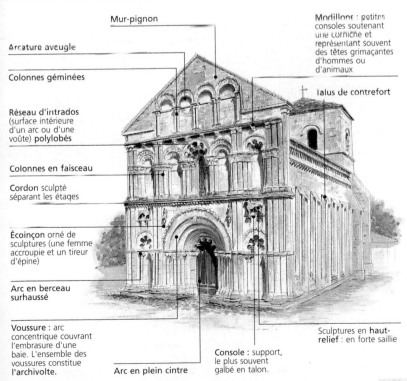

Mur-pignon

Arcature aveugle

Colonnes géminées

Réseau d'intrados (surface intérieure d'un arc ou d'une voûte) **polylobés**

Colonnes en faisceau

Cordon sculpté séparant les étages

Écoinçon orné de sculptures (une femme accroupie et un tireur d'épine)

Arc en berceau surhaussé

Voussure : arc concentrique couvrant l'embrasure d'une baie. L'ensemble des voussures constitue l'**archivolte.**

Modillons : petites consoles soutenant une corniche et représentant souvent des têtes grimaçantes d'hommes ou d'animaux

Talus de contrefort

Sculptures en haut-relief : en forte saillie

Console : support, le plus souvent galbé en talon.

Arc en plein cintre

BAZAS – Façade de la cathédrale St-Jean (13ᵉ s.)

La particularité de cette façade tient dans la superposition de trois étages de styles et d'époques différentes : le 1ᵉʳ, gothique rayonnant (13ᵉ s.), le second, gothique flamboyant (16ᵉ s.) et le troisième, baroque (18ᵉ s.).

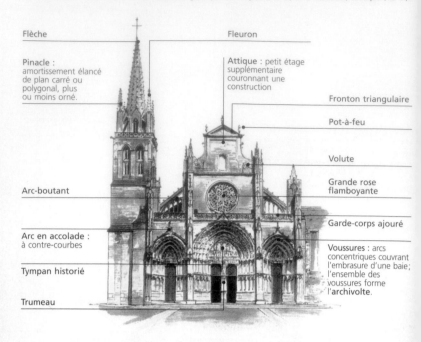

Flèche

Fleuron

Pinacle : amortissement élancé de plan carré ou polygonal, plus ou moins orné.

Attique : petit étage supplémentaire couronnant une construction

Fronton triangulaire

Pot-à-feu

Volute

Grande rose flamboyante

Arc-boutant

Garde-corps ajouré

Arc en accolade : à contre-courbes

Tympan historié

Voussures : arcs concentriques couvrant l'embrasure d'une baie ; l'ensemble des voussures forme l'**archivolte**.

Trumeau

ST-JEAN-DE-LUZ – Intérieur de l'église St-Jean-Baptiste (17ᵉ s.)

Transformées pour la plupart au 17ᵉ s., les églises basques se distinguent par leur nef unique sur les murs latéraux de laquelle sont posées des galeries. Un retable monumental occupe le chœur.

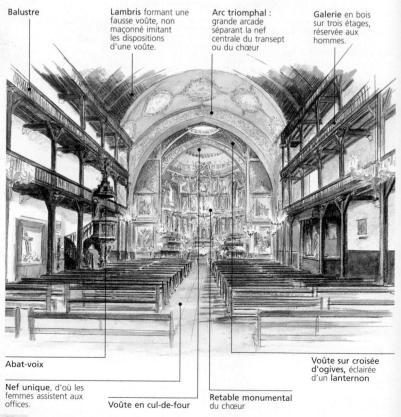

Balustre

Lambris formant une fausse voûte, non maçonné imitant les dispositions d'une voûte.

Arc triomphal : grande arcade séparant la nef centrale du transept ou du chœur

Galerie en bois sur trois étages, réservée aux hommes.

Abat-voix

Voûte sur croisée d'ogives, éclairée d'un lanternon

Nef unique, d'où les femmes assistent aux offices.

Voûte en cul-de-four

Retable monumental du chœur

Architecture militaire

ORTHEZ – Pont Vieux (13e-14e s.)

Ce pont fortifié, édifié au 13e s. par Gaston VII Moncade, vicomte de Béarn, a été terminé par Gaston Fébus au 14e s. ; il comporte de nombreuses similitudes avec le pont Valentré à Cahors, qui date de la même époque.

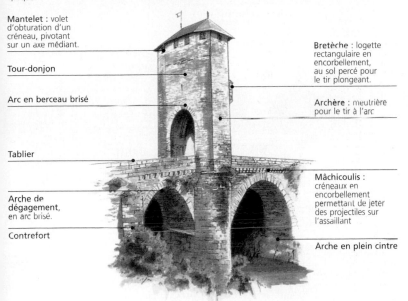

Mantelet : volet d'obturation d'un créneau, pivotant sur un axe médian.

Tour-donjon

Arc en berceau brisé

Tablier

Arche de dégagement, en arc brisé.

Contrefort

Bretèche : logette rectangulaire en encorbellement, au sol percé pour le tir plongeant.

Archère : meutrière pour le tir à l'arc

Mâchicoulis : créneaux en encorbellement permettant de jeter des projectiles sur l'assaillant

Arche en plein cintre

ROQUETAILLADE – Château neuf (14e s. – restauré au 19e s.)

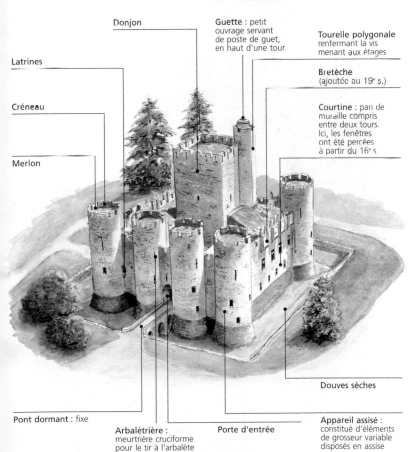

Donjon

Guette : petit ouvrage servant de poste de guet, en haut d'une tour.

Tourelle polygonale renfermant la vis menant aux étages

Latrines

Bretèche (ajoutée au 19e s.)

Créneau

Courtine : pan de muraille compris entre deux tours. Ici, les fenêtres ont été percées à partir du 16e s.

Merlon

Pont dormant : fixe

Arbalétrière : meurtrière cruciforme pour le tir à l'arbalète

Porte d'entrée

Douves sèches

Appareil assisé : constitué d'éléments de grosseur variable disposés en assise

Aqu. 3

Architecture civile

Château de MALLE (17ᵉ s.)

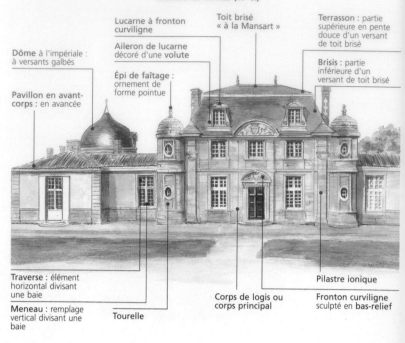

Dôme à l'impériale : à versants galbés

Pavillon en avant-corps : en avancée

Lucarne à fronton curviligne

Aileron de lucarne décoré d'une volute

Épi de faîtage : ornement de forme pointue

Toit brisé « à la Mansart »

Terrasson : partie supérieure en pente douce d'un versant de toit brisé

Brisis : partie inférieure d'un versant de toit brisé

Traverse : élément horizontal divisant une baie

Meneau : remplage vertical divisant une baie

Tourelle

Corps de logis ou corps principal

Pilastre ionique

Fronton curviligne sculpté en bas-relief

BORDEAUX – Palais de la Bourse (18ᵉ s.)

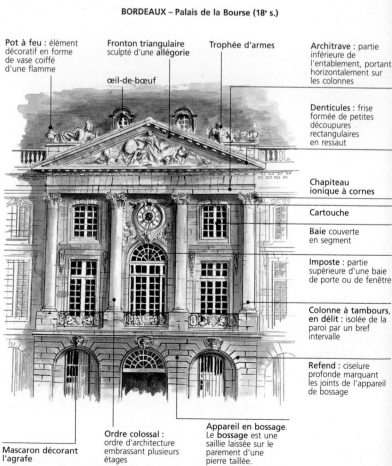

Pot à feu : élément décoratif en forme de vase coiffé d'une flamme

Fronton triangulaire sculpté d'une allégorie

œil-de-bœuf

Trophée d'armes

Architrave : partie inférieure de l'entablement, portant horizontalement sur les colonnes

Denticules : frise formée de petites découpures rectangulaires en ressaut

Chapiteau ionique à cornes

Cartouche

Baie couverte en segment

Imposte : partie supérieure d'une baie de porte ou de fenêtre

Colonne à tambours, en délit : isolée de la paroi par un bref intervalle

Refend : ciselure profonde marquant les joints de l'appareil de bossage

Mascaron décorant l'agrafe

Ordre colossal : ordre d'architecture embrassant plusieurs étages

Appareil en bossage. Le bossage est une saillie laissée sur le parement d'une pierre taillée.

BORDEAUX – Cage d'escalier du Grand Théâtre (fin 18ᵉ s.)

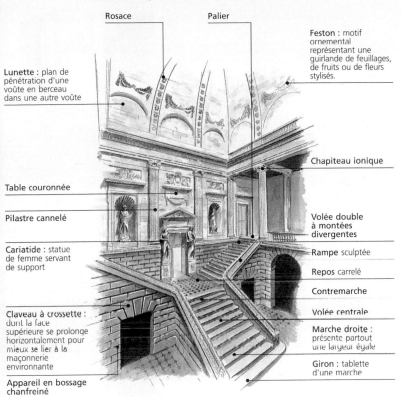

Rosace

Palier

Feston : motif ornemental représentant une guirlande de feuillages, de fruits ou de fleurs stylisés.

Lunette : plan de pénétration d'une voûte en berceau dans une autre voûte

Chapiteau ionique

Table couronnée

Pilastre cannelé

Volée double à montées divergentes

Cariatide : statue de femme servant de support

Rampe sculptée

Repos carrelé

Contremarche

Volée centrale

Claveau à crossette : dont la face supérieure se prolonge horizontalement pour mieux se lier à la maçonnerie environnante

Marche droite : présente partout une largeur égale

Giron : tablette d'une marche

Appareil en bossage chanfreiné

ARCACHON, Ville d'Hiver – Villa Trocadéro (fin 19ᵉ s.)

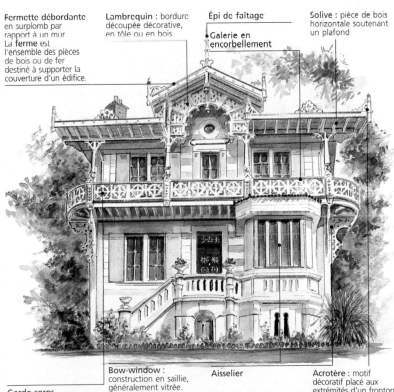

Fermette débordante en surplomb par rapport à un mur. La ferme est l'ensemble des pièces de bois ou de fer destiné à supporter la couverture d'un édifice.

Lambrequin : bordure découpée décorative, en tôle ou en bois.

Épi de faîtage

Galerie en encorbellement

Solive : pièce de bois horizontale soutenant un plafond

Bow-window : construction en saillie, généralement vitrée.

Aisselier

Acrotère : motif décoratif placé aux extrémités d'un fronton ou d'un pignon

Garde-corps à décor de croisillons

83

La cité médiévale

Du Béarn au Pays basque, de l'Agenais aux Landes, l'Aquitaine peut s'enorgueillir de plusieurs cités et bâtiments médiévaux. Du 11e au 14e s., les villes nouvelles se sont multipliées, adoptant une architecture militaire. Autant de bastides, de donjons, d'églises fortifiées, de châteaux, de sauvetés et de castelnaux, au caractère à la fois défensif et résidentiel, qui correspondent aux siècles mouvementés du Moyen Âge.

Châtelet d'entrée de Villandraut, l'un des cinq châteaux clémentins.

Architecture militaire

L'émiettement de l'autorité féodale au Moyen Âge a entraîné une dispersion générale des points fortifiés. Le Sud-Ouest, et particulièrement l'ancienne Aquitaine, partagée trois siècles durant entre deux couronnes, fut alors saupoudré de châteaux forts. Des fortifications grossières se multiplièrent en rase campagne : un fossé, une palissade d'enceinte (*pau* en langue d'oc, *plessis* en langue d'oïl), une tour de bois puis de pierre élevée sur une « motte » suffisaient, pour un simple refuge.

Les donjons – Au début du 11e s. apparaissent des donjons défensifs de pierre, rectangulaires, caractérisés par une maçonnerie peu épaisse et l'absence de meurtrières. Le rez-de-chaussée, obscur, servant de magasin, l'accès se fait par le 1er étage au moyen d'une échelle ou d'une passerelle escamotable.

Les châteaux de brique – Certains châteaux du Béarn portent la marque de Sicard de Lordat, ingénieur militaire de Gaston Fébus. Construits en brique par souci d'économie, ils possèdent une tour carrée, à cheval sur l'enceinte polygonale tandis que les casernements et le logis d'habitation s'adossent intérieurement aux courtines. Morlanne et surtout Montaner sont les exemples les plus achevés de ce type.

LES ÉGLISES DE BASTIDE
La multiplication des bastides s'est accompagnée de l'édification de nombreuses églises. Bâties près de la place centrale ou à la périphérie, solidaires du cimetière, elles sont caractéristiques du gothique languedocien, avec une nef unique.

Les châteaux clémentins – Bertrand de Got devient pape sous le nom de Clément V en 1305. Rome alors en pleine révolution, il demeure dans sa région natale bordelaise. Il est à l'origine des constructions qualifiées de « châteaux clémentins ». Villandraut, Roquetaillade, Duras, Budos et Fargues sont des « palais-forteresses », résidentiels et défensifs. Tous présentent sensiblement la même architecture. Leur plan rectangulaire porte à chaque angle une

Le château de Montaner, construit par Sicard de Lordat.

Monflanquin, bastide du Lot-et-Garonne.

tour cylindrique. Un des côtés des murailles est percé d'une entrée, précédée d'une bastille, accostée de deux tours cylindriques de mêmes proportions que les tours d'angle. L'intérieur est bordé sur trois côtés par les appartements, vastes salles superposées voûtées. Seul le château de Roquetaillade échappe à ce plan intérieur : il possède un donjon carré central plus élevé que les tours.

Les églises fortifiées – Nombreuses dans le Sud-Ouest, elles occupent une grande place dans l'histoire de l'architecture militaire. Les deux types de mâchicoulis seraient apparus pour la première fois en France, à la fin du 12e s., sur des églises des pays de langue d'oc : mâchicoulis classiques sur corbeaux et mâchicoulis ménagés sur des arcs bandés entre les contreforts. Traditionnel lieu d'asile, l'église représentait, avec son architecture robuste et son clocher tout désigné comme poste de guet, un refuge pour les populations.

Les « villes nouvelles » du Moyen Âge

Sauvetés et castelnaux (11e et 12e s.) – Les sauvetés sont issues d'initiatives ecclésiastiques : prélats, abbés ou dignitaires d'un ordre militaire de chevalerie ont reconnu à des « hôtes » pour assurer le défrichement et la mise en valeur de leurs terres. Les castelnaux sont à l'origine des agglomérations créées par un seigneur dans la dépendance d'un château. Muret, Auvillar, Mugron, Pau en sont autant d'exemples.

Les bastides (1220-1350 environ) – Nées des besoins démographiques, financiers et économiques ou liées aux préoccupations politiques et militaires, les bastides constituent le premier habitat aggloméré dans la région Aquitaine. Nombre d'entre elles sont nées d'un contrat de paréage entre le roi et le seigneur du lieu ou entre un abbé et le seigneur laïc.

Ce contrat précisait le statut des habitants, le programme du lotissement, les redevances. Le peuplement était encouragé par la garantie du droit d'asile et l'exemption du service militaire. Si le plan des bastides se rapproche souvent d'un modèle type, en échiquier carré ou rectangulaire, il s'en éloigne parfois selon le relief et la nature du site. On reconnaît l'intervention d'un arpenteur professionnel dans le tracé rectiligne des rues se coupant à angle droit et dans le découpage de lots de valeur égale. Les colons recevaient, outre une parcelle à bâtir, une parcelle de jardin et, hors de l'agglomération, une parcelle cultivable.

QUELQUES BASTIDES DE GUYENNE

⬚ : Fondation française   ⬚ : Fondation anglaise

0   20 km

- Miramont-de-Guyenne
- Castillonnès
- St-Étienne-de-Londres
- Villeréal
- Marmande
- St-Pastour
- Monclar
- Monflanquin
- Laparade
- Villeneuve-s-Lot
- Lagruère
- Lot
- Tournon-d'Agenais
- St-Sardos
- Damazan
- Nicole
- AGEN
- Puymirol
- Vianne
- GARONNE
- Baïse
- Lamontjoie
- Caudecoste

Du classicisme à l'Art déco

Du 16ᵉ au 19ᵉ s., l'Aquitaine s'enrichit de nouvelles bâtisses. Aux fortifications érigées par Vauban succèdent un style Louis XVI inspiré de l'art antique puis un éclectisme triomphant, de la Gironde à la Côte basque. Le style néo-classique s'accompagne d'un mélange des genres pour s'offrir de somptueuses villas, rehaussées par l'avènement de l'Art déco.

Époque classique

La fin de la Renaissance avait été une époque de stagnation pour l'art français. Avec Henri IV commence une ère de prospérité matérielle qui permet aux artistes de s'engager dans une voie nouvelle. L'avènement de la dynastie des Bourbons amène un changement radical. L'art dit classique s'étend de 1589 à 1789.

Fortifications – Nées au 16ᵉ s., elles protègent surtout les cités frontalières, courtines et bastions étant couronnés d'une plate-forme où sont placés les canons tandis que des tourelles permettent de surveiller fossés et alentours.

Mascaron sur la façade d'un immeuble classique de Bordeaux.

Sébastien le Prestre de Vauban (1633-1707), maître incontesté en matière de fortifications, établit son système caractérisé par des bastions que complètent des demi-lunes, dans un ensemble protégé par de profonds fossés. Profitant des obstacles naturels, utilisant les matériaux du pays, il s'attache à donner aux ouvrages une valeur esthétique.

En Gironde, son empreinte reste manifeste à Blaye, où la citadelle protectrice du port de Bordeaux participait d'un système de défense comprenant Fort Pâté et Fort Médoc. Dans les Pyrénées-Atlantiques, Bayonne et Navarrenx témoignent également des travaux de l'architecte militaire.

L'architecture Louis XVI – De majestueux bâtiments évoquent le style Louis XVI, inspiré de l'art antique, dont l'architecte parisien Louis fut un insigne représentant : sa manière, noble et sobre, s'exprime au Grand Théâtre de Bordeaux et dans maints châteaux du Bordelais. Les chartreuses sont ces petits châteaux caractéristiques de la Guyenne et plus particulièrement du vignoble bordelais. Bâtis aux 18ᵉ et 19ᵉ s., ils ont été conçus par l'aristocratie locale pour servir de maison de campagne. Basses, habituellement sans étage, les chartreuses s'ouvrent de plain-pied sur une terrasse ou un parterre fleuri ; celle de Beychevelle compte parmi les plus charmantes.

L'éclectisme du 19ᵉ s.

Au 19ᵉ s., l'architecture européenne tend vers l'éclectisme, remettant au goût du jour les styles passés (antique, roman, gothique, Renaissance et classique) et empruntant largement aux styles étrangers, notamment à l'Orient. De la Gironde au Pays basque, sur la côte ou dans les Pyrénées thermales, ce type d'architecture est prétexte à des constructions originales, à des villas somptueuses qui ont fait la réputation de certaines stations.

En Bordelais, si le style néo-classique domine, il existe de curieux mélanges au château Lanessan (Renaissance espagnole et style batave) ou au château Cos d'Estournel (orientalisme et classicisme). Terre de prédilection pour les constructions éclectiques, le bassin d'Arcachon s'est couvert de bâtiments de tous styles : villa algé-

La chartreuse de Loudenne, dans le Médoc.

rienne au Cap-Ferret, Ville d'Hiver à Arcachon, conçue par les frères Pereire (chalets suisses, maisons basques, cottages anglais, villas mauresques, etc.).

Favorisé par les séjours de Napoléon III qui y fit construire la villa Eugénie dans le style néo-classique, Biarritz devient une station balnéaire à la mode. De somptueuses villas sont bâties, adoptant un parti pris éclectique qui perdure jusque dans les années 1930 : la villa la Roche-Ronde est de style néo-médiéval (tourelles, échauguettes...), le château Boulard (1870-1871) est un bâtiment néo-Renaissance, la villa Françon adopte le style *Old England*. A Hendaye, le château d'Antoine Abbadie imite l'architecture gothique tandis que certains aménagements intérieurs sont de style mauresque.

Intérieur du Grand Hôtel du Parc, à Salies-de-Béarn, imitant les églises basques.

Quand les Pyrénées découvrent le tourisme en 1860, les stations thermales bénéficient de cette vague d'éclectisme : à Eaux-Chaudes, l'établissement thermal est de style néo-classique, à Salies-du-Béarn, il s'affiche résolument oriental.

L'Art déco

Présente sur la Côte basque – casino municipal, musée de la Mer (1932-1935) et décor intérieur de villas à Biarritz, Atrium-Casino (1928) et Splendid Hôtel (1932) à Dax, villa Leïhorra (1926-1928) à Ciboure –, l'architecture Art déco hérite de l'Art nouveau le goût pour la décoration ; mais cette fois, les formes sont épurées et les lignes se redressent. Les architectes ont souvent recours à la ferronnerie, à l'art du verre et à la céramique.

À Hossegor, dans les Landes, entre 1920 et 1930, les architectes des villas balnéaires s'inspirent fortement de l'habitat rural basco-landais : ce style néo-régional allie colombages, appareillage de brique en épi, typiquement landais, aux toits en débord, murs porteurs saillants et façades crépies blanches propres au Pays basque, tout en introduisant çà et là une décoration Art déco.

Patio de la villa Leïhorra, à Ciboure : un témoignage de l'engouement pour l'Art déco sur la Côte basque.

Le port de Ciboure, juste en face de Saint-Jean-de-Luz.

*Villes
et sites*

Agen★

Ave' l'accent... et Agen prend tout son relief. Celui d'une cité du soleil où il fait bon se balader loin des villes embouteillées, et où même les boulevards prennent des allures de rues piétonnes. N'a-t-elle pas été élue, il y a peu, « Ville la plus heureuse de France » ? Cette bonhomie, cette insouciance se lisent au gré des rues pavées et des places ombragées, au fil de la Garonne qui nourrit la vallée.

La situation
Cartes Michelin nos 79 pli 15 ou 235 pli 17 – Lot-et-Garonne (47). Pour un accès rapide : la A 62 ou la N 113 (Bordeaux-Toulouse). Si vous avez le temps, les départementales vous feront profiter de la très belle campagne agenaise. La ville est longée au Nord par le canal, à l'Ouest par la Garonne. Centre névralgique : le carrefour des boulevards de la République et Carnot et les petites rues avoisinantes. *107 bd Carnot, 47000 Agen, ☎ 05 53 47 36 09.*

Le nom
Aginnum, oppidum celtique, était installé sur le coteau de l'Ermitage, au Nord de la ville actuelle.

Les gens
69 488 Agenais... ou Agenois, c'est au choix. Parmi les figures, Jacques Jasmin. Perruquier-poète de son état, il composait des chansons et de petits poèmes qu'il déclamait à ses clients ! Tant et si bien qu'il fut un jour reçu, ce n'est pas rien, à la cour de Napoléon III, et fêté dans tous les salons parisiens pour son œuvre en occitan.

DES ITALIENS À AGEN
La Renaissance brille à Agen d'un éclat tout particulier : banni de Milan, l'aventureux Bandello, connu pour ses contes et ses nouvelles, trouve un asile doré sur les rives de la Garonne ; Jules-César Scaliger, né à Padoue et établi à Agen, donne à sa ville adoptive une grande célébrité par son érudition et par son influence sur de nombreux hommes de lettres ; son fils, Joseph-Juste Scaliger, est un éminent philologue.

se promener

LA VIEILLE VILLE
2h. Partir de la place Dr-Pierre-Esquirol.

Place Dr-Pierre-Esquirol
Sur la place, du nom d'un ancien maire de la ville, se dressent l'hôtel de ville, ancien tribunal du 17e s., le musée des Beaux-Arts et le théâtre « à l'italienne » Ducourneau dont la première pierre fut posée en 1906 sous l'œil d'Armand Fallières, président de la République originaire de la région.

APERCEVOIR
Les petits amours enlacés, assis jambes ballantes sur la balustrade haute du théâtre.

Rue Beauville
Atmosphère d'antan garantie avec ses maisons médiévales restaurées. Le dimanche, lorsque sonnent les cloches pour appeler à l'office, on s'y croirait ! Au no 1, très belle maison à pans de bois et à encorbellement.
Tourner à droite dans la rue Richard-Cœur-de-Lion.
Au carrefour avec la rue Moncorny, la façade à pans de bois du débit de tabac vaut le détour.
La rue Garonne mène à la place des Laitiers.

Place des Laitiers
Au cœur du vieil Agen, marchand depuis le Moyen Âge. De nos jours, de nombreux commerces continuent d'investir les arcades.
Traverser le boulevard de la République et prendre à gauche la rue Puits-du-Saumon.

Quel est donc le personnage chapeauté qui marche si gaillardement sur la place des Laitiers ? Le chat botté ? Non, un pèlerin de Compostelle !

Maison du Sénéchal
Demeure du 14e s. percée de fenêtres gothiques. À travers une porte vitrée, on aperçoit divers objets appartenant au musée des Beaux-Arts.

Rue des Cornières
Jolie rue commerçante toute de pans de bois et de pierre sur arcades (cornières).
Tourner à droite dans la rue Floirac pour reprendre la rue des Cornières jusqu'à la place de la cathédrale.

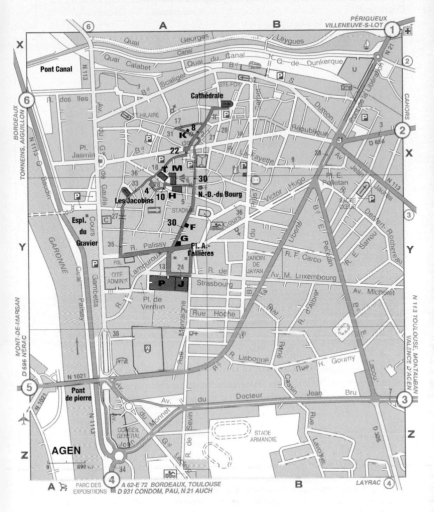

carnet pratique

VISITE

Visite guidée de la ville (1h1/2) – En plus des visites guidées traditionnelles, visite possible avec un baladeur (Balad'Agen). S'adresser à l'Office de tourisme.

RESTAURATION

• À bon compte

La Bohème – *14 r. E.-Sentini -* ☎ *05 53 68 31 00 - fermé 1ᵉʳ au 15 mars, 4 au 17 sept., merc. soir, sam. midi et dim. - 89/165F.* Un savant mélange de cultures pour ce restaurant situé dans une rue piétonne au centre-ville. Décor épuré à l'esprit scandinave, des recettes classiques doucement inspirées par le terroir et un menu antillais en souvenir des îles où officiait le patron.

Restaurant Oasis — *46 r. Molinier -* ☎ *05 53 66 89 33 - fermé le soir et dim. - réserv. conseillée - 90/150F.* Dans ce petit restaurant situé le long d'une rue commerçante, vous avez le choix : sa petite salle moderne ou celle aux couleurs du sud. La carte est volontairement courte : tartes salées, plat du jour et pâtisseries. Salon de thé l'après-midi. Bon accueil et prix sages.

• Valeur sûre

Mariottat – *25 r. L.-Vivent -* ☎ *05 53 77 99 77 - fermé vacances de fév., sam. midi, dim. soir et lun. - 105/295F.* Cet ancien hôtel particulier du 19ᵉ s. a du caractère avec son fronton de porte sculpté et son toit d'ardoise. Montez le bel escalier de pierre pour accéder aux salles à manger au décor sobre. Terrasse agréable sous les arbres. Cuisine soignée de produits frais.

HÉBERGEMENT

• Valeur sûre

Atlantic Hôtel – *133 av. J.-Jaurès - à l'E d'Agen par N 113 -* ☎ *05 53 96 16 56 - fermé 23 déc. au 2 janv. -* **P** *- 44 ch. : 260/340F -* ☑ *35F.* Cet hôtel construit dans les années 1970 est à l'écart du centre-ville, derrière une station-service. Ne vous fiez pas à l'environnement et prenez votre petit-déjeuner au bord de la piscine. Les chambres sont agréables et les plus récentes plus spacieuses et modernes.

• Une petite folie !

Château de Lassalle – *47310 Brimont - 4 km à l'E de Laplume par D 15 et D 268 -* ☎ *05 53 95 10 58 - fermé 15 janv. au 15 fév. -* **P** *- 14 ch. : à partir de 690F -* ☑ *90F - restaurant 155/195F.* Accédez à cette belle demeure du 18ᵉ s. au milieu des bois par une allée de chênes centenaires. Ici, rien ne troublera votre repos. Chambres personnalisées, certaines meublées à l'ancienne, d'autres plus modernes et colorées. Deux salles à manger dont l'une sous une verrière.

SORTIES

Bruissante de conversations, de tintements de verres et de couverts, la **place Jasmin** est occupée par de nombreux bars et brasseries dont les terrasses, à la belle saison, attirent beaucoup d'Agenais. Ne pas manquer : La Bodega et ses concerts de musique latine (jeudi soir).

Connemara – *6 r. Garonne -* ☎ *05 53 66 60 61 - Lun.-jeu. 15h-1h, ven.-sam. jusqu'à 2h.* Un lieu fait pour les amateurs de bière : on vous en propose une trentaine au choix, dont huit pression. Décor de pub irlandais traditionnel et ambiance tranquille. Des concerts de musique celtique y sont fréquemment organisés.

La Péniche « Les Copains d'abord » – *Quai de Dunkerque -* ☎ *05 53 48 10 81 - Mer.-jeu., dim. 19h-3h, ven.-sam. jusqu'à 5h.* C'est dans le cadre dépaysant d'une péniche que s'est ouvert ce bar-discothèque. Des barmans chaleureux entretiennent une ambiance de copains qui plaît à de nombreux sportifs. Le week-end, on s'y bouscule.

Le Central Café – *82 bd de la République -* ☎ *05 53 48 09 55 - Lun.-jeu. 10h-1h, ven.-sam. jusqu'à 2h, dim. 15h-1h.* Autrefois fréquenté par les militaires, c'est aujourd'hui le bar branché d'Agen qui, en plus de nombreuses infirmières (dont l'école est proche), attire la jeunesse BCBG. De nombreux concerts (rock, salsa) et des soirées y sont organisés.

Saint-Barth – *132 quai Baudin -* ☎ *05 53 66 33 31 - Mer.-sam. à partir de 23h.* La situation centrale et la réputation solidement établie de cette petite discothèque en font un lieu très fréquenté, en particulier le week-end.

Florida – *95 bd Carnot - Face à la poste -* ☎ *05 53 47 59 54 - Mar.-sam. 9h-19h.* Cet ancien music-hall des années 1930 s'est reconverti depuis 1993 en complexe musical dédié aux musiques amplifiées. Du rapeur au jazzman en passant par les émules de la musique électronique, une grande diversité de musiciens sont invités à s'y produire. Outre des salles de répétition, le Florida propose un espace multimédia (avec accès à internet) et un bar.

ACHATS

Marchés – Marchés traditionnels tlj au marché couvert, mer. et dim. Halle du Pin ; marché bio sam. esplanade du Gravier et pl. des Laitiers.

Fruits et primeurs – C'est dans les vallées du Lot et de la Garonne, voies de passage entre l'Atlantique et la Méditerranée, que l'Agenais concentre l'essentiel de son économie. Leur climat particulièrement doux donne les cultures maraîchères et fruitières qui font leur renommée. N'hésitez pas à vous gaver de chasselas, prunes et autres pêches achetés sur les marchés ou directement chez les producteurs.
Foire de la Prune à la mi-sept., pl. du 14-Juillet.

Confiserie P. Boisson – *20 r. Grande-Horloge -* ☎ *05 53 66 20 61 - Lun.-sam. 9h-12h30, 14h-19h30.* Depuis 1835, la famille Boisson excelle dans la fabrication de confiseries à base de pruneaux. Son premier succès remonte à 1876, quand un mitron eut l'idée de fourrer les pruneaux. Un diaporama relate l'histoire de cette illustre lignage.

Maison Fondée en 1835

P. BOISSON
Confiserie

Toutes Spécialités
aux Pruneaux
Pruneaux Fourrés
à l'Armagnac
Chocolats
Dragées
Bonbons

Ferme Roques – *D 119 - 47130 Montesquieu - Quartier « Le Vacqué » - 30 km au SO d'Agen par D 119. -* ☎ *05 53 68 60 39 - Lun.-sam. 8h-12h, 14h-19h. Cette exploitation agricole est spécialisée dans* l'arboriculture fruitière. Outre des prunes, elle produit aussi des poires, des kiwis, des pêches et des brugnons. Le fleuron de la maison, c'est le pruneau d'Agen façonné à l'ancienne, c'est-à-dire sans conservateur.

LOISIRS-DÉTENTE

Canoë-Kayak club de l'Agenais – *Quai du Canal -* ☎ *05 53 96 34 68 - Tlj 9h-12h, 14h-18h, dim. sur rendez-vous.* Ce club loue des kayaks et propose des randonnées. Ouvert à tous, y compris aux débutants, il organise aussi des cours d'initiation.

Poney-club de l'Agenais – *Darel - 47480 Pont-du-Casse – 7,5 km au NE d'Agen par D 656* ☎ *05 53 96 90 33 - Tlj 8h-12h, 14h-19h.* Situé sur les hauteurs d'Agen, ce centre organise des cours et des balades à cheval ou à poney.

Locaboat Plaisance – *Quai de Dunkerque -* ☎ *05 53 66 00 74 - Lun. 8h-12h, 14h-18h. Fermé 1er nov.-31 mars.* Pour découvrir la région à travers ses rivières et ses canaux, bateaux et péniches sont à louer sur le port de plaisance. Les marins d'eau douce pourront profiter des croisières organisées (*L'Agenais*) qui font revivre l'histoire du canal latéral de la Garonne.

Cathédrale St-Caprais

Fondée au 11e s., mais cathédrale seulement depuis 1802. L'intérieur, restauré au siècle dernier, est décoré de fresques représentant les saints tutélaires de l'Agenais. De la place Raspail, vue sur le chevet du 12e s. aux modillons sculptés de têtes humaines et d'animaux.

Revenir dans la rue des Cornières puis prendre à gauche la rue Banabéra.

À l'angle de la rue Jacquard, belle maison à pans de bois.

Traverser le boulevard de la République en direction du marché couvert que l'on laisse à gauche avant d'arriver rue Montesquieu.

Rue Montesquieu

Pittoresque église N.-D.-du-Bourg (13e-14e s.) en brique et pierre avec un clocher-mur, et au n° 12, l'**hôtel Escouloubre** (18e s.).

Place Armand-Fallières

Au milieu des magnolias et des cèdres voisinent l'imposant palais de justice du 19e s. et la préfecture, ancien palais épiscopal du 18e s. Au Nord de la place, l'hôtel Lacépède (18e s.) abrite la bibliothèque municipale.

Prendre à gauche la rue Palissy puis à droite la rue Louis-Vivent. Prendre en face la rue Richard-Cœur-de-Lion.

Église des Jacobins

Vaste édifice gothique en brique présentant deux nefs identiques qui, contrairement aux Jacobins de Toulouse, aboutissent à des chevets plats.

Revenir à la place du Dr-Esquirol par la rue Beauville à droite.

AU FIL DE L'EAU

Si vous aimez les balades à pied, profitez des berges de la Garonne et du canal.

Esplanade du Gravier

La plus courue des balades agenaises. Le Gravier, « espace vert » aménagé au 19e s. au bord de la Garonne, entretient, sous ses platanes, des pelouses fleuries ponctuées de statues, bassin, kiosque à musique, allées... de gravier. Jolie vue de la passerelle qui enjambe le fleuve. À droite, les 25 arcades du **pont-canal**, long de 500 m, permettent au canal latéral de franchir la Garonne. À gauche, le **pont de pierre** fut commandé par Napoléon lors de son passage à Agen.

> **VIVE LA RÉPUBLIQUE**
> À côté de la cathédrale, la petite église Sainte-Foy arbore, gravée dans la pierre, notre devise nationale : « Liberté, Égalité, Fraternité ». Cette étonnante inscription pour un monument religieux est le signe de la tradition républicaine agenaise qui s'affiche jusque sur les plaques de rues. Elles rendent hommage aux notables radicaux locaux et à la République.

visiter

Musée des Beaux-Arts★★

Pl. du Dr-Esquirol. 1h1/2. Tlj sf mar. 10h-17h (mai-sept. : fermeture à 18h). Fermé 1er janv., 1er mai, 1er nov., 25 déc. 20F. ☏ 05 53 69 47 23.

Bien joli écrin pour ce musée. Les quatre hôtels particuliers d'Estrades, de Vaurs, Vergès et Monluc, des 16e et 17e s. ont, en grande partie, gardé leurs façades d'origine alors que les murs intérieurs ont été abattus pour permettre l'agrandissement du musée.

Archéologie médiévale – Dans une pièce les murs sont garnis de chapiteaux romans et gothiques ornés de feuillages et d'animaux fantastiques (à hauteur d'yeux, bien agréable...). C'est ici que reposent les **gisants** d'Étienne de Durfort et de son épouse. Remarquez la tapisserie de Bruxelles (16e s.), intitulée *Le Mois de mars*.

◄ **Archéologie de l'Antiquité** – Mosaïques, amphores céramiques et petits bronzes (tête de cheval celte d'une grande finesse). La Vénus grecque de marbre (1er s. avant J.-C.), découverte au siècle dernier près du Mas-d'Agenais est le plus bel ornement de cette collection.

La chasse et la guerre – Il fallait bien une cheminée monumentale Renaissance pour cette pièce consacrée aux armes anciennes. Tapisserie du 17e s. représentant une chasse au cerf. Profil féminin en marbre du 15e s., ◄ d'après Mino da Fiesole.

À côté se dresse un grand Minotaure de bronze, œuvre de François-Xavier Lalanne, artiste natif d'Agen.

Préhistoire et minéraux – Dans les caves voûtées de l'hôtel de Vaurs, anciennes prisons de la ville (chaînes et bracelets fixés aux murs, soupiraux, gémissement du vent... Chair de poule assurée !) ont trouvé place les collections de préhistoire, des plus anciens galets taillés aux formes les plus évoluées du néolithique agenais, ainsi qu'une collection de minéraux.

LE FAÏENCIER ANIMALIER

Bernard Palissy (1510-1590), né à Saint-Avit près d'Agen, fut certes l'auteur d'ouvrages techniques et philosophiques, mais il est surtout connu comme verrier et potier. Au prix d'un labeur acharné et de sacrifices très lourds – on raconte qu'il brûla même ses meubles pour alimenter ses fours –, il s'acharna à retrouver la composition de l'émail. Euréka ! il réussit à mettre au point une poterie intermédiaire entre la faïence italienne et la terre vernissée. Ses bassins décorés en « rustique » (moulages colorés de serpents, lézards, poissons, écrevisses...) lui valurent un vif succès.

Peintures et arts décoratifs – Autre atmosphère pour ces collections présentées dans les spacieuses et lumineuses pièces des étages supérieurs (accès par un bel escalier à vis). Belles œuvres (natures mortes, portraits, grands sujets) d'écoles française et étrangères des 16e et 17e s. (*Tentation de saint Antoine* par David Teniers le Vieux, *Portrait d'homme* de Philippe de Champaigne), faïences européennes (14e-19e s.) dont des plats de Bernard Palissy. Au même étage, une étonnante série de sulfures (camées incrustées dans du cristal) de l'Agenais Boudon de Saint-Amans (1774-1856) et les exemplaires

---

CADEAU DIPLOMATIQUE

Les cinq toiles de Goya furent léguées au musée par un ancien ambassadeur d'Espagne. Notez l'œil acerbe de ce peintre de cour, impitoyable et se jouant des conventions, dans l'*Autoportrait* très expressif. Autre toile, autre style, les *Caprices* sont surréalistes avant la lettre : des êtres humains horrifiés sont survolés par un âne, un taureau et un éléphant, sous une lumière fantasmagorique.

uniques de faïence fine par laquelle il tenta de concurrencer l'Angleterre. La salle du 18e s., outre des portraits de Greuze et un beau Tiepolo *(Page expirant),* abrite une série de Goya, l'une des gloires du musée.

Impressionnisme – Belle collection répartie entre le 1er ▶ et le 2e étage. La peinture du 19e s. est très bien représentée par une œuvre de Corot, *L'Étang de Ville-d'Avray,* plusieurs toiles de Courbet, une collection de pré-impressionnistes (Boudin) et d'impressionnistes (Caillebotte, Sisley, Guillaumin, Lebasque). Le tableau *Bord du Loing,* de Picabia, un peu insolite par son côté impressionniste, annonce le 20e s.

Salle du Dr-Esquirol – Tableaux, meubles et figurines asiatiques. Deux beaux portraits par Clouet, ainsi qu'une charmante *Tête d'enfant* de Greuze.

> **DÉCOUVRIR**
> Le peintre impressionniste roumain Grigurescu, dont Agen possède la collection la plus importante de France. Remarquer les différentes versions de *Tête de paysanne roumaine.*

alentours

Walibi Aquitaine
4 km au Sud-Ouest par la D 656, route de Nérac, en venant du centre-ville. En venant de l'autoroute A 62, prendre la sortie no 7 Agen. 🎫 *De fin avr. à fin sept. : w.-end 10h-18h (juin : tlj 10h-18h ; juil.-août : tlj 10h-19h). 129F (enf. entre 1m et 1,40m : 62F).* ☎ *05 53 96 58 32.*

Au diable la culture, un peu de détente ! Voilà un parc de loisirs où passer une divertissante journée en famille. Virer, rouler, glisser, il y en a pour tous les goûts et tous les âges. Après avoir tourné dans les tasses à café géantes ou descendu la Radja River en furie, assistez au spectacle des fontaines musicales (650 jets d'eau animés) et aux acrobaties des otaries savantes. Plusieurs formules de restauration possibles, du pique-nique au restaurant.

Pour éviter de vous tromper, l'entrée de Walibi Aquitaine.

Clermont-Dessous
19 km à l'Est par la N 113 qui longe de très près la Garonne. Le village, ranimé par le tourisme grâce à sa situation au-dessus de la plaine de la Garonne, est signalé par son église romane trapue, qui émerge des ruines du château. Consacrez une demi-heure pour une promenade au départ du parc de stationnement. Le circuit jalonné vous permet d'admirer la vallée et ses vergers. Vous reconnaîtrez au loin Port-Sainte-Marie, ancienne ville de mariniers étirée entre l'abrupt du coteau et le fleuve.

circuit

LE BRULHOIS
41 km – environ 3h. Quitter Agen par ⑤ du plan puis prendre à gauche la D 656. À Roquefort, D 292 à gauche.
Le Brulhois... la campagne à perte de vue. Celle qui repose et réjouit les yeux. Un paysage de pentes douces et d'abrupts calcaires. Un patchwork de collines cultivées de vignes, de maïs et de vergers. De-ci, de là apparaît une demeure, vieille ferme ou gentilhommière, perchée sur une butte ou égarée au milieu des champs.

Estillac
Le **château de Monluc**, ouvrage militaire (13e-16e s.), masqué par les arbres, surveille la plaine de la Garonne agenaise du haut du dernier ressaut des collines du Brulhois.

Aubiac
L'église romane fait corps avec le village qu'elle semble défendre. À l'intérieur, chœur tréflé éclairé par une tour-lanterne où courent des frises de billettes et de palmettes.

> **LE SEIGNEUR DE MONLUC**
> Blaise de Monluc, fameux homme de guerre qui gagna ses galons lors des guerres d'Italie, s'installa au château d'Estillac aux environs de 1550. Il est l'inventeur du pousse-rapière, liqueur à base d'armagnac et de macération de fruits.

Le village d'Aubiac, dominé par son église romane, semble perdu au milieu des douces collines du Brulhois.

Laplume

Ancienne capitale du Brulhois, ce bourg se tient sur une crête dans un site très dégagé. Autrefois, de nombreux moulins à vent tournaient sur ces hauteurs.

À Laplume, prendre la D 15 à gauche sur 3 km, puis encore à gauche, la D 268 vers Moirax.

LA « ROBE DE SERGENT »

C'est le nom que l'on donnait au 18e s. à la prune violette d'ente (du verbe enter, greffer) qui, mise à sécher, donne le pruneau. Elle serait venue de Syrie dans les bagages des Croisés et aurait été acclimatée à la région par les moines de Clairac. C'est aux alentours de Villeneuve-sur-Lot que se trouve le véritable pays de la prune d'ente. Mais Agen, plus grand port fluvial du Lot-et-Garonne oblige, a donné son nom au petit fruit sec, exporté par bateau loin de son Clairac natal. Le pruneau d'Agen était né.

Moirax

Datant pour sa plus grande partie du 12e s., l'**église**★ est un très bel exemple d'architecture romane. Elle appartenait à un prieuré clunisien fondé au 11e s.

Sa silhouette très allongée est rehaussée d'un clocheton conique et d'un campanile de façade. Les éléments décoratifs les plus intéressants sont ceux qui parent le chevet et les absidioles.

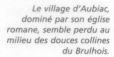

À VOIR
À la croisée du transept, on reconnaît sur les chapiteaux : à gauche, Daniel dans la fosse aux lions, à droite le Péché originel.

◄ À l'intérieur, l'avant-chœur est sans doute la partie la plus originale : carré à la base, il devient octogonal avant de se terminer en coupole tronconique. Les chapiteaux du chœur sont décorés de feuillages et de personnages. La statue de la Vierge, dans le chœur, les stalles et les panneaux sculptés en noyer dans les bas-côtés sont l'œuvre du sculpteur Jean Tournier (fin du 17e s.).

Layrac

DÉCOUVERTE
La dernière restauration de l'église Notre-Dame, en ramenant le chœur à son ancien niveau, a dégagé un fragment de mosaïque romane : Samson luttant contre le lion.

La terrasse de la place du Royal est encadrée au Sud par ◄ l'**église Notre-Dame** (12e s.) et au Nord par l'église St-Martin, dont il ne subsiste que le clocher. La vue sur la vallée du Gers débouchant dans la plaine de la Garonne vaut le coup d'œil.

Retour à Agen par la N 21.

Ainhoa★

C'est LE village basque par excellence. Tout y est : maisons rouges et blanches, fronton de pelote qui fait presque corps avec l'église, cimetière hérissé de stèles discoïdales. Au coucher du soleil, la montagne elle-même prend une teinte « rouge basque ».

La situation

Cartes Michelin n°s 85 pli 2 ou 234 pli 33 – Pyrénées-Atlantiques (64). 8 km au Sud-Ouest de Cambo-les-Bains. La petite D 20 mène au centre de ce village-rue.

Le nom

Prononcer « aï » (« aillnoa »). Ainhoa signifierait « le ruisseau qui vient d'en haut »

Les gens

Les linteaux des portes des 599 Ainhoars vous racontent ► leur histoire. Ainsi, sur la maison Gorritia, vous apprenez que celle-ci fut rachetée par Marie de Gorriti avec l'argent envoyé par son fils parti faire fortune aux Indes (« Fait en l'an 1662 »).

se promener

Rue principale★

C'est une haie de maisons des 17e et 18e s. aux toits débordants, aux façades de guingois sous la chaux propre datant de la dernière Saint-Jean, aux volets et aux colombages colorés, aux poutres ornées de frises et d'inscriptions. On ne sait laquelle choisir !

Église

Église typiquement basque avec les boiseries dorées de son chœur et sa nef à double galerie et plafond à caissons.

Notre-Dame-de-l'Aubépine

🚶 *Prendre la rue à gauche de la mairie et suivre le balisage du GR. Compter 2h à pied A/R. Pèlerinage lun. de Pentecôte avec messe en basque à 10h30. M. Audiot.* ☎ *05 59 29 90 16.*
Sur le tracé du GR 10, ce sentier pierreux est un chemin de croix qui vous mène à la chapelle Notre-Dame-de-l'Aubépine, construite sur les lieux où la Vierge serait apparue

---

Un motif en forme d'hélice, ajouré dans les volets ou gravé dans la pierre au cimetière d'Ainhoa... vous venez de découvrir la « croix basque », l'un des symboles solaires qui ornent traditionnellement le disque (solaire lui aussi) des stèles funéraires. Elle est devenue l'emblème du Pays basque.

HUE, DIA !
Les vastes lorios (porches) des maisons conservent des anneaux d'attache pour les mules, souvenirs du temps où Ainhoa était, outre une halte pour les pèlerins, un relais pour les marchands transitant par la frontière espagnole.

Alignement de maisons typiquement basques, avec crépi blanc et poutres rouges, dans la rue principale d'Ainhoa.

carnet pratique

RESTAURATION
• *Valeur sûre*
Ithurria – ☎ *05 59 29 92 11 - fermé 3 nov. au 14 avr. et mer. sf juil.-août - réserv. obligatoire le dim. - 175/260F.* Cette jolie maison basque, face au fronton, date du 17e s. Intérieur feutré avec boiseries, tomettes, cheminée et murs de pierre. Votre repas soigné méritera une bonne sieste au jardin, au bord de la piscine. Les chambres sont assez classiques et confortables.

HÉBERGEMENT
• *Valeur sûre*
Hôtel Oppoca – ☎ *05 59 29 90 72 - fermé 15 nov. au 15 déc. -* 🅿 *- 12 ch. : 285/320F -* 🍽 *35F - restaurant 95/170F.* Une vieille auberge basque du 17e s., à deux pas de l'église, sur la place du fronton. Vous y trouverez des chambres classiques et bien tenues, plus calmes sur l'arrière. Salle à manger de style régional et petite terrasse dans la verdure et les fleurs.

ACHATS
Pierre Oteiza – *R. Principale -* ☎ *05 59 29 30 43.* Succulents jambons de la vallée des Aldudes et plats cuisinés basques.

---

dans un buisson... d'aubépine. Ce lieu de pèlerinage basque peut être l'occasion d'une belle promenade. En haut, vue d'ensemble sur Ainhoa et panorama sur la rade de St-Jean-de-Luz et Socoa. Plus loin, apparaissent les premiers villages espagnols au pied des hautes montagnes navarraises.

Aire-sur-l'Adour

Plaisante petite cité dynamique sise entre l'Adour, aux berges aménagées en promenades, et le coteau de la Chalosse. Au calme de la colline du Mas répond l'effervescence de la ville basse. « Capitale du foie gras », Aire donne à voir, lors de ses grands marchés au gras annuels, un spectacle véritablement pantagruélique.

La situation

Cartes Michelin nos 82 plis 1, 2 ou 234 pli 27 – Landes (40). Sur la frontière avec le Gers, entre Mont-de Marsan et Pau (N 124 ; N 134). Son centre commerçant et administratif se trouve entre la cathédrale et la halle aux grains. Pour accéder à Sainte-Quitterie (colline du Mas), prendre place du Commerce l'avenue des Pyrénées, puis monter la rue Félix-Despagnet.
🅱 *Pl. du Gén.-de-Gaulle, 40800 Aire-sur-l'Adour,* ☎ *05 58 71 64 70.*

Le nom

Aire, c'est *Atur*, la cité pré-romaine. Aire-sur-l'Adour, c'est donc Adour-sur-l'Adour !

carnet pratique

RESTAURATION
• *À bon compte*
Les Bruyères – *1 km au N d'Aire-sur-l'Adour par N 124 -* ☎ *05 58 71 80 90 - fermé 1er au 11 nov. et dim. soir - 70/200F.* Une ancienne maison recouverte de vigne vierge en été. Coin jardin avec une petite piscine et une terrasse sympathique. La patronne cuisine avec attention les recettes d'ici. Les chambres au décor dépouillé sont sur l'arrière et bien insonorisées.

HÉBERGEMENT
• *À bon compte*
Adour Hôtel – *28 av. du 4-Septembre -* ☎ *05 58 71 66 17 - fermé nov. -* 🅿 *- 31 ch. : 210/260F -* 🍽 *35F.* Vous serez au calme dans cette bâtisse moderne au bord de l'Adour. Les chambres sont fonctionnelles, sans grande personnalité, mais c'est un vrai plaisir de goûter au charme de la piscine et de la terrasse face au fleuve.

Les gens

6 003 Aturins. Au 5e s., en un temps où il ne faisait pas bon être chrétien à Aire (alors capitale wisigothique en Aquitaine), la jeune chrétienne Quitterie se refusa au seigneur Germain. Son promis la fit décapiter au pied de la colline du Mas. Elle se releva, ramassa sa tête et marcha jusqu'à la crypte actuelle. Un culte se répandit par la suite qui l'invoquait pour la guérison de la folie... Est-ce parce qu'elle-même perdit la tête ? l'histoire ne le dit pas. Toujours est-il que sainte Quitterie est devenue la patronne de la Gascogne.

Le département des Landes est l'un des tout premiers producteurs français de foie gras d'oies. Eh oui, il ne produit pas que des pins ! (marchés au gras le mardi de novembre à décembre).

visiter

Église St-Pierre-du-Mas (dite de Ste-Quitterie)

Visite sur demande. ☏ *05 58 71 79 78.*

Intéressante visite guidée. À mi-versant du plateau, l'église est, depuis l'évangélisation de la région au 4e s., le sanctuaire le plus vénérable de la cité.

Le grand portail gothique est consacré au Jugement dernier. Le chœur a été remanié au 18e s., mais il a conservé deux belles séries d'arcatures romanes du 12e s. Ses chapiteaux historiés sont ciselés avec une précision de dentellière (et à hauteur d'yeux de surcroît). À droite, 3e chapiteau : personnages chevauchant à l'envers des monstres ; à gauche, 2e chapiteau : supplices infernaux ; 4e chapiteau : le prophète Balaam sur son ânesse.

La **crypte** fut aménagée à la fin du 11e s. à l'emplacement d'un temple romain consacré à Mars (dont une pierre sculptée de feuilles de laurier a été réemployée dans le dallage). Une source « miraculeuse » vient abreuver un baptistère. Dans une niche repose ledit **sarcophage de sainte Quitterie**★ (4e s.) qui aurait été réalisé à l'origine pour saint Sever. Ce chef-d'œuvre antique, admirable par la beauté du marbre et la douceur du modelé, use curieusement de représentations antiques pour des thèmes chrétiens.

alentours

Château de Mascaraàs-Haron

25 km. Quitter Aire-sur-l'Adour par la route de Pau, N 134. À 17 km, prendre à gauche vers Garlin par la D 16, puis vers Mascaràs par la D 104 via Castelpugon. ⚓ *Visite guidée (1h) w.-end 10h-12h, 15h-18h (de mi-mai à mi-sept. : tlj sf mar.). 35F (enf. : 15F).* ☏ *05 59 04 92 60.*

Cette ancienne demeure seigneuriale couronne une butte autrefois fortifiée et surplombant le Vic-Bilh. Ancien relais de chasse construit au 16e s. pour Jeanne d'Albret, selon la tradition, le château fut largement transformé aux 17e s. et 18e s. Son intérieur est meublé en style flamand et brabançon de cette époque. À visiter : le grand salon, orné d'une belle fontaine en marbre de la fin du 17e s. et le petit salon aux murs couverts de scènes mythologiques peintes en camaïeu de bleu. La bibliothèque possède de nombreuses éditions rares. Plus intime, une chambre de favorite, décorée de 65 oiseaux d'après Buffon. Pour les amateurs, spacieuse cuisine rustique... En somme, une petite demeure tout confort !

> **SURPRISE !**
> En face du sarcophage de sainte Quitterie s'ouvre la chapelle St-Désiré. Chuchotez debout devant l'autel (ancienne pierre de sacrifice), vous n'en croirez pas vos oreilles !

> **COUP DE ROUGE**
> Le chai du château, de style béarnais, instruit sur le vignoble de Madiran.

Arcachon ≗≗

Des senteurs balsamiques d'océan et de pin. Un air de vacances les pieds dans l'eau, l'épuisette à la main. Une pincée de snobisme. Des villas folles, plantées au cœur des bois. Un parfum d'autrefois... Plus n'est besoin de faire la réputation d'Arcachon, belle aux quatre saisons, née de l'imagination hallucinée de pionniers audacieux. Elle a ses fidèles, ses inconditionnels. Elle sait les retenir et les faire revenir.

La situation

Cartes Michelin n°s 78 plis 2, 12 ou 71 pli 20 ou 234 pli 6 – Schéma p. 108 – Gironde (33). À 60 km de Bordeaux (N 250 ou A 6). Les quatre « villes » d'Arcachon correspondent à quatre quartiers, chacune avec ses caractéristiques propres. La plus fréquentée est bien sûr la ville d'été, qui borde la mer. D'autre part, Arcachon est le point de départ d'une excursion dans le bassin d'Arcachon *(voir ce nom).* **🛈** *Esplanade Georges-Pompidou, 33310 Arcachon,* ☎ *05 57 52 97 97.*

Le nom

Arcasoun (origine celte) voudrait dire « résine ». N'oublions pas que nous sommes à deux pas de la forêt landaise...

Les gens

11 454 Arcachonnais. Au 19e s., lorsque est « créé » Arcachon, l'essor industriel bat son plein. C'est donc un ingénieur, Paul Régnault, qui est choisi pour réaliser les premiers édifices. Il sera secondé par un jeune homme du nom de... Gustave Eiffel.

comprendre

Naissance d'une cité balnéaire – En 1841, une ligne de chemin de fer relie déjà Bordeaux et La Teste, plage de prédilection des Bordelais. Quatre ans plus tard, un débarcadère, desservi par une route tracée à travers les préssalés, est édifié sur la baie à 5 km au Nord de la Teste. Quelques villas se construisent : Arcachon, station balnéaire, est née.

L'envol – 1852 : les frères Pereire, habiles banquiers bordelais, fondent la Compagnie des Chemins de Fer du Midi. Ils rachètent la ligne Bordeaux-La Teste, la prolongent jusqu'à Arcachon (1857) où ils ont acquis des terrains, et, pour rentabiliser la ligne, créent des infrastructures : une gare, un « buffet chinois », un Grand Hôtel, un casino mauresque et des villas. Ils organisent ensuite une promotion de la nouvelle ville et, bon coup de pub, y invitent Napoléon III. Il n'en fallait pas plus pour que le Tout-Paris et le Tout-Bordeaux se pressent à Arcachon.

La grande plage d'Arcachon longe le front de mer, ses cafés et ses restaurants ; pratique, lorsque le sable lasse et qu'on a besoin d'un petit rafraîchissement.

Déjà fréquentée pour ses bains de mer, elle devient très rapidement, toujours sous l'impulsion des Pereire, une station d'hiver réputée pour son air balsamique, propre à enrayer la tuberculose pulmonaire qui fait alors des ravages.

Vieux loups de mer – Dans l'histoire de la pêche maritime, Arcachon fait figure de port pionnier. En effet, en 1837, y est mis en service le *Turbot*, premier chalutier à vapeur du monde, doté de roues à aubes. En 1865, ce sont les premiers vapeurs à hélices et coque en fer français qui y sont lancés. Au tournant du siècle, Arcachon est la deuxième port de pêche de France après Boulogne-sur-Mer. Toujours en quête d'innovation, une société y fait construire en 1927 le *Victoria*, premier chalutier à moteur du pays.

La pêche industrielle arcachonnaise décline dans les ▶ années cinquante, les chalutiers gagnant les ports bretons, et laisse le relais aux pêcheurs artisans.

> **NE PAS MANQUER**
> Le débarquement des poissons. Sur le quai, un tableau noir indique les heures de débarquement (souvent le lundi matin vers 6h45).

> **SUR LES QUAIS**
> Aujourd'hui, les quais d'Arcachon accueillent bon an mal an 2 000 t de poisson, dont de nombreuses espèces fines : sole, bar, merlu, rouget, turbot, encornet, etc. La flottille, qui opère au large dans le golfe de Gascogne, se compose de chalutiers traditionnels et de catamarans fileyeurs. À l'intérieur du bassin, les techniques de pêche restent traditionnelles : suivant le maillage des filets et la façon de les faire tenir, on pêche la jagude, au loup, au palet, au balai (bouquets de genêts où s'agglutinent les crevettes), à l'esquirey (sorte de poche de filet poussée devant soi, au bout d'un manche), à la traîne ou à la foëne (trident servant à attraper les anguilles).

séjourner

La ville d'été
À la fois détendue aux terrasses des restaurants de fruits de mer, mondaine dans son casino ou sportive lors des régates à la voile, la ville d'été longe la mer entre la jetée de la Chapelle et la jetée d'Eyrac.

La ville d'automne
Maritime avec son port de plaisance où s'alignent les voiliers et son port de pêche où vont et viennent les chalutiers.

La ville d'hiver★
Paisible vieille dame chic et excentrique, toute en dentelle festonnée. En retrait, elle est bien abritée des vents du large. Ses belles artères jalonnées de villas fin 19e s.-début 20e s. sillonnent une forêt de pins. C'est l'endroit le plus reposant d'Arcachon.

La ville de printemps
Dynamique (complexe sportif) et cossue, elle tient ses ▶ quartiers dans le parc Pereire. La plage Pereire est bordée d'une longue promenade piétonne ombragée. À l'extrémité Sud, les Arbousiers est le « spot » des surfers.

> **À GOÛTER**
> La source des Abatilles (ville de printemps) donne un très bon cru d'eau minérale, disponible dans le commerce.

se promener

LE FRONT DE MER★
De part et d'autre de la jetée Thiers, offrez-vous une balade sous les tamaris. Le long de la plage de sable fin, ces ▶ boulevards n'envient rien à certaines promenades pour Britanniques... À parcourir en début de soirée. Passez devant le **palais des congrès** (Palatium) et le **casino** (ancien château Deganne). De la jetée, **vue★** d'ensemble sur le bassin et la station. Précédée de la Croix des Marins s'élève l'**église Notre-Dame** du 19e s. À l'intérieur, la **chapelle des Marins** est tapissée d'ex-voto. Face au Cap-Ferret, le **boulevard de la mer★** est bordé de pins et de sable ; à découvrir à pied.

> **SUNSET BOULEVARD**
> À Arcachon, ce sont les stars de la marine qui ont imprimé leur pied dans le bronze (Tabarly, Florence Arthaud, Yves Parlier, etc.) : « empreintez » donc la Chaussée des pieds marins, près de la jetée Thiers !

RESTAURATION

• À bon compte

Le Bayonne – *9 cours Lamarque - ☎ 05 56 83 33 82 - fermé 21 oct. à Pâques - 80/200F.* À deux pas du front de mer, dans un quartier animé, un restaurant traditionnel où vous serez bien accueilli. Cuisine régionale à prix très raisonnables. Quelques chambres simples mais bien tenues.

L'Écailler Diego Plage – *2 bd Veyrier-Montagnères - ☎ 05 56 83 84 46 - 96/360F.* Ce restaurant sur le front de mer s'est inspiré de l'Espagne : les couleurs et les recettes de poissons et crustacés. Ne vous étonnez pas de la visite à votre table du patron jovial et décontracté, cela fait partie de ses habitudes.

• Valeur sûre

Cap Pereire - La Réserve du Parc – *1 av. du Parc-Pereire - ☎ 05 56 83 24 01 - fermé janv. et fév. - 150F.* Offrez-vous le plateau de fruits de mer dont vous rêviez depuis des mois. Loin de la foule et avec vue sur la mer, ce restaurant de poissons, voisin du paisible parc Pereire, ne vous décevra pas.

Le Patio – *10 bd de la Plage - ☎ 05 56 83 02 72 - fermé 15 au 28 fév., 15 au 30 nov., mar. sf le soir en été et lun. midi en été - 165F.* Proche du port de plaisance, un restaurant traditionnel où vous pourrez dîner à la belle étoile dans son patio aménagé en terrasse. Vous y goûterez la fraîcheur nocturne ou bien installez-vous dans la salle à manger aux couleurs chatoyantes. Cuisine classique.

Huîtres gravettes

HÉBERGEMENT

• Valeur sûre

Hôtel Les Mimosas – *77 bis av. de la République - ☎ 05 56 83 45 86 - fermé 1er janv. au 28 fév. - 🅿 - 21 ch. : 300/380F - ☕ 35F.* De l'extérieur cette villa a de faux airs d'ancienne maison bourgeoise. Son confort est assez modeste, ses petites chambres sont fraîches et proprettes. Même en été, les prix pratiqués restent plutôt raisonnables dans cette station balnéaire.

Hôtel Marinette – *15 allée J.-M.-de-Heredia - ☎ 05 56 83 06 67 - fermé 2 nov. au 14 mars - 23 ch. : 300/420F - ☕ 35F.* Dans le quartier résidentiel de la ville d'hiver, c'est une imposante villa, auparavant pension de famille. Les chambres sont classiques, simples mais bien tenues et vous y dormirez au calme.

Grand Hôtel Richelieu – *185 bd de la Plage - ☎ 05 56 83 16 50 - fermé 3 nov. au 14 mars - 🅿 - 43 ch. : 450/800F - ☕ 55F.* Ah ! les jolis couchers de soleil les pieds dans l'eau. Pour ne pas les rater, choisissez une chambre avec vue dans cet hôtel 1900, tout blanc sur le front de mer. Ce sont les plus spacieuses et les plus confortables.

PETITE PAUSE

Au Cornet d'Amour – *Av. Notre-Dame-des-Passes - ☎ 05 56 54 52 16 - Hors saison : 14h-19h30. Été : 9h-1h. Fermé janv.* Le plus grand artisan glacier du bassin d'Arcachon propose 70 parfums de glaces et de sorbets et fabrique lui-même ses cornets. Desserts glacés à déguster sur place : la marmite nougatine garnie de 16 glaces (pour 8 personnes), ou encore la pinasse en nougatine, remplie de 30 boules (pour 15 personnes).

SORTIES

C'est au cœur du **Moulleau**, quartier chic d'Arcachon, que se concentre l'essentiel de l'animation nocturne. L'été, de nombreux bars, des restaurants et des boutiques de luxe (ouvertes jusqu'au soir) attirent un monde fou.

Café de la Plage – *1 bd Veyrier-Montagnères - ☎ 05 56 83 31 94 - Tlj 8h-2h ; 15 juin-15 sept. tlj 8h-3h.* Ce bar bientôt centenaire jouit d'une situation idéale sur la plage d'Arcachon, près du casino et du palais des congrès. On vient là pour se montrer et boire un whisky en terrasse – choix judicieux car la carte n'en propose pas moins de 90. Concerts de jazz tous les quinze jours.

Casino d'Arcachon – *163 bd de la Plage - ☎ 05 56 83 41 44 - Ven.-sam. 12h-4h, dim.-jeu. 12h-3h ; juil.-août : tlj 12h-4h.* Ce casino est doté d'une salle de jeux traditionnels et de 80 machines à sous. Mais on peut tout aussi bien profiter du restaurant, des bars et de la discothèque (Le Scotch-Club). De nombreuses soirées et apéritifs y sont organisés.

La Feria – *9 r. Jehenne - ☎ 05 57 52 22 15 - Hors saison : mar.-dim. 22h-2h. Juil.-août : tlj 22h-3h.* Une musique tonitruante emplit en permanence la salle de ce bar où l'on vient faire la fête, chanter et enterrer sa vie de garçon... Le week-end, un DJ enflamme les nuits. Soirée déguisée presque chaque mois. Spécialité : la sangria.

LOISIRS-DÉTENTE

APPBA – *53 bd de la Plage - ☎ 05 56 83 82 29.* Pêche en mer.

Centre nautique Pierre-Malet – *Quai de Goslar - ☎ 05 56 22 36 83 - www.port-arcachon.com - Permanence : lun.-ven. 9h-12h, 14h-17h, sam.-dim. 9h-19h.* Outre les stages et les locations de bateaux à voile, le centre Pierre-Mallet propose nombre d'activités nautiques, parmi lesquelles le kayak de mer, l'aviron et la plongée.

L'Étrier d'Arcachon – *Av. Pierre-Frondaie - ☎ 05 56 83 21 79 - Tlj 9h-19h (hiver) et 9h-21h (été).* Ce beau centre équestre organise des cours, des stages et des balades en forêt ou sur la plage (d'octobre à fin mai). Il est équipé d'un manège couvert, de trois carrières et d'un club house avec terrasse.

Le Fronton – *14 av. du Parc -* ☎ *05 56 83 17 87 - Tlj horaires diurnes.* Ce fronton de pelote basque fut construit en 1932 dans le parc des Abatilles. Chaque samedi soir en juillet et en août, des compétitions de chistera s'y déroulent. Notons l'excellence des Arcachonnais dans cette discipline : ils ont obtenu plusieurs titres de champion de France en grand chistera.

Dingo Vélos – *R. Grenier -* ☎ *05 56 83 44 09 - De Pâques à sept. tlj 9h-21h.* Outre les vélos traditionnels (VTT et VTC), ce magasin de location de cycles propose d'étranges montures : tandems, vélos à trois ou encore à cinq places qui méritent bien leur surnom de « dingo ». Autres activités : location de dériveurs, optimists, catamarans, planches à voile, canoës, pédalos, barques.

LA VILLE D'HIVER★

2h. De la place du 8-Mai, prendre l'amusant ascenseur, dont la station supérieure, située en bordure du parc mauresque, domine la ville d'été. De fin juin à déb. sept : visite guidée (1h) mar. et ven. à 10h30. RV devant l'Office de tourisme ; minimum 3 pers. 20F

Conçue pour des tuberculeux, la ville d'hiver est une sorte de parc urbain où les villas se parent de dentelles de bois sur les pignons, les balcons, les escaliers extérieurs, les vérandas !

Ci-dessous quelques buts de promenade :

Parc mauresque

Regroupant de nombreuses essences exotiques, il s'ouvre sur la ville et le bassin d'Arcachon. Tous les édifices d'origine n'ont pas été conservés. Le casino mauresque, notamment, qui s'inspirait à la fois de l'Alhambra de Grenade et de la mosquée de Cordoue, a été détruit dans un incendie en 1977.

Observatoire Ste-Cécile

Construction à charpente métallique due à Gustave Eiffel. Il est accessible par une passerelle franchissant l'allée Pasteur. De la plate-forme, **vue** sur la ville d'hiver, Arcachon et le bassin.

Villas

Chalets à pans de bois, suisse ou basque, cottage anglais, villa mauresque, manoir néogothique ou maison coloniale, les architectes s'en sont donné à cœur joie ! Les villas sont pour la plupart construites sur le même plan : un étage de service en partie excavé, un rez-de-chaussée surélevé, réservé aux pièces de réception et au salon-véranda ; à l'étage supérieur, les chambres de maître.

Pins atlantiques aux longs fûts, chênes, érables, robiniers, prunus, micocouliers, platanes, tilleuls... c'est comme si les arbres avaient voulu rivaliser avec l'extravagance des toitures ! À la floraison, les mimosas, les catalpas et les magnolias ajoutent une touche de couleur. Un vrai paradis !

Allée Rebsomen – La villa Theresa (nᵒ 4) est aujourd'hui devenue l'hôtel Sémiramis.

Allée Corrigan – On y voit la **villa Walkyrie** (nᵒ 12), l'hôtel de la Forêt, la villa Vincenette avec son bow-window garni de vitraux.

Allée Dr.-F.-Lalesque – Villas l'Oasis (ancien Hôtel Continental), Carmen et **Navara**.

Angle de la rue Velpeau et de l'allée Marie-Christine – **Villa Maraquita** (nᵒ 8).

Allée du Moulin-Rouge – La **villa Toledo** (nᵒ 7) possède un superbe escalier en bois découpé ; il s'agit de l'ancien gymnase Bertini.

Allée Faust – Villas Athéna, Fragonard, Coulaine, **Graigcrostan** (nᵒ 6), Faust et Siebel.

Allée Brémontier – Villas **Brémontier** (nᵒ 1), avec tourelle et balcon, Glenstrae (nᵒ 4) et Sylvabelle (nᵒ 9).

Colorée de rouge et de bleu, la villa Vincenette fait partie des joyaux de la ville d'hiver.

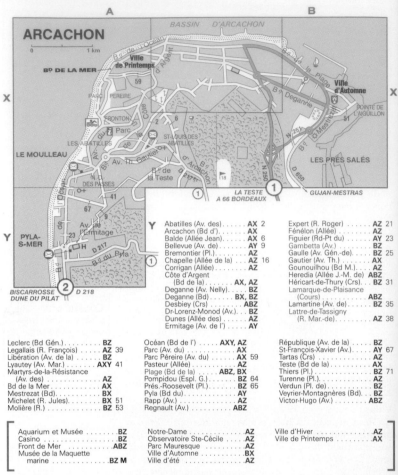

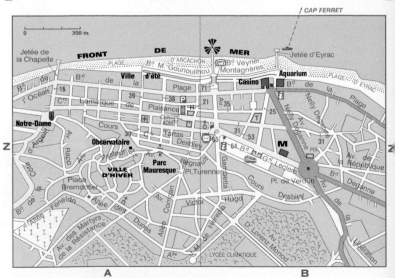

Allée du Dr.-Festal – Villas **Trocadéro** (au n° 6, balcon en dentelle de bois) et Monaco.

Allée Pasteur – Villas Montesquieu et Myriam. À l'angle des allées Pasteur et Alexandre-Dumas se trouve la villa Alexandre-Dumas (n° 7).

visiter

Aquarium et musée

2 r. Jolyet. 🕐 *D'avr. à fin oct. : 10h-12h30, 14h-19h (juin-août : 9h30-12h30, 14h-20h ; juil.-août : nocturnes 20h-23h). 25F (enf. : 15F).* ☎ *05 56 83 33 32.*

L'aquarium, à l'entresol, présente les animaux marins les plus représentatifs du bassin et du proche-océan. À l'étage, collections d'oiseaux, de reptiles, de poissons et d'invertébrés divers de la région, section réservée aux huîtres, produit de fouilles archéologiques locales.

Bassin d'**Arcachon**★

Mer ou étang, lac ou océan ? Le bassin est une échancrure dans la longue Côte d'Argent. Il est difficile de résister à cet univers entre deux eaux, l'eau douce de l'Eyre et le sel des marées. Du haut de la grande dune du Pilat, on ne sait que choisir entre mer et forêt. Une île apparaît dans la lumière aigue-marine.

Les oiseaux, les bateaux colorés, la vie dans le sable, tout vous pousse à prendre une bicyclette et à partir à la découverte de ce morceau de mer prise sur la terre.

La situation

Cartes Michelin nᵒˢ 71 plis 19, 20 ou 78 plis 1, 2 et 11, 12 ou 234 pli 6 – Gironde (33). Plus des 3/4 des 25 000 ha du bassin sont découverts à marée basse. Dans les 9 500 ha restant émergés aux hautes eaux, on trouve les digues des « réservoirs à poissons » d'Audenge et du Teich, et surtout l'île aux Oiseaux (5 km de tour). Les côtes bordées de dunes boisées s'étalent sur plus de 80 km. De chaque côté de la passe d'entrée, des ports ostréicoles apparaissent entre les pins et les mimosas.

L'emblème

Ligne effilée et couleurs vives, la pinasse est le symbole du bassin. Construite autrefois en bois de pin (d'où son nom), elle est aujourd'hui en iroko (bois d'Afrique), acacia ou acajou. Bateau de pêche côtière traditionnel, elle est devenue, au cours du 19ᵉ s., l'embarcation des ostréiculteurs du bassin. De faible tirant d'eau, elle s'échoue aisément et peut remonter les chenaux même quand leur niveau est très bas.

Les gens

Honneur aux huîtres et aux ostréiculteurs ! Avec une production de 18 000 t par an, le bassin d'Arcachon est l'un des grands sites ostréicoles d'Europe (près de 1 800 ha marins). C'est le premier centre naisseur, qui fournit la laitance aux bassins bretons, normands, languedociens et hollandais.

> **TOUJOURS EN COURSE**
> Avec leur allure de gondoles, les pinasses font l'objet de toutes les attentions : on restaure les anciennes, on les « bichonne » pour les faire concourir lors de régates suivies par les passionnés de vieilles coques.

carnet pratique

VISITE

Union des Bateliers arcachonnais – *Jetée Thiers - ☎ 05 57 72 28 28.*
Les Bateliers sont des professionnels de la mer issus du monde de la pêche et de l'ostréiculture. Embarquez à leur bord pour vous promener autour de l'île aux Oiseaux, pêcher à la ligne et au gros, visiter des parcs à huîtres ou encore cingler vers le Cap Ferret ou Andernos.
Location de pinasses (embarcations traditionnelles des ostréiculteurs).
En sais. : traversée Arcachon-Cap Ferret 60F AR, visite commentée des parcs à huîtres 65F, visite de la réserve du Banc d'Arguin 75F, circuit du littoral 75F. Toute l'année : tour de l'île aux Oiseaux 75F. Embarquements : jetée Thiers et jetée d'Eyrac (Arcachon), jetée Bélisaire (au Cap-Ferret).

RESTAURATION

• *À bon compte*
La Corniche – *46 bd Louis-Gaume - 33115 Pilat-Plage - 11 km au S d'Arcachon par D 650 et D 218 - ☎ 05 56 22 72 11 - fermé 2 nov. à Pâques et mer. sf juil.-août - 95/150F.* À deux pas de la fameuse dune, ce restaurant de plage domine l'océan. Grande salle à manger en véranda si la température est trop fraîche. Sinon, profitez de la terrasse sur le sable, face à la mer. Cuisine régionale simple.

• *Valeur sûre*
La Côte du Sud – *4 av. du Figuier - 33115 Pyla-sur-Mer - 8 km au S d'Arcachon par D 650 - ☎ 05 56 83 25 00 - fermé 12 nov. à déb. fev. - 108/165F.* Amateurs de poissons et fruits de mer, venez les déguster ici.
Ce restaurant proche de la mer est agréable avec sa salle à manger colorée prolongée d'une terrasse d'où l'on voit la grande bleue. Note exotique dans les chambres confortables.
Pinasse Café – *2 bis av. de l'Océan - 33970 Cap-Ferret - ☎ 05 56 03 77 87 - ouv. avr. à sept., vac. scol. et w.-end de fév. à mars et d'oct. à nov. - 125/337F.* Voilà un bistrot original et décontracté. Les murs de la salle à manger recouverts de lambris sont décorés de tableaux de bateaux et de dessins de poissons. Rien d'étonnant à cela vu sa situation ouverte sur le bassin et le parc à huîtres. Cuisine régionale entièrement maison.
L'Escalumade – *8 r. Pierre-Dignac - au port de Larros - 33470 Gujan-Mestras - ☎ 05 56 66 02 30 - fermé 2 au 17 janv., lun. soir et mar. du 15 sept. au 15 juin - 134/250F.* Une bonne table sans prétention, au calme et au frais !
Cette cabane d'ostréiculteurs aménagée en restaurant est coquette avec ses boiseries et ses baies vitrées. Les huîtres viennent directement des viviers au pied de la terrasse. Coquillages et crustacés préparés avec soin.

HÉBERGEMENT

• *À bon compte*
Chambre d'hôte Les Tilleuls – *17 bis r. des Écoles - 33380 Mios - 13 km au SE de Gujan-Mestras par D 650 dir. Bordeaux puis D 3 - ☎ 05 56 26 68 62 - gitemios@club-internet.fr - fermé nov. à avr. - ▱ - 3 ch. : 230/290F - repas 100F.* Voilà un joli mariage de brique rouge et de bois dans ces granges et écuries entièrement rénovées, à l'écart de la foule du bassin d'Arcachon. Chambres meublées à l'ancienne avec beaucoup de goût. Et le patron vous mitonnera sa cuisine régionale.

• *Valeur sûre*
Hôtel des Pins – *R. des Fauvettes - 33950 Cap-Ferret - ☎ 05 56 60 60 11 - fermé 13 nov. au 31 mars - 14 ch. : 370/450F - ▱ 40F - restaurant 110/150F.* Une maison régionale du début du 20e s. avec sa véranda de bois blanc qui sert de salle à manger et de terrasse en été. Les chambres sont claires avec leurs lambris peints. Joli jardin fleuri.

LE TEMPS D'UN VERRE

Surf Café – *7 r. Camille-Pelletan - 33260 La Teste-de-Buch - ☎ 05 57 52 88 34 - Hors saison : ven.-dim. 18h-2h. Été : mar., ven. et sam.18h-2h.* Situé dans un bâtiment futuriste, ce grand bar bénéficie d'un cadre hors du commun. À l'intérieur, on pénètre dans un atelier de surf et l'on consomme sur un comptoir en forme de coque de bateau. Concerts (reggae, rock...) deux fois par semaine. Clientèle jeune.

ACHATS

L'huître au marché – Les huîtres que l'on trouve le plus facilement chez les poissonniers sont les creuses (japonaises) mais on peut encore dénicher des gravettes, huîtres plates arcachonnaises par excellence ; leur prix est plus élevé mais leur goût de noisette est incomparable. On peut manger des huîtres toute l'année car la laitance que l'huître porte au moment de la ponte (de mai à août) et qui la fait dire " laiteuse " n'altère en rien sa qualité.
L'huître dans l'assiette – Les huîtres dégustées " à l'arcachonnaise " s'accompagnent de crépinettes bien chaudes (galettes de chair à saucisse) et d'un vin blanc sec. Mais les recettes d'huîtres chaudes développent autrement les arômes de ce mollusque : les beignets d'huîtres se dégustent en apéritif, les huîtres en gratin peuvent se manger nature (avec un soupçon de gruyère rapé et de chapelure pour les faire gratiner) ou être l'occasion de subtiles associations (avec un sabayon au vin blanc, une pointe de purée d'aubergine, etc.). Ce n'est que depuis le Second Empire qu'on les savoure crues : dans l'Antiquité, elles étaient cuisinées au miel ou bien elles étaient conservées dans le sel, alors qu'au Moyen Âge, on en faisait des civets et des pâtés.
Les Viviers d'Aquitaine – *62 Digue-Est des Ostréiculteurs - 33260 La Teste-de-Buch - ☎ 05 57 52 56 60 - Tlj 8h-12h, 15h-19h.* Ces viviers vous convient à une véritable

promenade gastronomique : en effet, ils longent la digue des ostréiculteurs et offrent une vue superbe sur le port de La Teste et ses cabanons. Vous pourrez y déguster et y acheter des huîtres, des amandes, des palourdes, des moules, des bigorneaux, des bulots, des tourteaux, des langoustines et des crevettes.

LOISIRS-DÉTENTE

Cercle de Voile de Cazeaux – *33260 La Teste-de-Buch -* ☎ *05 56 22 91 00.*
Maison de la Nature du bassin d'Arcachon – *33470 Le Teich -* ☎ *05 56 22 80 93.* Kayak de mer.
Centre permanent de kayak de mer – *Pont de Bredouille - av. du Canal - 33950 Lège-Cap-Ferret -* ☎ *05 57 70 45 55.* Kayak de mer.
Aéro-club du Bassin d'Arcachon – *Aérodrome de Villemarie - 33260 La Teste-de-Buch -* ☎ *05 56 54 72 88 - Accueil : lun.-sam. 8h-13h, 14h-18h.* Cet aéro-club organise des baptêmes de l'air et de voltige. Il existe aussi des clubs de parachutisme et de vol à voile (planeur) à proximité, sur l'aérodrome de Villemarie.
École Pyla Parapente – *Maison forestière Gaillouneys - 33115 Pyla-sur-Mer -* ☎ *05 56 22 15 02 - De déb. mai à fin sept. : tlj 13h-19h.* Située à proximité de la dune du Pilat et de ses 118 m de hauteur, cette école propose des vols en parapente et en deltaplane. Comptez 400F la descente.

CALENDRIER

L'huître en fête – Le bassin d'Arcachon abrite une multitude de petits ports ostréicoles. Chaque été, l'huître y est dignement fêtée. À cette occasion, les ostréiculteurs sortent de leurs cabanes colorées pour parader dans leur costume traditionnel : vareuse bleu marine et pantalon de flanelle rouge ; musique, danses et distractions sont proposées à côté des stands de dégustation d'huîtres. Ces fêtes ont lieu à la mi-juillet aux ports de Lanton, Lège-Cap-Ferret et Andernos, à la mi-août dans les ports de Gujan-Mestras et Arès.

comprendre

Essor et luttes de pouvoir – L'exploitation abusive des bancs naturels d'huîtres a fini par entraîner leur épuisement. En 1859, l'intervention du naturaliste Coste permit heureusement le développement de l'ostréiculture. Jusqu'en 1920, l'huître plate d'Arcachon, ou Gravette (*Ostrea edulis*) est la reine incontestée du bassin, n'offrant à l'huître creuse portugaise qu'un rôle secondaire. Mais cette dernière accède au devant de la scène lorsqu'une maladie ravage les parcs d'huîtres Gravettes, la laissant seule indemne... Règne de courte durée, puisqu'en 1970, malgre les soins dont elle fait l'objet, une nouvelle épidémie l'évince au profit d'une variété japonaise.

Du chenal à la « bourriche » – Le cycle de développement de l'huître dure environ quatre ans. Il commence, en juillet, par le captage du naissain sur les collecteurs, tuiles demi-rondes enduites d'un mélange de chaux et de sable, qui sont disposées dans des cages en bois ou ruches placées le long des chenaux. Au printemps suivant a lieu le détroquage, opération consistant à détacher les jeunes huîtres de leur support. Elles sont ensuite placées dans des parcs entourés de grillages à mailles serrées, les protégeant contre les crabes, leurs prédateurs. À dix-huit mois, les huîtres agglutinées sont séparées les unes des autres, c'est le désatroquage. Elles vont alors rejoindre les parcs d'engraissement, dont les eaux riches en plancton assurent leur croissance jusqu'à la troisième année. Pendant cette période, on les tourne et on les retourne, ce qui leur donne une forme régulière. Parvenues à maturité, elles sont triées puis débarrassées de leurs impuretés grâce à un séjour dans des bassins-dégorgeoirs. Un dernier lavage et un conditionnement en caissettes de bois ou « bourriches » et elles sont fin prêtes pour leur dernier voyage... vers nos assiettes.

PLAISIR DU PALAIS
Les huîtres du bassin d'Arcachon sont connues et appréciées depuis fort longtemps. Les poètes latins Ausone, Sidoine Apollinaire, puis plus tard Rabelais les ont goûtées ... et chantées.

CONSEIL
Pour rencontrer les ostréiculteurs, rendez-vous aux cabanes quand la marée est assez haute et qu'ils reviennent des parcs à huîtres.

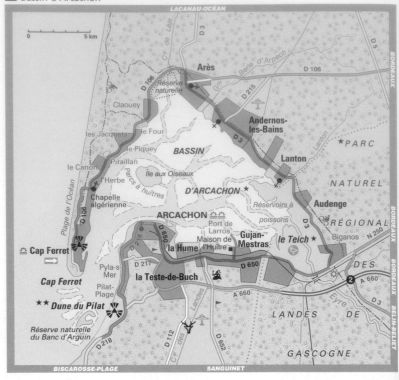

se promener

EN PINASSE
Pour ces promenades, s'adresser à l'Union des bateliers arca-chonnais (voir conditions dans le « carnet pratique »).

L'île aux Oiseaux
Un nom à la « Babar » pour cette petite île plate, boisée d'une forêt naine. Les oiseaux en question la fuient un peu depuis que ses crassats (bancs de sable envasés portant une végétation sous-marine) font les beaux jours des ostréiculteurs, mais deux étranges échassiers restent fidèles au poste : les deux cabanes « tchanquées » (*tchanque* signifie « échasse » en gascon) qui se dressent au-dessus de l'eau à marée haute.

◄ **Réserve naturelle du banc d'Arguin**
Visite guidée. SEPANSO, 1 r. Tauzia, 33800 Bordeaux, ☎ *05 56 91 33 65.*
Situé à l'embouchure des passes, le banc d'Arguin est un îlot de sable qui change constamment de forme en fonction des humeurs de l'océan Atlantique. Il a été classé réserve naturelle en 1972.

À VOS JUMELLES
De mars à août au banc d'Arguin : nombreuses sternes caugek (4 500 couples) et huîtriers-pies. L'hiver : courlis cendré, barge rousse, bécasseau variable, pluvier argenté, goéland, mouette rieuse.

Dune du Pilat en arrière-plan, parc à huîtres au premier, le bassin d'Arcachon dans toute sa splendeur.

itinéraire

DE CAP-FERRET À LA DUNE DU PILAT

76 km – compter une journée. Même si la route ne présente que peu d'intérêt, à tout moment, vous pouvez gagner un point du rivage ou une jetée pour avoir une vue sur le bassin.

Cap-Ferret ⌂

Cette station balnéaire est située à la pointe du cap Ferret, étroite bande de terre entre océan et bassin, le cap court sur une vingtaine de kilomètres. Balades à vélo dans la pinède, baignades au calme dans le bassin ou plus houleuses côté océan, dégustation d'huîtres dans les petits restaurants en plein air, visite des villages ostréicoles... un vrai programme de vacances.

De ses 52 m de haut, le **phare** veille la nuit sur l'océan ▶ et l'étroite passe d'entrée dans le bassin (3 km de large). Sa lentille tournante porte à 50 km. *Juil.-août : 10h-19h ; sept.-juin : se renseigner. Fermé de mi-nov. à mi-déc. 12F.* ☎ 05 56 03 94 49.

Sur la **plage de l'Océan**, un service de **petits trains** permet, depuis le débarcadère Bélisaire, de se rendre jusqu'à la côte de l'Océan. *Dép. Bassin : de juin à fin sept. : dép. ttes les h 11h, 14h45-17h45 (de mi-juin à fin juin et de déb. sept. à mi-sept. : ttes les 1/2h ; juil.-août : ttes les 20mn à 11h15, 12h10, 14h10-18h10) ; avr.-mai : ttes les h 14h30-16h45. Dép. Océan : de juin à fin sept. : dép. ttes les h à 11h45, 15h15-18h15 (juil.-août : ttes les 20mn à 11h30, 12h30, 14h30-18h30 ; de mi-juin à fin juin et de déb. sept. à mi-sept. : ttes les 1/2h à 11h45, 15h-18h30) ; avr.-mai : 15h15-17h30. Tarif affiché en gare.* ☎ 05 56 60 60 20.

Quitter Cap-Ferret par l'avenue de la Vigne en direction de Bordeaux.

La route sinueuse se faufile entre des dunes boisées, parsemées de villas. L'air sent le pin et la marée.

Villa algérienne

Près de l'Herbe, à 4 km au Nord de Cap-Ferret, il y a 150 ans, Léon Lesca, constructeur du port d'Alger, fit construire une demeure mauresque. Il ne reste de cette « folie » que l'anachronique chapelle qui fait face à la mer. Jolie vue sur le bassin et l'île aux Oiseaux.

Les villages ostréicoles

Le Canon, le Four, les Jacquets, l'Herbe... Entre les plages se sont fixées au bassin, comme des huîtres gravettes, des petits ports d'ostréiculteurs. Devant les cabanes de bois (celles de **l'Herbe** – l'un des plus jolis villages du bassin – sont toujours peintes de frais) s'amoncellent cageots et tuiles chaulées.

La D 106 se faufile entre la lisière de la forêt et la rive du bassin.

Arès

Petite station balnéaire avec port ostréicole et port de plaisance. Église romane aux vitraux modernes. Sur le front de mer, la tour ronde provient d'un ancien moulin à vent. *D'Arès à Biganos, défile le décor immuable des pins.*

Andernos-les-Bains

Abrité au fond du bassin, le site a été habité dès la préhistoire. Avec ses 4 km de plages et son casino, c'est une importante station balnéaire, très animée en saison. Devant la plage et à côté de la petite église St-Éloi (abside du 11e s.), vestiges d'une basilique gallo-romaine du 4e s. De la jetée, belle vue sur le bassin d'Arcachon, le port ostréicole, le port de plaisance et l'ensemble des plages.

Lanton

Jolie église romane (12e s.). Abside surélevée, aux lignes sobres et harmonieuses. Baie centrale encadrée de colonnettes géminées supportant des chapiteaux ornés à gauche de hérons et de pommes de pin, à droite de feuillages stylisés.

SPORTIF

Du haut du phare, vous pouvez admirer toute la presqu'île, le bassin et Arcachon, la dune du Pilat, les passes d'entrée et l'océan. Le **panorama**★ vaut la montée des 258 marches, courage !

Seul vestige de la demeure mauresque de Léon Lesca, l'entrée de la chapelle algérienne se pare de dentelles de pierres.

CONSEIL

Évitez de circuler autour du bassin les jours de grands départs ou de retours de vacances, vous y perdrez votre patience.

CRASSATS ET ESTEYS

À marée basse, dans le bassin, les crassats, bancs de sables envasés, font le bonheur de la faune et de la flore marines. Ils sont encerclés par des chenaux secondaires, les esteys.

La « cigogne au long bec », une des locataires du parc ornithologique du Teich.

Audenge

Centre ostréicole, connu aussi pour ses « réservoirs à poissons », écluses retenant le poisson prisonnier à marée basse.

À la sortie de Biganos, prendre à droite pour gagner la D 650 par la D 3E12 qui débouche face à l'usine papetière de la Cellulose du Pin.

La route passe à la base du delta marécageux de l'Eyre (pont sur la rivière). Le bassin conserve là une frange de végétation jusqu'aux abords du Teich.

AIRE DE REPOS POUR OISEAUX

À chaque saison son oiseau. Au printemps et à l'automne, les prairies et les digues qui bordent l'Eyre sont l'étape traditionnelle de dizaine de milliers de migrateurs (comme l'oie cendrée ou la mouette rieuse). L'hiver, c'est au tour de la sarcelle, du bécasseau variable ou du grand cormoran d'y faire une halte. On y dénombre aussi plus de 1 000 couples de hérons cendrés, d'aigrettes garzettes ou de hérons garde-bœufs. Le gorge bleue préfère pousser son chant en été, au bord des sentiers. Les amateurs de botanique seront également comblés : arbres à baies (arbousiers, ronciers) dont sont friands les oiseaux frugivores, iris d'eau, joncs, aulnes où viennent se nourrir et nicher canards et poules d'eau ; tamaris et chênes plantés pour consolider les digues.

Parc ornithologique du Teich★

De mi-avr. à mi-sept. : 10h-19h (juil.-août : 10h-20h) de mi-sept. à mi-avr. : 10h-18h. 36F (enf. : 25F). ☎ 05 56 2 80 93.

Cette réserve naturelle de 120 ha, contribue à sauve garder les espèces d'oiseaux sauvages menacées et à pré server leur milieu naturel. Vous pouvez y découvrir l'av faune européenne en sillonnant les quatre parcs à thème le parc des Artigues, le parc de la Moulette, le parc d Causseyre et le parc Claude Quancard. On a le choix entr deux parcours pédestres en boucle fléchés et jalonnés d postes d'observation. Sur place, base de canoë-kayak baignade surveillée. Jumelles recommandées.

Gujan-Mestras

DEVINETTE
Quel est l'animal fétiche de Gujan-Mestras ? Contre toute attente, ce n'est pas l'huître mais « lou barbou », autrement dit la coccinelle.

Constituée de six ports ostréicoles, Gujan-Mestras est l capitale de l'huître du bassin d'Arcachon avec se cabanes à toiture de tuiles, ses chenaux encombrés d pinasses, ses « dégorgeoirs » à huîtres et ses magasir d'expédition-vente. Des dégustations d'huîtres sor d'ailleurs proposées par les pêcheurs, à l'intérieur mêm des cabanes, au cœur du port de Larros.

Dans ce même port de Larros, la **maison de l'Huîtr** vous fera découvrir la culture de l'huître, de la prépar tion des collecteurs à la consommation, par un film e une exposition. Également possible, la visite d'un atelie de construction de pinasses et d'un atelier de conc tionnement d'huîtres. Après ça, vous serez incollable. *Mars-sept. : visite guidée (3/4h) 10h-12h, 14h30-18h30 ; oc fév. : tlj sf dim. 10h-12h30, 14h30-18h. Fermé entre Noël J. de l'an. 16F.* ☎ 05 56 66 23 71.

COQUILLAGES ET CRUSTACÉS...

À marée basse, il suffit de se baisser pour récolter des trésors. Les coques et les palourdes se pêchent à la main en grattant le sable sur 5 cm (deux petits trous, elles sont là). On en trouve beaucoup du côté du banc d'Arguin et sur les crassats. Avant de les consommer, laissez-les dégorger quelques heures dans l'eau salée. Les bigorneaux se ramassent à la main sur les crassats. Pour les déguster en apéritif, passez-les quelques minutes au court-bouillon. Les moules sauvages se cueillent au couteau près des parcs à huîtres. Les crabes verts, nombreux sur les plages à marée basse, s'attrapent à l'épuisette. Ils se mangent cuits au court-bouillon. Les crevettes se pêchent à l'*esquirey* ou à l'épuisette. On repère la présence des couteaux par la trace en forme de clé qu'ils laissent sur le sable ; il faut y déposer un ou deux grains de gros sel : croyant la marée revenue, les couteaux remontent. Si leur goût n'est pas des plus raffinés, ils sont tout indiqués comme appât pour la pêche à la ligne. La cueillette des huîtres, même sauvages, est quant à elle interdite.

Parc de loisirs de la Hume

Situé au carrefour de la N 250 et de la D 652. Il y en a pour tous les goûts, les âges et les envies :

Mini-golf médiéval – Avec parcours de 18 trous. & *De fin juin à déb. sept. : 14h-19h. 30F.* ☎ *05 56 66 16 76.*

Aqualand – Parc aquatique avec jeux d'eau et de glissade. & *Juil.-août : 10h-19h (de mi-juil. à mi-août : 9h30-20h) ; juin et de déb. sept. à mi-sept. : 10h-18h. 98F (13 ans : 83F).* ☎ *08 92 68 66 13.*

La Coccinelle – Parc animalier où vos petits pourront câliner d'autres petits, plus poilus, plus cornus et... plus têtus sans doute. & *De fin mai à déb. sept. : 10h-18h30 (juil.-août : 10h30-19h30). 46F (enf. : 36F).* ☎ *05 56 66 30 41.*

La Teste-de-Buch

Ancienne capitale du pays de Buch, peuplée par les Boii ou Boiens avant la colonisation romaine. C'est l'une des plus vastes communes de France (18 000 ha). Sur la place Jean-Hameau, la façade de la maison Lalanne (18e s.) est décorée par une ancre, des cordages et des têtes représentant les enfants du propriétaire.

Arcachon⭐⭐ *(voir ce nom)*

La route traverse successivement les stations balnéaires du Moulleau, de Pyla-sur-Mer et de Pilat Plage avant de s'élancer vers la dune.

Dune du Pilat⭐⭐

Pour gagner le sommet, escalader le flanc de la dune (montée assez difficile) ou emprunter un escalier (présent seulement lors de la saison estivale, 154 marches).

Énorme ventre de sable qui enfle chaque année sous l'action des vents et des courants (actuellement environ 2,7 km de long, 500 m de large et 114 m de haut), c'est la plus haute dune d'Europe. Le versant Ouest descend en pente douce vers l'océan alors que le versant Est plonge en pente abrupte vers l'immense forêt de pins : une vraie piste noire ! Une revigorante balade à ne pas manquer.

Ce formidable désert de sable que constitue la dune du Pilat est le champ d'action idéal pour les amateurs de cerf-volant.

Arette-Pierre-Saint-Martin

Perchée à la frontière espagnole, cette petite station de sports d'hiver dégage une ambiance latine bien sympathique. Pour godiller en famille loin des autoroutes à skieurs.

La situation

Cartes Michelin nos 85 pli 15 ou 234 pli 42 – 23 km au Sud d'Arette – Pyrénées-Atlantiques (64). En train, descendre à Oloron-Ste-Marie (40 km) ou à Pau (navettes tous les samedis sur réservation). En voiture : A 64, sortie Salies-de-Béarn ou Pau (à 3h30 de Bordeaux).

🛈 *Maison de la Pierre, 64570 Arette,* ☎ *05 59 88 95 38.*

Le nom

1 137 habitants. Arette est la commune située en contre-bas de la station et signifie « pierre ». Quant à Pierre-St-Martin, c'est une autre histoire de pierre…

L'emblème

La pierre Saint-Martin, petite borne-frontière numérotée 262. Chaque année, le 13 juillet y a lieu la commémoration de la « junte de Roncal » : en vertu d'un traité de 1375 relatif au droit de pacage dans la vallée navarraise de Roncal, une délégation de maires du Barétous vient remettre aux syndics de Roncal un tribut symbolique de trois génisses (les Navarrais reçoivent en réalité une compensation en argent). Cette cérémonie vieille de six siècles donne lieu à un rituel précis : les mains superposées au-dessus de la borne, les maires scandent « Paz Abant ! » (« Paix d'abord ! ») avant de procéder à l'échange.

Une grande fête suit la cérémonie de la « junte de Roncal ». Pour l'occasion, les Espagnols revêtent leurs costumes traditionnels : grandes capes noires et collerettes pour les hommes, robes brodées pour les femmes.

séjourner

Domaine skiable d'Arette-Pierre-St-Martin✶

Alt. 1 500-2 100 m. 16 remontées mécaniques. Réparties su[r] quatre secteurs, les 19 pistes de ski alpin de tous niveau[x] plongent dans les forêts de pins ou flirtent, sur les ha[u]-teurs, avec la frontière espagnole. Le Boulevard des Pyr[é]-nées, piste bleue de 4,5 km (accessible le soir en scoot[er] des neiges), offre par temps clair un panorama rema[r]-quable sur la vallée du Barétous.

Le domaine du Braca (accessible depuis le secteur Mail[i]-né ou depuis la D 132, au col de Labays) possède 5 km d[e] pistes de ski de fond sous les pins.

Domaine skiable d'Issarbe✶

Situé juste en dessous de la station d'Arette-Pierre-St-Mart[in] (suivre la D 113 sur 5 km jusqu'au col de Suscousse). Alt. 1 450 m. Il comprend 31 km de pistes de ski de fond tous niveaux en 9 boucles. Très belle vue sur le pic d'An[ie] (2 504 m), le piémont du Béarn et le Pays basque.

Col de la Pierre-St-Martin

3 km au Sud. Attention, la route qui relie le Barétous à la vallée de Roncal est généralement fermée de mi-octobre à fin mai. Alt. 1 760 m. C'est ici qu'a lieu la junte de Roncal, à la borne-frontière 262. En contrebas, en territoire espagnol (accès, du parking du col, par une piste recoupant le virage de la route) s'ouvrait l'orifice du gouffre de la Pierre-St-Martin, ou gouffre Lépineux, maintenant obturé par une dalle. Une plaque y a été posée à la mémoire des spéléologues Loubens et Ruiz de Arcaute.

AU FOND DU GOUFFRE

En août 1950, au cours d'une prospection des « arres », le physicien belge Max Cosyns et le spéléologue Georges Lépineux font descendre leur sonde par un orifice tout proche du col jusqu'à…346 m ! un à-pic exceptionnel ! Dès lors les expéditions se succèdent. En 1951, Lépineux descend au fond du puits, relayé par Marcel Loubens, qui atteindra vers 450 m de profondeur une rivière souterraine. Endeuillée par la mort de Loubens (1952) trahi par le câble de suspension, l'équipe reconstituée en 1953 dévale un chapelet de grandes salles et découvre la gigantesque salle de la Verna, longue de 230 m, large de 180 m et haute de150 m.

Forêt d'Issaux★

Du col de Labays, sur la route de montée d'Arette à 6 km avant la station. 11 km de route forestière, praticable en été jusqu'au col de Houratate.
Parcours imposant, à flanc de pente, à travers les futaies de hêtres mêlés de bouleaux et de sapins.

Bayonne★★

De hautes maisons de poupée aux bois peints se pressent les unes contre les autres le long de la Nive. Alentour, les vieilles rues chuchotent des mots d'antan : Argenterie, Salie, Pilori... Bayonne est un étrange mélange d'histoire de France et d'ambiance de fêtes traditionnelles ou « branchées ». De quoi alimenter vos journées et vos soirées aux accents basques. Et comme le dit la chanson, « Garçons et filles gambillent pendant six jours de la Nive à l'Adour. »

La situation

Cartes Michelin n°s 78 pli 18 ou 234 pli 29 – Pyrénées-Atlantiques (64). Les trois quartiers de la vieille ville sont délimités par la confluence de ses deux fleuves : l'Adour et la Nive. Le Vieux et le Petit Bayonne au Sud et le quartier Saint-Esprit au Nord.
🛈 *Pl. des Basques, 64100 Bayonne,* ☎ *05 59 46 01 46.*

Le nom

D'abord appelée *Lapurdum* (« Labourd ») la ville devint Bayonne, du basque *Ibaï Ona*, « la rivière bonne » (qui désignait à l'origine la Nive).

Les gens

Certains ancêtres des 178 965 Bayonnais, ferronniers et armuriers de leur état, se sont rendus tristement célèbres : ce sont en effet les inventeurs de la baïonnette utilisée par toute l'infanterie française à partir de 1703.

JOURS DE FÊTE

Pendant une semaine, début août, le cœur des Bayonnais bat au rythme des musiques traditionnelles basques lors des **fêtes★** de Bayonne. Après les courses de vaches landaises, les corridas et le corso lumineux, on danse sur les grandes places de la ville au son des *txirula* (flûtes) et des *ttun-ttun* (tambours).

VISITE

Visite guidée de la ville (2h) – Bayonne a reçu le label « Ville d'Art et d'Histoire » : les visites sont conduites par des guides-conférenciers agréés par le Centre des monuments nationaux. 30F. S'adresser à l'Office de tourisme.

Le Bayonne – *Allée Boufflers* - ☎ *05 59 47 77 17 - Tte l'année sur RV.* Ce bateau vous embarque pour des promenades érudites sur l'Adour et ses affluents : de la géologie à la flore en passant par l'économie et la faune, aucun aspect de cette région n'est laissé de côté.

RESTAURATION

• À bon compte

Le Bayonnais – *38 quai des Corsaires -* ☎ *05 59 25 61 19 - fermé 15 au 30 juin, 15 au 30 nov., dim. soir et lun. sf juil.-août - 98F.* Avec une telle enseigne, ce restaurant installé sur les quais de la Nive ne peut que proposer une cuisine du terroir. Et le patron mitonne les plats d'ici avec beaucoup de soin. Photos et affiches à la gloire des sports basques. Une adresse comme on les aime.

• Valeur sûre

El Asador – *19 r. Vieille-Boucherie -* ☎ *05 59 59 08 57 - fermé 17 juin au 2 juil., 23 déc. au 7 janv., dim. soir et lun. - 125/272F.* Voyage en pays basque-espagnol dans ce petit restaurant de grillades à la « plancha ». La patronne qui prépare avec passion et talent les plats d'ici est très fière de la fraîcheur de ses poissons et gambas. À déguster sous les affiches du San Sebastián des années 1930.

• Une petite folie !

Auberge de la Galupe – *Au port de l'Adour - 64240 Urt - 15 km à l' E de Bayonne par D 26 -* ☎ *05 59 56 21 84 - fermé mi-janv. à fin fév., lun. sf le soir du 15 juil. au 31 août et dim. soir du 1ᵉʳ sept. au 14 juil. - réserv. obligatoire le w.-end - 360/550F.* Bateaux de marchandises à fond plat, les galupes naviguaient jadis sur l'Adour. Cet ancien relais de mariniers a gardé son dallage ancien, ses poutres massives et sa cheminée pansue. À sa table renommée, vous vous régalerez d'une cuisine authentique et savoureuse, dans les règles de l'art.

HÉBERGEMENT

L'opération **« Bon week-end en ville »** vous permet de passer deux nuits pour le prix d'une dans certains des hôtels de Bayonne et en outre de profiter des visites et des activités que l'Office de tourisme organise. La brochure complète répertoriant les hôtels participant à l'opération est disponible à l'Office de tourisme.

HÉBERGEMENT

• À bon compte

Chambre d'hôte M. et Mme Ladeuix – *26 av. Salvador-Allende - 40220 Tarnos - 5 km au N de Bayonne par N 10 -* ☎ *05 59 64 13 95 - www.enaquitaine.com - ✉ - 5 ch. : 230/300F.* Voilà qui séduira les accros du silence. Un parc de chênes, châtaigniers, mimosas, bananiers et autres poiriers et érables, une vaste pelouse avec piscine, un enclos où paissent les brebis près des cages à lapins et des poules... Les chambres sont simples mais confortables. Un gîte.

• Valeur sûre

Grand Hôtel – *21 r. Thiers -* ☎ *05 59 59 62 00 -* 🅿 *- 54 ch. : 500/680F -* 🍴 *50F - restaurant 95/140F.* À proximité de la cathédrale, cet hôtel traditionnel propose des chambres au charme quelquefois un peu désuet. Préférez celles sur l'arrière, plus au calme. Petite salle à manger lumineuse sous une verrière.

LE TEMPS D'UN VERRE

Situé à l'angle formé par la Nive et l'Adour, le Petit Bayonne est le quartier jeune de la ville, le creuset de l'animation nocturne. Aux premières chaleurs, l'ambiance tourne irrésistiblement à la fête grâce aux bars et restaurants qui pullulent alentour. Entre la rue des Cordeliers, la rue Pannecau et celle des Tonneliers, on ne compte pas moins d'une trentaine d'établissements.

Killarney Pub – *33 r. des Cordeliers -* ☎ *05 59 25 75 51 - Lun.-sam. 16h-2h.* C'est, dans le petit Bayonne, l'un des rares bars où s'aventurent les moins jeunes. Un pub tout en longueur avec boiseries et parquet. Parfois, des concerts de blues ou de variétés françaises y ont lieu. Spécialité : les bières.

Chai Ramina – *11 r. Poissonnerie -* ☎ *05 59 59 33 01 - Mar.-jeu. 10h-20h, ven.-sam. jusqu'à 2h.* Ramina, un ancien champion de rugby, s'est reconverti depuis 25 ans en pilier de comptoir de son propre pub, un bar de vieux copains où des Bayonnais de souche chahutent comme des enfants. Si l'on y boit surtout du whisky, la faute en revient à une carte qui n'en propose pas moins de 300 !

SPECTACLES

Arènes de Bayonne – *Av. Alfred-Bouland -* ☎ *05 59 46 61 00 ou 05 53 25 48 19 - Tlj 9h-12h, 13h30-18h.* De la corrida aux concerts de variétés, une large palette de spectacles est organisée dans les arènes de Bayonne.

La Luna Negra – *R. des Augustins -* ☎ *05 59 25 78 05 - Mer.-sam. 19h-2h.* L'art sous toutes ses facettes est à l'honneur dans ce café-théâtre dynamique qui propose chaque soir un divertissement : pièce de théâtre, spectacle de chansons, cabaret, one man show, concert de jazz, de blues ou de rock, lectures de contes et de grands textes littéraires... Des expositions de peintures et de photographies sont en outre régulièrement organisées

Théâtre de Bayonne – *Pl. de la Liberté -* ☎ *05 59 59 07 27 - snbayonne@wanadoo.fr - Réservation. Mar. sam. 13h-19h.* C'est la scène nationale de Bayonne et du Sud Aquitain. Toutes sortes de spectacles y sont représentés : théâtre, danse, opéra... Chaque année a lieu un festival intitulé « Jazz aux remparts » du 15 au 20 juillet.

ACHATS

Marché – Autour des halles de type Baltard, construites sur le quai du Com.-Roquebert, un marché alimentaire a lieu lun.-ven. 7h-13h (15h30-19h le ven.), sam. 6h-14h.

Jambon de Bayonne – À l'instar de Grandgousier, Marguerite de Navarre était friande, dit-on, de ce jambon d'*amezta*, « jambon de chêne », auquel les porcs basques, nourris de glands, donnèrent ses lettres de noblesse. L'un d'eux malencontreusement noyé dans une source d'eau salée de Salies-de-Béarn *(voir ce nom)* fut repêché par des bergers... qui trouvèrent la recette à leur goût

Maison Montauzer – *17 r. de la Salie -* ☎ *05 59 59 07 68 - Lun.-sam. 7h-12h30, 15h30-19h30.* Parmi les spécialités de cette charcuterie, le jambon Ibaïona provient de porcs élevés exclusivement au Pays Basque. Conformément à la tradition, ce jambon est séché de 15 à 18 mois à l'air vivifiant du pays.

Pierre Ibaïalde – *41 r. des Cordeliers -* ☎ *05 59 25 65 30 - pierre.ibaialde@wanadoo.fr - Hiver : mar.-sam. 9h-12h30, 14h-18h ; été : lun.-sam. 10h-12h30, 14h-19h.* Après la visite de cette conserverie artisanale, vous saurez tout sur le jambon de Bayonne. Pierre Ibaïalde vous expliquera les étapes de la fabrication du jambon et vous fera déguster ses produits : jambon et foie gras.

Chocolat Cazenave – *19 r. du Port-Neuf -* ☎ *05 59 59 03 16 - Vac. scol. : lun.-sam. 9h-12h, 14h-19h. Hors vac. scol. : mar.-sam. 9h-12h, 14h-19h. Fermé 3 semaines en oct.* Au 17e s., Bayonne fut la première ville en France à fabriquer du chocolat. Les chocolatiers s'installèrent alors en grand nombre dans la rue du Port-Neuf. Il n'en reste aujourd'hui que deux : Cazenave (depuis 1854) et Daranatz (depuis 1930).

M. Leoncini – *37 r. Vieille-Boucherie -* ☎ *05 59 59 18 20 - Lun.-ven. 10h-12h, 16h-18h30, sam. 10h-12h.* C'est l'un des derniers artisans à perpétuer la tradition du makila qui est une canne basque en bois de néflier (sculpté à vif) renfermant une lame effilée. On l'utilise pour la marche et pour la défense.

LOISIRS-DÉTENTE

Trinquet Moderne – *60 av. Dubrocq -* ☎ *05 59 59 05 22 - Ouv. les jours de matchs.* De nombreuses parties de main nue (à laquelle les Français excellent lors des compétitions de niveau mondial) se déroulent entre les parois de verre de ce trinquet couvert.

Trinquet St-André – *R. du Jeu-de-Paume -* ☎ *05 59 59 18 69 - Lun.-sam. 8h30-22h.* Ce trinquet du 17e s. est l'un des plus vieux de France. Les Basques viennent y faire leur partie de pala avant de se retrouver au bar. Des compétitions de main nue ont lieu du 1er jeudi d'octobre au dernier jeudi de juin. Les palettes en bois sont louées 100F de l'heure.

comprendre

Dot de reine – Au 12e s., Bayonne fait partie de la dot d'Aliénor d'Aquitaine. Lorsqu'elle se remarie avec Henri Plantagenêt, la ville devient donc anglaise et le restera trois siècles. Durant la guerre de Cent Ans, flottes bayonnaise et anglaise courent bord à bord, le port regorge de marchandises et la ville est florissante.

L'intégration de Bayonne au domaine royal français, après 1451, ne va pas sans grincements de dents : non seulement il faut payer une indemnité de guerre, mais en plus, les rois de France empiètent plus largement sur

Plaquées les unes contre les autres, les maisons de Bayonne bordent les quais de la Nive.

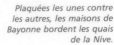

les libertés locales que ne le faisaient les lointains souverains britanniques : ainsi, les actes et lois ne doivent plus être rédigés en gascon, mais en français. Les Bayonnais en garderont un long ressentiment. Fort heureusement, Charles IX décidera de rendre vie au port ensablé (l'embouchure de l'Adour s'étant déplacée au Nord) : un chenal direct vers la mer est ouvert en 1578.

Courses lointaines – Au 18e s., l'activité de Bayonne atteint son apogée. Les échanges avec l'Espagne, la Hollande, les Antilles, la pêche à la morue sur les bancs de Terre-Neuve, les chantiers de construction entretiennent une grande activité dans le port. Bayonne est déclarée port franc en 1784, ce qui triple son trafic. Les prises de guerre sont fabuleuses et les bourgeois arment maints bateaux corsaires. Les ministres de Louis XIV fixent par ordonnance le mode de partage du butin : un dixième à l'amiral de France, les deux tiers aux armateurs, le reliquat à l'équipage. Une somme est retenue pour les veuves, les orphelins et le rachat des prisonniers aux Barbaresques.

se promener

LA VIEILLE VILLE
Visite : 3h

Cathédrale Ste-Marie★
Elle a été bâtie du 13e au 16e s., dans le style un peu sévère des églises du Nord. Au 19e s., on ajouta la tour Nord et les deux flèches. À l'intérieur, remarquez les vitraux Renaissance, en particulier la *Prière de la Chananéenne* qui date de 1531 *(2e chapelle à droite)*. Dans la 6e chapelle, une plaque commémorative de 1926 rappelle « le miracle de Bayonne » (voir plus haut). De l'axe central de la nef, on peut juger des belles proportions et de l'harmonie de l'édifice avec son élévation à trois niveaux. Gagner le déambulatoire. Adoptant le parti architectural champenois, les voûtes en ogive du déambulatoire rejoignent celles des cinq chapelles absidiales rayonnantes, décorées à la fin du 19e s.

Cloître★
Accès par la place Louis-Pasteur. 9h30-12h30, 14h-17h (juin-sept. : 9h-18h). Fermé 1er janv., 1er mai, 1er et 11 nov. 25 déc. Gratuit. ☎ 05 59 46 11 43.
Il n'en subsiste que trois parties formant un bel ensemble gothique (14e s.). Baies jumelées plutôt belles De la galerie Sud, vue sur la cathédrale.
Revenir au portail de la cathédrale et, par la rue de la Monnaie, rejoindre la rue du Port-Neuf.
Les rues commerçantes aux alentours de la cathédrale animent la ville. Belle maison à colombages à gauche en descendant à l'angle de la rue de la Monnaie et de la rue Orbe

Rue du Port-Neuf
Suivez cette rue piétonne bordée d'arcades basses sous lesquelles s'ouvrent des pâtisseries et des confiserie célèbres qui fleurent bon le chocolat.

MIRACLE ?
Lorsque le 20 août 1451 les troupes françaises cernent la ville, les habitants voient... une croix blanche dans le ciel. Un tel signe divin en faveur de la reddition anglaise ne peut qu'être de bon présage ! L'avenir ne sera malheureusement pas à la hauteur de leurs espérances...

POUCE !
Le criminel pourchassé qui posait les doigts sur le heurtoir ciselé (13e s.), appelé « anneau d'asile », était en sécurité (portail Nord, ouvert dans le bras gauche du transept).

À DÉGUSTER
Jusqu'alors inconnu en France, le cacao fut introduit à Bayonne au 17e s. par des juifs chassés d'Espagne et du Portugal.

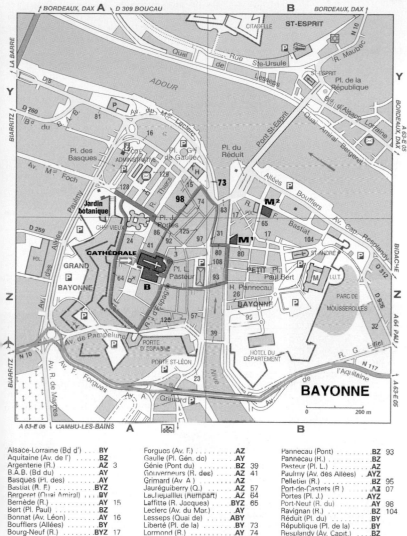

Place de la Liberté

Située au débouché du pont Mayou qui traverse la Nive
à l'entrée de la vieille ville, elle est bordée par l'hôtel de
ville et le théâtre. Les armoiries et la devise de la ville
sont dessinées sur le pavage de marbre : *nunquam pol-
luta*, « jamais souillée ».

Prendre le quai Dubourdieu puis le pont Marengo.

Le Petit Bayonne

Face au Grand Bayonne, de tradition marchande,
le Petit Bayonne conserve son atmosphère populaire.
Les ruelles et leurs graffitis s'éveillent le soir avec les
petits bars « branchés ». Ce quartier abrite aussi le
musée Bonnat et le Musée basque *(voir description dans
« visiter »)*.

Retraverser la Nive par le pont Pannecau.

> **POUR JOUER**
> Trinquet Saint-André
> *(8 r. du Trinquet)* :
> Louis XIV y aurait disputé
> une partie de jeu de
> paume. Vrai ou faux ?

Autre époque, les femmes infidèles ou de mauvaise vie étaient jetées du pont Pannecau, dans une cage en fer (copie au Musée basque). Le pont débouche sur la rue Poissonnerie. Voir sur la gauche la belle maison à colombage « rouge basque ».

Au bout de la rue Poissonnerie, prendre à gauche la rue d'Espagne puis à droite la rue Tour-de-Sault qui longe les remparts.

Jardin botanique
En surplomb des remparts, le jardin botanique, aux accents japonais, regroupe quelque 1 000 espèces de plantes. Prenez le temps de vous promener du côté des pelouses, en contrebas.

Revenir à la cathédrale par l'avenue du 11-Novembre et à droite la rue de la Monnaie.

visiter

Musée Bonnat★★
5 r. Jacques-Laffitte. ♿ Tlj sf mar. 10h-12h30, 14h-18h. Fermé j. fériés. 20F, gratuit 1er dim. du mois. ☎ 05 59 59 08 52.
Léon Bonnat (Bayonne 1833-1922) fit fortune en portraiturant la grande bourgeoisie de son temps. Grand esthète, il mit son argent au service de l'Art. Ses collections, patiemment assemblées, font aujourd'hui les beaux jours du musée qui porte son nom.

La visite chronologique débute au 2e étage. En haut du très bel escalier à rampe en fer forgé, vous êtes accueilli par le *Christ bénissant* et une *Sainte Vierge* (Toulouse, vers 1330). Puis s'ouvre une vaste collection de Primitifs et de grands maîtres. À voir parmi les **toiles des 14e et 15e s.**, une *Tête de Christ*, de l'école vénitienne, une *Vierge et l'Enfant à la grenade* de l'école de Botticelli, et un *Saint Martin* de l'école aragonaise. Dans le **salon Rubens**, esquisses inspirées des *Métamorphoses* d'Ovide. Passons aux 17e et 18e s. ; arrêtez vous devant la *Charité romaine* (jeune femme nourrissant un vieillard au sein) par Vouet et le projet de plafond pour le palais royal de Madrid, par Tiepolo. Les **écoles espagnole et anglaise** du 17e s. au début du 19e s. rassemblent des œuvres de Ribera *(Femme désespérée)*, Murillo *(San Salvador de Horta et l'inquisiteur d'Aragon)*, Goya *(Portrait de don Francisco de Borja)*, Constable *(Hampstead Heath)*, Hoppner *(Tête de femme)*. De l'**école française du 19e s.**, le musée possède *Le Serment des Horaces*, de l'école de David, de nombreux Ingres dont la sensuelle *Baigneuse*, une *Étude de jeune homme nu* par Flandrin... et, au premier étage, des études de Géricault (chevaux, lions...), des toiles de Delacroix, Puvis de Chavannes, Maurice Denis, Bonnat Au rez-de-chaussée, autour du patio (balcons en fer for gé fin 19e-début 20e s.), a été installée la **galerie Bonnat** Le cabinet des dessins accueille des originaux de grand maîtres français et étrangers, exposés par roulemen *(demande préalable par écrit)* et une collection perma nente de dessins de Paul Helleu. Au sous-sol, collection d'archéologie antique.

Musée basque
Fermé pour travaux de réaménagement (ouverture pré vue en juin 2001). En attendant, **expositions tempo raires** au Château Neuf. ♿ *Tlj sf lun. 10h-12h30, 14h-18h Fermé j. fériés et de mi-avr. à mi-juin. 20F, gratuit 1er dim du mois. ☎ 05 59 59 08 98.*

alentours

Croix de Mouguerre★
10 km à l'Est. Sortir de Bayonne à l'Est par la D 312, rou de Bidache ; prendre à droite la route de crête traversa Mouguerre. Gagner à droite le terre-plein de la croi

Quand le portraitiste et collectionneur Léon Bonnat choisit sa sœur comme modèle... (Portrait de la sœur de l'artiste, 1850, musée Bonnat, Bayonne).

UN HÉROS PROUSTIEN
Paul Helleu, dessinateur de la Belle Époque, sut charmer la haute société par l'élégance de ses portraits. Il inspira à Proust le personnage d'Elstir et découvrit, selon Mallarmé « *une couleur inconnue entre le délice et le bleu* ».

Monument commémoratif des combats ayant opposé ▶
en 1813-1814 les troupes du maréchal Soult à l'armée
d'invasion anglo-hispano-portugaise commandée par
Wellington.

À VOIR
De la Croix, **panorama**★
sur les Landes, Bayonne,
la Côte basque et les
Pyrénées.

itinéraire

ROUTE IMPÉRIALE DES CIMES★

*De Bayonne à Hasparren – 25 km. Sortir de Bayonne par
la D 936 ; la quitter aux dernières propriétés de St-Pierre-
d'Irube pour la D 22, à droite.*
Napoléon Ier fit aménager cette route sinueuse comme
tronçon d'une liaison stratégique de Bayonne à St-Jean-
Pied-de-Port par les hauteurs. La **vue**★ se dégage sur la
Côte basque et les sommets des Pyrénées proches de
l'océan ; la Rhune, les Trois Couronnes et le Jaizkibel
qui, de cette distance, donne l'illusion d'une île escarpée. Aux approches d'Hasparren, les Pyrénées basques
s'étalent, plus en profondeur.

Bazas★

Si vous ne connaissez de Bazas que le bœuf du
même nom, prenez le temps d'y passer quelques
heures. Presque plus italienne que girondine, la
ville offre un peu de calme au-dessus de la vallée.

La situation
Cartes Michelin nos 79 pli 2 ou 234 pli 15 – Gironde (33).
Laisser votre voiture place de la Cathédrale.
🛈 *1 pl. de la Cathédrale, 33430 Bazas, ☎ 05 56 25 25 84.*

Le nom
Il vient du nom de l'ancien peuple aquitain de la région,
les Vasates, qui signifie « ceux de la ville » (*basa*, « ville »
en aquitain).

Les armoiries
La légende veut qu'au 1er siècle, une pieuse Bazadaise
ait rapporté de Palestine un linge taché du sang de saint
Jean Baptiste. Les 4 379 Bazadais actuels sont encore
fidèles à cette dévotion : sur les armes de leur ville, on
reconnaît le prophète en prière, au moment où on
s'apprête à lui trancher le cou.

se promener

Place de la Cathédrale
Très jolie place entourée de maisons sur couverts du
16e s. et 17e s. Au n° 3, la maison dite de l'Astrologue est
décorée de symboles astronomiques (visages graves de
la lune et du soleil, mage oriental à chapeau pointu...).

Cathédrale Saint-Jean★
*Possibilité de visite guidée sur demande auprès de l'Office de
tourisme.*
13-14e s. Édifiée sur le modèle des grands sanctuaires ▶
gothiques du Nord de la France.
Les Bazadais sauvèrent les **portails** du vandalisme protestant en versant 10 000 écus, ce qui en valait bien la
peine. Le portail central est consacré au Jugement dernier et à l'histoire de saint Jean Baptiste, les portails latéraux à la Vierge et à saint Pierre.
L'intérieur est assez sobre. La perspective de la nef, étroite et longue produit une grande impression. Dans le
chœur, maître-autel Louis XIV en marbre de couleurs
variées, un peu maniéré... c'était la mode à l'époque. Dans
la chapelle axiale, toiles de François Lemoyne (18e s.).

**STYLES À TOUS
LES ÉTAGES**
Sur la façade de la
cathédrale, une époque
par étage : 13e s., 16e s.
et 18e s. *(de bas en haut).*

carnet pratique

VISITES
Visite guidée de la ville – 1h1/2 à 3h. Sur RV à l'Office de tourisme. 35F.

RESTAURATION
• *À bon compte*
Ferme-auberge Aux Repas Fermiers de Haoun Barrade – *34430 Cudos - 5 km au S de Bazas par D 932 dir. Mont-de-Marsan -* ☎ *05 56 25 44 55 - ouv. 10 juil. au 1ᵉʳ sept., w.-ends et j. fériés -* 🍽 *- 80/140F.* Dans une ambiance simple, à la campagne, vous apprécierez les produits de fermiers réunis en coopérative. En rillettes, en gibelotte, en blanquette, au vin blanc ou en civet, canards, chevrettes, coqs, lapins et marcassins se dégustent avec les meilleurs vins locaux.

HÉBERGEMENT
• *Valeur sûre*
Domaine de Fompeyre – *Rte de Mont-de-Marsan -* ☎ *05 56 25 98 00 -* 🅿 *- 47 ch. : 370/700F -* 🛏 *55F - restaurant 185/250F.* Détente et calme sont au rendez-vous dans cette maison gasconne au milieu d'un parc fleuri, ombragé d'arbres centenaires. Les chambres sont coquettes avec leurs étoffes claires et peintures chatoyantes. Salle à manger avec véranda. Piscine, hammam, jacuzzi, bowling...

À FAIRE
S'asseoir sur le petit banc de pierre, poser son guide, fermer les yeux… et se laisser bercer par le silence, troublé seulement par le gazouillis des oiseaux et le murmure de l'eau dans la vallée.

◄ **Jardin du Chapitre**
À droite de la cathédrale. Un havre de sérénité, en terrasse, sur le rempart. Profitez en même temps de la vue sur le vallon, où coule la petite Beuve.
Revenir à la cathédrale et prendre à gauche (avant la mairie) la rue Théophile-Servière puis la rampe Maurice-Lapierre.

Promenade de la Brèche
« Sous les tilleuls verts de la promenade », une très agréable balade au pied des vieux remparts moussus, recouvert de lierre.

Les bœufs gras font la réputation de Bazas : choisissez le vôtre, on vous fera un prix...

alentours

Collégiale d'Uzeste★
Accès de Bazas par la petite D 110. D'avr. à mi-oct. : visite guidée w.-end 15h-19h et sur demande auprès de M. de Richecour ou Mme Capeyron. ☎ *05 56 65 22 47 ou 05 56 25 87 48.*
Une bien belle église pour un tout petit village ! Elle rivalise même avec la cathédrale de Bazas. Il est vrai que le pape Clément V y mit du sien. Le résultat dut lui plaire puisqu'il la désigna dans son testament comme lieu de sa sépulture.

À VOIR
Derrière l'autel, le gisant de marbre blanc de Clément V, dont les protestants ont cassé la tête.

◄ Pénétrer dans l'église par le portail Sud dont le tympan porte le *Couronnement de la Vierge*. Dans la chapelle axiale, Vierge de la fin du 13ᵉ s., vénérée par le pape en sa jeunesse ; dans la chapelle voisine, gisant d'un membre de la famille de Grailly (14ᵉ s.).

Villandraut
13 km par la D 110 passant par Uzeste puis la D 3. Environné par la forêt landaise, Villandraut domine la rive gauche du Ciron. Le bourg a donné naissance à Bertrand de Got, élu pape en 1305 sous le nom de Clément V.

Château – *Juin-sept. : 10h-12h, 14h-19h, dim. et j. fériés 14h-19h (juil.-août : 10h-19h) ; oct.-mai : 14h-17h. Fermé entre Noël et J. de l'an. 20F.* ☎ *05 56 25 87 57.*

Décidément, Clément V est partout : cette forteresse fut construite pour lui, sur le modèle des châteaux forts de plaine à l'époque gothique. Une grande partie est consacrée aux aménagements résidentiels, comme il était d'usage en Italie ou au Moyen-Orient. Le côté Sud est le plus spectaculaire par l'alignement de ses quatre grosses tours, celle de droite ayant été arasée en 1592, par ordre du parlement de Bordeaux.

Musée municipal – *Près de l'église. 10h-12h, 14h30-18h30 sur demande préalable. Fermé du 25 déc. à mi-janv. 10F.* ☎ *05 56 25 37 62.*

Il comprend cinq salles avec des collections consacrées à l'archéologie (de la préhistoire au 16e s.) et aux arts et traditions populaires du Bazadais.

Château de Roquetaillade★★
8 km au Nord-Ouest de Bazas par D 1 et D 223. Voir ce nom.

Château de Cazeneuve★★
10 km au Sud-Ouest de Bazas par D 9. Voir ce nom.

> **À VOIR**
> Les rainures de la herse ainsi que les assommoirs, visibles par la poterne centrale. Un château bien défendu en somme.

Le Béarn★★

« Toque-y si gauses » (Touches-y si tu l'oses). « Arrière », autrement dit ! Autres temps, autres mœurs. De nos jours, les hautes tours de Fébus ne sont plus qu'invite, les gaves coulent des jours heureux aux pays du bon roi Henri, la vigne prospère au pays de Vic-Bilh et de Jurançon... Quelques foyers de résistance cependant, là-haut dans les montagnes. Il faut avoir de l'audace pour prendre les petites routes tourmentées du Béarn « noir », celui des toits d'ardoise et du fromage de brebis, celui des grottes profondes, des ours et des vautours.

La situation
Cartes Michelin n°s 85 plis 5 à 7, 15 à 17 ou 234 plis 35, 39, 42, 43, 47 – Pyrénées-Atlantiques (64). Le Béarn couvre à peu près les 2/3 du département, le reste étant occupé par le Pays basque. Il est traversé en diagonale par les grands gaves de Pau et d'Oloron. Dans le Sud, deux sommets aux formes hardies : le pic du Midi d'Ossau (alt. 2 884 m) et le pic d'Anie (alt. 2 504 m). Le célèbre col d'Aubisque (alt. 1 709 m) fait passer du Béarn en Bigorre.

Le nom
Il vient du nom d'un peuple aquitain qui vivait sous la domination romaine, les *Vernani*.

Les gens
Les Albret bien sûr, Henri IV à leur tête. Mais une autre figure haute en couleur fit la pluie et le beau temps dans le Béarn : Gaston III, vicomte de Béarn (1331-1391), qui adopta le surnom de Fébus, signifiant « le brillant », « le chasseur ». C'est un personnage plein de contrastes. Poète à ses heures, il ne fait pas moins assassiner son frère et tuer son fils unique lors d'une discussion... Question d'humeur.

> **LA SAUCE BÉARNAISE**
> Serait-ce la sauce recommandée par Henri IV pour accompagner la poule au pot ? Nenni ! La sauce béarnaise n'est nullement une spécialité locale. Elle fut inventée vers 1830 à Saint-Germain-en-Laye au restaurant Pavillon Henri-IV.

itinéraires

① LE GAVE D'ASPE★
66 km d'Oloron-Ste-Marie au col du Somport – environ 3h.

Malgré les améliorations apportées à la route et l'ouverture, en 1928, d'une voie ferrée transpyrénéenne (actuellement inexploitée au Sud de Bedous), à grand

> **EN ATTENTE**
> La population de la vallée d'Aspe s'est réduite à moins de 5 000 habitants. On compte désormais sur la mise en service du tunnel du Somport pour lui apporter l'animation qui lui manque.

Aqu. 4

carnet pratique

RESTAURATION

• À bon compte

Auberge Bellevue – *55 r. Bourguet - 64440 Laruns - 6 km à l'O d'Eaux-Bonnes par D 918 puis D 934 -* ☎ *05 59 05 31 58 - fermé 5 janv. au 20 fév., mar. soir et mer. sf juil.-août - 79/180F.* Une bonne petite auberge familiale dans un chalet. Une fois installé en terrasse, vous ne partirez plus, la cuisine régionale est sympathique et la vue sur la montagne est bien jolie.

La Pimparela – *Plateau d'Ipère - 64490 Osse-en-Aspe -* ☎ *05 59 34 52 23 -* ✑ *- réserv. obligatoire hors sais. - 85/135F.* Dominant la vallée d'Aspe, c'est une étable de montagne authentique au milieu des pâturages tapissés de pimparelas (pâquerettes). Un régal de produits maison à savourer en terrasse ou dans la salle à manger charmante avec ses bouquets de fleurs et ses boiseries bleues.

HÉBERGEMENT

• À bon compte

Camping Municipal Le Lauzart – *64490 Lescun - 1,5 km au SO de Lescun par D 340 -* ☎ *05 59 34 51 77 - ouv. 15 avr. au 15 sept. -* ✑ *- réserv. conseillée - 50 empl. : 54F.* En lisière du Parc national des Pyrénées, dans le cirque de Lescun, ce terrain de camping jouit d'une belle vue. En pleine nature, il s'est doté d'un magasin d'alimentation. Gîte d'étape.

Chambre d'hôte Chez Rolande Augareils – *6 pl. Cazenave - 64260 Buzy - 4 km au N d'Arudy par D 920 -* ☎ *05 59 21 01 01 - rolande.augareils@wanadoo.fr - fermé oct. à mars -* ✑ *- 5 ch. : 220/300F - repas 100/140F.* Voilà une bien jolie maison derrière son portail en fer forgé avec sa cour et ses fenêtres fleuries. Chambres coquettes avec meubles et dentelles de famille, mais sans chauffage. Vous serez convié à partager avec les hôtes sympathiques leur vraie cuisine béarnaise.

• Valeur sûre

Hôtel Au Bon Coin – *Rte des Thermes - 64660 Lurbe-St-Christau -* ☎ *05 59 34 40 12 - fermé dim. soir et lun. de nov. à mars -* 🅿 *- 18 ch. : 280/380F -* ✑ *40F - restaurant 90/290F.* Une maison toute en longueur dans les arbres et face à la campagne. Les chambres sont modernes, confortables et ouvrent pour la moitié sur la montagne. Repas dans la salle à manger campagnarde ou en véranda. Jardin avec piscine de l'autre côté de la petite route.

Chambre d'hôte La Ferme aux Sangliers – *Micalet - 64570 Issor - 10 km à l'O de St-Christau par D 918 jusqu'à Asasp puis N 134 et D 918 dir. Arette -* ☎ *05 59 34 43 96 - fermé nov. -* ✑ *- réserv. obligatoire - 3 ch. : 300F - repas 80/95F.* Restaurée dans le respect de la ferme d'origine, cette maison isolée est remarquablement située face aux Pyrénées. Jolies chambres où se mêlent pierres et poutres apparentes. Dégustez les produits maison, notamment le civet de sanglier, élevé dans le parc.

ACHATS

Henri Burgué – *Chemin des Bois - 64110 St-Faust – 11 km au SO de Pau par D 2 et D 502 -* ☎ *05 59 83 05 91 - Tlj 9h-12h, 14h-19h.* Ce petit producteur réalise du jurançon mœlleux et sec dans des fûts de chêne, fermés à l'aide de galets. Après l'évaporation du vin durant les trois années que dure son vieillissement, il suffit de soulever le galet pour remplir à nouveau le fût.

Cave des Vignerons du Jurançon – *53 av. Henri-IV - 64290 Gan -* ☎ *05 59 21 57 03.* Dégustation de jurançon sec et moelleux. Quelques vieux millésimes.

Tissage de Coarraze – *6 av. de la Gare - 64800 Coarraze -* ☎ *05 59 61 19 98.* Le tissu basque est bien connu des maîtresses de maison qui apprécient sa qualité et sa résistance pour leur linge de maison. Tissé en coton et en lin, il est le plus souvent décoré de bandes de couleur, parfois constituées de motifs floraux stylisés.

LOISIRS-DÉTENTE

Domaine skiable de Gourette – Alt. 1 400-1 600 m. 26 remontées mécaniques. Il se compose de trois secteurs (Plateau, Cotch et Bezou) offrant une vue splendide sur la vallée d'Ossau. Parmi les 30 pistes de ski alpin du domaine, celle du Pène Blanque, qui parcourt 4 km sur 1 030 m de dénivelée (un record pour les Pyrénées), est appréciée des bons skieurs. Les pistes de Cinto et de La Balade offrent d'agréables itinéraires pour les skieurs moyens et débutants. Le secteur du Plateau s'ouvre, le jeudi, au ski de nuit. Le forfait séjour est valable sur les stations d'Artouste et d'Arette-Pierre-St-Martin ; le forfait « Ossau-Teña » s'étend à trois stations espagnoles.

Station sportive, Gourette accueille régulièrement des compétitions internationales de ski comme de surf.

En mars se déroule le « Pyrenea Triathlon » (course à pied, à vélo et à ski de randonnée entre Pau et Gourette).

Du col de l'Aubisque, à 4 km de Gourette, partent 20 km de pistes de ski de fond sur 4 boucles. Les amateurs de ski hors-piste ou de ski de randonnée disposent d'un cadre sauvage idéal avec, notamment, la « traversée franco-espagnole des six vallées », qui s'adresse aux randonneurs confirmés.

CUP-Pyrénées Eaux Vives – *2 av. du Corps-Franc-Pommiès - 64110 Jurançon -* ☎ *05 59 06 52 49 ou 05 59 71 90 82.* Pour pratiquer tous les sports d'eaux vives à travers cours particuliers, stages ou séjours découverte.

renfort d'ouvrages d'art, cette vallée étranglée a gardé sa rudesse montagnarde : villages sans coquetterie, forêts habitées encore de quelques ours (protégés par le Parc national).

Oloron-Ste-Marie *(voir ce nom)*

Sortir d'Oloron par le quartier Ste-Croix et la rue d'Aspe.
La route de la rive droite du Gave remonte la vallée toute campagnarde avec ses champs de maïs coupés de rideaux de peupliers. Le pic Mail-Arrouy (alt. 1 251 m) semble fermer le passage au Sud.

LE « VA-NU-PIEDS »

Les Béarnais l'appellent *pe descaous*, le « va-nu-pieds ». L'ours brun européen ne subsiste plus en France qu'en très petit nombre, dans la partie Ouest des Pyrénées centrales. Il a élu domicile à 1 500 m d'altitude, sur les versants rocheux et dans les forêts de hêtres et de sapins qui surplombent les vallées d'Aspe et d'Ossau.
Ce plantigrade, autrefois carnivore, est devenu omnivore et, selon les saisons, se nourrit de tubercules, de baies, d'insectes, de glands mais aussi de petits mammifères et parfois de brebis (au grand dam des habitants du cru...).
L'aménagement du réseau routier, l'exploitation forestière et l'engouement touristique, joints à un cycle de reproduction très lent (la femelle met bas un ourson tous les 2 ans) ont entraîné la régression de l'espèce. Pour pallier la menace d'extinction, 7 000 ha ont été interdits à la chasse en automne, lorsque l'ours constitue ses réserves avant l'hibernation ; d'autre part, un mâle et deux femelles ont été réintroduits.

BILAN D'UNE RÉINTRODUCTION

Melba, Ziva et Pyros sont les noms des ours slovènes qui ont été réintroduits dans les Pyrénées en 1996 et 1997. Melba a mis au monde 3 oursons mais a été abattue ; on suppose qu'un de ses oursons vit encore entre l'Espagne et la France. Ziva élève de son côté deux oursons. À l'heure des bilans, on estime la population plantigrade à une dizaine d'individus.

St-Christau ✝

Station thermale aménagée dans un parc de 60 ha. Les eaux de ses sources ferro-cuivreuses agissent sur les affections des muqueuses.

Escot

Premier village aspois, au débouché de la vallée du Barescou. Avant d'y pénétrer, le vicomte du Béarn devait, suivant le « for » (droit), échanger les otages avec les représentants de la vallée. Un peu plus tard, Louis IX se rendant en pèlerinage à N.-D. de Sarrance signifia ici qu'il sortait de son royaume en ordonnant à son porte-épée de baisser sa garde.

Sarrance

Centre de pèlerinage béarnais, Sarrance reçu autrefois la visite de Louis XI (1461) et celle de la cultivée Marguerite de Navarre, sœur de François Ier, qui y écrivit une partie de son *Heptaméron*.
À l'intérieur de l'**église**, panneaux de bois naïvement sculptés, du 18e s. Le **cloître** de l'ancien couvent (17e s.) s'abrite sous quatorze petits combles transversaux, couverts d'ardoises.
En arrivant à Bedous, un dos-d'âne prononcé permet de découvrir le bassin médian de la vallée, où se groupent sept villages. À l'arrière-plan se découpent les crêtes d'Arapoup et, à l'extrême droite, les premiers sommets du cirque de Lescun (pic de Burcq).
La route s'engage à nouveau dans une gorge.
Prendre à droite vers Lescun.

Panneau de bois représentant un pêcheur au bord du gave (église de Sarrance).

Lescun ★

Village aimé des montagnards pour son cirque de montagnes calcaires aux sommets acérés.
🚶 Pour admirer le **panorama**★★ *(1/2h à pied AR)*, partir du parking, derrière l'hôtel du pic d'Anie, en suivant un instant le GR 10 que l'on quitte à hauteur de l'église. Au-delà d'un lavoir et d'une croix, le sentier tourne... Retournez-vous. Vous voyez le pic d'Anie à droite, le Billare, le Dec de Lhurs, à gauche.
La N 134, **route du Somport**★, remonte la vallée presque continuellement étranglée. Les villages, toujours deux par deux, semblent se surveiller l'un l'autre (Eygun et Cette, Etsaut et Borce).

GROS CHAGRIN

En chemin vers Lescun, essayez de voir sur la rive opposée du gave la « Roche qui pleure » formée par les pétrifications spongieuses d'un ruisseau affluent.

Chemin de la Mâture

🚶 *Du pont de Sebers, 3h à pied AR (parcours vertigineux, très exposé au soleil et sans protections – peaux sensibles, attention) par le GR 10.* Au 18e s., pour exploiter le bois du Pacq, les ingénieurs de la Marine royale taillèrent ce passage dans les dalles mêmes de la paroi au-dessus de la gorge du Sescoué. Débardés par ce chemin, les troncs étaient assemblés en train de bois, en période de hautes eaux du gave, pour être dirigés sur les chantiers navals de Bayonne. Vues en cours de route sur les superstructures du fort du Portalet.

Faire demi-tour en atteignant les prairies de la combe supérieure.

Fort du Portalet

> **REMARQUER**
> De la route, des cheminements murés donnent accès aux casemates barrant la route d'Urdos, en amont.

◄ Verrouillant depuis le début du 19e s. l'un des passages les plus encaissés de la vallée, le fort est entré dans l'histoire comme lieu de détention de personnalités, entre 1941 et 1945.

À la sortie de la gorge apparaît la chaîne frontière, avec l'encoche du pas d'Aspe et le pic de la Garganta (alt. 2 636 m), habituellement taché de neige. Au-delà d'Urdos, le viaduc d'Arnousse rappelle l'ancienne voie ferrée.

Col du Somport★★

> **HORIZONS COLORÉS**
> Vues imposantes sur les Pyrénées aragonaises, aux sommets très découpés. Les roches rouges contrastent avec le vert des forêts et le bleuté des lointains.

◄ Alt. 1 632 m. Ce col, le seul des Pyrénées centrales accessible en toute saison, est chargé de souvenirs historiques depuis le passage des légions romaines. Les pèlerins de St-Jacques-de-Compostelle l'empruntèrent jusqu'au 12e s. Le grand gîte d'étape était alors l'hospice de Ste-Christine, disparu, sur le versant Sud.

LE BOUT DU TUNNEL

Partant des Forges d'Abel et aboutissant à Canfranc en Espagne, le tunnel ferroviaire du Somport fut mis en service en 1928. Long de près de 8 km, il permettait aux trains de passer de France en Espagne. Un véritable exploit technique, en particulier le tunnel hélicoïdal après le viaduc d'Arnousse. Peine perdue ! Loin des grands axes de communication, le chemin de fer n'est pas rentable. La SNCF décide, après l'effondrement d'un pont en 1970, de fermer la ligne, donc le tunnel. Aujourd'hui, les gouvernements français et espagnol ont entrepris la construction d'un tunnel routier entre Peyrenère et Canfranc, qui doublera le tunnel ferroviaire désaffecté et aménagera un passage transpyrénéen entre Pau et Saragosse.

LE HAUT OSSAU★★ *(voir. p. 232)*

circuits

② LA FRANGE DES PYRÉNÉES★

79 km au départ de Pau (voir ce nom) – environ 4h1/2.

Quitter Pau par Jurançon. La N 134 remonte la vallée du Nez. À Gan, prendre à gauche la D 24.

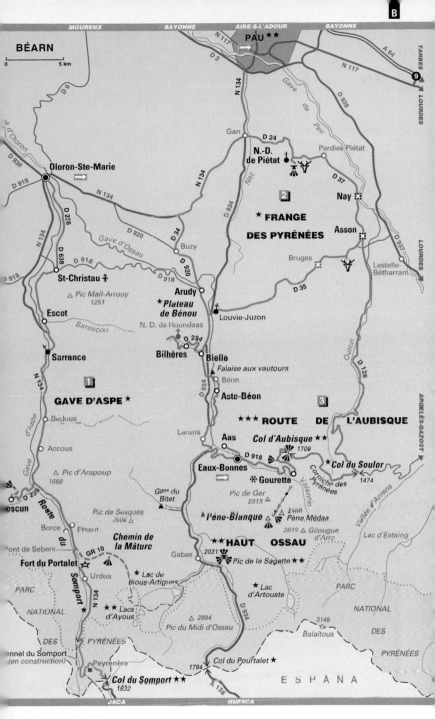

BÉARN

MOURENX   BAYONNE   AIRE-S-L'ADOUR   BAYONNE

PAU ★★

N 117

D 2

N 134

Gave de Pau

N 117

A 64

9

TARBES

LOURDES

D 938

Gan

D 24

Pardies-Piétat

N.-D. de Piétat

D 919

Oloron-Ste-Marie

N 134

N 134

D 226

Nez

D 934

2

D 37

Nay

★ FRANGE

DES PYRÉNÉES

Asson

D 920

Gave d'Ossau

Buzy

D 34

D 920

D 918

Bruges

Lestelle-Bétharram

D 35

LOURDES

D 937

St-Christau

△ Pic Mail-Arrouy
1251

D 638

D 918

D 918

Arudy

★ Plateau de Bénou

N. D. de Houndaas

Louvie-Juzon

Escot

Baroscou

D 294

Bilhères

Bielle

Falaise aux vautours

Béon

Ourtau

D 126

ARGELÈS-GAZOST

Sarrance

N 134

1

D 934

Aste-Béon

3

GAVE D'ASPE ★

Bedous

Laruns

Aas

★★★ ROUTE DE L'AUBISQUE

Gave d'Aspe

Accous

Eaux-Bonnes

Gourette

Col d'Aubisque ★★
※ 1709

★ Col du Soulor
1474

Corniche des Pyrénées

△ Pic d'Arapoup
1668

Gges du Bitet

Pic de Ger
2613 △

Valentin

Vallée d'Arrens

escun

Route du

Pic de Sesques
2606 △

Pène-Blanque △ ※ *Pène Médaa* 1408

Lac d'Estaing

Borce

Etsaut

Chemin de la Mâture

2619 △ Géougue d'Arro

Somport

GR 10

Gabas

2031 △

★★ HAUT OSSAU

Pic de la Sagetta ★★

PARC

NATIONAL

DES

PYRÉNÉES

Fort du Portalet ☆

Urdos

★ Lac de Bious-Artigues

★ Lac d'Artouste

3146

Balaïtous

ont de Sebers

Somport

N 134

★★ Lacs d'Ayous

△ 2884
Pic du Midi d'Ossau

D 934

nnel du Somport
(en construction)

Peyrenère

Col du Pourtalet ★
1794

E S P A N A

Col du Somport ★★
1632

JACA   HUESCA

A 136

Notre-Dame-de-Piétat

Chapelle de pèlerinage du 17e s. De l'autre côté de l'esplanade, derrière le calvaire, la table d'orientation vous aide à profiter du **panorama**★ sur la vallée du Gave, le pic du Midi de Bigorre, le Vignemale, le Gabizos, le Capéran de Sesques : essayez de vous y retrouver.

La route regagne la vallée du Gave et traverse entre Pardies-Piétat et Nay de beaux villages béarnais.

Nay

Avant toute chose... prononcez Naï. À l'entrée du village, le **musée du Béret** (objet sacré entre tous) retrace, à travers l'exposition de machines anciennes, l'histoire

Ancienne machine servant
à feutrer les bérets
(musée du Béret, Nay).

et les diverses étapes de fabrication industrielle du béret. Et pour rendre à César ce qui est à César, sachez que le béret n'a de basque que le nom, sa véritable origine étant béarnaise. *D'avr. à mi-nov. et vac. scol. : tlj sf lun. 10h-12h, 14h-18h. 20F. ☎ 05 59 61 01 32.*

La **maison Carrée**, dite aussi maison de Jeanne d'Albret. Sa cour intérieure, florentine, vous montre les trois ordres d'architecture (dorique, ionique et corinthien), exemple unique de ce style en Aquitaine.

Asson

À 3 km au-delà du bourg (vers Bruges) se détache le chemin du jardin exotique. Cette ancienne exploitation agricole a changé de locataires. Ses perroquets, perruches, loris, flamants roses de Cuba, émeus, chimpanzés, gibbons et autres lémuriens (originaires de Madagascar) en ont fait un **parc zoologique** que vous auriez tort d'éviter. La serre, souvenir de l'Exposition universelle de 1889, abrite 3 500 espèces de cactées et plantes grasses. ⊙ *8h-20h. 45F (enf. : 25F).* ☎ *05 59 71 03 34.*

La route traverse des villages aux jardins très fleuris. Les champs de maïs, les vergers, les vignes en hautins se succèdent. Dans la descente finale vers la trouée du bas Ossau, on remarque le caractéristique clocher de pierre de **Louvie-Juzon**, en forme de calice renversé.

Après Louvie-Juzon, tourner à droite dans la N 134.

Arudy

Bourg le plus développé du bas Ossau, grâce à l'activité de ses carrières de marbre et de ses usines métallurgiques. Pour mieux découvrir la région, une adresse : la **Maison d'Ossau**, installée au chevet de l'église dans une demeure du 17e s. Au sous-sol, plongez dans la préhistoire des Pyrénées avec, en particulier, une exposition relatant l'évolution de l'outillage. Les anciennes pièces d'habitation du rez-de-chaussée sont réservées au Parc national : géologie, faune et flore de la vallée d'Ossau. Dans les combles, exposition sur le berger ossalois et l'histoire de la vallée. *Juil.-août : 10h-12h, 15h-18h ; janv.-juin et sept. : mar.-ven. 14h-18h, dim. 15h-18h ; vac. scol. hiver et printemps : mar.-ven. 14h-18h, w.-end 15h-18h. 16F. ☎ 05 59 05 61 71.*

Pour retourner à Pau, prendre la D 920 jusqu'à Buzy puis rejoindre à droite la N 134 par la D 34.

③ ROUTE DE L'AUBISQUE★★★

107 km au départ d'Eaux-Bonnes – prévoir une journée.

Eaux-Bonnes

Cette station thermale, au fond de la vallée boisée du Valentin, procure les bienfaits de cures que le grand médecin béarnais Théophile de Bordeu orienta vers les affections des voies respiratoires. Les « promenades », tracées au 19e s. sur les dernières pentes boisées, témoignent du sens raffiné de la nature et du confort régnant à l'époque.

Prendre à gauche vers Aas.

Aas

Village typiquement ossalois avec ses rues étroites en pente raide.

Au pont d'Iscoo (cascade), la route franchit le Valentin et attaque la montée à flanc de montagne. Si vous passez aux premières heures de la matinée ou en fin d'après-midi, vous assistez à de superbes jeux de couleurs sur le massif du pic de Ger.

SÉJOURNER

L'esplanade du jardin Darralde, autour duquel des hôtels affichent un décor caractéristique du Second Empire thermal, est un bon moyen de s'imprégner de l'ambiance locale.

SIFFLER N'EST PAS JOUER

À Aas, quelques-uns pratiquent encore le langage sifflé, qui permettait jadis aux bergers de communiquer entre eux dans la vallée jusqu'à une distance de 2,5 km. Ce type de langage est également utilisé dans l'île de la Gomera aux Canaries, dans les villages de la vallée de Göreme en Turquie et au Mexique chez les Indiens mazatèques et zapotèques. Mieux que le morse.

Gourette✳

Important centre de sports d'hiver, Gourette doit son existence au Palois Henri Sallenave qui, dès 1903, y effectua les premières descentes à skis des Pyrénées. Bien que des championnats internationaux s'y déroulent chaque année depuis 1908, la station ne voit le jour qu'en 1930. Le site lui-même vaut le détour : les immeubles se nichent en pleines Pyrénées calcaires, dans un cirque marqué par les strates du pic du Ger.

Pène Blanque★

1h1/2 AR par télécabine au départ de Gourette. De déb. juil. à fin août : 9h-12h, 13h30-17h. 1ᵉʳ tronçon : 23F A, 30F AR (enf. : 18F A, 24F AR) ; 2ᵉ tronçon : 40F A, 44F AR (enf. : 23F A, 28F AR). ☎ 05 59 05 12 17 ou ☎ 05 59 05 12 60 (Esplanade du Valentin).

La station supérieure de la télécabine, dans le cirque Nord de la Pène Blanque, au pied du pic de Ger, offre, à proximité de petits lacs de montagne, une **vue**★ sur Gourette, la route et le col de l'Aubisque.

Si vous aimez marcher et que vous avez 2h devant vous, sautez dans vos chaussures : le sentier qui mène au col entre le pic de Ger et le Géogne d'Arre est assez difficile, mais la vue finale sur le **Balaïtous** vaut l'effort. Dans les pâturages, vaches et chevaux paissent en liberté. Deux km après Gourette, au virage des « Crêtes blanches », splendide panorama du Gabizos au pic de Sesques. Vous reconnaissez le pic du Midi de Bigorre à son émetteur de télévision.

LA PETITE REINE DANS LE « CERCLE DE LA MORT »

Le col d'Aubisque, peuplé d'ours, est au début du siècle sagement évité par les gens du cru. Le Tour de France n'en est alors qu'à ses balbutiements ; il se fait les dents hors des zones montagneuses, et les Pyrénées ne sont intégrées au tour qu'en 1910.

Depuis, beaucoup d'aventures ont eu lieu au col d'Aubisque. La route de la corniche est un beau morceau de bravoure : chaleur étouffante, à-pic vertigineux valent à chacun claquages musculaires mais également acclamations de la foule venue en masse de la France entière et d'Espagne encourager le maillot jaune. En 1951 et 1952, deux coureurs passent par-dessus le parapet : 30 m de chute. Et rien. Quelques bleus, quelques bosses. Le « cercle de la mort » protégerait-t-il les amoureux de la petite reine ?

Col d'Aubisque★★

Alt. 1 709 m. Illustré par le passage du Tour de France cycliste. **Panorama**★★ : *du mamelon Sud (émetteur TV – 1/4h à pied depuis le parking)*, vue saisissante sur le cirque de Gourette.

Après le col, la D 918, taillée en corniche, procure de belles vues sur la vallée de Ferrières et au-delà sur la plaine béarnaise. La route domine ensuite de plusieurs centaines de mètres le cirque du Litor : c'est la corniche des Pyrénées, un des passages les plus saisissants du parcours et l'une des réalisations routières hardies du 19ᵉ s.

> **PRUDENCE**
>
> Le col est généralement obstrué par la neige de novembre à juin. Croisements difficiles sur la partie de la route en corniche, après le col d'Aubisque (route très étroite). Entre le col et le département des Hautes-Pyrénées, la circulation est alternée toutes les 2h.

Cols enneigés, vastes étendues vertes : c'est dans ce cadre grandiose du col d'Aubisque que de nombreux exploits se sont réalisés pendant la Grande Boucle du Tour de France.

Col du Soulor★

Alt. 1 474 m. Au loin, au-delà de la vallée d'Azun, s'élèvent le pic du Midi de Bigorre et, plus à gauche, le pic de Montaigu. Des arêtes gazonnées hérissées de fines pointes composent les premiers plans d'un vaste paysage montagnard.

Tourner à gauche dans la D 126.

Asson *(voir p. 126)*

Au-delà du pont de Louvie-Juzon apparaît le pic du Midi d'Ossau.

Après Louvie-Juzon, prendre à gauche la D 934. On pénètre alors dans la **vallée du gave d'Ossau★★**.

Bielle

L'ancien chef-lieu de la vallée, partagé en deux quartiers par un torrent affluent du gave d'Ossau, a conservé une certaine dignité de petite capitale assoupie : quelques maisons du 16e s. subsistent dans le quartier rive droite, entre la route nationale et l'église ; côté rive gauche, château bâti par le marquis de Laborde (1724-1794), banquier attitré de Louis XV.

Prendre à l'Ouest la D 294 vers Bilhères.

Bilhères

Passer par le centre du village : certaines maisons montrent des raffinements hérités des 16e et 17e s. (clés décoratives au cintre des portes).

Plateau de Bénou★

Au-dessus de Bilhères, la vue s'étend, au Sud, jusqu'aux roches grises du pic de Ger. La chapelle N.-D.-de-Houndaas (lieu de halte aménagé) apparaît, à l'abri de deux tilleuls, dans un **site★** rafraîchi par les eaux nées d'importantes sources. La route débouche dans la combe pastorale du Bénou où la transhumance a lieu à la fin du printemps. De nombreux troupeaux montent alors sur ces hauteurs pour y passer l'été.

Revenir à Bielle et remonter le gave en direction de Laruns.

Aste-Béon

Sur la rive droite du gave d'Ossau. À l'entrée du village de Béon, un espace muséographique consacré à une colonie de vautours a été aménagé au pied d'une falaise calcaire. Point d'aigle royal ici, c'est le petit cousin pauvre, le vautour fauve, qui est roi de la fête. La **falaise aux vautours** le met en scène dans tous ses états. Vous pouvez également y parfaire votre culture sur le pastoralisme, la faune et la flore locales ou découvrir des contes et légendes de la vallée d'Ossau. ⊙ *Avr. et juin-août : 10h-13h, 14h-19h ; mai et sept. : 14h30-18h30 ; de déb. fév. à déb. mars, Toussaint et entre Noël et J. de l'an : tlj sf sam. 15h-18h. Fermé 1er janv. et 25 déc. 39F (enf. : 25F).* ☎ *05 59 82 65 49. Rejoindre Eaux-Bonnes par la D 918.*

Sites de **Bétharram**★

Un miracle de la Vierge, des grottes, les hauteurs pyrénéennes... un petit air de « déjà vu » dans les environs (Lourdes est à quelques petits kilomètres) ! Pourtant à Bétharram, nulle apparition mariale dans un rocher. Le chemin de la religion et celui de la spéléologie ne se sont pas croisés ici.

La situation

Cartes Michelin nos 85 Nord du pli 17 ou 234 pli 39 – Pyrénées-Atlantiques (64) et Hautes-Pyrénées (65). Lestelle-Bétharram est à une vingtaine de km au SE de Pau. Pour le sanctuaire : continuez la D 937 au Sud du village. Pour les grottes : au sanctuaire, prenez la petite D 526 sur 2,5 km. Attention, il y fait frais ; pensez à vous munir d'un pull, même en été. Arrivez le plus tôt possible pour éviter le bain de foule.

Le nom
Beth Arram signifie à fois « belle ramée » en gascon et « Maison du Très-Haut » en hébreu. À vous de choisir.

Les gens
Une statue miraculeuse de la Vierge, apparue dans un buisson. Une jeune femme se noyant dans le gave puis sauvée par un rameau divin envoyé par Marie. Les bergers qui assistèrent au miracle. Le sergent Caoules qui découvrit les grottes... bien du monde pour Bétharram !

visiter

SANCTUAIRE
Tous les 14 septembre, il se transforme en lieu de pèlerinage... et ce, depuis le 15e s. Le cadre y est classique pour ce type de rencontres : de vastes bâtiments conventuels qui accueille aujourd'hui la congrégation des prêtres du Sacré-Cœur de Jésus et son collège, une chapelle du 17e s. et un chemin de croix.

Chapelle Notre-Dame
Côté pont routier, elle affiche une façade classique (1661) en marbre gris. À l'intérieur, pèlerinage oblige, elle ne pèche pas par sa sobriété. Dans cette profusion baroque, on distinguera : en entrant à gauche, derrière une grille, une *Vierge allaitant* (bois polychrome, 14e s.), vénérée jadis au maître-autel ; à droite, un *Christ à la colonne* du 18e s ; au maître-autel, statue de N.-D.-de-Bétharram, en plâtre (1845).

Adossée au chevet *(accès par une porte à gauche du chœur)*, la **chapelle-rotonde de St-Michel-Garicoïts** (1926) abrite un sépulcre de marbre et de bronze doré, propre à faire honneur au saint homme qui restaura le sanctuaire et le calvaire et qui fonda la congrégation. *Avr.-sept. : 10h-12h, 14h-18h (juil.-août : 10h-19h) ; oct.-mars : 14h-17h (fév.-mars : 14h-18h). Fermé 1er janv. et 25 déc. Tarif non communiqué.* ☎ 04 67 43 02 80.

Au-delà de la chapelle, vers les bâtiments conventuels, vieux pont en dos d'âne daté de 1687. Autrefois couvert de lierre (d'où la légende du rameau ?).

GROTTES★
🅰 *De fin mars à fin oct. : visite guidée (1h1/2) 9h-12h, 13h30-17h30 ; de déb. janv. à fin mars : lun.-ven. à 14h30 et 16h30. Fermé de fin oct. à déb. janv. 52F.* ☎ 05 62 41 80 04.

Cinq étages de galeries, où scintillent de véritables trésors d'Ali Baba taillés dans l'eau et la pierre : lustres, colonnes, cloches, cloître roman... On lit dans les concrétions comme dans les nuages ! L'étage inférieur correspond au niveau actuel de la rivière née de l'écoulement des eaux. On la suit en barque sur quelques mètres. Un petit train épargne le parcours du tunnel ramenant au jour.

Le roi Salomon peint sur le plafond de la chapelle Notre-Dame.

STALACTITES, STALAGMITES, EXCENTRIQUES...
L'eau de pluie s'infiltre dans les fissures des massifs calcaires et au cours de sa circulation souterraine, elle abandonne le calcaire dont elle s'est chargée, ciselant ainsi des concrétions aux formes fantastiques : pendeloques, pyramides, draperies. Les stalactites se forment à la voûte de la grotte. Les fistuleuses sont des stalactites offrant l'aspect de longs macaronis effilés pendant aux voûtes. Les stalagmites s'élèvent du sol vers le plafond. Une colonne est la réunion d'une stalactite et d'une stalagmite. La formation de ces concrétions est extrêmement lente ; elle est, actuellement, de l'ordre de 1 cm par siècle sous nos climats. Les excentriques, très fines protubérances dépassant rarement 20 cm de longueur, se développent en tous sens sous forme de minces rayons ou d'éventails translucides. Des phénomènes complexes de cristallisation les libèrent des lois de la pesanteur.

Biarritz ≋≋≋

Les armes de Biarritz.

Mondaine, comédienne, hâlée, houleuse. Plage des fous et années folles. Biarritz est-elle bien une vraie ville ? Ou un décor extravagant né d'une imagination débridée ? Pour s'en assurer, entrez en coulisses et touchez les accessoires : humez le rose des hortensias, heurtez-vous à l'écume blanche à la pointe des hautes vagues, sentez le sable fin glisser entre vos doigts... Un doute persiste cependant : le « rayon vert » sur la mer, un artifice de cinéma ?

La situation

Cartes Michelin n°ˢ 78 pli 18 ou 234 pli 29 – Pyrénées-Atlantiques (64). Biarritz, Bayonne et Anglet font partie d'une même grande agglomération. Difficile de se garer à Biarritz, même en hiver. Laisser la voiture aux abords de la ville (par exemple près du phare) et marcher. 🚹 *Square d'Ixelles (Javalquinto), 64200 Biarritz, ☎ 05 59 22 37 00.*

Le nom

Vient du basque : *bi* (« deux ») et *arri* (« rocher »). Les deux rochers, ce sont ces deux « presque » îles qui ferment la ville : la pointe Saint-Martin et celle de l'Atalaye, à l'extrémité de laquelle se dresse la Vierge.

Les gens

30 055 Biarrots ou Miarriztars (en basque). Dès le milieu du 19ᵉ s., têtes couronnées et aristocrates de tous pays viennent prendre le soleil à Biarritz. Au tournant de ce siècle, deux casinos sont construits, ce qui donne à Sarah Bernhardt et à Lucien Guitry l'occasion de se produire devant un parterre mondain. Avec les années folles débarquent des célébrités telles que Rostand, Ravel, Stravinski, Loti, Cocteau ou Hemingway. Après la Seconde Guerre mondiale, le marquis de Cuevas y organise de somptueuses fêtes ; le duc et la duchesse de Windsor s'y ◄ reposent. Il n'est pas rare d'y croiser les grandes stars de cinéma des années 1950-60, Frank Sinatra, Rita Hayworth et Gary Cooper.

comprendre

Baleines et crinolines – Au début du 19ᵉ s., Biarritz n'est qu'un port baleinier, une pauvre bourgade perdue dans la lande, quand les Bayonnais prennent l'habitude de venir s'y baigner. Le trajet se fait à dos-d'âne ou de mulet. Puis la noblesse espagnole découvre les charmes du lieu. Dès 1838, la comtesse de Montijo et sa fille Eugénie y viennent chaque année. Devenue impératrice des Français, Eugénie décide Napoléon III à l'accompagner sur la Côte basque. Cette première visite a lieu en 1854. L'empereur est séduit à son tour et fait construire, l'année suivante, une résidence, la « villa Eugénie » (aujourd'hui devenue l'Hôtel du Palais). Biarritz devient célèbre. Charme, luxe, accueil discret attirent maints grands personnages : peu de stations balnéaires offrent un livre d'or aussi riche que Biarritz. Les villas surplombant la mer témoignent de cet engouement mondain pour la ville.

séjourner

LES PLAGES

« Quand on se prend à hésiter entre deux plages, l'une d'elles est toujours Biarritz », disait Sacha Guitry.
Fleurie d'hortensias, la station doit beaucoup de son charme à ses jardins-promenades aménagés au flanc des falaises, sur les rochers et le long des trois principales plages, rendez-vous internationaux des surfeurs et hauts lieux de l'animation biarrote de jour comme de nuit.

carnet pratique

VISITES

Visite guidée de la ville – 2h. En juil.-août : lundi 18h, vendredi 10h. S'adresser à l'Office de tourisme.

RESTAURATION

• *Valeur sûre*

La Pizzeria des Arceaux – *20-24 av. Edouard-VII -* ☎ *05 59 24 11 47 - fermé 7 au 20 juin, 15 au 30 nov. et lun. 115/180F.* Belle ambiance dans cette pizzeria à deux pas de la mairie ! Sous les fresques en faïence et les miroirs, les pizzas sont dévorées par une clientèle biarrote jeune et branchée. En entrant, jetez un petit coup d'œil à la table des desserts, histoire de vous mettre en appétit.

Bar Jean – *5 r. des Halles -* ☎ *05 59 24 80 38 - fermé 1er janv. au 6 fév., mar. et mer. hors sais. - 131/202F.* Un petit tour en Espagne dans ce vrai bar à tapas proche des halles de Biarritz. L'ambiance est populaire et très animée, la décoration hispanique avec ses faïences, arcades, affiches taurines et son patio charmant. Au menu, spécialités basques et espagnoles avec tapas, bien sûr.

Chez Albert – *Au port des Pêcheurs -* ☎ *05 59 24 43 84 - fermé 8 janv. au 12 fév., 1er au 15 déc. et mer. sf juil.-août - 175F.* Ici, l'ambiance est sympathique, dans le style bistrot, ouvert sur le petit Port des Pêcheurs. Salle à manger rustique avec ses nappes basques bleues et blanches, prolongée d'une terrasse sous les parasols. Cuisine simple de produits de la mer.

La Tantina de la Playa – *Plage du Centre - 64210 Bidart - 6 km au S de Biarritz par N 10 -* ☎ *05 59 26 53 56 - fermé 14 nov. au 14 déc., dim. soir et lun. de sept. à juin - 145/210F.* La plage, les vagues et les surfeurs... Ces trois éléments caractéristiques de la côte basque font le spectacle de ce restaurant. Ambiance décontractée et décor maritime dans la grande salle panoramique avec ses toiles cirées. Poissons du jour présentés à l'ardoise.

Auberge d'Achtal – *Pl. du Fronton , accès piétonnier - 64200 Arcangues - 8 km au S de Biarritz par La Négresse puis D 254 et D 3 -* ☎ *05 59 43 05 56 - fermé 6 janv. à fin mars, mar. soir du 15 sept. au 6 janv. et mer. sf juil.-août - 165F.* Cette vieille auberge sur la place du village est typiquement basque. La salle à manger est décorée simplement avec ses grandes tables de bois, ses bancs et sa vieille cheminée. Terrasse sous les platanes, face au fronton. Cuisine régionale.

Campagne et Gourmandise – *52 av. Alan-Seeger, rte d'Arbonne - 4 km au S de Biarritz par La Négresse puis D 255 -* ☎ *05 59 41 10 11 - fermé vacances de fév., de Toussaint, dim. soir sf du 14 juil. au 31 août, lun. midi et mer. - 200/290F.* Cette villa basque n'a pas volé son nom. À deux pas du Château du Clair de Lune, elle domine la campagne. Deux salles à manger dont une en véranda avec vue sur le jardin. Et pour votre gourmandise, la table est réputée et la cuisine parfumée.

HÉBERGEMENT

• *À bon compte*

Chambre d'hôte Maison Berreterrenea – *Quartier Arrauntz - 64480 Ustaritz - 11 km au SE de Biarritz par D 932 sortie Arrauntz -* ☎ *05 59 93 05 13 - ▱ - 3 ch. : 250/300F - repas 80/120F.* Tournée vers un verger de pommiers à cidre, cette maison basque du 17e s. domine la vallée de la Nive. Simple et bien rénovée avec ses murs blancs et ses pierres de montagne, elle a retrouvé sa noblesse d'antan. Chambres sobres avec poutres et portes anciennes.

• *Valeur sûre*

Hôtel Maïtagaria – *34 av. Carnot -* ☎ *05 59 24 26 65 - 17 ch. : 340/360F - ☲ 35F.* Accueil familial dans ce petit hôtel proche du jardin public et à 500 m de la plage. Les chambres de taille variée sont claires, fonctionnelles et récemment rénovées. Jardinet fleuri sur l'arrière.

Hôtel Gochoki – *R. Caricartenea - 64210 Bidart - 7 km au S de Biarritz par D 911 puis N 10 -* ☎ *05 59 26 59 55 - fermé 16 nov. au 4 fev. -* **P** *- 10 ch. : 320F - ☲ 33F.* Idéal pour sillonner la région, cet hôtel dans une maison basque récente propose chambres, studios ou appartements selon que vous serez seul ou en famille. Prenez votre petit-déjeuner face au jardin, en terrasse, si le temps le permet.

Château du Clair de Lune – *48 av. Alan-Seeger , rte d'Arbonne - 4 km au S de Biarritz par La Négresse puis D 255 -* ☎ *05 59 41 53 20 -* **P** *- 17 ch. : 450/750F - ☲ 60F.* Oubliez le temps qui passe et savourez des moments de détente dans le parc de cette belle demeure du 19e s. Votre sommeil sera paisible dans les chambres chaleureuses. Certaines plus modernes dans un autre bâtiment. Jolies étoffes, parquet et meubles anciens pour vous séduire.

LE TEMPS D'UN VERRE

La **place Eugénie** connaît une vive animation après 22h : brasseries et bodegas dans la rue du Port-Vieux y contribuent largement. Le port des Pêcheurs accueille bars et brasseries, pour prendre un verre près des bateaux de pêche.

Située plus à l'intérieur de la ville, la **place Georges-Clemenceau** est bordée de brasseries, pianos-bars et bodegas.

Enfin, la **Grande Plage** est fréquentée aussi bien en journée qu'en soirée grâce à la proximité de la mer, du **Café de la Grande Plage** (idéal pour prendre un verre après un bain de mer) et du casino.

Irish Pub – *10 av. Victor-Hugo -* ☎ *05 59 24 66 06 - Tlj 17h-2h. Été : tlj 17h-3h.* Ce bar spacieux, mi-saloon mi-pub, décoré d'instruments de musique et de lanternes, est un bel endroit où l'on peut bavarder sans avoir à forcer la note, ni hausser le ton. La salle est dotée d'un écran géant destiné aux retransmissions d'événements sportifs. Concert chaque semaine et soirées à thème fréquentes.

L'Impérial (Hôtel du Palais) – *1 av. de l'Impératrice -* ☎ *05 59 41 64 00 - Tlj 9h-0h.* « La Villa Eugénie » fut témoin des amours de Napoléon III et de l'Impératrice Eugénie. Depuis 1893, cet édifice est devenu le majestueux Hôtel du Palais, doté d'un bar de standing, l'Impérial. Face à l'océan, vous pourrez tremper vos lèvres dans une coupe de champagne tout en rêvant aux fastes d'antan. Pour parfaire le charme du lieu, un pianiste joue chaque soir entre 20 et 23 heures.

La Santa Maria – *Espl. du Port-Vieux -* ☎ *05 59 24 92 25 - Avr.-juin, sept.-oct : tlj 10h-2h ; juil.-août : tlj 9h-3h.* La vue splendide sur le rocher de la Vierge et la plage du Port Vieux n'est pas le moindre des atouts de ce petit bar juché en haut d'un rocher. Une terrasse, quelques tabourets et un comptoir dans une grotte font de cet endroit un lieu agréable et sans prétention où l'on déguste des tapas tout en écoutant un petit orchestre.

Le Caveau – *4 r. Gambetta -* ☎ *05 59 24 16 17 - Tlj 22h30-5h.* Bar-discothèque le plus branché de la région où vous croiserez de superbes créatures des deux sexes et les inévitables stars en vacances. Tout ce petit monde vient ici pour faire la fête autant que pour se montrer, bien évidemment.

Lodge – *1 r. du Port-Vieux -* ☎ *05 59 24 73 78 - Hors saison : mer.-lun. 9h-2h. Été : tlj 9h-2h. Fermé jan., fév. et mars.* Ce bar plein de charme au décor soigné est aussi un lieu à vocation artistique : peintures et sculptures y sont fréquemment exposées. Pour ceux qui auraient le coup de foudre, le mobilier d'art de l'établissement est même à vendre. L'ambiance paisible est à la conversation entre artistes habitués du lieu. Carte aux saveurs régionales.

Achats

Cazaux et fils – *10 r. Broquedis -* ☎ *05 59 22 36 03 - Lun.-sam. 10h-12h30, 15h-19h.* La famille Cazaux se voue à l'artisanat de poterie-céramique depuis le 18e s. Jean-Marie Cazaux parle volontiers de son métier qu'il qualifie d'« austère » et de « solitaire ». Cette boutique se consacre également à la création personnalisée : les céramiques y sont réalisées à la demande, depuis l'extraction de la terre jusqu'à la vente du produit fini. Travail sur mesure, dessin fait au pinceau.

Fabrique de chisteras Gonzalez – *6 allée des Liserons - 64600 Anglet -* ☎ *05 59 03 85 04 - Lun.-ven. 9h-12h, 14h-19h; sam. 9h-12h.* Depuis 1887, la fabrique Gonzalez confectionne manuellement des chisteras, ces gouttières en osier prolongeant le gant protecteur. En une heure, vous apprendrez tout sur l'histoire et la fabrication de la pelote et de la chistera.

Chocolats Henriet – *Pl. Clemenceau -* ☎ *05 59 24 24 15 - Tlj 9h-19h.* Fondée après la Seconde Guerre mondiale, la boutique Henriet est une référence en matière de chocolat et de spécialités gourmandes : calichous (caramel au beurre d'Échiré et à la crème fraîche), rochers de Biarritz (chocolat amer, écorces d'oranges, amandes).

Boutique Henriet.

Maison Pariès – *27 pl. Clemenceau.* C'est l'autre référence en matière de confiserie (kanougas et tourons basques).

Maison Arostéguy – *5 av. Victor-Hugo -* ☎ *05 59 24 00 52 - Lun.-sam. 9h30-13h, 15h-20h.* Fondée en 1875, cette célèbre épicerie de Biarritz (anciennement « épicerie du Progrès ») a conservé ses murs, ses étagères et sa façade d'époque. On y déniche de nombreuses spécialités et produits difficiles à trouver ailleurs : millésimes rares du Bordelais, armagnacs prestigieux, thés parfumés, épices et produits basques.

Loisirs-Détente

Jeff Hakman Surf School – *Quai de la Grande-Plage -* ☎ *05 59 22 03 12 - Juin-sept. : lun.-sam. 10h-19h, dim. 14h30-18h ; oct.-mai : lun.-sam. 10h-12h, 14h-19h, dim. 14h30-18h.* Cette école dispense cours et stages de surf et de body-board et loue des combinaisons et des palmes pour les pratiquer.

Piscine municipale – *Bd du Gén.-de-Gaulle -* ☎ *05 59 22 52 52 - Horaires variables suivant le calendrier scolaire.* Située au bord de l'océan, cette piscine jouit de bassins d'eau de mer chauffée, ainsi que de jacuzzi, d'un hammam, et d'un sauna.

Biarritztarrak (Fronton Mur à Gauche) – *42 av. du Mar.-Foch -* ☎ *05 59 22 15 72 - Tlj 8h-22h.* De juin à septembre, des galas de pelote basque (main nue, paleta cuir et petit chistera) sont organisés chaque mardi et vendredi soir. En dehors des périodes de compétitions, vous pourrez vous essayer à la pala (raquette en bois).

Euskal-Jaï Fernand Pujol – *R. Cino-Del-Duca -* ☎ *05 59 23 91 09 - Ouv. les jours de matchs.* Cette école de pelote basque organise des compétitions de cesta punta de juin à septembre, presque chaque mercredi et samedi.

Golf du Phare – *2 av. Édith-Cavell -*
☎ *05 59 03 71 80.* Parcours de 18 trous en
centre ville, à proximité de la mer.
Golf de Chiberta – *104 bd des Plages -*
64600 Anglet - ☎ *05 59 52 51 10.*
Parcours de 18 trous entre mer et forêt.
Thermes Marins – *80 r. de Madrid -*
☎ *05 59 23 01 22 - www.thermesmarins-*
biarritz.com - Horaires variables suivant le
calendrier scol. Fermé 1er au 23 janv. Centre
thermal doté d'une piscine de détente et
d'un jacuzzi où vous pourrez bénéficier de
nombreux soins : douche à fusion, douche
sous-marine, bain aéro-marin, massages,
application d'algues...

Casino de Biarritz – *1 av. Édouard-VII -*
☎ *05 59 22 77 77 - Dim.-jeu. 10h-3h,*
ven.-sam. jusqu'à 4h. Situé sur la Grande
Plage, cet immense casino possède une salle
de jeux traditionnels, 180 machines à sous,
ainsi qu'une brasserie « Le Café de la
Plage », un restaurant « Le Baccara », une
discothèque « Le Flamingo » et une salle de
spectacles (théâtre, danse).

Grande Plage

Dominée par le casino municipal, c'est la plus mondaine. Au 18e s., on y menait se baigner les aliénés (les bains
de mer , c'est bien connu, peuvent tout guérir !). Elle en
a gardé son nom de « côte des Fous ». Elle est prolongée,
au Nord, par la plage Miramar.

Plage du Port-Vieux

Abritée entre deux bras de rochers, cette petite plage garde un intérêt local et familial.

Plage de la Côte-des-Basques

La plus sportive et la plus exposée des plages de Biarritz, au pied d'une falaise demandant à être périodiquement protégée contre les éboulements, doit son nom à
un « pèlerinage à l'océan » qui, le dimanche suivant le
15 août, rassemblait jadis pour un bain collectif, les
Basques de l'intérieur.

se promener

À Biarritz, tout est récifs écumants, tourelles, arcades,
donjons, escaliers, tours et détours. Un éclectique
baroque de « carton pâte » où se balader est un plaisir
enchanté.

Rocher de la Vierge★

Napoléon III eut l'idée de faire creuser ce rocher, entouré d'écueils, et de le relier à la falaise par un pont de
bois. Aujourd'hui, il est rattaché à la côte par une passerelle métallique sortie des ateliers d'Eiffel et qui, par
gros temps, est inaccessible, les paquets de mer embar-
quant par-dessus la chaussée. En continuant vers le
rocher du Basta puis vers la Grande Plage, belle promenade le long de rampes en pente douce ombragées de
tamaris.

▶ **EMBLÈME**
Surmonté par une statue
immaculée de la Vierge,
le rocher est un peu le
symbole de Biarritz.

*Les vagues écumeuses
montent à l'assaut du
rocher de la Vierge :
heureusement la madone
est là pour vous protéger.*

Répertoire des rues et sites des plans de Biarritz et Anglet

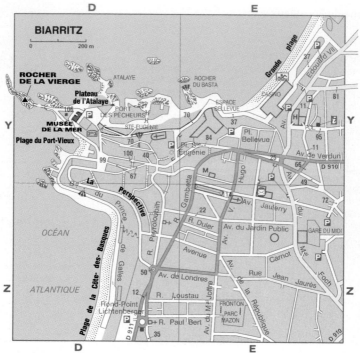

Plateau de l'Atalaye

Vue sur le minuscule abri du port des Pêcheurs, coincé entre le rocher du Basta et le promontoire où se dressait une atalaye. En bas, le petit port est charmant avec ses maisons de pêcheurs aux vives couleurs.

La Perspective

Promenade tracée au-dessus de la plage des Basques. **Vue★★** dégagée jusqu'aux trois derniers sommets basques : la Rhune, les Trois Couronnes, le Jaizkibel.

Pointe St-Martin

Des jardins et surtout de la lanterne du **phare**, à 73 m au-dessus du niveau de la mer, **vue★** sur la ville et les Pyrénées basques. *Pâques-Noël et vac. scol. : w.-end 15h-19h (juil.-août : tlj sf lun. 10h-12h, 15h-19h). 10F.* ☎ 05 59 22 37 00.

À SAVOIR

Atalaye signifie « promontoire » en basque. Il s'agissait d'une tourelle d'où l'on guettait l'arrivée des baleines. Des feux y étaient allumés pour donner l'alerte aux pêcheurs.

Villas

Haut lieu mondain dès le Second Empire, Biarritz s'est couvert de villas somptueuses, adoptant le style éclectique en vogue au 19e s. Ainsi fleurit la villa Belza, perchée sur un piton rocheux à la pointe de la côte des Basques, bâtie pour Marie-Belza Dubreuil en 1880 et devenue cabaret russe dans les Années folles. La villa La Roche Ronde (av. de l'Impératrice) est de pur style néogothique avec ses toits crênelés et son échauguette en proue. Autre demeure néogothique, le château Javalquinto a été dessiné par son propriétaire, le duc d'Osuna ; il abrite aujourd'hui l'Office de tourisme. Dans un genre plus « local », la villa Etchepherdia, à côté du phare de la pointe St-Martin, adopte le modèle des fermes basques.

visiter

Musée de la Mer★

Esplanade du Rocher-de-la-Vierge. 🅰 ♿ *9h30-12h30, 14h-18h (juil.-août : 9h30-0h00) ; vac. scol. Pâques, w.-end et j. fériés de mai, juin et sept. : 9h30-19h ; vac. scol. fév. et Noël : 9h30-18h. Fermé 2e sem. de janv., 1er janv. (matin), 25 déc. (matin). 45F (enf. : 30F).* ☎ *05 59 22 75 40.*

Ce musée né dans les années 1930 se devait de répondre alors non seulement à des critères fonctionnalistes mais aussi au raffinement esthétique recherché par la riche clientèle de la ville. D'où la subtile et fraîche décoration intérieure : mosaïques, fresques murales, fontaine. Son propos : présenter une approche diversifiée du biotope marin, des activités humaines qui y sont rattachées et d'une façon générale des liens privilégiés qui unissent Biarritz et l'océan depuis des siècles. Un très bel et intéressant musée, en bref. Et grouillant de vie, de surcroît, une large place étant laissée à l'animal de chair et d'arêtes. En sous-sol, série d'**aquariums** présentant la faune particulièrement riche du golfe de Gascogne.

Au niveau 1, la **salle de Folin** évoque le pionnier de l'océanographie dans le golfe et l'historique du musée de la Mer inauguré en 1935. La **galerie des cétacés**, étayée par une présentation sur la pêche à la baleine, expose des moulages ou des squelettes d'animaux échoués ou capturés sur la côte basque (rorquals, orques, dauphins). Maquettes d'embarcations, instruments de navigation complètent la section consacrée aux techniques de pêche. Au niveau 2, présentation subaquatique de phoques et squales. En fin de circuit, la galerie d'ornithologie fait connaître l'ensemble des oiseaux de la côte et des Pyrénées, sédentaires comme migrateurs : on peut même entendre les chants et cris de 40 espèces d'entre eux dans une rotonde équipée d'un système interactif.

La façade rose Art déco du musée de la Mer.

Musée du chocolat

14 av. Beaurivage. 🅰 *Vac. scol. : 10h-12h, 14h30-19h ; hors vac. scol. : tlj sf dim. et lun. 10h-12h, 14h30-18h. 30F (enf. : 12F).* ☎ *05 59 41 54 64*

Voilà un musée pour les gourmands. On y entre, alléché par l'odeur, et l'on se retrouve plongé dans le chocolat jusqu'au cou : outils anciens, affiches de réclame, moules, sculptures...

NE PAS RATER
Le repas des phoques, sur la terrasse (à 10h30 et 17h).

À VOIR
De la terrasse s'offre un vaste panorama embrassant la côte depuis sa partie landaise jusqu'au cap Machichaco.

alentours

Anglet

Anglet fait le lien entre Biarritz et Bayonne ; son essor touristique découla de celui de Biarritz à partir du Second Empire. Son site l'apparente encore aux stations de la Côte d'Argent landaise, au Nord de l'Adour : terrain plat, côte basse bordée de dunes, arrière-pays planté de pins (forêt de Chiberta, en partie lotie).

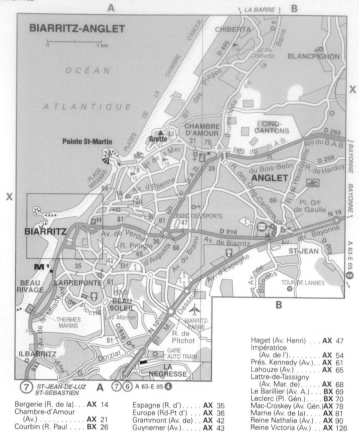

Répertoire des rues et des sites, voir page précédente

Le fronton de Bidart, lieu de ralliement des joueurs de pelote basque.

Non loin de la plage de la Chambre d'Amour, quelques marches conduisent à la grotte de la Chambre d'Amour qui, dit-on, a vu périr deux amoureux surpris par la marée montante.

Bidart

Station le plus haut postée de la Côte basque, Bidart est nichée sur le bord de la falaise. De la chapelle Ste-Madeleine (accès par la rue de la Madeleine, au centre du village), sur la corniche, le **panorama**★ englobe le Jaizkibel (promontoire fermant la rade de Fontarabie), les Trois Couronnes et la Rhune.

La **place centrale** est charmante avec sa trilogie église-mairie-fronton. Des compétitions et parties de pelote très suivies ont lieu au fronton principal. L'église au clocher-porche est caractéristique du pays : beau plafond en bois et galeries superposées. Immense retable rutilant de couleurs, du 17e s.

La rue de la Grande-Plage et la Promenade de la Mer, rampe en forte descente, mènent à la plage du Centre.

Guéthary

Ancien port de pêche établi autour d'une crique de la Côte basque, Guéthary est aujourd'hui une station balnéaire cossue avec ses villas de style labourdin disséminées parmi les parcs. D'une terrasse aménagée au-dessus de la plage, la vue se dégage au Nord-Est jusqu'à Biarritz.

Située au-delà de la N 10, sur la hauteur d'Elizaldia, l'**église** renferme un Christ en croix du 17e s., une Pietà du 17e s. et le monument de Mgr Mugabure (1850-1910), enfant du pays devenu le premier archevêque de Tokyo. *Possibilité de visite guidée sur demande auprès de M. Delmas.* ☎ *05 59 26 51 75.*

Biscarrosse

Des aviateurs de haut vol lui avaient donné ses lettres de noblesse. Biscarrosse a retrouvé une nouvelle jeunesse sous l'assaut d'autres chevaucheurs de rêve : les surfeurs, qui ont entraîné dans leur sillage maints adeptes de sensations fortes. Aujourd'hui, ça bouge à Biscarrosse, tant sur les eaux que dans les airs !

La situation
Cartes Michelin nos 78 pli 13 ou 234 plis 9, 13 – Landes (40). Trois sites distincts : Biscarrosse-Plage, sur l'océan, Biscarrosse-Bourg, à l'intérieur des terres et le lac. 🛈 *55 pl. de la Fontaine, 40600 Biscarrosse, ☎ 05 58 78 20 96. La Maison de Biscarrosse, 18 cours Saint-Louis, 33300 Bordeaux, ☎ 05 56 79 01 79.*

Le nom
Biscarrosse, drôle de nom aux relents de sorcière bossue ! Ce n'est nullement de sorcière mais bien de bosses dont il s'agit, puisque *Biskar* signifie « dos, dune ». Biscarrosse, c'est « l'endroit où il y a des dunes ».

Les gens
9 281 Biscarrossais. Triste destin que celui de cette jeune bergère soupçonnée, à tort bien sûr, d'avoir trompé son fiancé Pierre dans les bras d'un galant anglais (l'histoire se passe durant la guerre de Cent Ans). Exposée nue sous un orme du village, elle en meurt de honte. Le lendemain une couronne blanche fleurit le tronc de l'arbre, et réapparaît depuis chaque printemps.

DUNES
L'ingénieur Brémontier met au point, à partir de 1788, le projet de fixation des dunes envisagé dès le Moyen Âge. En 1867, 3 000 ha de dunes littorales sont couverts de gourbet (plante dont les racines fixent le sable) et 80 000 ha de dunes intérieures sont plantés en pins maritimes.

séjourner

Biscarrosse-Plage ⌂
Pour qui aime les énormes rouleaux. On y surfe, on y pêche, on y lézarde… au choix !

Étang de Biscarrosse et de Parentis
Également appelé « étang Sud ». Une seule plage : port et jeux pour les enfants *(tout près du musée de l'Hydravion)*. Il est relié à l'étang voisin par un canal.

carnet pratique

HÉBERGEMENT
• À bon compte
Camping de la Rive – *10 km au NE de Biscarrosse par D 652, rte de Sanguinet, bord de l'étang de Cazaux - ☎ 05 58 78 12 33 - ouv. avr. à oct. - réserv. conseillée - 640 empl. : 165F - restauration.* Laissez-vous aller au rêve, le paysage de ce camping sous les pins vous y invite. Vous goûterez la baignade dans le lac ou dans l'une des jolies piscines aux formes rondes avec leurs toboggans. Théâtre de plein air. Club enfants. Mobile homes et bungalows.
Camping Municipal Lou Broustaricq – *40460 Sanguinet - 16 km au NO de Biscarrosse par D 652, puis rte de Bordeaux et chemin de Langeot - ☎ 05 58 82 74 82 - réserv. conseillée - 555 empl. : 120F - restauration.* À 300 m de l'étang de Cazaux, ce camping vous promet des baignades tranquilles. Pour les amateurs de sensations, les vagues de l'océan ne sont pas loin. Piscine, tennis, club enfants. Mobile homes à louer.

• Valeur sûre
Hôtel La Caravelle – *5314 rte des Lacs - 40600 Ispe - 6 km au N de Biscarrosse par D 652 puis D 305 - ☎ 05 58 09 82 67 - fermé 2 nov. au 13 fév. - 🅿 - 11 ch. : 400F - ⊆ 40F - restaurant 90/250F.* Idéal pour se ressourcer au calme, cet hôtel a les pieds dans l'eau, avec son ponton d'amarrage pour les bateaux de plaisance. Les chambres sont meublées de bambou peint. Salle à manger en véranda avec terrasse sur le lac.

LOISIRS-DÉTENTE
Club de voile de Sanguinet – *40460 Sanguinet - ☎ 05 58 78 64 30.*

Étang de Cazaux et de Sanguinet

◀ Également appelé « étang Nord ». Il offre un magnifique plan d'eau de 3 600 ha piqueté de voiles. Sports de glisse en tous genres. Possibilité aussi de fendre les airs avec un parachute ascensionnel.

visiter

Musée historique de l'Hydraviation

332 av. Louis-Breguet, à Biscarrosse. ⓹ 14h-18h (juil.-août : 10h-19h). Fermé 1er janv. et 25 déc. 25F (enf. : 5F). ☎ 05 58 78 00 65.

Un système de flotteurs. Rien de tel pour se poser en douceur en un temps où les avions se font trop lourds pour les trains d'atterrissage. C'est entre les deux guerres que l'hydraviation voit son heure de gloire. Pierre Latécoère, fondateur de la célèbre « Aéropostale » auréolée par les hauts faits de Mermoz, implantera usine de montage et base d'essai à Biscarrosse (1930-1956).

Le musée se fait témoin de cette époque pionnière de l'aéronautique. Nombreux documents, maquettes et pièces originales (moteurs, hélices, etc.) évoquent les grandes figures de l'histoire de l'hydraviation, la naissance des compagnies aériennes, l'aventure de l'Aéropostale, les premiers grands raids... (film de 18 mn : *Naissance et crépuscule des hydravions géants*, l'après-midi seulement). En face du musée, exposition d'hydravions dans un grand hall vitré ; on peut également voir le laboratoire, où des pièces d'appareils abattus pendant la guerre sont traitées par électrolyse contre la corrosion.

Au musée historique de l'Hydraviation, de nombreuses et anciennes affiches illustrent l'aventure de l'Aéropostale.

alentours

Sanguinet

13 km de Biscarrosse, à l'Est de l'étang de Cazaux.
L'intéressant **musée archéologique** expose clairement et de façon didactique les résultats de fouilles entreprises dans l'étang (vestiges préhistoriques et gallo-romains). ⓹ *De juil. à fin août : 10h-12h30, 14h30-19h. 18F. ☎ 05 58 78 54 20.*

Parentis-en-Born

9 km de Biscarrosse, à l'Est de l'étang de Biscarrosse.
Le nom de cette modeste localité, qui rappelle l'origine ancienne de l'un des plus typiques « pays » des Landes, possède maintenant la notoriété grâce au pétrole.
Organisé par Esso REP, le **musée du Pétrole** initie le public aux problèmes techniques de la prospection et de la production. À voir si la pureté de la nature landaise vous paraît soudain insupportable ! ⓹ *De juil. à fin août : à 11h et 15h. 15F. ☎ 05 58 78 43 60.*

Blaye

Un tertre colonisé par les Romains, une tombe de héros chevaleresque, une citadelle de Vauban. Et puis des vignes de bon aloi, un port sur la Gironde où débarquent au printemps lamproies et aloses, du caviar de l'estuaire. Impossible de rater la recette avec de si bons ingrédients. Un petit détour par Blaye s'impose donc ; on pourra toujours prétexter que ce n'est que pour les beaux yeux de l'Histoire...

La situation

Cartes Michelin nos 71 plis 7, 8 ou 233 plis 37, 38 – Gironde (33). Sur la rive droite de la Gironde, à 43 km en aval de Bordeaux. Service régulier de bus depuis Bordeaux. Bac pour le Médoc.
🛈 *Allées Marines, 33390 Blaye, ☎ 05 57 42 12 09.*

Le nom

Se prononce Blaille et non Blai. Sur le rocher escarpé où les légions romaines avaient établi leur camp, une ville grandit à l'époque gallo-romaine. Son nom ? *Blavia* (« route de la guerre »).

Les gens

4 666 Blayais. Roland le Preux (« le » Roland de la chanson !) était comte de Blaye. Au 8e s., il y fut enterré avec sa dame – la belle Aude – dans l'ancienne abbaye St-Romain.

se promener

LA CITADELLE★

Visite guidée (1h1/4) organisée par l'Office de tourisme. 30F.
Au 17e s. la ville perchée fut rasée et céda la place à la citadelle terminée par Vauban en 1689. Le fort Paté sur un îlot de la Gironde et le fort Médoc, sur la rive gauche, complétaient ce système de défense destiné à protéger Bordeaux de la flotte « angloise ».
Accès à pied par la porte Dauphine, en voiture par la porte Royale, toutes deux timbrées de l'écusson fleurde-lisé. Encore habitée en partie, c'est une véritable petite ville à l'ancienne (près de 1 km de long), animée, en saison, par les artisans (potier, souffleur de verre, ébéniste d'art, céramiste, etc.).

Château des Rudel

Berceau de Jaufré Rudel, troubadour du 12e s. qui s'éprit sans la voir d'une « princesse lointaine », Melissende de Tripoli. Il s'embarqua pour la rejoindre, mais tomba malade sur le vaisseau et expira à l'arrivée entre les bras de sa bien-aimée...
Il subsiste deux tours du château médiéval, ainsi que les bases des murs et le pont d'accès. Au centre de la cour, vieux puits à la margelle usée par les frottements de la corde ou de la chaîne. Du haut de la tour des Rondes, **vue** sur la ville, l'estuaire de la Gironde et la campagne (table d'orientation).

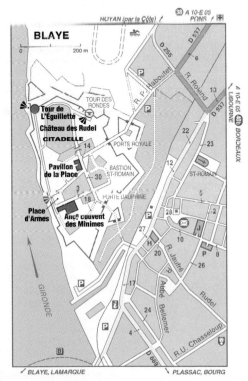

Les remparts de la citadelle attestent le passé militaire de Blaye.

Tour de l'Éguillette

Vue en enfilade, sur la Gironde, peuplée d'îlots jusqu'à l'océan.

Emprunter le chemin sur le front Ouest.

Place d'Armes

De l'esplanade, au bord de la falaise sur la Gironde, vue sur l'estuaire et les îles. Près de la place d'Armes, ancien couvent des Minimes, du 17e s., avec sa chapelle et son cloître.

Pavillon de la Place

Fermé pour travaux.

Maison affectée au commandant d'armes et geôle de la duchesse de Berry pendant sa captivité en 1833. Aujourd'hui, elle abrite le **musée d'Histoire et d'Art du Pays Blayais**.

> **LABOUREURS D'ESTUAIRE**
>
> Les nombreux petits ports du Blayais et du Médoc ont le vent en poupe : on récolte des trésors dans l'estuaire. L'hiver, les grands poissons migrateurs (l'alose et la monstrueuse lamproie sortie tout droit de la préhistoire) remontent l'estuaire pour frayer en amont. Au printemps, s'ouvre la chasse à la précieuse pibale, alevin d'anguille dont les Espagnols raffolent. La Gironde est aussi la seule réserve d'esturgeons (espèce aujourd'hui protégée et dont la capture est interdite) d'Europe occidentale ; ses élevages approvisionnent le Bordelais en caviar maison.

alentours

Plassac

3,5 km au Sud. Quitter Blaye par la D 669 qui longe la Gironde.

Près de l'église, en contrebas, des fouilles ont mis au jour une **villa gallo-romaine**. Trois villas se sont succédé là entre le 1er et le 5e s., les deux premières d'inspiration romaine, la troisième décorée de mosaïques polychromes de style aquitain. Un musée retrace l'historique des villas et expose des peintures murales (troisième style pompéien, 40-50 après J.-C.), ainsi que les produits des fouilles : céramiques, bronzes, monnaies, outillage, etc. *Mai-sept. : visite libre du musée, visite guidée de la villa (1/2h) 9h-12h, 14h-19h ; avr. et oct. : 9h-12h, 14h-18h. 18F.* ☎ *05 57 42 84 80.*

Château de **Bonaguil**★★

C'est, aux confins du Périgord Noir et du Quercy, une stupéfiante forteresse qui se dresse, solitaire, au milieu des bois. Difficile de ne pas succomber à son charme lorsque sa silhouette altière se découpe soudain au loin sur le bleu du ciel. L'esprit vagabonde, s'émeut devant la pierre blonde. Des images de preux chevaliers et de belle au bois dormant viennent à l'esprit. Et pourtant ! Dieu sait qu'en son temps, Bonaguil n'inspirait pas la sérénité. À croire que, comme les meilleurs vins, les forteresses se bonifient en vieillissant.

La situation

Cartes Michelin n°s 79 pli 6 ou 235 Sud-Est du pli 9 – Lot-et-Garonne (47). De Fumel, prendre la direction de Condat où l'on tourne à gauche dans la D 673. Après 3 km, tourner à nouveau à gauche dans la charmante petite D 158, qui marque la frontière entre le Lot-et-Garonne et le Lot.

Le nom

Bonaguil est bâti sur une éminence rocheuse : une aiguille. D'où son nom.

Les gens

« Par Monseigneur Jésus et touts les Saincts de son glorieux Paradis », proclame, en 1477, Béranger de Roquefeuil, « j'eslèveroi un castel que ni mes vilains subjects ne pourront prendre, ni les Anglais s'ils ont l'audace d'y revenir, voire même les plus puissants soldats du Roy de France. » Fils de l'une des plus anciennes familles du Languedoc, l'orgueilleux baron ne lésine pas sur les exactions et les violences. Mais ses sujets se révoltent, les vilains ! Béranger fait alors transformer le château de Bonaguil, qui existait depuis le 13e s., en une forteresse inexpugnable.

comprendre

Fort Bonaguil – Il faudra 40 ans à Roquefeuil pour édifier ce nid d'aigle, déjà anachronique à une époque où la mode tend à la demeure de plaisance. Mais Bonaguil présente la particularité d'offrir, sous la carapace traditionnelle des châteaux forts, une remarquable adaptation aux techniques nouvelles des armes à feu : canonnières et mousqueterie. Jamais attaqué, c'est l'un des plus parfaits spécimens de l'architecture militaire de la fin du 15e s. et du 16e s. La Révolution, dans son ardeur à supprimer les symboles de l'Ancien Régime, démantèlera et découronnera bien le colosse, mais sans pour autant réussir à le déposséder de sa puissance.

visiter

Juil.-août : 10h-17h45 ; juin : 10h-12h, 14h-17h ; sept.-mai : 10h30-12h, 14h30-16h30 ; vac. scol. Noël : 14h30-16h30. Fermé déc.-janv. 30F. ☎ *05 53 49 59 76.*
On pénètre dans le château par la barbacane, énorme bastion qui avait sa garnison autonome, ses magasins et son arsenal. La barbacane faisait partie de la première ligne de défense, longue de 350 m dont les bastions permettaient le tir rasant grâce à des canonnières. La seconde ligne se composait de cinq tours, dont l'une dite la « Grosse Tour » est l'une des plus importantes tours de plan circulaire jamais construites en France.

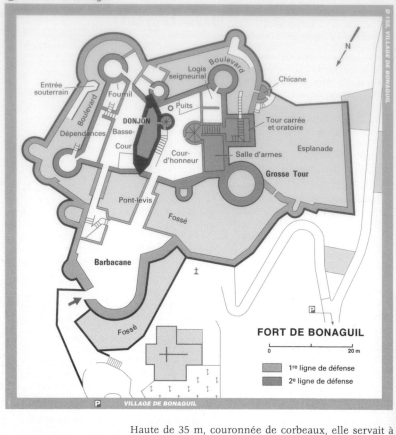

Entrée souterrain · Boulevard · Fournil · Boulevard · **DONJON** · Puits · Dépendances · Basse-Cour · Cour-d'honneur · Logis seigneurial · Chicane · Tour carrée et oratoire · Salle d'armes · Esplanade · **Grosse Tour** · Pont-levis · Fossé · **Barbacane** · Fossé

FORT DE BONAGUIL

0 — 20 m

1re ligne de défense
2e ligne de défense

DONJON

C'est l'ultime bastion de la défense. Ni circulaire, ni carré, il est en forme de vaisseau dont la proue est tournée vers le Nord, secteur le plus vulnérable.

Haute de 35 m, couronnée de corbeaux, elle servait à ses étages supérieurs de logis d'habitation, tandis que ses étages inférieurs étaient équipés de mousqueterie, couleuvrines, arquebuses, etc. Dominant ces deux lignes, le donjon à pans coupés était le poste de guet et de commandement. À l'intérieur, une salle abrite des armes et des objets provenant de fouilles effectuées dans les fossés.

Un puits taillé dans le roc, des dépendances (dont un fournil) où l'on accumulait les provisions, des cheminées monumentales, un réseau d'écoulement des eaux fort bien conçu, des fossés intérieurs secs, voire des tunnels admirablement voûtés constituant de véritables axes de circulation rapide des troupes, permettaient à près d'une centaine d'hommes de soutenir un siège (ce qui n'arriva jamais ! au grand dam, certainement, de Roquefeuil qui retranché dans sa forteresse, devait attendre en vain ses assaillants !).

Perché sur son rocher, le puissant château fort garde fière allure malgré son âge avancé.

Bordeaux★★★

Au front des maisons de Bordeaux, des silènes couronnés de pampres invitent le passant à goûter la capitale de la dive bouteille. On la dit hautaine, repliée farouchement sur ses us et ses vignes. Les portraits à l'acide de Mauriac y sont sans doute pour quelque chose. Il est vrai qu'elle dégage, cette ville de courses lointaines qui depuis des siècles a le commerce dans la peau, un ronronnement terrien un peu hostile au nouveau venu. Mais Bordeaux dans sa fierté porte beau, séduisant le nouveau venu par son visage aux élégants traits classiques très « siècle des Lumières ». Et dans certains de ses quartiers, aux ruelles pavées, aux petites demeures de pierre claire, on humerait même des senteurs italiennes...

La situation

Cartes Michelin nos 71 pli 9 ou 234 plis 2, 3, 6 et 7 – Gironde (33). De nombreuses communes (Bègles, Le Bouscat, Pessac, Talence, etc.) jouent à touche touche avec Bordeaux dont elles sont séparées par une ceinture de grands boulevards. Ceux-ci sont ponctués de « barrières » virtuelles qui font passer de la capitale à ses satellites.

La **rocade** est accessible depuis les quais de la Garonne. Elle rejoint plusieurs autoroutes : l'A 10 (Paris-Bordeaux), l'A 63 (Bordeaux-Bayonne-Espagne) et l'A 62 (Bordeaux-Toulouse-Marseille).

A la **gare St-Jean** de nombreux trains relient Bordeaux à Paris et aux villes de province. ☎ 05 56 33 11 83.

L'**Aéroport international** assure 18 liaisons nationales et 22 liaisons internationales. ☎ 05 56 34 50 50.

🛈 *12 cours du XXX-Juillet, 33080 Bordeaux,* ☎ *05 56 00 66 00. Gare St-Jean (esplanade arrivée),* ☎ *05 56 91 64 70. Aéroport Bordeaux-Mérignac (hall d'arrivée),* ☎ *05 56 34 39 39. Kiosque Bordeluche, pl. Gambetta,* ☎ *05 56 92 89 86. Internet www.bordeaux-tourisme.com*

Le nom

Burdigala est fondée par une tribu celte au 3e s. av. J.-C., les Bituriges Vivisques. Leurs noms signifie « rois du monde », rien de moins ! Quant à savoir l'origine du nom Burdigala , c'est une autre histoire...

Les gens

Agglomération de 753 931 Bordelais. Au 7e s., le « bon roi Dagobert » crée un duché d'Aquitaine dont Bordeaux est la capitale. L'un des ducs d'Aquitaine, le mythique Huon de Bordeaux est resté célèbre. Ayant occis, sans le connaître, l'un des fils de Charlemagne, il est condamné à l'exil. Après moult aventures, il épouse la fille de l'émir de Babylone. Une chanson de geste (13e s.) reprit ce thème en or pour broder d'étonnantes péripéties : afin de gagner son pardon, Huon doit se rendre à Babylone, couper la barbe de l'émir, lui arracher quatre molaires et rapporter le tout à l'empereur. Exploit couronné de succès, bien entendu, et cela grâce au roi des elfes Obéron.

comprendre

La dot d'Aliénor – En 1137, Louis, fils du roi de France, épouse Aliénor d'Aquitaine, qui lui apporte en dot le duché d'Aquitaine, le Périgord, le Limousin, le Poitou, l'Angoumois, la Saintonge, la Gascogne et la suzeraineté sur l'Auvergne et le comté de Toulouse. Le mariage a lieu dans la cathédrale de Bordeaux. Le couple est mal assorti. Louis, devenu le roi Louis VII, est une sorte de moine couronné, la reine est frivole. Après quinze années de

---

GIRONDE ET GARONNE
C'est bien la Garonne qui coule à Bordeaux. Elle se fera Gironde au Bec d'Ambès (au Nord de Bordeaux) où elle rencontrera la Dordogne.

DU LATIN À L'ANGLAIS
Aquitania, mot qui signifie « le pays des eaux » apparaît pour la première fois dans les *Commentaires* de César.
Avec la prononciation anglaise, « Aquitaine » se transforme en « Guyenne » et ce nom lui restera jusqu'à la Révolution.

TRANSPORTS

Bus – Pour se déplacer dans Bordeaux, réseau de bus (dessert également la périphérie de Bordeaux), ☎ 05 57 57 88 88 ou 3614 buscub.

Parkings – Pour les automobilistes, une vingtaine de parkings permettent de se garer en ville. Parmi les plus grands : parking couvert de Tourny (pl. de Tourny), parking couvert du centre commercial Mériadeck (r. Claude-Bonnier) et parking couvert de la Cité mondiale (25 quai des Chartrons).

VISITE

Visites guidées de la ville (2h) – Bordeaux se distingue par le label « Ville d'Art et d'Histoire » ; les visites sont conduites par des guides-conférenciers agréés par le Centre des monuments nationaux. Tlj à 10h (+ à 15h de mi-juil. à mi-août). 35 et 40F. S'adresser à l'Office de tourisme.

Carte « Bordeaux découverte » – Gratuite et nominative, elle donne droit, à partir de la 2e visite, à des tarifs spéciaux et à des offres dans la plupart des musées, sites et monuments, et pour des visites de vignobles dans le Bordelais. Renseignements à l'Office de tourisme.

Aéro-Lune – *Quai de Queyries* - ☎ *05 56 40 20 22 - Mai-15 oct. : lun.-ven. 14h30-22h, sam.-dim. 10h-22h. 16 oct.-avr. : lun.-ven. 12h30-19h, sam.-dim. 10h-19h.* Laissez-vous emporter doucement dans les airs à bord de ce gros ballon jaune. Vous pourrez alors contempler la ville à 150 m d'altitude. Cet aérostat de 30 m de haut et de 22 m de diamètre peut accueillir dans sa nacelle jusqu'à 30 personnes adultes. 3 vols par heure.

En autocar – Visite commentée mai-oct. : mer. et sam. 10h. 60F. Réservation et renseignements à l'Office de tourisme.

En attelage à chevaux – Juil.-août : 11h30, 14h, 16h, 18h, 21h30 ; mai, juin : mer., sam. dim. 11h30, 14h, 16h, 18h. 60F. Renseignements à l'Office de tourisme.

En omnibus « Belle Époque » – Visite guidée nocturne à la découverte des monuments illuminés de Bordeaux. *Août-sept. : jeu. à 22h. Dép. de l'Office de tourisme (12 cours du XXX-Juillet). 65F.*

En bateau – Visite commentée de Bordeaux à bord du bateau *Ville de Bordeaux. Juil.-août : lun. et jeu. 15h. 60F. Réservation et RV à l'embarcadère des Quinconces, quai Louis-XVIII* - ☎ *05 56 52 88 88.* Visite du port, du Bordelais et croisières fluviales vers le Bec d'Ambès, Langoiran, Blaye, Cadillac, Libourne, etc., à bord du bateau-promenade *Aliénor. Réservation et RV à l'embarcadère des Quinconces, quai Louis-XVIII* - ☎ *05 56 51 27 90.*

À vélo, à rollers – Il est possible de visiter Bordeaux à vélo ou à rollers avec un guide, tlj. 10h-20h ; RV quai Louis-XVIII, aux embarcadères. Renseignements à l'Office de tourisme.

RESTAURATION

• *À bon compte*

Café des 4 Sœurs – *6 bis cours du 30 Juillet* - ☎ *05 56 81 52 26 - fermé vacances de fév. et dim. sf le premier de chaque mois. - 72/130F.* À deux pas du Grand Théâtre, ce café fondé en 1841 a bien du charme avec ses stucs, miroirs, mosaïque et banquettes de velours rouge. Choisissez une omelette aux cêpes, un jambon piperade, une morue basquaise ou des chipirons frais à l'encre avec un verre de vin.

• *Valeur sûre*

Chez Mémère – *11 r. de la Devise* - ☎ *05 56 81 88 20 - 107/190F.* Sous les voûtes d'une échoppe du 16e s., retrouvez l'ambiance et les vraies saveurs des repas chez grand-mère : garbure (soupe) landaise, agneau de Pauillac, encornets frais aux piments d'Espelette... et, en fin de semaine, la sanguette, galette de sang de volailles poêlée.

Bistro du Sommelier — *163 r. G.-Bonnac* - ☎ *05 56 96 71 78 - fermé sam. midi et dim. - 130F.* Le patron de ce bistrot est une figure locale, passionné de rugby et de vins, Bordeaux oblige... Le décor moderne et les nombreuses œuvres d'art ne vous laisseront pas indifférent. La carte des plats non plus ! À déguster avec un joli breuvage d'ici, bien sûr.

Café Régent – *46 pl. Gambetta* - ☎ *05 56 44 16 20 - 135F.* Une brasserie parisienne dans toute sa splendeur, avec ses boiseries, miroirs, banquettes en cuir noir et chaises en velours rouge. L'ambiance est bien sympathique si l'on ne craint pas la proximité des tables. Suggestions du jour sur ardoise.

• *Une petite folie !*

Le Chapon Fin – *5 r. Montesquieu* - ☎ *05 56 79 10 10 - fermé dim. et lun. - 275/440F.* Juan Carlos a déjà honoré la maison de sa visite et l'on dresse la « table du roi » chaque jour. Il faut dire que ce restaurant a bonne réputation et sa décoration 1900 est remarquable : rocaille et verrière ornée de plantes vertes. Cuisine classique raffinée.

HÉBERGEMENT

Forfait « Bordeaux, deux nuits... comme de jour » – Proposé par l'Office de tourisme, il permet de passer deux nuits en chambre double, de suivre une visite guidée de la ville et une visite guidée du vignoble, d'avoir gratuitement accès aux sites, monuments et musées, de s'initier à la dégustation des vins, de bénéficier de places à tarif réduit pour des spectacles et enfin de repartir avec un cadeau offert par l'Office. Se renseigner pour avoir la liste des établissements participant à l'opération.

• *À bon compte*

Hôtel Opéra – *35 r. de l'Esprit-des-Lois* - ☎ *05 56 81 41 27 - fermé 24 déc. au 2 janv. - 27 ch. : 200/310F -* 🍽 *35F.* Près du Grand Théâtre et des allées de Tourny, voilà un petit hôtel familial modeste. Vous y serez bien accueilli. Les chambres sont fonctionnelles. Celles en façade sont bien insonorisées. Bon rapport qualité/prix.

Hôtel Notre-Dame – *36 r. Notre-Dame -* ☎ *05 56 52 88 24 - 21 ch. : 248/290F -* 🍽 *30F.* Dans une maison du 18ᵉ s., un petit hôtel familial modeste, légèrement en retrait du quai des Chartrons. Les chambres sont petites mais bien tenues. Les prix sont raisonnables.

• *Valeur sûre*

Hôtel Presse – *6 r. de la Porte-Dijeaux -* ☎ *05 56 48 53 88 - fermé 24 déc. au 3 janv. - 27 ch. : 290/480F -* 🍽 *45F.* Dans le quartier piétonnier et commerçant de la vieille ville, ce petit hôtel est sympathique malgré son accès en voiture un peu difficile. Superbe montée d'escalier avec son tapis rouge carmin. Chambres modernes et fonctionnelles mais douillettes.

Hôtel Continental – *10 r. Montesquieu -* ☎ *05 56 52 66 00 - 50 ch. : 320/570F -* 🍽 *40F.* Dans la vieille ville, c'est un ancien hôtel particulier du 18ᵉ s. avec son bel escalier dans le hall. Salle des petits-déjeuners sous verrière. Les chambres sont modernes avec leur mobilier de bois cérusé.

Hôtel Bayonne Etche-Ona – *4 r. Martignac -* ☎ *05 56 48 00 88 - 63 ch. : 400/900F -* 🍽 *60F.* Dans un quartier calme, à deux pas de l'église Notre-Dame, une vieille bâtisse entièrement rénovée. L'hôtel est en deux parties distantes de 50 m. Chambres contemporaines avec mobilier en loupe de bois.

• *Une petite folie !*

Hôtel Claret – *18 parvis des Chartrons - Cité mondiale du Vin -* ☎ *05 56 01 79 79 - 92 ch. : à partir de 670F -* 🍽 *70F - restaurant 108/144F.* Au cœur de la Cité mondiale du Vin, un hôtel moderne tout en verre. Chambres spacieuses et claires. Prenez votre petit-déjeuner au dernier étage et découvrez la ville à vos pieds. Restaurant-bar à vins, Le 20, pour déguster les crus de Bordeaux.

LE TEMPS D'UN VERRE

Bienvenue dans le fief des jeunes Bordelais ! Sur la **place de la Victoire**, une douzaine de bars et de cafés prodiguent en permanence concerts et soirées à thème. Parmi ces établissements, citons El Bodegon réputé pour son ambiance et le Plana, lieu de passage obligé, dit-on, pour tout étudiant digne de ce nom.

Guidés par un instinct festif très sûr, de nombreux lucifuges viennent finir la nuit dans l'un des bars ou l'une des discothèques qui jalonnent le **quai Paludate**. Aux alentours de trois heures du matin, c'est bien simple : l'endroit est tellement bondé qu'il faut jouer des coudes pour ne pas tomber à l'eau. À fréquenter en priorité : le Comptoir du Jazz (concerts de jazz, de blues) et la Distillerie spécialisée dans les whiskies.

Baud & Millet – *19 r. Huguerie -* ☎ *05 56 79 05 77 - www.baudetmillet.com - Lun.-sam. 11h30-0h.* Les amateurs de vin au verre et de fromages pourront s'offrir un voyage gastronomique dans ce petit restaurant qui dispose d'une carte de 950 vins, à travers laquelle 48 pays sont représentés.

Bodega Bodega – *4 r. des Piliers-de-Tutelle. -* ☎ *05 56 01 24 24 - Lun.-sam. 12h-14h30, 19h-2h, dim. 19h-2h.* La variété et les saveurs des tapas qu'on mange sur le pouce, la gaieté de la musique espagnole vous feront croire, le temps d'une soirée, que vous êtes en terre de Castille.

Café Brun – *45 r. St-Rémi -* ☎ *05 56 52 20 49 - Tlj 17h-2h.* « Brun » parce que le plafond de ce bistrot de quartier et de copains a pris la couleur brune des innombrables cigarettes qu'on y grille. Le patron, qui se présente malicieusement comme un « laborieux, un petit commerçant tranquille », aime les airs de jazz, de blues et de salsa pour maintenir à bonne température une ambiance toujours conviviale.

Calle Ocho – *24 r. des Piliers-de-Tutelle -* ☎ *05 56 48 08 68 - Lun.-sam. 17h-2h.* C'est le bar le plus en vogue : toute la région s'y précipite pour faire la fête en dansant sur des airs de salsa. Si les cacahuètes grignotées sur le comptoir ne vous suffisent pas, goûtez à la spécialité de l'établissement, le mojito.

H36 Bassin à Flot n°1 – *1 r. de Gironde -* ☎ *05 56 50 40 60 - Lun.-mar. 12h-14h30, mer.-sam. 12h-14h30, 20h-2h.* En souvenir des temps héroïques du marxisme-léninisme, ce grand bar-restaurant s'est installé dans un ancien atelier métallurgique et équipé d'un mobilier à l'avenant, tout de métal couleur rouille. Un DJ anime les soirées du week-end. Des concerts et promotions de disque sont réalisées en partenariat avec Sony. Spécialités : vodka et cocktails.

La Comtesse – *26 r. du Parlement St-Pierre -* ☎ *05 56 51 03 07 - Lun.-sam. 18h-2h.* Ambiance tranquille dans ce minuscule café dont le décor, tout de lustres et de miroirs, évoque celui d'un château où la patronne jouerait les comtesses. Quelques artistes se mêlent ici à une clientèle bourgeoise. Terrasse sur ruelle.

Le Lucifer – *35 r. de Pessac -* ☎ *05 56 99 09 02 - Lun.-ven. 11h-2h, sam. 18h-2h, dim. 21h-2h.* Les amateurs de bière seront sans doute impressionnés par cette carte qui en propose plus de 200, dont 9 à la pression !

Côté ambiance, pas de messe noire mais une tranquillité qu'apprécie une clientèle d'habitués.

Chez Ducon – *20 Allées de Tourny - ☎ 05 56 81 61 61 - Lun.-sam.12h-14h, 17h-0h*. Très appréciée de la bourgeoisie bordelaise, cette brasserie se situe sur les très chics et non moins larges allées de Tourny. Les soirées sont quotidiennement animées par un orchestre de jazz ou un pianiste.

SPECTACLES

Demandez le programme ! – Pour connaître les programmes des manifestations culturelles à Bordeaux : ☎ 05 56 00 66 00, 3615 Bordeaux, www.bordeaux-tourism.com

Grand Théâtre – *Pl. de la Comédie - ☎ 05 56 00 85 95 - Billetterie : mar.-sam. 11h-18h*. Le Grand Théâtre de Bordeaux est l'un des plus beaux de France. Sa richesse culturelle ne le cède en rien à sa richesse architecturale. Au cours de son histoire, il a accueilli les créations mondiales de *Sampiero Corso* d'Henri Tomasi (1956) et de *Colombe* de Jean-Michel Damase (1961) et la création française de *Gloriana* de Benjamin Britten (1967). Bénéficiant d'une excellente acoustique, il est le lieu de représentation de nombreux concerts symphoniques, d'opéras et de ballets.

Théâtre du Port-de-la-Lune – *3 pl. Pierre-Renaudel - ☎ 05 56 91 98 00 - Mar.-sam. 13h-19h. Fermé 15 juil.-15 août*. Au répertoire de ce théâtre figurent des pièces classiques et contemporaines interprétées par le Centre Dramatique National Bordeaux Aquitaine.

Théâtre Fémina – *20 r. de Grassi - ☎ 05 56 79 06 69 - Selon le calendrier des spectacles*. D'une capacité de 1 100 places, ce bel édifice accueille pièces de théâtre, comédies, opérettes, chorégraphies et concerts.

L'Onyx – *11 r. Fernand-Philippart - ☎ 05 56 44 26 12 - Permanence : 18h-20h les soirs de spectacle*. C'est le plus ancien café-théâtre de la ville et un lieu indispensable pour découvrir la culture « bordeluche ».

La Boîte à Jouer – *50 r. Lombard - ☎ 05 56 50 08 24 ou 05 56 50 37 37 (réserv.) - Mer.-sam. 20h. Fin juin à fin septembre*. Ce théâtre compte deux salles de taille modeste (60 et 45 places) où se produisent de petites compagnies nationales et mêmes internationales, spécialisées dans le théâtre contemporain et musical.

Le Thelonius – *18 r. Bourbon - ☎ 05 56 11 00 50 - Selon le calendrier des spectacles*. Thelonious Monk, grand prêtre du be-bop, n'aurait pas renié ce bar de jazz où musiciens amateurs et professionnels se succèdent régulièrement pour le grand plaisir d'un public fidèle.

Le Rétro – *13 pl. Stalingrad - ☎ 05 56 86 57 16 - Tlj 23h-5h*. Cette discothèque, devenue au fil des ans une véritable institution locale, est spécialisée dans les soirées à thème.

ACHATS

Quartiers commerçants – La **rue Ste-Catherine**, qui traverse le Vieux Bordeaux, est longue de près de 2 km. Elle est bordée de commerces de tous types,

grands magasins, boutiques de mode, bars, restaurants, etc. Formant un angle entre cette rue et la rue de la Daurade, à quelques pas de la Comédie, la **Galerie bordelaise** permet de faire du lèche-vitrine dans un cadre architectural romantique.

La **rue Notre-Dame** (et rues adjacentes), au cœur du quartier des Chartrons, est devenue la rue des antiquaires et des brocanteurs.

Marchés – Marché aux puces lundi sur le parvis de l'église St-Michel. Marché bio jeudi (5h-17h) pl. St-Pierre. Marché traditionnel samedi (7h-13h) pl. Meynard et Canteloup.

Baillardran Canelés – *Galerie des Grands-Hommes - ☎ 05 56 79 05 89 - Lun.-sam. 8h30-19h30*. Située dans le marché des Grands-Hommes, cette boutique confectionne de délicieux canelés : ces gâteaux à la robe caramélisée et au cœur moelleux sont parfumés à la vanille en gousse et parfois légèrement flambés au vieux rhum des îles Bourbon. Ils tirent leur nom de la forme du moule en cuivre dans lequel ils sont cuits.

Fameux canelés de Baillardran.

Cadio-Badie – *26 allées de Tourny - ☎ 05 56 44 24 22 - Lun. 9h-12h, 14h-19h, mar.-sam. 9h-19h*. Vous serez sans doute charmé par le style rétro de cette belle boutique fondée en 1826, dont les truffes et bouchons bordelais (ganache parfumée à l'armagnac) valent particulièrement le détour.

Chocolaterie Saunion – *56 cours Georges-Clemenceau - ☎ 05 56 48 05 75 - Lun. 13h30-19h15, mar.-sam. 9h15-12h30, 13h30-19h15*. C'est l'un des chocolatiers les plus réputés de Bordeaux : à ne pas rater, donc.

Darricau – *7 pl. Gambetta - ☎ 05 56 44 21 49 - Lun.-ven. 10h-19h, sam. 10h-13h, 14h-19h*. Depuis le début du siècle, ce chocolatier régale la ville avec le pavé Gambetta (praliné avec des raisins secs macérés dans le vin), les chocolats en forme de bouteilles de Bordeaux (confit de sauternes ou de médoc), la cadichonne (croustillant à la vanille) et les niniches (caramel fondant au chocolat noir).

Conseil Interprofessionnel des Vins de Bordeaux – *1 cours du XXX-Juillet - ☎ 05 56 00 22 88 - www.vins-bordeaux.fr - De mi-oct. à fin mars lun.-ven. 10h-17h15 ; de juin à mi-oct. lun.-ven. 9h30-17h30, sam. et dim. 9h30-15h*. Vous trouverez là tous les renseignements sur les vignobles et les vins

LOISIRS SPORTIFS

Le Lac – Il couvre 160 ha et offre un centre de voile et d'aviron. Autour du plan d'eau se situent des équipements sportifs (golf, tennis), un ensemble de grands hôtels, un palais des congrès et un parc des expositions. Le quartier du Lac est desservi par le pont d'Aquitaine, mis en service depuis 1967, voie d'accès à l'autoroute A 10 vers Paris.

Centre de Voile de Bordeaux-Lac – *Bd du Parc des Expositions - 33520 Bruges -* ☎ *05 57 10 60 35 - Lun.-ven. 9h-12h, 14h-18h30. Ce centre nautique organise des stages de bateau et de planche à voile pour les jeunes comme pour les adultes.*

CALENDRIER

Fête des fruits et légumes – « Scènes de jardins » investit fin juin (années impaires) l'Esplanade des Quinconces : paysagistes, designers, décorateurs se mettent au vert pour imaginer des « jardins extraordinaires » où poussent des légumes oubliés ou des labyrinthes de fraises.

Fête du fleuve – Les années impaires, les quais s'animent sous les flonflons de la fête du fleuve. Au programme, dégustations de fruits de mer, sons et lumière, bal, régates… et en bouquet final, la fête de la Musique.

Bordeaux fête le vin – Les années paires sont dévolues au roi Vin, à la fin du mois de juin : dégustations de crus, concerts.

bordelais : stages, dégustations… Plusieurs caves à vin sont situées aux alentours de ce centre : parmi elles, la **Vinothèque Bordeaux** *(8 cours du XXX-Juillet)*, **L'intendant** *(2 allées de Tourny)* et **Bordeaux Magnum** *(3 r. Gobineau)*.

Maison du Vin de Bordeaux – *3 cours du XXX-Juillet -* ☎ *05 56 00 22 88. Tlj sf w.-end 9h30 17h.* Sise dans un bel immeuble ancien qui ressemble à un navire, la maison du Vin de Bordeaux est une mine pour tout savoir sur les crus, petits et grands, du vignoble bordelais.

Passage St-Michel – *14-15 pl. Canteloup.* Ancien entrepôt reconverti en galerie de brocanteurs, sur 3 étages.

Librairie Mollat – *15 r. Vital-Carles -* ☎ *05 56 56 40 40 - Lun.-sam. 9h30-19h.* La deuxième de librairie de France a conservé son décor début de siècle et demeure une véritable institution régionale.

---

vie conjugale, le roi, à son retour de croisade, fait prononcer son divorce (1152). Outre sa liberté, Aliénor recouvre sa dot. Son remariage, deux mois plus tard, avec Henri Plantagenêt, comte d'Anjou et suzerain du Maine, de la Touraine et de la Normandie, est pour les Capétiens une véritable catastrophe politique : les domaines réunis d'Henri et d'Aliénor sont déjà aussi vastes que ceux du roi de France. En 1154, le Plantagenêt devient, par héritage, roi d'Angleterre, sous le nom de Henri II. Cette fois l'équilibre territorial est rompu, et la lutte franco-anglaise qui s'engage durera trois siècles.

Aliénor d'Aquitaine apporta le duché d'Aquitaine au royaume de France avant de le récupérer et de le donner à l'Angleterre.

UN VIN DOUX AU PALAIS

La vigne a été introduite dans la région par les Romains. Ce vin, que les Anglais appellent « claret », est très apprécié des Plantagenêts : pour les fêtes du couronnement, mille barriques sont mises à sec. Le raisin est alors sacré : qui dérobe une grappe a l'oreille coupée. La qualité des vins est l'objet de tous les soins : six dégustateurs jurés les vérifient et aucun tavernier ne peut mettre une pièce en perce avant qu'elle n'ait été soumise à leur dégustation. Les marchands pratiquant le coupage sont punis ainsi que les tonneliers dont les barriques sont défectueuses.

La capitale du Prince Noir – Au 14e s., Bordeaux est la capitale de la Guyenne, rattachée depuis deux siècles à la couronne anglaise. Le commerce ne se ralentit pas pendant la guerre de Cent Ans : la ville continue d'exporter ses vins en Angleterre et fournit des armes à tous

Le pont de Pierre enjambe la Garonne pour rejoindre le Vieux Bordeaux au quartier Ste-Croix.

les belligérants. Le Prince Noir (fils du roi d'Angleterre Édouard III), ainsi nommé à cause de la couleur de son armure, y établit son quartier général et sa cour. C'est l'un des meilleurs capitaines de son temps et l'un des plus féroces pillards. Il terrifie tour à tour le Languedoc, le Limousin, l'Auvergne, le Berry et le Poitou. Atteint d'hydropisie, l'héritier anglais meurt sans avoir pu régner ailleurs qu'à Bordeaux. En 1453, Bordeaux est repris définitivement par l'armée royale française avec toute la Guyenne. C'est la fin de la guerre de Cent Ans.

Le Bordeaux des intendants – C'est Richelieu qui, le premier, a installé dans les provinces ces hauts représentants du pouvoir central et Colbert qui a mis l'organisation au point. D'une cité aux rues étroites et tortueuses, entourée de marais, Claude Boucher, le marquis de Tourny, et Dupré de St-Maur font au 18e s. l'une des plus belles villes de France, aux solides constructions de pierre. Alors apparaissent les grandioses ensembles que forment les quais, la place de la Bourse, les allées de Tourny, des monuments comme l'hôtel de ville, le Grand Théâtre, l'hôtel des Douanes, l'hôtel de la Bourse, des plantations comme les cours et le jardin public. Bordeaux exploite à fond les avantages de sa situation atlantique et devient le premier port du royaume.

Des hauts et des bas – La ville fait grise mine à l'Empire, car son commerce maritime est profondément atteint par le blocus. Elle retrouve le sourire sous la Restauration. Le grand pont de pierre, l'immense esplanade des Quinconces datent de cette époque.

Sous le Second Empire, le commerce continue de se développer grâce à l'amélioration des communications et à l'assainissement des Landes.

En 1870, en 1914 devant l'offensive allemande et en 1940, Bordeaux sert de refuge au gouvernement. On a dit « capitale tragique ». À la fin de la dernière guerre, la cité du 18e s. retrouve le dynamisme de ses armateurs, financiers et négociants d'autrefois.

> **À VOIR**
> Depuis l'extrémité du **pont de Pierre**, rive droite, belle vue sur la prestigieuse **façade des quais** d'une parfaite homogénéité, qui épouse la courbe de la Garonne sur plus de 1 km.

GRAND PORT

Bordeaux occupe, sur la Garonne, à 98 km de l'océan, la situation privilégiée de « ville de premier pont » et, par la vallée de la Garonne et le seuil de Naurouze, franchi par le canal du Midi, commande la plus courte liaison continentale Atlantique-Méditerranée. L'exportation du « claret » au temps de la domination anglaise et le trafic des denrées coloniales en provenance des « Isles » au 18e s. avait déterminé son dynamisme portuaire. Aujourd'hui, le port de Bordeaux *intra-muros* a vu décliner ses activités au bénéfice du Verdon.

La rive gauche, en cours de restructuration, est réservée à l'accueil des paquebots, grands voiliers et bâtiments militaires. Les paquebots (environ une vingtaine par an) fréquentent le port de la Lune, la plupart pour une croisière des vins. Un port de plaisance anime les abords du pont d'Aquitaine.

LE VIEUX BORDEAUX★★

Le secteur du Vieux Bordeaux inclus entre le quartier des Chartrons et le quartier St-Michel compte quelque 5 000 immeubles d'une architecture 18e s. Il fait actuellement l'objet d'une vaste campagne de réhabilitation redonnant tout son éclat à la belle pierre ocre extraite des carrières alentour (St-Macaire, Bourg-sur-Gironde).

① Des Quinconces aux Chartrons

Le quartier des Quinconces s'inscrit autour du triangle de grandes artères formé par le cours Clemenceau, le cours de l'Intendance et les allées de Tourny.

Esplanade des Quinconces

Son intérêt réside avant tout dans sa superficie (126 000 m²). Elle a été aménagée, pendant la Restauration, sur l'emplacement du château Trompette qui avait été bâti après la guerre de Cent Ans par Charles VII et agrandi par Louis XIV. On planta alors l'esplanade d'une série d'arbres disposés en quinconces, d'où son nom. C'est aujourd'hui, en partie, un immense parc à voitures, sauvé par la présence du **monument aux Girondins**. Monument allégorique érigé entre 1894 et 1902 à la mémoire des Girondins décapités en 1792, il forme un ensemble sculptural étonnant. En haut d'une colonne de 50 m de haut, la *Liberté brisant ses fers* surmonte deux remarquables **fontaines★** en bronze : des chevaux marins toute crinière au vent, cabrés et levant haut leurs sabots palmés, y tirent les chars du *Triomphe de la République* (côté Grand Théâtre) et celui du *Triomphe de la Concorde (côté jardin public)*. À terre, côté Grand Théâtre, les trois personnages tragiques ne représentent pas les Girondins, mais le Vice, l'Ignorance et le Mensonge.

> ### DOCTES PERSONNAGES
> Esplanade des Quinconces, il ne faut pas manquer de saluer deux grandes figures de Bordeaux : Montaigne qui fut maire de la ville à deux reprises, et Montesquieu qui résidait au château de la Brède et était membre du parlement de Bordeaux (statues datant de 1858).

> ### LES GIRONDINS
> Pendant la Révolution, les députés de Bordeaux – dont le plus célèbre est Vergniaud – créent le parti des Girondins qui aura la majorité à la Législative et au début de la Convention. Comme ils sont de tendance fédéraliste, les Montagnards les accusent de conspirer contre l'unité et l'indivisibilité de la République ; vingt-deux d'entre eux sont mis en accusation, condamnés à mort et exécutés.

Détail de la fontaine des Girondins.

Place de la Comédie

Elle délimite, avec les places Tourny et Gambetta, le cœur des plus beaux quartiers de Bordeaux.

Grand Théâtre★★

Situé place de la Comédie, il fut élevé de 1773 à 1780 sur les vestiges d'un temple gallo-romain détruit par ordre de Louis XIV. Récemment restauré, il compte parmi les plus beaux de France et symbolise richesse architecturale et culture. Construit par l'architecte Victor Louis, il se distingue par son péristyle à l'antique, surmonté d'une balustrade ornée des neuf muses et des trois grâces.

En face du théâtre, la petite rue Mautrec mène à la place du Chapelet. Prendre ensuite le passage Sarget à gauche de la placette et emprunter le cours de l'Intendance sur la droite.

Cours de l'Intendance

Il aligne les commerces de luxe et de haute couture. À droite, au niveau de la rue Voltaire, on aperçoit la jolie rotonde des Grands-Hommes (centre commercial). Des abords du n° 57 (maison de Goya, qui y mourut en 1828, aujourd'hui centre culturel espagnol), bel aperçu sur les tours de la cathédrale St-André, dans l'échancrure de la rue Vital-Carles.

> ### SILENCE, ON TOURNE
> La place du Chapelet séduisit Milos Forman, qui, en 1989, y posa sa caméra pour *Valmont*. Il n'est pas rare que le Vieux Bordeaux serve de cadre à des films : très récemment, y furent tournées des scènes pour le feuilleton *Balzac* avec Depardieu.

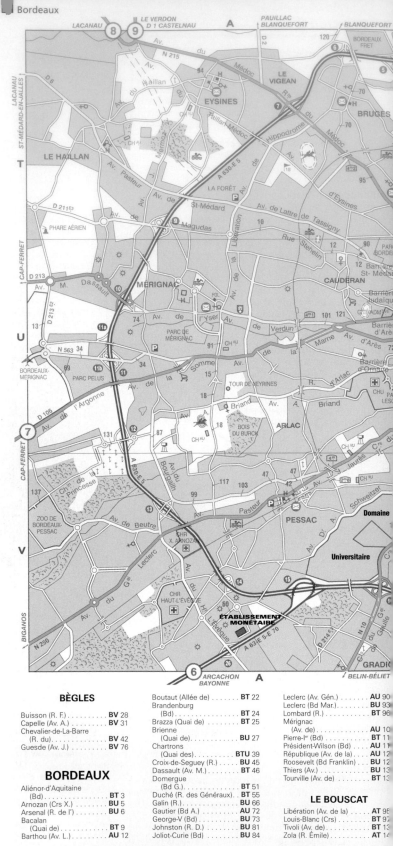

BÈGLES

Buisson (R. F.) . . . . **BV** 28
Capelle (Av. A.) . . . . **BV** 31
Chevalier-de-La-Barre
(R. du) . . . . **BV** 42
Guesde (Av. J.) . . . . **BV** 76

BORDEAUX

Aliénor-d'Aquitaine
(Bd) . . . . **BT** 3
Arnozan (Crs X.) . . . . **BU** 5
Arsenal (R. de l') . . . . **BU** 6
Bacalan
(Quai de) . . . . **BT** 9
Barthou (Av. L.) . . . . **AU** 12

Boutaut (Allée de) . . . . . . **BT** 22
Brandenburg
(Bd) . . . . **BT** 24
Brazza (Quai de) . . . . **BT** 25
Brienne
(Quai de) . . . . **BU** 27
Chartrons
(Quai des) . . . . **BTU** 39
Croix-de-Seguey (R.) . . . . **BU** 45
Dassault (Av. M.) . . . . **BT** 46
Domergue
(Bd G.) . . . . **BT** 51
Duché (R. des Généraux) . . **BT** 55
Galin (R.) . . . . **BU** 66
Gautier (Bd A.) . . . . **AU** 72
George-V (Bd) . . . . **BU** 73
Johnston (R. D.) . . . . **BU** 81
Joliot-Curie (Bd) . . . . **BU** 84

Leclerc (Av. Gén.) . . . . **AU** 90
Leclerc (Bd Mar.) . . . . **BU** 93
Lombard (R.) . . . . **BT** 96
Mérignac
(Av. de) . . . . **AU** 10
Pierre-Ier (Bd) . . . . **BT** 11
Président-Wilson (Bd) . . . . **AU** 11
République (Av. de la) . . . . **AU** 12
Roosevelt (Bd Franklin) . . . **BU** 12
Thiers (Av.) . . . . **BU** 13
Tourville (Av. de) . . . . **BT** 13

LE BOUSCAT

Libération (Av. de la) . . . . **AT** 95
Louis-Blanc (Crs) . . . . **BT** 97
Tivoli (Av. de) . . . . **BT** 13
Zola (R. Émile) . . . . **AT** 14

Répertoire des rues et des sites, voir p. 154-155.

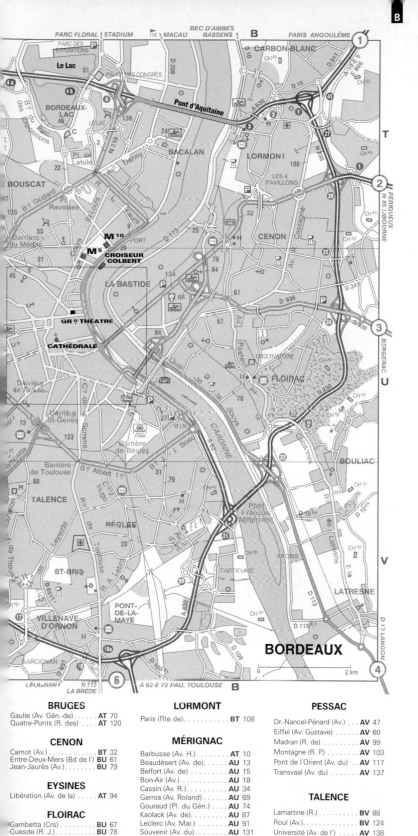

Répertoire des rues et des sites, voir p. 154-155

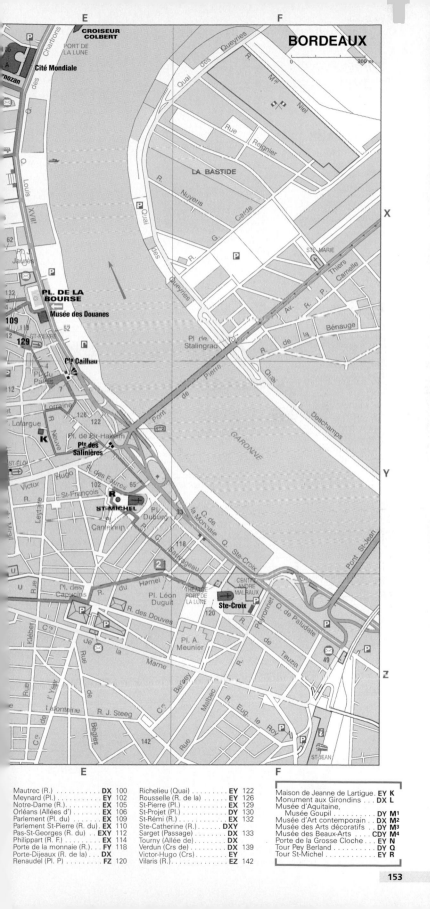

BORDEAUX

Répertoire des rues et des sites des plans de Bordeaux

Place Gambetta

Remarquable unité architecturale de maisons Louis XV, au rez-de-chaussée sur arcades et au dernier étage mansardé. Sur la place, agrémentée d'un petit jardin à l'anglaise, se dressa l'échafaud, durant la Révolution.

Un peu en retrait s'élève la **porte Dijeaux**, datée 1748, point de départ de la rue commerçante du même nom.

Remonter la rue du Palais-Gallien.

Au Nord des Quinconces, entre le quai du même nom et les cours de Verdun, Portal et St-Louis, s'étend le quartier des Chartrons. Ce nom rappelle un ancien couvent de chartreux qui fut transformé au 15e s. en un gigantesque entrepôt de vins. Le quartier connut, comme toute la ville, son heure de gloire au 18e s. La haute société bordelaise, enrichie par le négoce, y édifia alors de beaux hôtels.

Palais Gallien

R. du Dr-Albert. Juin-sept. : visite guidée à 15h. 10F. S'adresser à l'Office de tourisme.

Amphithéâtre romain dont les gradins en bois pouvaient contenir 15 000 spectateurs. Il n'en reste que quelques travées et arcades envahis par les herbes folles, qui charmeront les âmes romantiques.

Jardin public

Aménagé à la française au 18e s., il fut transformé en parc à l'anglaise sous le Second Empire. On s'y promène à l'ombre de beaux arbres (palmiers, magnolias, etc.), au milieu de massifs richement fleuris.

Cours Xavier-Arnozan

L'ancien « pavé » des Chartrons. De grands négociants, qui souhaitaient disposer d'une habitation somptueuse à l'écart de la cohue du port, y firent bâtir de belles demeures vers 1770. De splendides **balcons**★ sur trompe sont ornés d'un garde-corps en ferronnerie.

Revenir à l'Esplanade des Quinconces par le quai des Chartrons.

> ### « ÉCHOPPES »
>
> Au 19e s. se multiplient de petites maisons populaires de plain-pied, aux hautes portes étroites, dont les façades ornées de clefs de fenêtres sculptées imitent celles des demeures bourgeoises. Ces échoppes dessinent le paysage urbain bordelais, dès que l'on s'éloigne du centre-ville.

> ### CITÉ MONDIALE
>
> Conçue sur les plans de l'architecte bordelais Michel Petuaud-Letang, elle arbore, côté quai des Chartrons, une harmonieuse façade de verre incurvée, où s'imbrique une tour ronde. Inaugurée en janvier 1992, la Cité mondiale, consacrée aux vins et spiritueux jusqu'en 1995, est aujourd'hui devenue un centre d'affaires et de congrès, avec divers commerces et restaurants.

② Au départ de la place de la Bourse

Cette visite fait parcourir le lacis de ruelles pittoresques s'étendant entre les quartiers St-Pierre et St-Michel.

Place de la Bourse★★

Cette jolie place en fer à cheval fut aménagée de 1730 à 1755, d'après les plans des architectes Gabriel père et fils. Elle est cantonnée par le palais de la Bourse au Nord et l'ancien hôtel des Fermes au Sud, caractérisés aux étages par des colonnes portant des frontons triangulaires. Une fontaine aux Trois-Grâces (1860) orne le milieu de la place.

Par la rue Fernand-Philippart, gagner la place du Parlement.

Remarquer les façades Louis XV : arcades au rez-de-chaussée, fenêtres hautes des deux étages surmontées de mascarons et d'agrafes, balcons ornés de ferronnerie.

> ### MASCARADE
>
> Des mascarons ornent les façades bourgeoises du Vieux Bordeaux. Ces clefs de fenêtres dont le nom vient de l'italien *maschera* (« masque »), représentent des têtes souvent grotesques et introduisent des éléments évoquant le vin (pampres, tonneaux).

La fontaine des Trois-Gráces devant l'imposant palais de la Bourse : splendeurs du classicisme bordelais.

NE PAS MANQUER
Un déjeuner au marché bio de la place St-Pierre. On y déguste sous une tente de bons petits plats à base de produits frais, des huîtres et du vin blanc… C'est le rendez-vous, entre autres, des architectes et des graphistes.

POUR VOIR LA GARONNE
Ce n'est pas évident pour le promeneur de voir le fleuve à Bordeaux. Des projets d'aménagement des quais sont en cours, mais pour l'heure, on peut monter au dernier niveau de la porte Cailhau. De là, sous les combles, vue insolite sur les quais et le pont de Pierre terminé en 1822.

Place du Parlement★

Très agréable place, belle et calme, anciennement place du Marché-Royal. Elle présente un harmonieux quadrilatère d'immeubles Louis XV, ordonnés autour d'une cour centrale au pavage ancien, remis en valeur. Au centre, fontaine du Second Empire.

Par la rue du Parlement-St-Pierre, gagner la place St-Pierre.

Place St-Pierre

Cette placette charmante est illuminée par son église des 14e et 15e s. (très remaniée au 19e s.). Le jeudi, elle s'anime autour des étals du marché biologique.

Poursuivre par la rue des Argentiers.

Remarquer au n° 14 de cette rue la **maison dite de l'Angelot** construite vers 1750, qui présente un beau décor sculpté (haut-relief avec un enfant et agrafes rocaille).

Poursuivre jusqu'à la place du Palais.

La place du Palais doit son nom au palais de l'Ombrière, qui fut érigé au 10e s. par les ducs de Guyenne. Reconstruit au 13e s., il devint le séjour des rois d'Angleterre, ducs d'Aquitaine, puis en 1462, sous Louis XI, le siège du parlement de Bordeaux avant d'être démoli en 1800 pour ouvrir la rue du Palais.

Porte Cailhau

 Cet arc de triomphe dédié à Charles VIII date de 1495. Il juxtapose les éléments défensifs et décoratifs (toits coniques, mâchicoulis, lucarnes et fenêtres surmontées d'arcs en accolade), à tel point qu'il prend des airs de décor de théâtre.

Son nom viendrait soit des Cailhau, vieille famille bordelaise, soit des « cailloux » accumulés à ses pieds par la Garonne et qui servaient à lester les navires. À l'intérieur, présentée sur 3 niveaux, une **exposition** retrace l'histoire du Vieux Bordeaux, les grandes étapes de l'expansion urbaine. *De mi-juin à mi-sept. : 15h-19h. 15F.*

Prendre la rue Ausone et traverser le cours d'Alsace-et-Lorraine, pour emprunter à droite la rue de la Rousselle.

Dans cette rue (au n° 25, **maison de Montaigne**) s'alignent les anciennes boutiques de marchands de vins, de grains ou de salaisons, caractérisées par un rez-de-chaussée en hauteur, surmonté d'un entresol bas de plafond.

Gagner l'impasse de la rue Neuve.

Elle conserve, du 14e s., un mur percé de deux fenêtres géminées à remplage. Après le porche, à droite, s'élève la **maison de Jeanne de Lartigue**, épouse de Montesquieu, aux arcades surmontées de bustes.

En traversant le cours Victor-Hugo, vue sur la **porte des Salinières**, ancienne porte de Bourgogne (18e s.).

Emprunter en face à gauche la rue de la Fusterie qui mène à la place Duburg et à la basilique St-Michel.

Tour Saint-Michel

De mi-juin à mi-sept. : 15h-19h. 15F.

C'est le clocher (fin 15e s.) isolé de la basilique St-Michel. Les Bordelais en sont fiers car c'est le plus haut du Midi. Avec ses 114 m (cathédrale de Strasbourg 142 m), il laisse loin derrière lui les 50 m de la tour Pey-Berland.

Prendre la rue Camille-Sauvageau.

Église Ste-Croix
Fermé dim. ap.-midi.
Des 12e et 13e s. et fortement restaurée au 19e s. **Façade★**
de style roman saintongeais ; la tour de gauche est
moderne. Les voussures des fenêtres aveugles qui encadrent le portail central sont décorées de curieuses sculptures représentant l'Avarice et la Luxure.

Rejoindre la place de la Victoire en passant par la place ►
Léon-Duguit et la place des Capucins.

Porte d'Aquitaine
Piqué de manière un peu anachronique au milieu de la
place de la Victoire, cet imposant arc de triomphe élevé
au 18e s. arbore un fronton triangulaire aux armes
royales et aux armes de la ville.

Prendre la rue piétonne Ste-Catherine et tourner à droite
dans le Cours Victor-Hugo.

Porte de la Grosse Cloche★
Les Bordelais sont très attachés à leur « Grosse Cloche »,
rescapée de la démolition d'un beffroi du 15e s. Autrefois, quand le roi voulait punir Bordeaux, il faisait enle-
ver la cloche et les horloges.

Prendre l'étroite rue St-James qui passe sous la Grosse
Cloche, et la place F.-Lafargue, puis suivre en face la rue du
Pas-St-Georges, pour atteindre à gauche la place Camille-Jul-
lian. Prendre à gauche vers la rue Ste-Catherine.

Rue Ste-Catherine
Cette très longue rue piétonne, qui suit le tracé d'une
ancienne voie romaine, est la plus commerçante de la
ville. En la remontant, remarquer certaines maisons au
rez-de-chaussée sous arcades et au 1er étage percé de
larges baies en arc de cercle.
À l'angle avec la rue de la Porte-Dijeaux s'ouvre la galerie Bordelaise, passage couvert édifié par Gabriel-Joseph
Durand en 1833, qui débouche sur le Grand Théâtre.
À droite, la rue St-Rémi rejoint la place de la Bourse.

> **VICTOIRE !**
> La place ronde de la
> Victoire est un haut lieu
> de rendez-vous. Celui
> des vieilles gens l'après-
> midi et des étudiants le
> soir. Les soirs de victoire
> de l'équipe de foot des
> Girondins de Bordeaux,
> elle est noire de monde.

*La Grosse Cloche, amie
intime des Bordelais.*

LE « BORDELUCHE »

Issu du gascon, le « bordeluche » fut longtemps le parler des quartiers
populaires de Bordeaux. Sur le marché des Capucins, au contact des
« étrangers » venus du Périgord, de l'Agenais, du Médoc, de la Chalosse et même d'Espagne, il s'est enrichi d'expressions truculentes et
imagées. C'est un parler vrai et affectif qui, aujourd'hui, réapparaît sur
les places et les marchés de Bordeaux.
Loin des conventions, le « bordeluche » est fait de mots simples, évoquant la vie de tous les jours : une « mounaque », c'est une poupée
et par extension une femme quelconque ; « grigoner » signifie net-
toyer, « se harter » se goinfrer ; une « escarougnasse » est une égra-
tignure ; être « dromillous », c'est être mal réveillé, attardé ; une « ber-
nique » est une femme maniaque du ménage et de la propreté, un
« sangougnas » un homme sans goût ; celui qui est fâché « quintous » est
coléreux ; s'il est « pignassous », c'est qu'il est fâché ; enfin, « avoir
les monges », c'est avoir peur.

> **ENTENDRE PARLER**
> **« BORDELUCHE »**
> Sur le marché des
> Capucins, r. Elie-
> Gintrac, sur le marché
> de la pl. St-Pierre, dans
> les estaminets de
> Bacalan, dans l'ancien
> quartier des marins et
> des dockers, au café-
> théâtre l'Onyx,
> r. Philippard, et r. des
> Faussets, la nuit.

visiter

QUARTIER DES QUINCONCES
Le Grand Théâtre★★
Visite guidée (1h) selon le planning des répétitions et sur
réservation. 30F. Office de tourisme.
Le plafond à caissons du vestibule repose sur 16
colonnes. À l'arrière s'ouvre un bel escalier droit, puis à
double volée, dominé par une coupole (disposition imi-
tée par Garnier pour l'Opéra de Paris).
La salle de spectacle, parée de lambris et de 12 colonnes
dorées à l'or fin, témoigne d'une harmonieuse géomé-
trie et d'une acoustique parfaite. Du plafond, peint en
1917 par Roganeau sur le modèle des fresques primitives
de Claude Robin, se détache un lustre scintillant de
14 000 cristaux de Bohême.

Église Notre-Dame★

Pl. du Chapelet. Fermé lun. matin. De juin à fin sept. : possibilité de visite guidée dim.-ven. 15h-17h.

Ancienne chapelle des Dominicains, elle fut édifiée entre 1684 et 1707. Le portail central est surmonté d'un bas-relief illustrant l'apparition de la Vierge à saint Dominique. Elle lui remet le chapelet qui a donné son nom à ladite place.

L'**intérieur** frappe par la pureté du travail de la pierre : voûte en berceau de la nef percée par les lunettes des fenêtres hautes, voûtes d'arêtes des collatéraux, tribune d'orgues prolongée sur les côtés par deux balcons arrondis aux courbes harmonieuses. La décoration de ferronnerie contribue également à la noblesse de l'ensemble ; remarquer en particulier les portes qui ferment les deux côtés du chœur.

Un **cloître** du 17e s. est accolé au mur latéral droit de l'église.

QUARTIER DE LA BOURSE

Musée des Douanes

Tlj sf lun. 10h-18h. Fermé 1er janv. et 25 déc. 20F, gratuit 1er dim. du mois. ☎ 05 56 48 82 82.

C'est dans une grande salle aux belles voûtes restaurées de l'hôtel des Fermes qu'est retracée l'histoire des douanes en France. À droite, présentation chronologique : gravures, uniformes, archives, matériel, dont la balance de l'hôtel des Fermes (1783), la reconstitution du bureau d'un directeur des Douanes et le portrait de saint Matthieu, patron des douaniers (il exerçait les fonctions de publicain – collecteur d'impôts et douanier – lorsque Jésus fit sa rencontre). À gauche, la douane est présentée suivant plusieurs thèmes : la douane armée, la douane au cinéma, dans la littérature et la bande dessinée, les activités douanières (saisies de drogues ou de contrefaçons)... et, pour clore la visite, l'ordinateur, nouvel allié du douanier.

Basilique St-Michel★

Fermé dim. ap.-midi.

La construction de la basilique, commencée en 1350, se poursuivit durant 2 siècles, au cours desquels elle subit nombre de remaniements ; à partir de 1475 débuta l'édification des chapelles latérales. L'ensemble, restauré, s'impose par l'ampleur des dimensions. Les vitraux modernes, derrière le maître-autel, sont dus à Max Ingrand. Le croisillon gauche offre un portail à voussures moulurées qui abrite un tympan orné, à gauche, de la scène du péché originel et, à droite, de celle d'Adam et Ève chassés du paradis. Tribune d'orgues et chaire datent du 18e s. ; la chaire, faite d'acajou et de panneaux de marbre, est surmontée d'une statue de saint Michel terrassant le dragon.

QUARTIER PEY-BERLAND

Cathédrale St-André★

Hors sais. : fermé dim. ap.-midi.

C'est le plus majestueux des édifices religieux de Bordeaux. La nef a été élevée aux 11e-12e et modifiée aux 13e et 15e s. ; le chœur, de style gothique rayonnant, et le transept actuel furent reconstruits aux 14e et 15e s. Plus tard, la voûte de la nef menaçant de s'écrouler, on ajouta les importants contreforts et arcs-boutants qui la flanquent irrégulièrement.

Aborder la cathédrale par la face Nord et la contourner par la gauche.

La **Porte Royale★**, du 13e s., est célèbre pour ses sculptures inspirées de la statuaire de l'Île-de-France. Remarquables sont les dix apôtres qui ornent les embrasements, et le tympan représentant le Jugement dernier belle œuvre du gothique.

Le **portail Nord** date quant à lui du 14e s. Ses sculptures sont en partie masquées (porche de bois).

Le **chevet** se distingue par l'harmonie de ses proportions et par son élévation. Remarquer, dans les contreforts séparant la chapelle axiale de la chapelle de gauche, Thomas, patron des architectes, tenant une équerre et Marie-Madeleine, en costume du 15e s., avec son vase de parfum.

Enfin, allez jusqu'au **portail Sud** et vous aurez fait le tour de la basilique. Ce dernier portail est surmonté d'un fronton percé d'un oculus et de trois rosaces. L'étage supérieur, orné d'arcades trilobées, est dominé par une élégante rose, inscrite dans un carré.

Rentrez maintenant à l'intérieur de l'édifice.

La nef forme un beau vaisseau dont les parties hautes, de la fin du gothique, prennent appui sur des bases du 12e s. L'opulente chaire, en acajou et marbre de différentes couleurs, est du 18e s. Le **chœur★** gothique, est plus élevé que la nef. Son élévation est accentuée par la forme élancée des grandes arcades surmontées d'un triforium aveugle, éclairé par les fenêtres hautes flamboyantes. Il est entouré d'un déambulatoire sur lequel ouvrent des chapelles.

Contourner le déambulatoire par la droite.

Contre le 4e pilier à droite du chœur, jolie sculpture du début du 16e s. figurant sainte Anne et la Vierge. La chapelle axiale renferme des stalles du 17e s. En face, fermant le chœur, belle porte en bois sculpté du 17e s.

Revenir vers la façade Ouest, au revers de laquelle s'élève la tribune d'**orgues Renaissance**. En dessous, deux bas-reliefs Renaissance. À droite, le Christ descendant aux Limbes ; à gauche la Résurrection, figurant le Christ monté sur un aigle comme Jupiter.

Tour Pey Berland★

Juin-sept. : 10h-18h ; oct.-mai : tlj sf lun. 10h-12h, 14h-17h. Fermé 1er janv. et 25 déc. 25F. ☎ 05 56 81 26 25.

Construite au 15e s., à l'initiative de l'archevêque du même nom, et couronnée d'un clocher, elle est toujours restée isolée du reste de la cathédrale. La flèche, tronquée par un ouragan au 18e s., supporte une Vierge en cuivre. Du sommet, **vue★★** panoramique sur la ville et ses clochers. Prendre un peu de recul pour voir, côté Sud, les deux flèches dominant le transept Nord et, au premier plan, les deux puissantes tours carrées en terrasses qui flanquent le transept Sud.

Centre Jean-Moulin

Tlj sf lun. 11h-18h. Fermé 1er janv., 8 mai, 14 juil., 15 août, 11 nov., 25 déc. Gratuit. ☎ 05 56 79 66 00.

Le centre Jean-Moulin constitue un véritable musée de la Résistance et de la Déportation et présente un panorama de la Seconde Guerre mondiale. Au rez-de-chaussée, tracts, correspondances clandestines, imprimerie, poste radio... illustrent la Résistance et la clandestinité, notamment le rôle de Jean Moulin. Au 1er étage, la déportation et le nazisme sont évoqués par des toiles pathétiques de J.-J. Morvan sur le thème Nuit et Brouillard ainsi que par des maquettes, photos de camps, uniformes de détenus. Au 2e étage, les Forces françaises libres ; les hommes, le matériel dont le bateau *S'ils-te-mordent* qui relia Carantec à l'Angleterre, rempli de volontaires. Reconstitution du bureau clandestin de Jean Moulin.

Hôtel de ville

Visite guidée (1h) mer. 14h-16h. 15F. ☎ 05 56 00 66 00.

Il occupe l'ancien palais épiscopal, construit au 18e s. pour l'archevêque Ferdinand-Maximilien de Mériadeck, prince de Rohan, et marque l'introduction du néoclassicisme en France. La **cour d'honneur** est fermée sur la rue par un portique à arcades ; à l'opposé s'élève le palais dont la façade, quelque peu solennelle, est animée par le ressaut de l'avant-corps central et des pavillons d'angle. Pendant la visite, on remarquera l'escalier d'honneur, des salons ornés de beaux lambris d'époque et une salle à manger avec grisailles de Lacour.

VALEURS SÛRES
La basilique St-Seurin, la cathédrale St-André et la basilique St-Michel, toutes trois sur le chemin de St-Jacques-de-Compostelle, sont depuis 1999 inscrites au Patrimoine mondial de l'UNESCO.

CONSEIL
La montée est assez ardue (229 marches par un étroit escalier à vis). À la 2e terrasse, faire attention à ne pas se cogner la tête : la porte est étroite et très basse.

Musée des Beaux-Arts★

♿ *Tlj sf mar. 11h-18h. Fermé j. fériés. 25F, gratuit 1er dim. du mois.* ☎ *05 56 10 20 56.*

Aménagé dans les galeries Sud et Nord du jardin de l'hôtel de ville, le musée conserve de très belles œuvres du 15e au 20e s.

L'**aile Sud** abrite des tableaux de la Renaissance italienne, des œuvres françaises du 17e s. dont une toile très caravagesque de Vouet, *David tenant la tête de Goliath* ; des œuvres de l'école hollandaise du 17e s. dont le *Chanteur s'accompagnant au luth* par Ter Brugghen, le symbolique *Chêne foudroyé* par Van Goyen et le beau portrait de *L'Homme à la main sur le cœur* attribué un temps à Frans Hals ; des tableaux de l'école flamande du 17e s. avec l'admirable *Danse de noces* par Brueghel de Velours, d'un style populaire et rustique. Le 18e s. et le début du 19e s. sont représentés, entre autres, par deux saisissantes toiles du Génois Magnasco, qui évoquent la vie des galériens, le gracieux *Portrait de la princesse d'Orange-Nassau* par Tischbein, la *Nature morte au carré de viande* par Chardin et quatre tableaux du Bordelais Pierre Lacour, qui fut le premier conservateur du musée en 1811.

L'**aile Nord** est consacrée à la peinture moderne et contemporaine. L'école romantique est présente à travers la célèbre toile de Delacroix, *La Grèce sur les ruines de Missolonghi*. Une œuvre de Diaz de la Peña (né à Bordeaux), *La Forêt de Fontainebleau*, illustre l'école de Barbizon, qui fut la première à peindre en plein air. La seconde moitié du 19e s. s'ouvre sur le scandaleux *Rolla* d'Henri Gervex, tableau de nu refusé au Salon en 1878, puis sur la grande toile d'inspiration symboliste d'Henri Martin, *Chacun sa chimère*. Du 20e s : *L'Église Notre-Dame à Bordeaux* de l'expressionniste autrichien Kokoschka, le sinueux et tourmenté *Homme bleu sur la route* par Soutine et le très beau *Portrait de Bevilacqua* (1905), visage cerné de bleu, par Matisse. À ces œuvres viennent s'ajouter l'*Entrée du bassin à flot à Bordeaux* (1912) du Bordelais André Lothe, qui intègre les concepts cubistes à la tradition picturale. La dernière salle est consacrée à des œuvres contemporaines.

La **galerie des Beaux-Arts** *(pl. du Colonel-Raynal)*, où sont organisées des expositions temporaires, complétera la visite de ce musée.

Musée des Arts décoratifs★

Tlj sf mar. 14h-18h. Fermé j. fériés. 25F (35F expos. temporaires), gratuit 1er dim. du mois. ☎ *05 56 00 72 50.*

L'hôtel de Lalande (1779), l'un des plus beaux bâtiments anciens de Bordeaux, qui abrite le musée, a conservé ses lucarnes et ses hauts toits d'ardoise.

« LA VILLE AUTREMENT »
Tous les 1ers dim. du mois, le centre-ville est interdit aux voitures et l'entrée dans les musées est gratuite (prêt de vélos pl. des Quinconces).

ODILON REDON
Bertrand-Jean, dit Odilon Redon (1840-1916), est natif de Bordeaux. Une petite salle du musée des Beaux-Arts lui rend hommage à travers quelques-unes de ses œuvres : *Char d'Apollon* (1909), *Chevalier mystique* (fusain rehaussé de pastel), *La Prière*, *La Lecture*…

Le Rolla d'Henri Gervex, qui fit scandale au Salon de 1878, ouvre la section des peintures du 19e s. au musée des Beaux-Arts.

À droite, salles de la collection Jeanvrot, traitées dans le goût et l'esprit du 19e s. Viennent ensuite les salles du musée proprement dit, aux élégantes boiseries et pièces de mobilier, dont la salle de compagnie, décorée d'une terre cuite du 18e s. symbolisant l'Amérique *(sur la cheminée)*. La salle à manger rassemble une collection de faïences stannifères bordelaises et un ensemble de porcelaines dures du 18e s. À côté, le salon Guestier, avec ses meubles en marqueterie et ses bronzes de Barye, est caractéristique d'un certain art de vivre bourgeois. Par l'escalier d'honneur, embelli par une belle rampe en fer forgé, on atteint les pièces du 1er étage : céramiques françaises et étrangères, belles carafes et gourdes du 18e s. dans le salon Jonquille, décoré d'un lustre en verre de Venise.

Au 2e étage sont exposées des faïences du Sud-Ouest. Dans les combles aménagés, collections antérieures au 18e s. de ferronnerie, de serrurerie et d'émaux champlevés.

À VOIR

Le buste en marbre de Montesquieu signé Jean-Baptiste Lemoyne.

Musée d'Aquitaine★★

20 cours Pasteur. &. Tlj sf lun. 11h-18h. Fermé j. fériés. 25F, gratuit 1er dim. du mois. ☎ 05 56 01 51 03.

Aménagé dans les locaux de l'ancienne faculté des Lettres et des Sciences, ce musée d'histoire retrace, à travers d'importantes collections réparties sur deux niveaux, la vie de l'homme aquitain de la préhistoire à nos jours.

On aborde tout d'abord la section **préhistoire et protohistoire** : précieux témoins des activités artisanales et artistiques des chasseurs de l'âge de la pierre (*Vénus à la Corne* - 20000 ans avant J.-C. –, bison de l'abri du Cap-Blanc – magdalénien moyen). Une vitrine montrant un ensemble de haches trouvées dans le Médoc illustre la diversité de l'outillage façonné par les métallurgistes de l'âge du bronze (4000-2700 avant J.-C.). L'âge du fer est représenté par l'abondant matériel funéraire (urnes, bijoux, armes) découvert dans les nécropoles girondines ou les tumulus pyrénéens, mais surtout par le prestigeux **trésor de Tayac**.

La section **gallo-romaine** rassemble, autour du rempart antique reconstitué, des mosaïques, des fragments de corniches ou de bas-reliefs, des céramiques, verreries, et autres objets illustrant tous les aspects de la vie quotidienne, économique et religieuse dans la capitale de la province d'Aquitaine. Remarquer, en particulier : l'autel dit des Bituriges Vivisques en marbre gris des Pyrénées, le trésor de Garonne composé de 4 000 pièces de monnaie aux effigies des empereurs Claude à Antonin le Pieux et l'altière statue d'Hercule en bronze.

Les premiers temps chrétiens et le haut Moyen Âge sont évoqués à travers des sarcophages en calcaire ou en marbre gris, des mosaïques et d'autres pièces significatives découvertes lors de travaux urbains (chapiteaux romans de la cathédrale St-André, rosace flamboyante du couvent des Grands Carmes).

L'âge d'or bordelais (18e s.) s'accompagne de la mise en œuvre de grands projets d'urbanisme et de la construction de magnifiques hôtels particuliers luxueusement aménagés (belle armoire bordelaise provenant du château Gayon, céramiques et verreries).

À la fin du parcours, des salles évoquent Bordeaux au **19e s.** (le port, la ville et le négoce colonial) ainsi que l'Aquitaine au **20e s.**

POUR RÊVER

La masse d'or du trésor de Tayrac est composée d'un torque, de monnaies et de petits lingots datant du 1er s. avant J.-C.

TERROIR

Plusieurs scènes illustrent l'habitat et l'agriculture traditionnels. L'accent est mis sur les principales ressources des pays aquitains que recèlent le territoire pastoral béarnais, les Landes de Gascogne, la Gironde et son vignoble, le bassin d'Arcachon et l'ostréiculture.

Musée Goupil

Même adresse que celle du musée d'Aquitaine. Tlj sf lun. 11h-18h. Fermé j. fériés. 35F (25F, hors exposition), gratuit 1er dim. du mois. ☎ 05 56 01 69 40.

L'important fonds de photographies, d'estampes et de cuivres gravés illustrent les techniques de reproduction de l'image au cours du 19e s. La maison Goupil et Cie, éditeur d'estampes à Paris de 1827 à 1920, a beaucoup œuvré, en effet, pour faire connaître par des reproductions de qualité les œuvres des maîtres anciens et contemporains (Rodin, Degas, Toulouse-Lautrec, etc.). Une section présente les différents procédés de gravure à plat, en creux et en relief.

QUARTIER DES CHARTRONS

Musée d'Art contemporain★

Entrée 7 r. Ferrère. ♿ Tlj sf lun. 11h-18h, mer. 11h-20h. Fermé j. fériés. 20F (expos. temporaires : 35F), gratuit 1ᵉʳ dim. du mois. ☎ 05 56 00 81 50.

L'ancien **entrepôt Laîné★★**, construit en 1824 pour servir de stockage aux denrées coloniales, a été réaménagé de façon particulièrement réussie pour accueillir les collections du Centre d'arts plastiques contemporains de Bordeaux (CAPC), riches en œuvres des années 1960-70. Celles-ci sont présentées par roulement et par thèmes.

À l'intérieur, la double nef centrale flanquée de collatéraux étagés sur trois niveaux est rythmée par de grands arcs en plein cintre : son immense volume lui permet d'accueillir de grandes expositions ponctuelles, voire des œuvres uniques s'adaptant à l'architecture du lieu. Du rez-de-chaussée à la terrasse, la sobriété des matériaux de la structure d'origine (calcaire gris, brique rose pâle, bois) associée à la sévérité du métal noir utilisé pour l'aménagement intérieur accentue le caractère solennel de l'édifice.

Musée des Chartrons

41 r. Borie. Tlj sf w.-end 14h-18h (mai-oct. : 9h-12h, 14h-18h). Fermé j. fériés. 20F. ☎ 05 57 87 50 60.

La somptueuse maison de négoce élevée vers 1720 par Francis Burke, Irlandais d'origine, est la seule du quartier à comporter des chais en hauteur. L'élégant escalier orné d'une balustrade en fer forgé mène au « plancher » (nom usuellement donné dans les chais à la partie où se pratiquait l'emballage des bouteilles), aménagé en musée : évocation de l'évolution de l'emballage et du commerce des vins par voie maritime à travers la présentation de différents types de bouteilles, de séries d'étiquettes lithographiées et de marques de pochoirs.

Vinorama

◄ *12 cours du Médoc. De mi-juin à fin août : tlj sf lun. 10h-12h, 14h-18h, dim. 14h30-18h30 ; de sept. à mi-juin : tlj sf w.-end 10h-12h, 14h-18h. Fermé 1ᵉʳ mai, 14 juil., 25 déc. et 31 janv. 35F. ☎ 05 56 39 20 20.*

Restons dans le domaine du vin. À travers treize scènes reconstituées avec des personnages en cire, on découvre l'histoire, les techniques d'élaboration puis la commercialisation des vins de Bordeaux, de l'Antiquité au 19ᵉ s.

Croiseur Colbert★★

ⓢ *Avr.-sept. et vac. scol. zone C : 10h-18h, w.-end 10h-19h (juin-août : 20h) ; oct.-mars : 13h-18h, w.-end, j. fériés et vac. scol. 10h-18h. Fermé de déb. déc. à mi-déc. sf w.-end, 1ᵉʳ janv., 25 déc. 47F. ☎ 05 56 44 96 11.*

Le parcours, jalonné d'expositions sur le thème de la marine, fait découvrir suivant les itinéraires choisis la salle de l'armement, la salle des machines arrière, les postes de commandement, les deux carrés des officiers, mais aussi la cuisine et la boulangerie de l'équipage, le service sanitaire (salle d'opération, cabinet dentaire...), l'agence postale et bien d'autres aménagements conçus pour la vie quotidienne à bord d'un navire de guerre de la seconde moitié du 20ᵉ s. On voit également les cabines des différents membres de l'équipage, dont l'appartement de l'amiral (circuit vert/jaune), décoré d'une cheminée, qui a reçu des hôtes célèbres, comme le général de Gaulle. Les accès aux plages avant et arrière du bâtiment permettent de voir la plate-forme destinée aux hélicoptères et des pièces d'armement.

CENTRE CULTUREL
ⓘ Le musée est doté d'un important fonds de consultation et d'ateliers pour les enfants. Il organise aussi conférences, débats, projections de films, visites commentées sur un thème ou un artiste en rapport avec l'art contemporain.

POUR COMPARER
En fin de parcours, dégustation d'un vin romain (additionné de miel et d'épices), d'un vin type 1850 et d'un vin moderne.

CONSEIL
Le circuit comporte trois sections balisées de couleurs. Les sections rouge et bleu faisant emprunter des escaliers raides, elles sont déconseillées aux personnes peu agiles.

Un bateau sous les drapeaux

Admis au service actif en mai 1959, le croiseur anti-aérien *Colbert* a été affecté comme navire amiral à l'Escadre de la Méditerranée à Toulon, puis à l'Escadre de l'Atlantique à Brest après avoir été transformé en croiseur lance-missiles dans les années 1970. Ayant peu servi dans des opérations militaires, il a cependant effectué des missions mémorables : aide aux victimes du tremblement de terre d'Agadir en mars 1960, retour du Maroc des cendres du maréchal Lyautey en 1961, voyages du général de Gaulle en Amérique du Sud en 1964, puis au Québec en 1967, fêtes du bicentenaire de l'Indépendance des États-Unis en 1976, opération Salamandre (été 1990, guerre du Golfe).

Privé de sorties en mer, le croiseur Colbert, *amarré au port de la Lune.*

Muséum d'Histoire naturelle

Tlj sf mar. 11h-18h, w.-end 14h-18h. Fermé j. fériés. 35F, gratuit 1er dim. du mois. ☞ 05 56 48 26 37.

Un petit air vieillot qui ne manque pas d'un certain charme, pour ce musée installé dans un hôtel du 18e s. en bordure du jardin public. Collections minéralogiques, paléontologiques et zoologiques consacrées, en partie, au Sud-Ouest de la France.

QUARTIER ST-SEURIN

Basilique St-Seurin

Juin-sept. : possibilité de visite guidée mar., jeu. et w.-end 14h30-17h30 ; oct.-mai : sam. 14h30-17h30. ☎ 05 56 48 03 28.

Entrer par le porche Ouest (11e s.), aux intéressants chapiteaux romans. Il est enterré d'environ 3 m. L'ensemble manque d'envolée, l'église fut, comme le porche, remblayée au début du 18e s.

À l'entrée du chœur : beau siège épiscopal en pierre (14e-15e s.). En face, retable orné de 14 bas-reliefs en albâtre retraçant la vie de saint Seurin. À gauche du chœur, dans la chapelle N.-D.-de-la-Rose (15e s.), retable orné de 12 panneaux d'albâtre figurant la vie de la Vierge.

La crypte, du 11e s. recèle des colonnes et des chapiteaux gallo-romains, de beaux sarcophages en marbre sculpté du 6e s. et le tombeau (17e s.) de saint Fort.

Site paléochrétien de St-Seurin

Pl. des Martyrs-de-la-Résistance. De mi-juin à mi-sept. : 15h-19h, 15F ☞ 05 56 00 66 00.

Une nécropole, des fresques, des sarcophages et des amphores, constituant un véritable musée archéologique, nous révèlent l'art des premiers chrétiens.

Les gratte-ciel de Bordeaux

Sans transition aucune, passons du monde paléochrétien à l'ère contemporaine. Le **quartier moderne Mériadeck** est le centre directionnel de la région Aquitaine. Englobant bureaux, bâtiments administratifs, habitations, centre commercial, bibliothèque municipale, patinoire, il est aussi agrémenté de pièces d'eau et d'espaces verts comme l'esplanade Charles-de-Gaulle. Des passerelles suspendues assurent l'accès vers les rues limitrophes. Les immeubles sont en verre et béton, arrondis ou cubiques et parfois encagés dans des structures métalliques. Les plus caractéristiques sont la **Caisse d'épargne** avec ses plans courbes et rectangulaires empilés, la **bibliothèque** aux parois réfléchissantes, l'**hôtel de région** à la façade rythmée par des lames verticales en béton et l'**hôtel des impôts** où triomphe le métal.

> ### Haut personnage
> Le nom du quartier Mériadeck rappelle Ferdinand Maximilien de Mériadeck, prince de Rohan, archevêque de Bordeaux au 18e s.

alentours

Vignoble de Bordeaux★ *(voir p. 164)*

Établissement monétaire de Pessac★

Banlieue Sud-Ouest de Bordeaux. Pénétrer dans le parc industriel de Pessac ; au rond-point tourner à droite dans l'avenue Archimède qui mène au chemin de la Voie-Romaine. Fermé provisoirement au public.

PREMIÈRE
C'est ici qu'a été frappé le premier euro français, en mars 1998.

L'établissement, également producteur de médailles, se présente comme une véritable forteresse de béton. C'est là qu'ont été transférés en 1973 les ateliers de fabrication monétaire de l'administration des monnaies de Paris (les billets se fabriquent à Chamalières, Puy-de-Dôme). Dans le hall, exposition de pièces et de médailles.

Une galerie surplombante longue de 350 m permet de suivre le déroulement complet des opérations : livraison du métal en lingots, fonte, laminage, découpage, finition, conditionnement. Les pièces brutes, appelées « flans » et dont le titre a été préalablement contrôlé, sont produites au rythme de 180 000 à l'heure ; elles sont « monnayées » à la cadence de 250 par minute. Le ministère des Finances fait ainsi frapper quotidiennement environ 4 millions de pièces, « jaunes » ou « blanches », qui assurent l'approvisionnement monétaire de la France et de plusieurs pays étrangers (Israël, Liban, Chypre, Afrique francophone).

Ancien prieuré de Cayac

À la sortie Sud de Gradignan (Sud de Bordeaux), par la N 10 (voir plan p. 150). Bâti au début du 13e s., mais restauré au 17e s., ce prieuré constituait jadis une étape sur la route de Compostelle.

Vignoble de **Bordeaux**★

Ce sont les Romains, dit-on, qui introduisirent la vigne en Aquitania. Mais on ne buvait alors qu'une triste « piquette » relevée de miel et d'épices. Rien à voir avec les vins « aimables » et « épanouis » qui mûrissent aujourd'hui à l'ombre des chais bordelais. Aucun doute, la vigne est souveraine aux portes de Bordeaux. Elle règne sur la vie des hommes comme sur le paysage. C'est une impressionnante mer verdoyante, fleurie çà et là de rosiers, qui monte à l'assaut des collines, occupant chaque parcelle de terrain et ne s'arrêtant qu'à la lisière des bois et au pied des demeures.

La situation

Cartes Michelin nos 71 plis 6 à 8, 15 à 18 ; 79 plis 1, 2 et 75 plis 11 à 13 ou 233 plis 37, 38 et 234 plis 2, 3, 4, 7, 8, 11 – Gironde (33). Ci-dessous, plusieurs circuits font découvrir une partie des terroirs bordelais : le terroir des côtes-de-bordeaux, l'Entre-Deux-Mers, le Sauternais, le terroir de Saint-Émilion et le Médoc. **🛈** *Maison du Vin de Bordeaux, 3 cours du XXX-Juillet, 33000 Bordeaux,* ☎ *05 56 00 22 88. Maison du Tourisme de la Gironde, 21 cours de l'Intendance, 33000 Bordeaux,* ☎ *05 56 52 61 40.*

Les gens

Seul maître après Dieu dans ses vignes, le viticulteur – le vigneron d'antan – suit amoureusement l'évolution des plants tout au long de l'année : taille, épamprage, rognage, effeuillage, traitement contre les parasites... Bien du travail jusqu'à l'automne ! Interviennent alors les vendangeurs qui louent leurs bras pour récolter le raisin. Après la vinification, réalisée par le viticulteur lui-même ou dans une coopérative, les négociants sélectionnent les crus et les commercialisent sous leur marque.

PRATIQUE
Se procurer dans les Maisons du Vin ou à la Maison du Tourisme de Gironde le guide *Vignobles et chais en bordelais* : présentation des appellations, des crus, des manifestations, adresses...

circuits

1 LES CÔTES-DE-BORDEAUX

105 km au départ de Bordeaux – compter la journée.
Prendre la D 113 puis la D10 qui suivent la Garonne au Sud-Est de Bordeaux.

Château de Langoiran

14h-19h (juil.-août : 10h-12h, 14h-19h) Fermé 1er janv. et 25 déc. 10F. ☎ *05 56 67 31 42.*

De cette demeure du 13e s., seuls subsistent une enceinte ruinée et un donjon rond très imposant. Le tout, escarpé et envahi par la végétation, ne manque pas de charme.

Rions

On pénètre dans cette « riante » petite cité fortifiée par la porte du Lhyan (14e s.), qui a conservé ses éléments défensifs d'origine : mâchicoulis, assommoir, rainures de herse et loges latérales pour les hommes d'armes. Jolie balade au milieu des maisons anciennes. Bucolique sentier des remparts, bordé de jardinets.

Cadillac

Cette bastide, fondée en 1280, n'a rien à voir (eh non !) avec la célèbre automobile américaine. Elle ne fait commerce que de vins blancs liquoreux.

Le **château des ducs d'Épernon** fut élevé et décoré de 1598 à 1620 pour le fastueux et irascible Jean-Louis de Nogaret de La Valette (1554-1642), ancien mignon de Henri III et haut personnage sous Henri IV et Louis XIII. Les vastes appartements aux plafonds à la française contiennent 8 cheminées monumentales, auxquelles travailla le sculpteur Jean Langlois ; elles sont remarquables par la richesse de leur décor de marbres rares, trophées, amours, chutes de fleurs et de fruits. Le château n'est pas meublé, il sert de cadre à des expositions temporaires. *Avr.-sept. : tlj sf lun. 9h30-12h30, 14h-18h (juil.-août : tlj 9h30-13h, 14h-19h) ; oct.-mars : tlj sf lun. 10h-12h, 14h-17h30. Fermé 1er janv., 1er mai, 1er et 11 nov., 25 déc. 25F.* ☎ *05 56 62 69 58.*

La route longe le coteau calcaire portant les vignobles compris dans l'appellation « premières côtes de Bordeaux » : vins blancs, rouges et « clairets ».

Ne vous attendez pas à voir des Cadillac plein la cour du château : aucun rapport entre le nom du château et les belles Américaines !

Ste-Croix-du-Mont★

De la terrasse ombragée de l'église, située à l'extrémité de la colline, qui porte également le château, **vue★** très étendue (table d'orientation) en direction des Pyrénées. Des **grottes★** s'ouvrent en contrebas, creusées dans un banc d'huîtres fossiles déposé par l'océan à l'époque tertiaire ; l'une d'elles a été aménagée en **cave de dégustation**. *D'avr. à mi-oct. : tlj sf mer. 14h30-18h30, w.-end et j. fériés 10h-12h30, 14h30-19h30. Gratuit.* ☎ *05 56 62 01 54.*

St-Macaire *(voir ce nom)*

Verdelais *(voir ce nom)*

Prendre la D 117.

Après Verdelais, la route de Loupiac traverse des mamelons couverts de vignes fournissant des vins blancs liquoreux.

Les « châteaux » se dissimulent au creux de bouquets d'arbres. Vues, au premier plan, sur Ste-Croix-du-Mont, dans le lointain, sur la vallée de la Garonne et la forêt des Landes.

carnet pratique

VISITE

Lambert Voyages – *84 r. Montesquieu - 33500 Libourne - ☎ 05 57 25 98 10 - lambert.voyages@wanadoo.fr - Lun., sam. 9h-12h, 14h-17h30, mar.-ven. 9h-19h, mer.-jeu. 9h-12h, 14h-19h.* Admirateurs de *Cinq Semaines en ballon* de Jules Verne ou simples amoureux du ciel, courez à cette agence de voyages qui propose des baptêmes de l'air en montgolfière.

ULM de Libourne – *Aérodrome de Libourne - 33570 Les Artigues-de-Lussac - 9 km au N de Libourne par N 89. - ☎ 05 57 24 34 41 - Mer.-dim. 9h-12h, 14h30-20h.* Que diriez-vous d'une balade en ULM au dessus de St-Émilion, de Pomerol et de la vallée de la Dordogne (150F pour un quart d'heure) ? À proximité, l'aéro-club de Libourne propose des baptêmes de l'air (420F de l'heure).

RESTAURATION

• À bon compte

Le Lion d'Or – *Pl. de la République - 33460 Arcins - 6 km au NO de Margaux par D 2 - ☎ 05 56 58 96 79 - fermé juil., 23 déc. au 1er janv., dim. et lun. - réserv. obligatoire - 68F.* Ambiance bistrot dans ce restaurant, avec ses banquettes et ses grands miroirs reflétant les casiers à vins des châteaux du Bordelais. La table soignée et généreuse a du succès, d'autant que ses prix sont très raisonnables.

Auberge de Savoie – *1 pl. Trémoille - 33460 Margaux - ☎ 05 57 88 31 76 - fermé 6 au 13 nov., vacances de fév., lun. soir hors sais., dim. et j. fériés - 85/135F.* L'accueil est très sympathique dans cette belle maison de pierres du 19e s. à proximité de l'Office de tourisme. Deux salles à manger colorées agréables. Par beau temps, vous préférerez sans doute la plaisante terrasse sur l'arrière. Cuisine bien tournée à prix sages.

Le St-Julien – *11 r. St-Julien - 33250 St-Julien-Beychevelle - 4 km au S de Pauillac par D 2 - ☎ 05 56 59 63 87 - fermé dim. soir - 95/350F.* Cette ancienne boulangerie de village datant de 1850 a été aménagée en restaurant. Pierres et poutres apparentes dans la salle à manger. Le patron pauillacais d'origine prépare une cuisine régionale élaborée.

• Valeur sûre

Ferme-auberge Château Guittot-Fellonneau – *33460 Margaux - 6 km au SE de Margaux par D 2 puis D 209 - ☎ 05 57 88 47 81 - fermé vacances de fév. et 15 août au 5 sept. - 115/300F.* Dans cette propriété viticole du Médoc, alchimie du vin rime avec science de la bonne chère. Sur la terrasse ombragée dominant les vignes, laissez-vous aller au plaisir d'un vrai repas du Sud-Ouest avec rillettes, confits, foie gras..., préparés par la patronne.

Le Flore – *1 Petit-Champ-du-Bourg - 33540 Coirac - 7,5 km à l'O de Sauveterre-de-Guyenne par D 671 puis D 228 après St-Brice - ☎ 05 56 71 57 47 - fermé 2 au 15 janv., 3 au 17 sept., mer. soir, dim. soir et lun. - 119/195F.* Sur la terrasse ombragée ou dans la grande salle fleurie de cette maisonnette, préparez-vous à un repas de choix, œuvre d'un jeune chef très créatif. Aimable et professionnelle, sa femme saura mieux que personne vous guider parmi les saveurs subtiles.

HÉBERGEMENT

• À bon compte

Chambre d'hôte La Lézardière – *Boimier-Gabouriaud - 33540 St-Martin-de-Lerm - 8 km au SE de Sauveterre-de-Guyenne par D 670, D 230 puis D 129 - ☎ 05 56 71 30 12 - http://lalezardiere.free.fr - fermé 11 nov. au 1er mars - ⊠ - 4 ch. : 220/300F - repas 100F.* Des chambres colorées ont été joliment aménagées à l'étage de cette métairie du 17e s. dominant la vallée du Dropt. Table d'hôte dans la haute grange. Salon de documentation sur le vin et la région derrière les crèches où, jadis, mangeait le bétail. Piscine et un grand gîte.

Chambre d'hôte Château du Broustaret – *La Greche - 33410 Rions - 6 km au N de Cadillac par D 11 vers Targon puis D 120 - ☎ 05 56 62 96 97 - fermé nov. aux vacances de Pâques - ⊠ - 5 ch. : 240/270F.* La tradition d'hospitalité à plus de 25 ans dans cette propriété viticole au cœur des Premières Côtes de Bordeaux. Bois et prairies entourent cette noble maison aux chambres simples et confortables. Une halte au calme, parfaite pour découvrir les vignobles.

• Valeur sûre

Chambre d'hôte Domaine de Carrat – *Rte de Ste-Hélène - 33480 Castelnau-de-Médoc - 1 km au SO de Castelnau-de-Médoc - ☎ 05 56 58 24 80 - fermé 22 déc. au 3 janv. - ⊠ - 5 ch. : 270/350F.* Entourée d'une forêt de pins et de feuillus, cette majestueuse maison aux volets rouges abritait jadis les écuries du château voisin. Accueil attentionné et chambres très confortables. Vous passerez sous le splendide porche pavé par où entraient jadis les voitures attelées.

Chambre d'hôte Le Manoir de James – *Rte de Ste-Colombe - 33580 St-Ferme - ☎ 05 56 61 69 75 - fermé 15 déc. au 15 janv. - ⊠ - 3 ch. : 300/360F.* Au 19e s., de belles tours coiffées de toits pointus ont donné son air de noblesse à cette ferme du 17e s. Cadre verdoyant, chambres avec cheminées, carreaux de Gironde aux teintes blondes dans la large entrée, accueil chaleureux et piscine sont le gage d'un séjour réussi.

Hôtel Pavillon de Margaux – *3 r. Georges-Mandel - 33460 Margaux - ☎ 05 57 88 77 54 - 🅿 - 14 ch. : 480/660F - ☑ 60F - restaurant 140/180F.* Dans cette maison récente construite sur le modèle des anciens pavillons de Margaux, les chambres personnalisées sont douillettes et colorées, décorées en partenariat avec un château du Médoc. Certaines plus petites ont un accès direct par l'extérieur. Cuisine généreuse au goût du jour.

SPECTACLES

La Bataille de Castillon – *Château-de-la-Brande - 33350 Castillon-la-Bataille - ☎ 05 57 40 14 53 - De mi-juil. à mi-août : spectacles tlj à 22h. Permanence téléphonique : toute l'année 8h-12h, 14h-18h.* Un spectacle de plein air reconstitue la fameuse bataille de Castillon, l'ultime bataille de la guerre de Cent Ans qui vit en 1453 la défaite des troupes anglaises du général Talbot et qui permit à Charles VII et au Royaume de France de reconquérir l'Aquitaine.

ACHATS

Tonnellerie Nadalie – *99 r. Lafont - 33290 Ludon-Médoc ☎ 05 57 10 02 02.* Visite des ateliers, démonstration et fabrication de tonneaux destinés au vins bordelais (sur rendez-vous).

Philippe Lherme – *30 av. du Port - 33420 Cabara - ☎ 05 57 84 67 52 - Ouv. 9h-12h, 14h-18h.* Dans la tradition hautement viticole de la région, Philippe Lherme fabrique sous vos yeux des paniers à vendanges en bois et vous offre la possibilité de les faire vous-même.

Loupiac

Célèbre pour ses vins blancs, la localité existait déjà du temps des Romains et le poète Ausone (4e s. après J.-C.) y aurait vécu.

Après Langoiran, prendre la D 20 pour une incursion dans l'Entre-Deux-Mers.

St-Genès-de-Lombaud

Sur fond de grands arbres se découpe la jolie silhouette de l'**église** N.-D.-de-Tout-Espoir, sise à mi-pente d'un vallon. Siège d'un pèlerinage à la Vierge Noire, elle se trouve à l'emplacement présumé d'une villa romaine. Sa façade à clocher-pignon présente un portail roman dont l'archivolte est sculptée d'animaux et de petits personnages.

Pour revenir à Bordeaux, prendre la D 20 vers Créon puis la D 14 à gauche. Elle rejoint la D 113 pour Bordeaux.

> **À VOIR**
> Les chapiteaux romans de la nef, et, à gauche, une pierre sculptée provenant vraisemblablement d'un autel domestique romain.

2 L'ENTRE-DEUX-MERS

55 km au départ de Bordeaux – compter 4h. Quitter Bordeaux à l'Est par la D 936 et emprunter la D 115 sur la droite.
Douces et verdoyantes, les collines de l'Entre-Deux-Mers déroulent entre Garonne et Dordogne leurs versants couverts de vignobles, de bosquets et de riches cultures.

Sadirac

Important centre potier artisanal exploitant surtout l'argile « bleue », le bourg présente cette activité traditionnelle, dont l'apogée se situa au 18e s., dans la **maison de la Poterie-musée de la Céramique sadiracaise**. Aménagée sur le site d'un ancien atelier construit en 1830 (four d'origine au fond du hall), la maison abrite notamment des pièces datant du 14e s. au 18e s. et des maquettes de fours anciens. La production actuelle, assurée par trois ateliers seulement, est axée sur la poterie du bâtiment, la poterie horticole et la reconstitution de formes anciennes.
&. *Tlj sf lun. 14h-18h, dim. 15h-18h. Fermé j. fériés. 10F.* ☎ *05 56 30 60 03.*

La **ferme-parc « Oh ! Légumes Oubliés »** remet à l'honneur des légumes et des plantes tombés en désuétude : potimarron, rutabaga, nèfles... Au programme de cette visite originale, la découverte du verger et du potager-conservatoire, une initiation aux saveurs anciennes et la visite d'une conserverie traditionnelle et de l'exploitation agricole. &. *De mi-avr. à mi-déc. : 14h-18h. 35F (enf. : 27F).* ☎ *05 56 30 62 00.*
La D 115 E8 et la D 671 mènent à Créon.

> **MENU D'ANTAN**
> Saveur acide de l'apéritif au verjus, saveur salée d'une quiche aux orties, aux pâtissons ou au potimarron, saveur sucrée ou amère d'une confiture de sureau, à la tomate verte, ou à l'amour en cage.

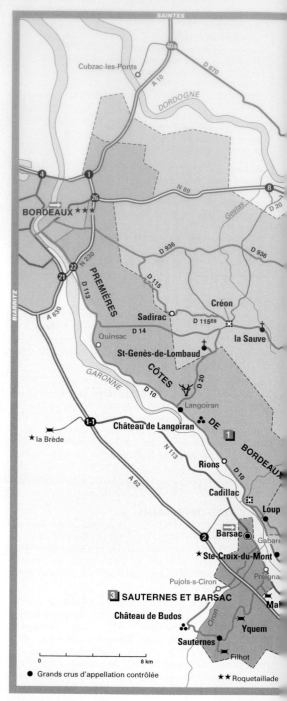

Créon
Ancienne bastide (place à arcades du 13e s.), la capitale de l'Entre-Deux-Mers est un marché agricole important. Elle occupe un site très vallonné qui lui a valu le nom de « Petite Suisse ».

La Sauve *(voir ce nom)*

Église de Castelvieil
Visite guidée le dim. sur demande auprès du maire, M. Jaumain. ☎ 05 56 61 97 58.
Elle est caractérisée par une superbe **porte romane★** de style saintongeais dont les chapiteaux et les voussures portent un riche décor sculpté formant l'un des plus beaux ensembles de la Gironde.

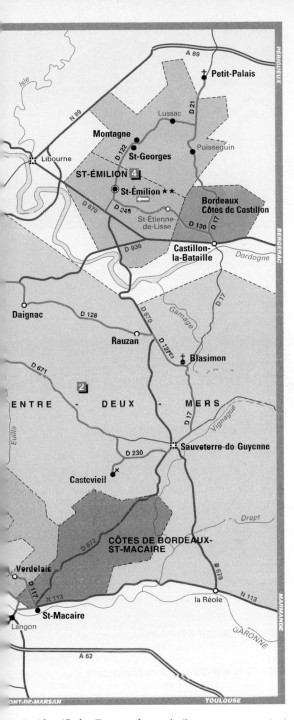

On identifie les Travaux des mois *(1re voussure en partant du haut)*, le Combat des Vertus et des Vices *(2e voussure)*, des personnages reliés par une corde symbolisant la communauté des fidèles *(3e voussure)*.

Sur les chapiteaux, remarquer à droite les Saintes Femmes au Tombeau et la Décollation de saint Jean Baptiste, à gauche les péchés capitaux (le 1er chapiteau à l'extrémité gauche représente la Luxure).

Sauveterre-de-Guyenne

Bastide typique, créée en 1281, avec quatre portes fortifiées et une vaste place centrale entourées d'arcades, Sauveterre témoigne, par son nom, des privilèges qui lui étaient attribués.

Les voussures ornées du portail central de Blasimon sont finement sculptées.

Ancienne abbaye de Blasimon

Visite sur demande auprès du Syndicat d'initiative. 10F.
☎ *05 56 71 89 86 ou 05 56 71 59 62.*

Cette abbaye bénédictine ruinée se dissimule au fond d'un vallon. Une enceinte fortifiée, dont témoigne encore une tour isolée, l'entourait.

L'église du 12e-13e s. associe des éléments romans (décor sculpté, quelques baies en plein cintre) et gothiques (arcs brisés, belles voûtes d'ogives). Clocher-pignon ajouté au 16e s. Au côté droit de l'abbatiale, le cloître a conservé seulement quelques arcades aux beaux chapiteaux romans et une partie de la salle capitulaire.

Rauzan

Gros bourg-marché de l'Entre-Deux-Mers, Rauzan conserve les ruines romantiques d'un **château des Duras** bâti du 12e au 15e s., qui domine un vallon. Une enceinte à merlons et un logis seigneurial percé de fenêtres à meneaux accompagnent le majestueux donjon rond, haut de 30 m, d'où l'on a une belle vue sur la campagne. *S'adresser au Syndicat d'initiative.* ☎ *05 57 84 03 88.*

De l'autre côté du vallon, au fond duquel niche un charmant lavoir, l'**église** montre trois beaux portails du 13e s. et un clocher-pignon déjà de type pyrénéen.

Prendre la D 128 vers Daignac.

Daignac

Un ruisseau, le Canedone, a creusé là un ravin que franchit un vieux pont. En aval, ruines d'un moulin du 13e s.

Retour à Bordeaux par la D 936.

③ SAUTERNES ET BARSAC

30 km au départ de Barsac – environ 2h.

Petit par la surface, mais grand par le renom de ses vins blancs, le vignoble de Sauternes et Barsac est un « pays » constitué par la basse vallée du Ciron, près de son confluent avec la Garonne. Le « terroir » se limite à cinq communes : Sauternes, Barsac, Preignac, Bommes et Fargues. Sur les coteaux s'alignent les rangées de ceps, généralement perpendiculaires au cours du Ciron et séparées en « clos ». Seuls trois cépages y sont connus : la muscadelle, le sauvignon et le sémillon.

La grande originalité du vignoble de Sauternes, c'est la façon dont se fait la vendange. En effet, les grains de raisin, parvenus à maturité, ne sont pas cueillis aussitôt, afin qu'ils puissent subir la « pourriture noble », causée par un champignon propre à la région. Ces grains « confits » sont alors détachés un par un et transportés avec d'infinies précautions.

PRATIQUE

Pour visiter les chais et les caves, suivre un stage d'œnologie, vivre au rythme des fêtes viticoles, assister aux vendanges..., consulter la rubrique « Informations pratiques » en début de guide.

Barsac

L'église, curieux monument de la fin du 16e et du début du 17e s., comprend trois nefs de même hauteur dont les voûtes constituent un exemple de la survivance du gothique en période classique. Le mobilier est Louis XV : tribune, autels, retables, confessionnaux. Les sacristies sont revêtues de boiseries ou de panneaux de stuc. *D'avr. à fin oct. : 8h-17h30.*

Budos

Un peu extérieur au Sauternais proprement dit, Budos conserve les ruines d'un château féodal au début du 14e s., propriété d'un neveu du pape Clément V. Le chemin d'accès passe sous le châtelet d'entrée que couronne une tour carrée à merlons, puis atteint l'esplanade du château. De là, descendre dans le fossé du front Ouest pour se rendre compte de la puissance de la courtine et des tours, renforcées de bretèches.

Sauternes

Typique bourg viticole. Au Sud, **Château Filhot** du 17e s. ▶

Château Yquem

Le plus prestigieux des crus de Sauternes était connu déjà au 16e s. Vue sur le Sauternais en direction de la Garonne.

Château de Malle

D'avr. à fin oct. : visite guidée (1/2h) 10h-12h, 14h-18h30. 45F. ☎ 05 56 62 36 86.

Un portail d'entrée orné de superbes ferronneries donne accès au domaine. L'aimable composition qu'offre l'ensemble du château et des jardins a été conçue au début du 17e s. par un aïeul de l'actuel propriétaire.

Le château lui-même, charmante demeure à pavillon ▶ central aux frontons sculptés semi-circulaires, coiffé d'un toit d'ardoises à la Mansart, rappelle par son plan les « chartreuses » girondines. Deux ailes basses en fer à cheval aboutissent à deux grosses tours rondes. Les bâtiments latéraux renferment les chais.

Les jardins en terrasses, à l'italienne présentent des groupes sculptés du 17e s. et un curieux nymphée en rocaille orné de statues d'Arlequin, Pantalon et Cassandre.

Prolongeant ces jardin, le vignoble s'étend, fait unique en Gironde, sur les deux terroirs de Sauternes (vin blanc) et de Graves (vin rouge).

Par la D 8 E4, Preignac et la N 113, regagner Barsac.

Le château Yquem a donné son nom à un cru très recherché.

4 LE SAINT-ÉMILION

52 km environ, au départ de St-Émilion – compter 6h.
Quitter St-Émilion au Nord près de la porte Bourgeoise par
la D 122.

Certes, il est recommandé de parcourir les vignes à l'automne lorsque les rangées de ceps s'animent de la fièvre des vendanges (2e quinzaine de septembre) et qu'une lumière caressante dore les contours du paysage. Cependant, en toute saison, le promeneur jouira du tableau équilibré que composent les coteaux couronnés de « châteaux » et de bouquets d'arbres, tandis que se dégagent des échappées sur les vallées de la Dordogne et de l'Isle.

Après St-Émilion et peu avant St-Georges apparaît à droite le **château St-Georges**, bel édifice Louis XVI sommé d'une balustrade et de pots-à-feu.

St-Georges

Petite église romane du 11e s. à tour carrée s'élargissant vers le haut et abside courbe offrant des modillons sculptés aux sujets savoureux, traités dans un style cubiste.

Montagne

Église romane à trois absides polygonales que surmonte une tour carrée munie d'une chambre forte. De la terrasse voisine de l'église, vue sur St-Émilion et la vallée de la Dordogne.

À proximité, l'**écomusée du Libournais** propose au visiteur une incursion dans le monde rural d'autrefois à travers le musée du Temps et le musée du Vigneron évoquant les activités traditionnelles et l'aspect social dans le vignoble libournais à la fin du 19e s. et au début du 20e s. Des expositions temporaires instruisent sur les techniques viticoles actuelles.   *10h-12h, 14h-18h. Fermé de mi-déc. à mi-janv. 28F (enf. : 12F).* ☎ *05 57 74 56 89.*

Continuer la D 122 jusqu'à Lussac et la suivre sur 2 km. Prendre à gauche la D 21 sur 4,5 km.

Petit-Palais

Au milieu de son cimetière, l'église de Petit-Palais (fin 12e s.) offre une ravissante **façade★** romane saintongeaise, de dimensions réduites mais bien proportionnée et sculptée avec délicatesse d'une profusion de motifs ; la cathédrale de Zamora (Espagne) s'en est inspirée.

Le **portail** est encadré de portes aveugles qui donnent une idée fausse du plan de l'église, pourvue d'une nef sans bas-côtés. La disparité entre les deux baies aveugles situées aux extrémités du second registre, l'une polylobée, l'autre régulière, constitue une autre particularité de cette façade.

Revenir sur la D 17 que l'on prend vers le Sud.

Castillon-la-Bataille

En 1453, les troupes anglaises placées sous les ordres du général Talbot subirent une lourde défaite devant les troupes des frères Bureau. Cette bataille marqua la fin de la domination anglaise en Aquitaine.

Construite sur une butte, Castillon domine la rive droite de la Dordogne dont les berges ont inspiré Michel de Montaigne et Edmond Rostand. Ses coteaux produisent un bordeaux supérieur, les côtes-de-castillon.

Revenir à St-Émilion par la D 130, St-Étienne-de-Lisse et la D 245.

5 LE HAUT MÉDOC★

125 km au départ de Bordeaux – compter une journée. Quitter Bordeaux par ⑦ du plan, la N 215 et à Eysines prendre la D 2 à droite.

Favorisé par des conditions naturelles exceptionnelles et par une tradition viticole remontant au règne de Louis XIV, le haut Médoc est le pays des « châteaux » et des grands crus, précieusement conservés dans les chais.

À VOIR

L'élévation à 3 étages d'arcs, aux dessins différents, dont plusieurs polylobés suivant une mode venue des Arabes. Un cordon d'animaux se poursuivant à l'archivolte du portail central, et, dans les écoinçons, d'amusants personnages figurant d'un côté une femme, de l'autre un homme se tirant une épine du pied.

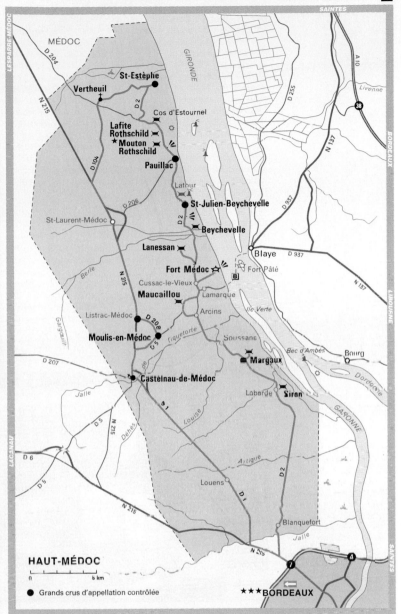

C'est surtout en automne qu'il faut parcourir le Médoc,
lorsque le ciel d'un bleu voilé et les feuilles jaunissantes
tempèrent de leur mélancolie l'animation des vendanges.
Il est possible de visiter de nombreux chais · nous citons
les plus intéressants.

Château Siran
À Labarde. &. *Visite guidée (1/2h, dernière entrée 3/4h av.
fermeture) 10h15-18h30. Fermé 1ᵉʳ janv. et 25 déc. Gratuit.*
☏ *05 57 88 34 04.*
Après la visite des chais, on découvre quelques pièces
aménagées dans les communs du château. Celui-ci a
appartenu aux comtes de Toulouse-Lautrec, ancêtres du
peintre. Une salle de réception renferme de beaux
meubles du 19ᵉ s. ainsi qu'une collection d'assiettes à dessert richement décorées (scènes de chasse, mariage, etc.).
Dans l'escalier menant à l'étage on verra un tableau intitulé *Bacchus juvénile*, d'après le Caravage. La salle à manger dite salle Decaris, du nom de l'auteur des tableaux sur
le thème du vin, possède d'intéressantes faïences
(fabrique de Vieillard) ayant le liseron comme motifs.

> **À VOIR**
>
> Dans les communs du
> château, des gravures
> signées Rubens,
> Vélasquez, Boucher et
> Daumier.

Château Margaux

Visite guidée (1h) tlj sf w.-end 10h-12h, 14h-16h, sur demande 15 j. av. auprès de Mme Bizard, Château Margaux, 33460 Margaux. Fermé en août et pdt les vendanges. Gratuit. ☎ *05 57 88 83 93.*

« Premier grand cru classé », le vignoble de Château Margaux fait partie de l'aristocratie des vins de Bordeaux. Il couvre 85 ha ; remarquer quelques rangées de très vieux ceps, noueux et tordus. On visite les chais, les installations de vinification et une collection de vieilles bouteilles.

Château mouton-rothschild, château margaux, château latour : quelques-uns des grands crus du haut Médoc.

Le **château** est de proportions harmonieuses. Bâti en 1802 par l'architecte Combes, élève de Victor Louis, il comporte un soubassement, deux étages et un attique. Un jardin à l'anglaise contraste, par sa fantaisie, avec la sévérité des bâtiments.

À partir de Margaux, la D 2 suit le coteau dominant les « palus ». À Arcins, quitter la D 2 pour prendre à gauche vers Grand-Poujeaux, d'où l'on prend la D 5 en direction de Lamarque.

Château Maucaillou

Le domaine propose la visite de son chai et de son **musée des Arts et Métiers de la vigne et du vin** exposant les méthodes anciennes et modernes de viticulture de Maucaillou. ♿ *Juin-sept. : visite guidée (1h1/2) 10h-19h, réservation conseillée ; oct.-mai : 10h-12h30, 14h-18h30. Fermé 1er janv. 45F (-12 ans : gratuit).* ☎ *05 56 58 01 23.*

Reprendre la D 5. À Cussac-le-Vieux, prendre à droite.

Fort Médoc

Mai-oct. : 9h-20h ; nov.-avr. : tlj sf lun. 10h-17h30. Fermé 14 et 15 juil. 12F. ☎ *05 56 58 98 40.*

Conçu en 1689 par Vauban pour interdire les approches de Bordeaux à la flotte anglaise, l'ouvrage croisait ses feux avec ceux du fort Pâté et de la citadelle de Blaye. Par une porte sculptée, la porte Royale au fronton orné d'un soleil symbolisant le roi Louis XIV, on pénètre dans la cour où les principaux éléments du fort sont indiqués : corps de garde, boulangerie, poudrière, emplacements des batteries... Au-delà de la cour, un bastion offre de jolies vues sur la Gironde, Blaye et ses coteaux.

À partir de la D 2, un chemin pris à gauche donne accès au château Lanessan.

Château Lanessan

Visite guidée (1h1/4) 9h15-12h, 14h-19h. Fermé 1er janv. et 25 déc. 35F (enf. : gratuit). ☎ *05 56 58 94 80.*

Campé au faîte d'un domaine de 400 ha, il domine vignes, bois et prairies. Construit en 1878 par Abel Duphot, il apparaît comme un mélange de Renaissance espagnole et de style hollandais notamment avec ses pignons à crémaillères et ses hautes cheminées monumentales. Dans les communs, le **musée du Cheval** présente une intéressante collection de voitures hippomobiles de 1900, dont une diligence de 15 places. La sellerie expose mors, harnais, étriers et selles. On visite également les chais qui datent de 1887 (cuves en ciment).

> **REMARQUER**
>
> Les mangeoires en marbre dans l'écurie. Les chevaux sont bien soignés ici !

Château Beychevelle

Visite guidée (1h) tlj sf w.-end 9h30-12h, 14h-17h (de mi juin à mi-oct. : tlj sf dim.). Fermé j. fériés. Gratuit. ☎ *05 56 73 20 70.*

C'est une blanche et charmante chartreuse reconstruite en 1757 ; son fronton est sculpté de guirlandes et de palmes. Le nom de Beychevelle (baisse-voile) viendrait du salut que les navires devaient faire au 17e s. devant la demeure appartenant alors au duc d'Épernon, Grand Amiral de France, qui percevait un droit de péage.

Au-delà de Beychevelle, vues agréables sur l'estuaire de la Gironde.

St-Julien-Beychevelle

Vignobles estimés, tels les Châteaux Lagrange, Léoville, Beaucaillou, Talbot (du nom du célèbre maréchal anglais) et le Gruaud-Larose dont le propriétaire annonçait, dit-on, la qualité en hissant sur la tour un pavillon différent.

Pauillac

Doté d'un port de plaisance, Pauillac dispose de beaux quais, équipés pour recevoir les paquebots de croisière. Mais Pauillac est surtout connu comme un centre vinicole important qui s'honore de crus illustres comme les châteaux lafite-rothschild, latour et mouton-rothschild ainsi que d'une coopérative, la Rose Pauillac, la plus ancienne du Médoc.

Château Mouton Rothschild★

Avr.-oct. : visite guidée (1h1/4) 9h15-11h, 14h-16h, ven. 9h15-11h, 14h-15h, w.-end et j. fériés 9h-11h, 14h-15h30 ; nov.-mars : tlj sf w.-end. Fermé 1er mai et entre Noël et J. de l'an. 30F. Réserver 2 sem. av. : Mlle Parinet, Château Mouton Rothschild, 33250 Pauillac. ☎ *05 56 73 21 29.*

Au cœur des vignobles qui dominent Pauillac se tient le Château Mouton Rothschild, un des noms glorieux du Médoc, classé « premier cru » en 1973, dont se visitent les **chais**★ : de la salle d'accueil superbement meublée et décorée de peintures et de sculptures ayant trait à la vigne ou au vin, on passe dans la salle de banquets, tendue d'une somptueuse tapisserie du 16e s. représentant les vendanges. Après le grand chai où reposent les barriques de vin nouveau viennent enfin caves et caveaux où s'alignent par milliers de précieuses et vénérables bouteilles.

Les chais du Château Mouton Rothschild, aussi célèbres que ses vins.

Le **musée**★★ est aménagé dans d'anciens caveaux. Nombreuses œuvres d'art de toutes les époques, se rapportant à la vigne et au vin. On admirera tapisseries, peintures, sculptures, céramiques, verreries, « pierres dures » placées dans un cabinet tendu de drap bleu nuit et surtout un étonnant ensemble d'orfèvrerie des 16e-17e s. Une place est faite à l'art contemporain avec notamment une belle composition du sculpteur américain Lippold.

Château Lafite Rothschild

De nov. à fin juil. : visite guidée (1h) tlj sf w.-end 13h30-15h30, ven. 13h30-14h30. Fermé j. fériés. Gratuit. Réserver 15j. av. auprès du Domaine des Barons de Rothschild, 33, r. de la Baume, 75008 Paris. ☎ 01 53 89 78 00.

C'est le plus fameux des « premiers grands crus classés » du Médoc, dont les caves abritent une collection de bouteilles vénérables parmi lesquelles quelques-unes portent le millésime de l'année de la Comète, 1811.

Le château lui-même, dont le nom, correspondant au gascon « La Hite », provient du latin *petra ficta* (« pierre sculptée »), est établi sur une terrasse plantée de beaux cèdres et limitée par une balustrade Louis XIV ; il appartient depuis le Second Empire (1868) aux Rothschild.

Au-delà du Château Lafite Rothschild, à droite de la D 2, apparaît la silhouette orientale des pagodes indiennes édifiées au 19e s. constituant le **Château Cos-d'Estournel**. La porte d'entrée provient du palais du sultan de Zanzibar.

St-Estèphe

Le bourg, que domine son église, est situé sur un mamelon au centre d'une mer de vignes. Du port, vue sur la Gironde, le marais et les côtes de Blaye, ancien rivage de l'estuaire.

Vertheuil

L'**église romane** (11e s.), modifiée au 15e s., est une ancienne abbatiale dont l'importance est marquée par ses trois nefs, son chœur à déambulatoire et chapelles rayonnantes, ses deux clochers. Sur le côté droit, restes d'un beau portail roman aux voussures ornées de figures (paysans taillant la vigne, vieillards de l'Apocalypse).

L'intérieur relève du style poitevin par ses bas-côtés presque aussi hauts que la nef, voûtée d'ogives au 15e s. Dans le chœur, tribune suspendue du 15e s. et stalles de la même époque, sculptées de scènes monastiques. Au bas de la nef, fonts baptismaux monolithes du 15e s.

Les ruines d'un château à donjon du 12e s., restauré, dominent le village.

Moulis-en-Médoc

L'**église romane** a été quelque peu modifiée à l'époque gothique ; la tourelle ronde élevée à la place de l'absidiole Sud renferme l'escalier en hélice donnant accès au clocher doté d'une chambre forte. L'abside, remarquable, montre à l'extérieur des modillons sculptés et des arcatures. À l'intérieur, voir les chapiteaux sculptés de félins ou d'oiseaux, naïvement historiés : 4e chapiteau à gauche, Tobie portant le poisson dont le fiel guérira la cécité de son père. Sarcophages mérovingiens.

Les vignobles de Grand-Poujeaux font la renommée des vins de Moulis.

Castelnau-de-Médoc
Castelnau possède une église dont un vitrail Renaissance représente la Crucifixion, une sculpture sur bois, la *Pentecôte*, de 1736, et le bas-relief d'albâtre (14e s.) des fonts baptismaux, la *Trinité*.

La D 1 ramène à Bordeaux.

> **QUARANTAINE**
> Le bénitier extérieur, incorporé à la façade, était, si l'on en croit la tradition, réservé aux lépreux.

Bourg

Haut perchée, les pieds dans l'eau, une jolie petite ville, blonde et paisible, où il fait bon flâner dans les ruelles pentues, salué par les chats qui prennent le frais devant les portes. Un verre d'excellent côte-de-bourg là-dessus, et la vie s'ensoleille.

La situation
Cartes Michelin n°s 71 pli 8 ou 233 pli 38 – Gironde (33). Parking à quelques pas de la Terrasse du District.
B *Hôtel de la Jurade, 33710 Bourg,* ☎ *05 57 68 31 76.*

Le nom
L'ancienne *Burgo* (*borg*, en occitan, est une ville fortifiée) n'est en réalité plus sur la Gironde mais sur la Dordogne... Voilà un beau pied de nez du Bec d'Ambès qui, grassement nourri par les alluvions de la Dordogne et de la Garonne, s'est tout simplement allongé.

Les gens
2 115 Bourquais. Le plus célèbre d'entre eux est l'homme politique Léo Lagrange qui vit le jour à Bourg aux premières lueurs du siècle nouveau.

> **À LA TROQUE AU SEL**
> Les quais de Bourg furent en leur temps fourmillant d'activité. On y embarquait la réputée pierre de Bourg, qui servit à construire maints édifices bordelais, et le non moins réputé vin local. La foire annuelle de « Troque Sel » rappelle le commerce du sel et du blé qui animait lui aussi le port depuis le 14e s.

se promener

Terrasse du District
Ombragée de vieux ormeaux et de tilleuls, cette terrasse au nom révolutionnaire dispense l'été une douce fraîcheur. Le regard se repose d'abord sur les toits de tuiles de la ville basse, couleur terre de Sienne brûlée, puis sur la Dordogne et la Garonne qui se rejoignent au Bec d'Ambès pour former la Gironde *(table d'orientation)*.

Ville basse
De l'Office de tourisme, prendre la rampe Cahoreau qui passe sous la **porte de la Mer**, creusée dans le rocher. Des escaliers mènent à un **lavoir** (1828), abreuvé par une fontaine sise au pied de la falaise calcaire. Au **port**, les yoles des pêcheurs attendent tranquillement le passage des aloses, lamproies, anguilles... ou vont traquer la chevrette (crevette grise de l'estuaire).

L'escalier du Roy monte jusqu'à la place du District. Prendre la rue à gauche de la place.

> **PARFUM D'ORIENT**
> En levant les yeux vers la ville haute, depuis le lavoir, on peut voir une anachronique demeure de style oriental. Elle aurait été bâtie par un fonctionnaire colonial qui s'en vint à Bourg vivre « le reste de son âge ».

Château de la Citadelle
Ancienne résidence d'été des archevêques de Bordeaux, reconstruite au 18e s. et après l'incendie allemand de 1944. Réservé aux réceptions, il ouvre au passant son jardin à la française, planté de magnolias et de pistachiers. De la terrasse, vues étendues sur la Dordogne, la Garonne et, en aval, sur la Gironde. Dans son enceinte, **musée hippomobile « Au temps des calèches »** : quarante voitures hippomobiles et sellerie. *Dim. et j. fériés 10h-13h, 14h-19h (juin : tlj sf mar. ; de juil. à mi-sept. : tlj). Fermé entre Noël et J. de l'an et 1er mai. 30F.* ☎ *05 57 68 23 57.*

Derrière ce pittoresque lavoir, Bourg s'accroche au flanc de la falaise calcaire.

alentours

La Libarde

1 km au Nord ; accès signalé au départ de Bourg. Un groupe de cyprès monte la garde au cimetière où a survécu une **crypte** romane du 10e s., seul témoignage de l'ancienne église. *Visite sur demande préalable à l'Office de tourisme. ☎ 05 57 68 31 76 ou 05 56 87 23 25.*

PILE OU FACE

Le nom de Pair-non-Pair viendrait de celui d'un ancien village, perdu au jeu par un noble.

Grottes de Pair-non-Pair

6 km à l'Est. Visite guidée (3/4h) 9h30-12h, 14h-17h30, dép. des visites à 10h, 10h45, 11h30, 14h30, 15h30, 16h30. Fermé 1er janv. et 25 déc. 15F. En haute sais. il est préférable de réserver la veille. ☎ 05 57 68 33 40.

À chacun ses cavernes préhistoriques. Celles de Pair-non-Pair, creusées dans les pentes calcaires d'un vallon du Moron, ne prétendent certes pas rivaliser avec Lascaux (sur laquelle elles ont cependant le privilège de l'âge), mais elles se défendent bien. Gravures aurignaciennes (âge de la pierre taillée) représentant chevaux, mammouths, bouquetins, bison, et un fin cheval à tête retournée.

Cubzac-les-Ponts

◀ *14 km au Sud.* Trois ouvrages d'art d'une grande hardiesse jouent ici à qui lancera le plus loin son tablier par-dessus la Dordogne. Le pont-route, formant viaduc, a été construit en 1882 (par Eiffel), le pont-autoroutier en 1974 et le pont-fer, en aval, en 1889. Bonne vue d'ensemble des trois depuis le port de Cubzac en parcourant la D 10, route d'Ambès.

BONNET DE LAINE

À St-André-de-Cubzac, un gentil dauphin danse au centre d'un rond-point. Il porte un petit bonnet rouge qui rappelle vaguement quelqu'un. Mais qui ? Le commandant Cousteau, natif du pays, bien sûr !

Château du Bouilh

2 km au Nord de St-André-de-Cubzac. Extérieur : 8h30-18h. Intérieur : de juil. à fin sept. : visite guidée (1/2h) jeu., w.-end, j. fériés 14h30-18h30. 30F (château), 5F (extérieur). ☎ 05 57 43 01 45.

Ceint par son vignoble, ce château de style Louis XVI, resté inachevé, a été conçu en 1787 par Victor Louis, l'architecte du Grand Théâtre de Bordeaux.

Château de **La Brède**★

Aux portes des Landes girondines, au pays des Graves, les lignes sévères du château de La Brède se reflètent dans des douves très larges. Il semble un îlot fortifié au milieu d'un lac. Le domaine n'a pas changé depuis le temps où l'auguste Montesquieu y promenait son profil aigu et bienveillant.

La situation

Cartes Michelin nos 71 pli 10 ou 234 pli 7 – 22 km de Bordeaux – Gironde (33). Prendre, au Sud de Bordeaux, la N 113 jusqu'à La Prade après laquelle on tourne à droite dans la D 108.

Le nom

Du gascon *breda*, « buisson », « épine ».

Les gens

En l'an de grâce 1689 naît au château Charles de Segondat, futur baron de Labrède et de Montesquieu ; en signe d'humilité, c'est un mendiant qui le tient sur les fonts baptismaux. Devenu président au parlement de Bordeaux – bien qu'étant, de son propre avis, magistrat médiocre –, Montesquieu aime sa tranquillité, se retirant fréquemment sur sa terre de La Brède : « *C'est le plus beau lieu champêtre que je connaisse.* » Là, il expédie sa correspondance commerciale (il vend beaucoup de vin aux Anglais), parcourt ses vignes, interpellant chacun en patois, visite ses chais...

visiter

Juil.-sept. : visite guidée (1/2h) tlj sf mar. 14h-18h ; avr.-juin : w.-end et j. fériés 14h-18h ; d'oct. à mi-nov. : w.-end et j. fériés 14h-17h30.

Château

Une large avenue conduit à l'austère château gothique (12ᵉ-15ᵉ s.), protégé par son plan d'eau. Commencer le tour du propriétaire par les douves. Par de petits ponts jetés entre deux anciens ouvrages fortifiés, gravés d'inscriptions latines, on rejoint le vestibule soutenu par six colonnes torses ; le long des murs sont disposées les malles de voyage de Montesquieu. De ce vestibule, on passe dans le salon orné d'un beau cabinet du 16ᵉ s. et de portraits de famille.

Parc

« La nature s'y trouve dans sa robe de chambre et au lever de son lit. » Dixit le maître des lieux, à propos du parc à l'anglaise dont il prit l'idée lors d'un séjour outre-manche.

Un château dans un écrin de verdure : lieu d'inspiration pour Montesquieu.

alentours

Château de Mongenan

11 km par la D 108 puis à droite par la N 113 jusqu'à Portets. De mi-fév. à fin déc. : visite guidée (1h) w.-end 14h-18h (Pâques-Toussaint : tlj 14h-19h ; juil.-août : tlj 10h-19h). 30F (enf. : gratuit). ☎ 05 56 67 18 11

Toute parée de vignes et de fleurs, la jolie chartreuse de Mongenan (1736) est précédée d'une terrasse qui se prolonge vers un jardin de curé. Là, poussent pêle-mêle plantes aromatiques, fleurs, légumes anciens et arbres fruitiers. À côté, musée consacré au 18ᵉ s. et temple maçonnique reconstitué.

Cambo-les-Bains⚓

Verte et limpide, c'est bien entendu ce que l'on attend d'une station thermale. Elle eut ses célébrités : Edmond Rostand, Sarah Bernhardt, Anna de Noailles. En somme, tout y est pour vous donner un air de « début de siècle ».

La situation

Cartes Michelin nos 78 pli 18 ou 234 pli 33 – Schéma p. 268 – Pyrénées-Atlantiques (64). Le Haut Cambo, quartier administratif, commerçant et résidentiel, groupe ses propriétés et ses hôtels sur le rebord d'un plateau qui domine la Nive ; le Bas Cambo, vieux village basque, est situé près de la rivière. En amont, se trouve le quartier thermal. 🛈 *Parc Saint-Joseph, 64250 Cambo-les-Bains,* ☎ *05 59 29 70 25.*

Le nom

Cambo, c'est en gaulois la « courbe ». Celle de la Nive où s'est installée la ville.

Les gens

4 416 Camboars (Kanboars). Edmond Rostand, venu à Cambo soigner sa pleurésie à l'automne 1900, tombe sous le charme et décide de s'y installer à demeure. L'œuvre théâtrale *Chantecler*, née de ses promenades à travers la campagne basque, et la villa Arnaga suffiront, jusqu'en 1910, à matérialiser ses rêves.

LE ROI DU CHISTERA
Joseph Aspeteguy (1881-1950), célèbre *pelotari* surnommé « Chiquito de Cambo », mit à l'honneur le jeu de pelote basque dit au grand chistera. Très branché, à l'époque, de venir y assister... d'autant que l'on risquait d'y croiser Edouard VII, roi d'Angleterre.

séjourner

Les thermes

Dans un parc planté de palmiers, l'établissement thermal est un petit bijou de style néoclassique (1927) paré de mosaïques Art déco et de ferronneries. Les deux sources thermales sourdent aux abords du parc.

visiter

Villa Arnaga★★

Avr.-sept. : visite guidée (3/4h) 10h-12h30, 14h30-19h ; de mi-fév. à fin mars : w.-end 14h30-18h ; d'oct. aux vac. scol. Toussaint et vac. scol. Noël : 14h30-18h. Fermé 1er janv. et 25 déc. 32F. ☎ *05 59 29 70 57.*

« Toi qui viens partager notre lumière blonde... n'entre qu'avec ton cœur, n'apporte rien du monde », écrit Edmond Rostand sur le seuil de sa villa d'Arnaga. « Je ne mesure que les beaux jours », lui répond un cadran solaire, de l'autre côté de la maison. Lumineuse, elle l'est en effet, cette belle demeure. Clarté et chaleur des lambris boisés, fraîcheur des peintures décoratives et des

La décoration intérieure de la villa Arnaga est particulièrement soignée : ici, un aperçu de la salle à manger.

carnet pratique

RESTAURATION

• À bon compte

Le Chêne – *Près de l'église - 64250 Itxassou - 5 km au S de Cambo par D 918, D 932 puis D 349* - ☎ 05 59 29 75 01 - *fermé janv., fév., mar. d'oct. à juin et lun.* - *85/190F.* Bienvenue dans cette très vieille auberge fondée en 1696 ! L'accueil est simple et familial. Salle à manger sous les poutres bleues plus une petite salle intime avec sa julie cheminée pour les repas d'hiver. Quelques chambres un peu anciennes mais bien tenues.

• Valeur sûre

Domaine Xixtaberri *4 km à l'E de Cambo-les-Bains par D 10* - ☎ 05 59 29 22 66 *fermé 8 au 22 janv.* - *réserv. conseillée - 120F.* La route est escarpée jusqu'à cette maison mais vous serez récompensé par la vue sur les Pyrénées et la côte basque. Spécialités basquaises à déguster sous la tonnelle ou dans la salle à manger coquette avec toiles de maîtres aux murs. Chambres confortables au décor personnalisé.

HÉBERGEMENT

• À bon compte

Hôtel Chez Tante Ursule *Quartier Bas-Cambo - 2 km au N de Cambo* - ☎ 05 59 29 78 23 - *fermé 15 fév. au 15 mars* - 🅿 - *17 ch. : 175/300F* - ☑ *30F - restaurant 90/200F.* Un petit hôtel discret face au fronton, bien placé pour assister à une partie de pelote basque. Chambres classiques très bien tenues, préférer celles de l'annexe, plus modernes. Restauration traditionnelle dans la salle à manger sous la charpente.

Hôtel Bellevue – *R. des Terrasses -* ☎ *05 59 93 75 75 - fermé 16 au 30 nov., 21 déc. au 4 janv., dim. soir et lun. sf juil.-août -* 🅿 *- 26 ch. : 240/380F -* ☑ *35F – restaurant 103/175F.* Un hôtel familial dans la station thermale. Les chambres sont classiques, un peu désuètes quelquefois et pour certaines ouvertes sur le jardin avec sa piscine. Spécialités régionales servies dans la salle à manger ou formule bistrot dans le bar pour les déjeuners.

ACHATS

Bijouterie Pagola – *R. Chiquito (derrière la mairie) -* ☎ *05 59 29 86 70.* On y trouve des bijoux basques en or et en argent, dont la fameuse croix basque à porter en pendentif.

Boutique Irrintzina – *R. des Terrasses -* ☎ *05 59 29 33 31.* Lainages pyrénéens et beau linge basque.

DÉTENTE

Établissement thermal – ☎ *05 59 29 39 39.* Une pincée de soufre, quelques grains de calcium, un soupçon d'oligo-éléments : avec l'eau de Cambo, adieu rhumatismes et problèmes ORL ! La station, dévolue un temps au traitement de la tuberculose, est, avec la disparition de cette maladie, revenue au thermalisme.

---

frises de carreaux, raffinement des faux marbres et des trompe-l'œil, éclat des vitraux de couleur... Nombreux documents aussi sur la famille Rostand et la carrière du poète : dessins originaux des costumes de *Chantecler*, épées d'académicien d'Edmond et de Jean Rostand, lettres de Léon Blum, Jules Renard, Cocteau, etc. L'immense villa de style basque-labourdin s'élève sur un promontoire aménagé par Rostand en jardins à la française. La perspective vers les montagnes d'Itxassou s'achève sur un pavillon à pergola évoquant la Gloriette de Schönbrunn à Vienne.

PIQUE-ASSIETTE

Comment éconduire les indésirables à l'heure du déjeuner ? Tout simplement en faisant sonner à 12h une horloge un peu particulière, qui en comporte quatorze... Déjà 14h !? Il me faut vous laisser ! Une invention du grand-père de Boris Vian, apparemment aussi imaginatif que son petit-fils.

itinéraire

MONTAGNES D'ITXASSOU★

15 km au Sud – environ 3h. Quitter Cambo par la D 918. La route s'échappe de la dernière cuvette cultivée de la basse Nive.

Itxassou★

Le village d'Ixtassou disperse ses hameaux parmi des centaines de cerisiers. Près de la Nive, très belle **église**★, dotée de trois étages de galeries, d'une chaire aux beaux réchampis dorés et d'un retable en bois doré du 18e s.
Prendre le chemin qui mène au terrain de vol à voile.

Mont Urzumu

De la table d'orientation, près d'une statue de la Vierge, **panorama** sur les Pyrénées basques et sur la côte, de la pointe Ste-Barbe à Bayonne.
La petite route, étroite, remonte la rive gauche de la Nive.

CERISE

La cerise noire d'Itxassou sert à préparer la fameuse confiture dont on fourre souvent les gâteaux basques ou qu'on mange avec le fromage ossau-iraty.

Pas de Roland

Faites un arrêt sur l'élargissement peu après une petite croix sur le parapet, pour regarder en contrebas. Le rocher percé en porte fut, selon la légende, ouvert par le sabot du cheval de Roland poursuivi par les Vascons. Un chemin conduit au site.

Prendre à droite à Laxia (route très étroite, à fortes rampes et à virages serrés).

Artzamendi★

Des abords de la station de télécommunications, le **panorama★** s'étend au Nord sur la basse vallée de la Nive, le bassin de la Nivelle et ses hauts pâturages, et, au-delà de la frontière, sur les hauteurs de la vallée de la Bidassoa.

Capbreton☼☼

Un nom qui sent le gros pull marin et le beurre salé, la chasse à la baleine et les expéditions lointaines. Pourtant l'Armorique est loin et le climat serein. Quant aux baleines, nulle crainte, il y a belle lurette qu'elles ne viennent plus frayer (ou alors par inadvertance) dans les eaux landaises.

La situation

Cartes Michelin n°s 78 pli 17 ou 234 pli 25 – Landes (40). Capbreton est limitrophe d'Hossegor dont elle n'est séparée que par le canal du Boudigau. 🛈 *Av. Georges-Pompidou, 40130 Capbreton,* ☎ *05 58 72 12 11.*

Le nom

Que vient faire la Bretagne ici ? Plusieurs hypothèses. Prenons la plus séduisante : Bretons et Capbretonnais razziaient de concert les eaux du Grand Nord...

Les gens

Jusqu'au 12e s., les baleines ont coutume de passer au large de Capbreton. Lorsqu'elles disparaissent, les marins – vignerons de vin de sable à leur heures perdues –, vont les traquer jusqu'à Terre-Neuve. Ils sont accompagnés dans ces expéditions par ceux de Saint-Jean-de-Luz, de Guéthary, du Vieux-Boucau. De nos jours, les 6 659 Capbretonnais sont résolument plus calmes.

séjourner

On fera escale à Capbreton, non pour la beauté du site – quelque peu dénaturé, il est vrai – mais pour les bienfaits de la mer et le grand port de plaisance.

La plage

◄ Principale attraction de la station. Sable fin, idéal pour les pâtés en famille. Les jours de mer très agitée, la plage centrale est la plus protégée. De sa jetée de bois (l'estacade, due à Napoléon III), belle vue sur la côte, les Pyrénées basques et l'embouchure du Boudigau. Au large s'ouvre le Gouf.

Le port

Capbreton, autrefois à l'embouchure de l'Adour, fut longtemps un port important. Mais on détourna le fleuve sur Bayonne et Capbreton en fut pour ses frais. Le port actuel, où se côtoient bateaux de plaisance et de pêche, n'est pas sur l'océan mais à la confluence des rivières Bourret et Boudigau.

Le « Gouf »

Un canyon sous la mer. Les pêcheurs avaient déjà pressenti son existence, voilà plusieurs siècles. La fosse s'amorce dès la sortie du port et atteint 3 000 m de profondeur, de 3 à 10 km de largeur et plus de 60 km de longueur. Mais elle est indiscernable à la surface.

CONSEIL
Se baigner sur les plages surveillées. En effet, à la fin de la marée descendante et au début de la marée montante, il se forme dans les « baïnes », sortes de dépressions de forme allongée, de dangereux courants.

À ESSAYER
Le surf casting. C'est la pêche au lancer dans les vagues. Elle se pratique au printemps et à la fin de l'automne, quand les plages sont tranquilles et les poissons moins farouches.

carnet pratique

RESTAURATION

• À bon compte

Aux Fruits de Mer – 29 av. Georges-Pompidou - ☎ 05 58 72 13 47 - fermé 2 au 31 janv., mar. soir et mer. - 98/180F. Coquillages, crustacés et poissons au menu de ce restaurant au bord du port de plaisance. La cuisine est goûteuse et vous l'apprécierez en admirant la vue de la terrasse. Quelques chambres simples mais agréables avec balcons pour certaines.

Le Pavé du Port – 2 quai de la Pêcherie - ☎ 05 58 72 29 28 - fermé 24 oct. au 9 nov., 19 déc. au 19 janv., mar. soir et mer. hors sais. et lun. en juil.-août - 100/148F. Face au port de plaisance, ce petit restaurant vous séduira par sa simplicité. La salle à manger est décorée de tableaux d'un peintre local. Cuisine sans chichis mais de bonne qualité.

SORTIES

Le Maeva – Bd du Front-de-Mer - ☎ 05 59 25 69 96 - Hors saison : 10h-0h. Été : 8h-1h. Voici sans doute le seul bar d'ambiance digne de ce nom à Capbreton. La proximité du Centre européen de rééducation en fait le fief des sportifs de haut niveau. Terrasse en bord de mer.

Lou Traouc – Rte de Vieux-Boucau - 40510 Seignosse – 10 km au NE de Capbreton par D 33 et D 652 - ☎ 05 58 43 31 85 - Hors sais. : ven.-sam. à partir de 23h , juil.-août tlj à partir de 23h. Fermé oct.-mars. Rien d'étonnant à ce que cette discothèque soit la plus fréquentée de la région : les jeux de lumière, la grande baie vitrée et la piscine extérieure en font un lieu superbe, dédié à toutes les formes d'amusement. Elle peut accueillir 1 200 couche-tard.

ACHATS

Marché aux poissons – Av. Georges-Pompidou - Été : 9h-12h30, 15h-18h. Hors sais. : 15h-18h. Une quinzaine de pêcheurs vendent le produit de leur pêche en direct sur le port, au pied de la capitainerie. Ils organisent aussi des fêtes, comme la Tournade qui a lieu en été. Si d'aventure vous passiez Noël à Capbreton, vous pourriez voir le Père Noël en personne arriver par la mer sur la vedette de sauvetage St-Nicolas.

LOISIRS-DÉTENTE

Capbreton Surf Club – Bd François-Mitterrand - ☎ 05 58 72 33 80 - capbreton.surf-club@worldonline.fr - Fév.-nov. : lun.-sam. 10h-12h, 14h-17h. Ce club organise des stages de surf et de bodyboard. Prix du stage d'une semaine à raison de 2 heures par jour : 880F.

Centre de Loisirs Équestres - Parc de Loisirs du Gaillou – 2 bd des Cigales - ☎ 05 58 41 80 30 - Tennis, mini-golf, quad, karting, équitation, ce centre de loisirs vous offre un large éventail d'activités.

Société nautique soustonnaise – 40140 Soustons - ☎ 05 58 41 32 23. Stages et séances découverte de voile, handivoile, surf, canoë, kayak.

Le Jean B – Av. Georges-Pompidou - ☎ 06 09 73 83 27 - De fin juin à fin août. : tlj 10h30-12h, 14h-18h. Ce pêcheur organise des promenades et des parties de pêches en mer.

Atlantic Park – ⌖ - Av. de la Grande-Plage - 40510 Seignosse - 10 km au NE de Capbreton par D 33 et D 652 - ☎ 05 58 43 15 30 - www.seignosse.com - Juin-sept. : tlj 10h-19h, sam. jusqu'à 22h. Fermé oct. à fin av. Les mordus des jeux aquatiques trouveront leur bonheur dans ce parc où des jeux et des toboggans ont été aménagés pour les plus petits et des bains bouillonnants pour les plus grands. Bar et restauration rapide possible.

visiter

Écomusée de la Mer

Au casino municipal. ⌖ ♿ *Juil.-août : 9h30-12h, 14h-18h30 ; avr.-juin et sept. : 14h-18h ; oct.-mars : vac. scol., dim., j. fériés 14h-18h. Fermé 1ᵉʳ janv. et 25 déc. 28F.* ☎ 05 58 72 40 50. Profitez d'une ondée et courez à l'écomusée. Il vaut la peine que l'on quitte la plage un moment. Tout de bleu et de blanc, agrémenté de filets de pêcheurs et ouvert sur l'océan par de larges baies vitrées, il présente la géologie marine et l'histoire de la pêche à Capbreton et sur la côte landaise : aquariums, maquettes, photos, films.

> **ÉTONNANT**
> Le squelette d'une baleine de l'Arctique venue échouer sur la plage de Seignosse en 1988.

alentours

La pinède des Singes

8 km. Quitter Capbreton au Sud par la D 652. En sortant de Labenne par la N 10, prendre à gauche la D 126, signalée « route du lac d'Irieu ». ⌖ ♿ *De mai à fin sept. : 10h-19h. 38F (enf. : 20F).* ☎ 05 59 45 43 66. Dans une pinède parsemée d'arbousiers et de chênes-lièges, des macaques de Java font les singes en toute liberté, pour le plus grand plaisir des petits... et des grands.

itinéraire

Hossegor *(voir ce nom)*

Vieux-Boucau-les-Bains

Endormi en 1578 par le détournement de l'Adour et devenu Vieux-Boucau (« vieille embouchure »), le village renaît aujourd'hui grâce à Port-d'Albret, important ensemble touristique aménagé autour d'un lac salé de 50 ha. Ses eaux sont renouvelées quotidiennement par un barrage dont les portes suivent le rythme des marées.

Sur la D 652 vers Soustons, juste avant le pont traversant le courant de Vieux-Boucau, tourner à gauche et parcourir environ 5 km jusqu'au Pesquité.

> **IL N'Y A QUE MAIL QUI M'AILLE**
> De Vieux-Boucau, on accède à Port-d'Albret par le mail, belle promenade piétonnière invitant à la flânerie, notamment le soir où les illuminations lui donnent un éclat particulier.

Tropica Parc

◎ & *D'avr. à fin oct. : 14h-19h (juin-août : 10h-20h). 38F (-16 ans : 25F).* ☎ *05 58 48 04 99.*

Trilles d'oiseaux, senteurs exotiques de plantes à parfum et d'épices (patchouli, orchidées, cacao, curcuma...), ce jardin tropical en plein air vous téléporte des Landes dans un Bali reconstitué (maisons balinaises, vélos indonésiens). Mini-ferme pour les enfants.

Étang de Soustons★

Vous ne pouvez malheureusement pas voir ses 730 ha d'eau d'un seul regard, contours obligent. Mais ses bords perdus dans les roseaux et les pins sont facilement accessibles.

🏃 *1/2h à pied AR.* Pour s'y rendre, de Soustons, suivez à gauche de l'église l'allée des Soupirs puis l'avenue du Lac jusqu'à l'embarcadère, aux bords joliment fleuris. Prenez à gauche le GR 8 jusqu'à la pointe de Vergnes : belle vue d'ensemble du plan d'eau. Continuez le long de la berge Sud, en contournant la ZAC des Pêcheurs. Une petite forêt de pins précède une aire de pique-nique au bord de l'eau.

Reprendre la D 652 vers Tosse. À 4 km, suivre à droite le chemin de Gaillou-de-Pountaout (panneau « étang Blanc »), qui passe entre l'étang Hardy et l'étang Blanc.

Étang Blanc

Petit plan d'eau peuplé de gabions. Un chemin le contourne, offrant de jolies vues sur le site et ses environs.

La route surplombe ensuite l'étang Noir dans le dernier virage.

Prendre à droite la D 89.

Vous traversez Le Penon, station balnéaire, qui allie immeubles en bordure de mer et pavillons dans la forêt de pins.

Château de **Cazeneuve**★★

Les cours d'eau Ciron et Homburens se retrouvent discrètement sous les arbres, à quelques pas du château, comme autrefois la belle Margot et ses galants. Noyée dans la campagne bazadaise, l'ancienne demeure de famille, où l'avait assignée son Henri IV de mari, n'a rien perdu de ses charmes.

La situation

Cartes Michelin nᵒˢ 79 plis 1, 2 ou 234 pli 15 – 10 km de Bazas – Gironde (33). www.chateaudecazeneuve.com

Le nom

C'est le « nouveau domaine », celui où les Albret s'installèrent au 13ᵉ s. après avoir résidé longtemps à Labrit près de Mont-de-Marsan.

Les gens

Demeure privilégiée des seigneurs d'Albret, le château devient, en 1572, le fief du roi Henri III de Navarre, futur roi de France Henri IV. En octobre 1620, le roi Louis XIII y fait étape avant d'aller signer à Pau l'édit d'annexion

La chambre du roi, tendue de drap rouge foncé, a conservé l'authentique lit à baldaquin d'Henri IV (toutefois restauré au 18e s.).

réunissant le Béarn à la Couronne. Aujourd'hui le domaine est propriété de la famille de Sabran-Pontevès, descendante des Albret.

visiter

Château

Pâques-Toussaint : visite guidée (1h1/4) w.-end 14h 18h, parc 11h-18h (juin-sept. : tlj). 40F (enf. : 25F). ☎ *05 56 25 48 16*

Extérieur – À la motte castrale d'origine (11e s.) fut accolée au 14e s. une importante enceinte enserrant une bâtisse qui fut transformée au 17e s. en château de plaisance. De l'ancienne « ville de Cazeneuve », qui s'étendait devant le château ne subsiste plus que la porte d'entrée, en « arc de triomphe ».

L'imposante façade Sud du château, cantonnée de deux tours carrées et soulignée par une balustrade en pierre, surplombe les douves sèches. Le portail au fronton brisé, percé dans l'enceinte médiévale, donne accès à la cour d'honneur.

Intérieur – La visite débute par la grande salle consistoriale puis par la galerie du rez-de-chaussée. Au 1er étage, le salon de la Reine Margot, entièrement décoré en style Louis XV, est contigu à la chambre Louis XVI où sont rassemblés des souvenirs de Delphine de Sabran, qui fut aimée de Chateaubriand. Au bout de la galerie se trouve la chapelle du 17e s. Au même étage, chambre Empire de Marat, chambre de la reine Margot et chambre du **roi Henri IV**★, cabinet de travail du roi. La visite se termine par la salle à manger et la cuisine, dans laquelle on peut voir une panetière et un pétrin provençaux.

Avant d'aller rejoindre la fraîcheur du parc, faites un détour par les grottes préhistoriques (sous la cour d'honneur) et les caves médiévales.

Parc

En longeant le Ciron, faites une halte à la grotte de la Reine, puis flânez du côté de l'étang, caché par de gigantesques sapins de Douglas. En contrebas, à côté du lavoir et du petit moulin s'étend la bambouseraie, arrosée par une cascade.

> **À VOIR**
> Au rez-de-chaussée, les chaises dites « de fumeur », en cuir de Cordoue. Le fumeur s'asseyait à califourchon et puisait son tabac dans un compartiment aménagé dans le haut du dossier de la chaise

alentours

Le Ciron

Cet affluent de la Garonne trace un sillon fortement marqué dont les versants, couverts de végétation, se resserrent, en amont du pont de Cazeneuve jusqu'au Pont-de-la-Trave. Aucune voie carrossable n'empruntant le fond de la vallée, les principaux sites ne sont accessibles que par des routes transversales ou en cul-de-sac.

De pont de la Trave, jolie perspective sur la rivière, un barrage et une centrale électrique. En amont, ruines du château (14e s.) qui commandait le passage.

> **LOISIRS- DÉTENTE**
> **Centre d'activités et de découvertes de la Trave** – *33730 Préchac,* ☎ *05 56 65 27 16.* Descente des gorges du Ciron en canoë-kayak. Promenade en barque sur le Ciron.

Phare de **Cordouan**★

Un phare Renaissance sur un îlot rocheux. Pas banal pour ce vigile aux portes de la Garonne. Il fallait bien une tête tranquille pour des pieds plantés dans un fleuve dont les courants sont parfois très dangereux.

La situation
Cartes Michelin n°s 71 pli 15 ou 233 pli 25 – Gironde (33). Dép. du Verdon-sur-Mer en fonction de la marée et des conditions météorologiques, s'adresser à l'Office de tourisme. 140F (traversée en bateau et entrée du phare).

Les gens
Au 14e s., le Prince Noir fit élever une tour octogonale au sommet de laquelle un ermite allumait de grands feux. À la fin du 16e s., cette tour menaçant ruine, Louis de Foix, ingénieur et architecte qui venait de déplacer l'embouchure de l'Adour se mit en devoir de bâtir, avec plus de 200 ouvriers, une sorte de belvédère surmonté de dômes et de lanternons. En 1788, l'ingénieur Teulère reconstruisit la partie supérieure de l'édifice, dans le style Louis XVI.

> **DE L'OCÉAN AU FLEUVE**
> Le lent défilé des cargos constitue un des spectacles de l'estuaire. Le franchissement des passes de Cordouan est difficile par gros temps mais le creusement de la « passe de l'Ouest », entretenue par dragages, a amélioré les accès.

visiter

Avec ses étages Renaissance, qu'une balustrade sépare du couronnement classique, le phare (66 m) donne une impression de hardiesse. Une poterne conduit au bastion circulaire qui protège l'édifice des fureurs de l'océan ; là habitent les gardiens du phare. Au rez-de-chaussée, portail monumental donnant sur l'escalier de 301 marches qui grimpe à la lanterne. Au 1er étage, appartement du Roi ; au 2e étage, chapelle (au-dessus de la porte, buste de Louis de Foix) coiffée d'une belle coupole.

À la pointe de Grave, **musée du phare de Cordouan** *(voir p. 281).*

Encerclé par les eaux tourmentées de l'estuaire, le phare de Cordouan guide avec beaucoup d'attention la marche des navires pendant la nuit.

Dax♨♨♨

Un bon bain de boue, rien de tel pour guérir ses vieilles douleurs. Les Dacquois l'ont bien compris et appliquent la recette depuis l'époque romaine. Le peignoir a remplacé la toge, mais les thermes ne désemplissent pas. La ville a même, aujourd'hui, la palme française de la cure thermale. Relaxe, Dax !

La situation

Cartes Michelin n°s 78 plis 6, 7 ou 234 pli 26 – Landes (40). Se garer devant la cathédrale. La rue Neuve, piétonne, mène à l'Adour. Bus réguliers pour St-Paul-les-Dax et St-Vincent-de- Paul. **i** *Pl. Thiers, 40100 Dax,* ☎ *05 58 56 86 86. www.ville-de-dax.fr*

Le nom

Aquae Tarbellicae (« les eaux des Tarbelles », du nom de la première tribu résidant dans la région) puis *Civitas Aquensium* (5e s.). La ville devint la prévôté d'Ax au 13e siècle. De d'Ax à Dax il n'y avait qu'une brasse.

Les gens

Tout juste mariés, Louis XIV et Marie-Thérèse, de retour de St-Jean-de-Luz, s'arrôtent à Dax. Les Dacquois ont dressé un arc de triomphe pour les accueillir. Y est peint un dauphin jaillissant des eaux, surmonté d'une inscription latine ainsi traduite : « Puisse-t-il, ce petit dauphin, naître du passage royal aux eaux de Dax. » Les 19 515 Dacquois d'aujourd'hui auraient-ils la même attention pour nos princesses modernes ?

---

comprendre

Histoire d'eau – À l'emplacement où s'élève aujourd'hui Dax s'étend d'abord une cité lacustre. Peu à peu, les apports de l'Adour comblent le lac, et la cité, bâtie sur pilotis, peut s'étendre sur la terre ferme. Ensuite, arrivent les Romains. Les sources deviennent célèbres. On dit même que Julie, la fille de l'empereur Auguste, y fit soigner ses rhumatismes. Toujours est-il que la ville reçoit les faveurs de Rome. Sa richesse grandit...

BOUE DACQUOISE

D'un côté, de l'eau de pluie qui s'enrichit en sels minéraux et chauffe jusqu'à 62°. De l'autre, les limons de l'Adour. Ça ressemble à une pub pour une eau minérale... pas loin. La boue et les eaux de Dax sont utilisées en rhumatologie, phlébologie et gynécologie.

DAX

VISITE

Visites guidées de la ville – Visite guidée (3h) une fois par semaine à 14h (visite thermale) et 14h30 (visite du patrimoine). 30F. S'adresser à l'Office de tourisme.
Bassins de culture de boue – Allée du Bois de Boulogne. Accessibles toute l'année, aux h de travail. Possibilité de se renseigner sur place auprès des agents de la Régie municipale des boues. Informations complémentaires au Laboratoire municipal (60 av. Victor-Hugo). Des conférences sur les produits thermaux sont données toutes les 3 sem. à la maison du Thermalisme (allée du Bois de Boulogne). Renseignements à l'Office de tourisme.

Thermes de Borda.

Croisadour – Quai du 28ᵉ-Bataillon-des-Chasseurs - ☎ 05 58 74 87 07 - De mars à mi-nov. : accueil tlj 10h-12h, 14h-18h30. Croisière courte : lun.-sam., départ 14h, retour vers 18h30. Croisière longue avec déjeuner : lun.-sam., départ 10h, retour vers 18h; dim, départ 9h, retour vers 19h. À bord de La Hire, explorez le fil de l'Adour, ce fleuve long de 335 km qui prend sa source dans les Pyrénées près du pic du Midi de Bigorre et, après avoir arrosé Tarbes et Dax, se jette dans l'océan Atlantique, près de Bayonne. Vous naviguerez une demi-journée si vous allez jusqu'à Saubusse, une journée si vous allez jusqu'à Port-de-Lanne.

RESTAURATION
• À bon compte
Auberge des Pins – 86 av. F.-Planté - ☎ 05 58 74 22 46 - fermé 15 déc. au 10 janv., lun. soir, mar. soir hors sais. et dim. soir - 100/165F. Vous serez bien accueilli dans cette auberge familiale modeste, maison basque dans un quartier résidentiel. Installez-vous dans la salle à manger avec sa cheminée, sous la véranda plus claire ou en terrasse. Quelques chambres simples et proprettes.
Ferme-auberge de Thoumiou – Chemin de Thoumiou - 40180 St-Pandelon - 4 km au S de Dax par D 29 - ☎ 05 58 98 73 41 - fermé 20 déc. au 1ᵉʳ mars, ouv. ven. soir au dim. midi d'oct. à mai, tlj sf dim. soir et mer. de juin à sept. - ✉ - réserv. conseillée - 75/165F. Riche en saveurs, simple et authentique, la cuisine mijotée dans cette

ferme rappelle les recettes de nos grands-mères et ravira vos papilles gourmandes. Salle à manger dans l'ancienne étable spacieuse sous la haute charpente (accès aux personnes handicapées).
• Valeur sûre
Le Moulin de Poustagnacq – 40990 St-Paul-lès-Dax - 6 km à l'E de Dax par D 459 - ☎ 05 58 91 31 03 - fermé dim. soir et lun. - 135/300F. Vous serez charmé par cet ancien moulin au bord d'un étang, tranquille avec ses bois autour. Une partie de la bâtisse a été aménagée en restaurant et le décor de la salle à manger est un peu surprenant avec ses voûtes de crépi blanc. Cuisine bien tournée, parfois originale.
Le Cabanon et La Grange aux Canards – 1129 av. des Landes - 40140 Magescq - 15 km au NO de Dax par D 16 - ☎ 05 58 47 71 51 - fermé 15 sept. au 15 oct., dim. soir sf du 17 juil. au 20 août et lun. - 140/210F. En lisière de forêt, dans une maison landaise, voilà un restaurant bien rustique avec ses colombages et ses poutres. Cuisine du terroir bien tournée avec en vedette le canard et autres plaisirs qui font la réputation des Landes.

HÉBERGEMENT
• À bon compte
Chambre d'hôte Capcazal de Pachiou – 606 rte de Pachioü - 40350 Mimbaste - 12 km au SE de Dax par D 947 puis D 16 - ☎ 05 58 55 30 54 - ✉ - 4 ch. : 250/350F - repas 110F. Vous aurez peine à quitter cette maison du 17ᵉ s. où les vestiges du passé ont parcouru les siècles sans perdre leur authenticité. Cheminées de bois ouvragées, meubles anciens et ciels de lits dans les chambres. Ajoutez à cela un accueil généreux et une vraie cuisine familiale.
• Valeur sûre
Grand Hôtel Mercure Splendid – Cours de Verdun - ☎ 05 58 56 70 70 - fermé janv. - 155 ch. : 450/700F - ☐ 60F - restaurant 120/180F. Ambiance Belle Époque dans cet hôtel thermal tout proche de l'Adour, construit en 1930. Les chambres très spacieuses ont le confort d'aujourd'hui et leur caractère d'origine. Vaste salle à manger entièrement restaurée dans le style Art déco. Jardin avec piscine sous les arbres.
Hôtel Calicéo – R. du Centre-Aéré - au lac de Christus - 40990 St-Paul-lès-Dax - ☎ 05 58 90 66 00 - 🅿 - 48 ch. : 440/890F - ☐ 50F - restaurant 90F. Refaites-vous une santé dans cet hôtel moderne face au lac de Christus avec son espace de remise en forme aquatique, ouvert au public, doté de superbes piscines rondes avec remous et jets d'eau, d'une salle de cardio-training, de hammams et de saunas. Les chambres sont meublées dans le style des années 1940, à l'instar de la salle à manger.

SORTIES

El Meson – 18 pl. Camille-Bouvet - ☎ 05 58 74 64 26 - Tlj sf sam. midi et dim. 12h-14h, 19h-2h. Fermé 18 août-1ᵉʳ sept. Des tapas aux vins, de la musique aux apéritifs, rien dans ce bar restaurant qui n'évoque l'Espagne et son esprit de fête.

Pub 29 – 29 av. Georges-Clemenceau - ☎ 05 58 90 83 53 - Lun., mer.-ven. 18h-2h, sam.-dim. 15h-2h (juillet-août à partir de 18h). Ce bar d'ambiance est situé juste au-dessus d'un restaurant italien. Il est doté de huit billards (tournoi chaque mois), d'un écran géant où sont retransmises les épreuves sportives et d'un comptoir central. Karaoké tous les vendredis soirs.

Sax y Rock Café – 5 av. Eugène-Milliès-Lacroix - ☎ 05 58 56 21 82 - Lun.-sam. 11h30-2h. Juil.-août : 9h-11h. Saxophone et rock'n'roll sont les dieux tutélaires du bar branché de Dax (spécialisé dans les bières) : concerts de jazz tous les lundis d'octobre à mars et de rock une à deux fois par mois. L'été, une clientèle composée en grande partie d'étrangers et de touristes se réunit dans une ambiance conviviale.

Casino de Dax – 8 r. Eugène-Milliès-Lacroix - Sur les bords de l'Adour au cœur de la ville - ☎ 05 58 58 77 77 - Tlj 12h-3h. Un casino tout nouveau (juillet 1999) doté d'une salle de jeux traditionnels, d'un bar et d'un restaurant. Les machines à sous sont flambant neuves.

Casino César Palace – R. du Centre-Aéré-Lac-de-Christus - 40990 St-Paul-lès-Dax - ☎ 05 58 91 52 72 - manager.cesar.palace@freesbee.fr - Tlj casino : 12h-4h, bowling : tlj 17h-2h sf mer. 15h-2h et dim. 14h-2h. Ce complexe comprend un casino, un bowling, deux restaurants, deux bars, un hôtel et une discothèque très fréquentée (ouverte seulement le week-end). Grande terrasse donnant sur le lac de Christus.

SPECTACLES

Arènes de Dax – Parc Théodore-Denis - ☎ 05 58 90 42 00 (conciergerie) - Lun.-ven. 8h-20h. Les arènes furent édifiées en 1913 et agrandies en 1932 pour atteindre leur capacité actuelle de 8 000 places. Leur visite permet de découvrir le patio de caballos, la chapelle des matadors (réservée au recueillement avant l'épreuve) et l'infirmerie. Des corridas sont organisées à Dax chaque été vers le 15 août et lors de la deuxième quinzaine de septembre.

Régie Municipale des Fêtes – Pl. de la Fontaine-Chaude - ☎ 05 58 90 99 09 - De sept. à mi-juil. : lun.-ven. 9h30-12h, 13h30-17h30 ; de mi-juil.à fin août : lun.-sam. 10h-18h30. La régie tient lieu de billetterie pour la plupart des spectacles et des animations organisés par la ville : corridas, courses landaises, concerts de variétés et spectacles à l'Atrium.

L'Atrium – Cours Mar.-Foch - ☎ 05 58 90 99 09 - Selon le calendrier des spectacles. Billetterie gérée par la Régie Municipale des Fêtes et des Spectacles. La salle de spectacle de l'Atrium s'est installée dans ce qui reste du casino dacquois construit en 1928 et aujourd'hui en ruines. Mais quelles ruines ! Le plafond, les murs intérieurs, le cadre de scène sont somptueux. De nombreux concerts, pièces de théâtre et ballets ont lieu ici.

El Cortijo – Rte du Clédon et de Constantine - 40990 Mées - 5 km au SO de Dax par D 70 - ☎ 05 58 97 50 90 - Tlj 14h-18h. Aux portes de Dax, Helena Gayral, femme torero à cheval, vous accueille pour faire découvrir ses arènes, son manège couvert et ses écuries. Journées et soirées à thèmes (spectacles équestres, tauromachiques et de flamenco) avec possibilité de repas vous sont proposées sur réservation.

ACHATS

A. Cazelle – 6 r. de la Fontaine-Chaude - ☎ 05 58 74 26 25 - Lun.-sam. 8h30-12h15, 14h-19h15. Depuis 1906, la famille Cazelle se consacre exclusivement à la fabrication de la madeleine de Dax : préparée chaque matin, elle est 100 % naturelle.

La Tourtière – 12 r. St-Vincent - ☎ 05 58 74 00 75 - Lun.-ven. 8h-19h30, sam. 8h-20h, dim. 8h-12h. Fermé 6 fév.-6 mars. Parmi les nombreuses spécialités de cette pâtisserie, citons la tourtière (légère pâte feuilletée garnie de pommes ou de pruneaux et parfumée à l'armagnac), le nid d'abeille (gâteau à la crème pâtissière), le pastis pyrénéen (brioche parfumée au pastis), et le soufflé aux pêches.

Roger Junca – 22 bis pl. de la Fontaine-Chaude - ☎ 05 58 90 01 43 - rogerjunca@wanadoo-fr - Lun.-sam. 7h30-12h30, 14h30-19h30, dim. 7h30-13h. Fermé 15 jours en fév. Depuis 1949, Roger Junca incarne le savoir-faire traditionnel de la gastronomie landaise. Aujourd'hui, il livre à domicile dans la France entière à partir de sa conserverie et vous reçoit dans sa boutique spécialisée dans le foie gras, les confits et les salaisons.

LOISIRS-DÉTENTE

Parc municipal des Sports – Bd des Sports - ☎ 05 58 74 12 29 - Tlj 8h-21h. Ce gros complexe sportif regroupe le terrain de rugby de l'US Dax, un Jaï Alaï, un fronton, des terrains de football, une piste d'athlétisme et une salle de sports. Des parties de pelote basque ont lieu chaque mercredi de juin à septembre (17h20 au fronton, 20h au Jaï Alaï).

se promener

Protégée des vents maritimes par la forêt landaise, riche de ses eaux, cette ville d'eau est bien évidemment un bain de jouvence pour les curistes. Mais rassurez-vous, à Dax pas besoin d'avoir des douleurs. Les espaces verts, les bords de l'Adour et les spectacles taurins justifient que vous vous y arrêtiez en touriste.

Le centre-ville

Même si la très classique **cathédrale Notre-Dame** vous paraît un peu sévère, prenez le temps de jeter un coup d'œil à l'intérieur.

À Dax, l'eau de la fontaine chaude jaillit des gueules de lions qui servent de robinets.

Puis flânez dans les rues piétonnes (rues Neuve, des Carmes, St-Vincent...), bordées de commerces, de salons de thé, de magasins de douceurs. Un repère pour le passant : la célèbre **fontaine chaude** (dite aussi de Nèhe, du nom d'une naïade), dont les eaux, captées depuis les Romains, jaillissent à 62°, dans un vaste bassin entouré d'arcades. Tout à côté, **statue de Borda**, célèbre ingénieur maritime dacquois du 18e s.

Parcs et jardins

Pour des promenades « nature », vous avez le choix entre les **bords de l'Adour** et les parcs et jardins. En amont du pont, le **parc Théodore-Denis** est délimité au Sud par les remparts gallo-romains. En aval, le **jardin de la Potinière** descend au cœur du quartier thermal avec, en contrebas, le « trou des pauvres », ancien bain public. À l'Ouest, le **Bois de Boulogne**, grand parc de détente, est aussi un havre de verdure pour le promeneur (6 km de sous-bois).

visiter

Musée de Borda

27 r. Cazade. Tlj sf mar. et dim. 14h30-18h30. Fermé j. fériés et pdt les fêtes de Dax. 20F (billet combiné avec la crypte et la chapelle des Carmes). ☎ *05 58 74 12 91.*

Dax est un haut lieu de l'archéologie landaise. Le musée retrace plusieurs siècles d'histoire dacquoise au travers de vestiges préhistoriques (environs de Dax), gallo-romains et médiévaux (bronzes, céramiques, monnaies...). Vous pouvez aussi y voir des souvenirs historiques du savant Jean-Charles de Borda et du ministre des Colonies R. Milliès-Lacroix (ethnographie africaine). Une salle est consacrée à la course landaise.

En face du musée, les fouilles de la **crypte archéologique** ont dégagé le podium d'un temple gallo-romain du 2e s. *De fév. à fin nov. : visite guidée tlj sf mar. et dim. à 16h, dép. du musée de Borda. Fermé j. fériés. 10F.* ☎ *05 58 74 12 91.*

Parc du Sarrat

R. du Sel-Gemme. ♿ *Visite guidée (1h1/2) mar., jeu., sam. 15h30. Fermé déc.-janv. et j. fériés. 20F.* ☎ *05 58 56 85 03.*

Dans le parc, parcouru de canaux, vous pouvez déambuler d'un style à l'autre : le jardin à la française débouche sur un bassin bordé de magnolias, un petit jardin japonais, une cressonnière, un potager, etc. Prenez le temps d'observer la maison inspirée par l'architecte américain Frank Lloyd Wright. Ses baies vitrées qui courent sur toute la façade font véritablement entrer la nature à l'intérieur.

Musée de l'Aviation légère de l'Armée de terre (ALAT)

Aérodrome de Dax, au Sud de la ville. Prendre la D direction Peyrehorade, puis la D 106 et tourner à droite dans l'avenue de l'Aérodrome. ♿ *Tlj sf dim. 14h-18h. Fermé déc.-janv. et j. fériés. 30F.* ☎ *05 58 74 66 19.*

Documents, souvenirs, uniformes... ainsi qu'une trentaine d'avions et d'hélicoptères.

Église de St-Paul-lès-Dax
Prendre la route de Bayonne, puis suivre la signalisation.
Beaux bas-reliefs du 11ᵉ s. au chevet : animaux fantastiques, Trinité, saintes, Cène, Baiser de Judas, Crucifixion, Samson chevauchant un lion, sainte Véronique, dragon, allégorie du ciel.

Berceau de saint Vincent de Paul
4 km. Quitter Dax par la N 124 au Nord du plan, et prendre à gauche la D 27.
Autour de l'église de style néo-byzantin, édifices appartenant aux œuvres de bienfaisance et d'éducation fondées par « Monsieur Vincent ». Vous pouvez visiter, à gauche sur la place, une vieille maison, construite approximativement sur l'emplacement de la maison natale et assemblée à partir de quelques vestiges originaux. À l'intérieur, nombreux souvenirs du saint.

> **SÉCULAIRE**
> En face de la maison natale de Vincent se dresse un respectable vieux chêne, témoin de son enfance.

> **UN PRÉCURSEUR DES ŒUVRES SOCIALES**
> Vincent de Paul est né en 1581, d'une pauvre famille de paysans. D'une vive intelligence, il commence ses études à Dax en 1595, puis est ordonné prêtre en 1600. Tout au long de son ministère apostolique, « Monsieur Vincent » s'efforce de lutter contre la misère et d'en combattre les causes. Nommé par Louis XIII aumônier général des galères, il prodigue aux forçats aide spirituelle et secours.
> C'est lui qui assiste Louis XIII à son lit de mort. À la demande de la régente Anne d'Autriche, il siège au Conseil de Conscience et participe à la réforme de l'Église catholique. Pendant la Fronde, il s'efforce de ramener la concorde, organise le ravitaillement de villes sinistrées, menacées de famine, crée des soupes populaires et l'assistance par le travail.

Monsieur Vincent, précurseur des œuvres sociales.

Notre-Dame-de-Buglose
C'est un important lieu de pèlerinage landais voué à la Vierge. Basilique néo-romane abritant, au-dessus de l'autel, une Vierge en pierre polychrome découverte en 1620. Une allée conduit à une source et à la petite chapelle (enchâssée dans une chapelle moderne) édifiée là où fut trouvée la statue vénérée dans l'église.

> **SONNANT**
> La tour de la basilique abrite un carillon de soixante cloches.

Préchacq-les-Bains
16 km. Quitter Dax au Nord ; prendre la N 124 et, à Pontonx, prendre au Sud la D 10.
Au milieu de bois de chênes, Préchacq, qui fut jadis fréquentée par Montaigne, est spécialisée, comme Dax, dans le traitement des rhumatismes mais soigne également les voies respiratoires. Visite des bassins de boues végéto-minérales dans les jardins au-delà de l'établissement thermal.

Duras

Marguerite avait-elle donc un château ? Un peu médiéval, un peu classique, il reste en tout cas le plus bel ornement de l'ancienne bastide qui veillait sur les terres des ducs du Duras et la vallée du Dropt.

La situation
Cartes Michelin nᵒˢ 79 pli 3 ou 234 pli 8 – Lot-et-Garonne (47). 🛈 *Bd Jean-Brisseau, 47120 Duras,* ☎ *05 53 83 63 06.*

Le nom
Ce sont les ducs de Duras qui ont soufflé son nom de plume à Marguerite (le père de Marguerite – Duras donc – avait une exploitation aux environs). Pour tout savoir sur sa vie, lire *Les Impudents* : la ville y apparaît sous le nom d'Ubzac.

Marguerite Duras, célèbre femme de lettres et cinéaste.

Du sommet de la tour principale du château, panorama étendu sur toute la contrée.

Les gens
À défaut de fantôme, c'est une fée qui hanta le château des 1 214 Duraquois. On raconte qu'Egésilde, car tel était son doux nom, n'est pas sans rapport avec l'étonnante acoustique de la salle aux Secrets...

visiter

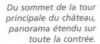

◄ Château
Juin-sept. : 10h-19h ; avr.-mai : 10h-12h, 14h-19h ; oct. et vac. scol. hiver : 10h-12h, 14h-18h ; nov.-mars : 14h-18h. Fermé 1er janv., 1er nov., 25 déc. 28F. ☎ 05 53 83 77 32.
En 1308, la mode est à la forteresse : le château d'origine possède alors huit tours reliées par des courtines. 1680 : un peu plus de confort ne nuisant pas, le château est réaménagé en demeure de plaisance. La Révolution, évidemment y mettra aussi du sien, décourronnant une tour par-ci, endommageant une salle par-là.
À voir, la salle des gardes, les chambrées d'hommes d'armes, la cuisine et la boulangerie, le puits, les cachots, le **musée d'Archéologie et d'Arts et Traditions populaires**...

alentours

Allemans-du-Dropt
10 km au Sud-Est par la D 708 et la D 668. Ce village - sont-ce les Alamans venus au début du 6e s. qui lui donnèrent son nom ? – est surtout connu pour les **fresques** de l'église (15e s.). Sur le mur Nord de la nef, la Cène et quelque peu mutilées par l'ouverture de larges arcades, l'Arrestation de Jésus et la Flagellation ; dans le chœur, la Crucifixion et la Descente de Croix ; derrière l'autel, Saint Martin et le blason des Seigneurs d'Allemans ; sur le mur Sud de la nef, la Résurrection, le Jugement, Saint Michel et l'Enfer. *Visite guidée possible, s'adresser au Syndicat d'initiative.* ☎ *05 53 20 25 59.*
À la sortie Ouest du village, beau pigeonnier sur piliers de pierre (17e s.).

Château de Lauzun
26 km au Sud-Est. Prendre la même direction que ci-dessus. À Miramont-de-Guyenne, prendre au Nord-Est la D 1. De mi-juil. à mi-août : visite guidée (3/4h) 10h-12h, 14h-18h. 20F. Belle façade sur cour, visible en pénétrant dans le parc. Le logis du 15e s., à tourelle octogonale, est relié à une partie Renaissance par un pavillon coiffé d'un dôme entrepris au 17e s. par Lauzun, mais achevé au 19e s.

Ste-Foy-La-Grande
22 km au Nord, par D 708. Centre vinicole où règne l'animation des villes commerçantes. Place à couverts et nombreuses maisons médiévales, Renaissance et 17e aux alentours. Les quais de la Dordogne, au pied des vestiges de remparts, sont parfaits pour flâner à deux.

Espelette ★

Oh ! le joli village, tout de rouge et de blanc. Un vrai village bien vivant, aux rues tortueuses et pentues bordées de maisons on ne peut plus basques. En automne, les façades se couvrent du rouge foncé des guirlandes de piments mises à sécher.

La situation
Cartes Michelin n°s 85 pli 3 ou 234 pli 33 – 6,5 km de Cumbo-les-Bains – Pyrénées-Atlantiques (64). Se garer en haut du village et le parcourir à pied.

Le nom
Ezpeleta, en basco-latin, signifierait « ensemble de buis ». C'est en tout cas le nom d'une grande famille. Les Ezpeleta furent faits barons du lieu au 15e s.

L'emblème
Le pottok est un petit cheval de « hobbit », docile, trapu, pansu, qui vit en troupeaux à demi sauvages sur les versants inhabités des montagnes. Jadis il travaillait dans les mines locales. Reconversion oblige, il sert désormais à la randonnée.

Double emploi des piments à Espelette : pour le décor et pour la cuisine !

UN PEU DE PIMENT

Introduit au Pays basque via l'Amérique et l'Espagne au 17e s., le piment devient très vite le condiment favori de ses habitants : brûlé au four et réduit en poudre, on le mit d'abord dans le chocolat et il remplaça le poivre dans la cuisine locale (poulet basquaise, tripotxa – boudins de veau –, axua émincé de veau –, etc.). Le piment d'Espelette est aujourd'hui devenu la plante à tout faire des Espeletars : en bain de pied, il soigne même les grippes et les bronchites !

se promener

Église
En bas d'Espelette. Galeries traditionnelles des églises basques. Dans la chapelle des Ezpeleta, beau retable du 16e s. À voir aussi les stèles discoïdales des 17e et 18e s., dans le cimetière attenant.

Ancien château
La mairie est installée dans ce château, élevé au 11e s., mais plusieurs fois détruit et reconstruit **Exposition** permanente sur le piment. & *lj sf dim 8h30-12h30, 13h30-18h, sam. 9h30-12h30. Fermé j. fériés. Gratuit.* ☎ *05 59 93 91 44.*

carnet pratique

Fumel

Entre histoire et industrie. Vous risquez d'être surpris en arrivant à Fumel, mais ne vous arrêtez pas au premier voile de fumée grisâtre. Il se dissipera dès que vous découvrirez le château planté au-dessus du Lot ou les alentours de la ville.

La situation
Carte Michelin n° 235 pli 13 – Lot-et-Garonne (47). Parking gratuit près de la mairie (château).
🛈 *Pl. Georges-Escande, 47500 Fumel,* ☎ *05 53 71 13 70.*

Les gens
6 028 Fumélois. Au 11e s., les barons de Fumel y firent bâtir un château et l'habitèrent jusqu'au début du 19e s.

L'emblème
Au fond d'une niche de pierre, dans le jardin du château, un renard dresse l'oreille, aux aguets. La statue marquait, à l'origine, le point de départ d'une chasse à courre qu'appréciait tout particulièrement l'ancien propriétaire : celle au renard !

Le renard de Fumel, dans le jardin du château.

se promener

Le château
Visite des terrasses et des jardins uniquement 8h-22h.
Il abrite aujourd'hui la mairie, mais les jardins et les terrasses sont ouverts au public. Le baron de Langsdorff (l'amateur de renards) ayant rapporté de ses chasses à l'étranger diverses essences d'arbres et d'arbustes, vous pourrez découvrir, en contrebas du château, une végétation très variée.

Promenades le long du Lot
En descendant du château vers le Lot, vieilles maisons. Promenades aménagées le long de la rivière.

alentours

Bastides et églises médiévales, châteaux perchés. Le tour sur fond de paysages minéraux et boisés. Voilà l'agréable menu qui vous attend aux alentours de Fumel.

Monsempron-Libos
◄ 3 km à l'Ouest. Village fortifié du 12e s. perché sur une butte. Belle **église**★ romane, vaste mais très sobre. Elle serait construite à l'emplacement (ou à côté) d'un temple de Cybèle, déesse de la fécondité. Si déesse il y eut, elle lui a copié son caractère réconfortant, la douceur des formes (gros piliers cylindriques, absidioles couvertes de coupoles rondes...).

carnet pratique

HÉBERGEMENT

• *À bon compte*

Camping des Bastides – *47150 Salles - 11 km au NO de Fumel par D 710 et D 162 - ☎ 05 53 40 83 09 - ouv. Pâques au 1er oct. - réserv. conseillée - 80 empl. : 117F - restauration.* La vue sur la vallée de la Lède est paisible et les tournesols en saison illuminent le paysage. Emplacements en terrasses, piscine avec toboggans. Terrain de volley, jardin d'enfants. Mobile homes à louer.

• *Valeur sûre*

Village Résidentiel Domaine de Guillalmes – ⬚ *- 47500 Condat - 3 km à l'E de Fumel par D 911 rte de Cahors - ☎ 05 53 71 01 99 - fermé 2 janv. au 20 fév. -* 🅿 *- 18 ,chalets, 6 pers. : sem. 3850F - restaurant 120/170F.* Sur les berges du Lot, cette base de loisirs est une invitation à la détente. Profitez du calme, confortablement installé dans votre chalet, de la piscine et des nombreuses activités sportives pour un séjour tonique. Hors saison location à la nuit.

Sauveterre-la-Lémance
12 km au Nord-Est par D 440, puis à gauche dans la D 710.
Édouard Ier, roi d'Angleterre et duc d'Aquitaine, y fit bâtir une **forteresse** à la fin du 13e s. pour protéger ses domaines face au royaume de Philippe le Hardi. Exposition permanente sur les « Rois-Ducs » Plantagenêts. *De mi-juin à fin sept. : 10h-12h30, 15h-19h30 (dernière entrée 1/2h av. fermeture). 35F.* ☎ *05 53 40 67 17.*

Château de Bonaguil★★
8,5 km de Fumel. Direction Condat où l'on prend la D 673 à gauche. Puis à nouveau à gauche dans la D 158. Voir ce nom.

circuit

70 km – compter 4h. Quitter Fumel à l'Ouest par la D 124.

Monflanquin
Cette ancienne bastide, fondée au 13e s. par Alphonse de Poitiers, frère de Saint Louis, groupe ses maisons aux toits de tuiles rondes sur une colline. La bastide est parcourue de « carrétots », ruelles parfois enjambées par des « pontets » formant des passages couverts.

Villeréal
Bastide fondée en 1269, elle aussi par Alphonse de Poitiers. Elle a conservé son plan initial, avec des rues en angle droit, des maisons en encorbellement et à toit débordant. Sur la place centrale, halles à étage (14e s.) supportées par des piliers de chêne. L'**église** fortifiée (13e s.) surplombe la bastide.
La D 255 mène à Lacapelle-Biron. De là, prendre la D 150 jusqu'à St-Avit.

> **PRATIQUE**
> Au pied du village de Villeréal, équipements de loisirs au bord d'un lac.

St-Avit
Hameau de pierre couleur terre de sienne où se trouve la maison natale de Bernard Palissy. Église couverte de lauzes et maisons anciennes aux toits patinés.
La D 150 court entre Lède et bois escarpés où affleure la roche claire. Demeures rares qui se cachent derrière de sages haies.

Gavaudun
Très beau **site★** dans l'étroite et sinueuse vallée de la Lède, entre plaine du Lot et vallée de la Dordogne. L'impressionnant **donjon** crénelé (12e et 14e s.) semble véritablement né de la roche, sur laquelle il dresse ses six étages. *Juil.-août : visite guidée (1h) 14h-18h, w.-end 10h-12h, 14h-18h ; juin et sept. : w.-end 14h-18h. 25F.* ☎ *05 53 77 24 81.*

> **PRATIQUE**
> Multiples activités à Gavaudun : spéléologie, kayak, canoë.

St-Sardos-de-Laurenque
Église du 12e s. Intéressant portail sculpté, aux chapiteaux ornés d'animaux et de personnages et à la frise décorée de poissons. Remarquables chapiteaux également dans la nef romane. *Fermé en dehors des offices. S'adresser à Mme Austruy,* ☎ *05 53 40 82 30 ou au père Lacoste,* ☎ *05 53 36 04 62.*
Retour à Fumel par la D 162.

L'église de St-Avit dans un cadre champêtre donne sur la vallée.

Hagetmau

Ce village a des airs du « Prisonnier », célèbre feuilleton télévisé américain des années 1950 : façades crépies, monuments années 1950, jets d'eau... Mais la ressemblance s'arrête là. Vous pouvez alors vous plonger dans un décor plus ancien, celui où Charlemagne fonda une abbaye.

La situation

Cartes Michelin nos 78 Est du pli 7 ou 234 pli 26 – Landes (40). Branché cryptes ? Pour accéder à celle de Saint-Girons, depuis l'église d'Hagetmau, prendre la direction Dax. Au carrefour de Larrigade, prendre à droite. La crypte est indiquée quelques mètres plus loin sur la droite. *◘ Pl. de la République, 40700 Hagetmau, ☎ 05 58 79 38 26*

Le nom

Haget, c'est la forêt de hêtres en gascon. Hagetmau est « au milieu de la forêt de hêtres ».

Les gens

4 403 Hagetmauciens. Girons acquit la sainteté en évangélisant la Chalosse au 4e s.

visiter

Crypte de St-Girons

Juil.-août : tlj sf mar. 15h-18h ; sept.-juin : sam. 15h-18h. 10F. Mairie. ☎ 05 58 05 77 77.
Unique vestige de l'abbaye chargée de la garde des reliques de saint Girons, la crypte repose sur quatre colonnes centrales de marbre, qui encadraient le tombeau du saint, et sur huit colonnes engagées dans les murs. Les très beaux **chapiteaux★** (12e s.) représentent la lutte de l'apôtre contre les forces du mal, la délivrance de saint Pierre, la parabole du mauvais riche, des chimères... Un vrai roman dans la pierre. C'est une halte traditionnelle pour les pèlerins de Compostelle qui viennent, aujourd'hui encore, se recueillir entre les bras des quatre piliers centraux.

Sympathique monstre sur un des chapiteaux de la crypte.

alentours

Brassempouy

12 km à l'Ouest. Quitter Hagetmau par la route d'Orthez. À 2,5 km, tourner à droite dans la D 2 que l'on abandonne en vue de St-Cricq pour la D 21 à gauche.
Question de ne pas faire comme les autres, le clocher de l'église de ce village de Chalosse semble enjamber la rue principale. Haut lieu de la préhistoire locale, la **grotte du Pape** abritait neuf statuettes préhistoriques féminines en ivoire. *De déb. juil. à déb. août : visite guidée (1h) lun., mer., ven. 17h-18h. Gratuit.*
Au **musée de la Préhistoire**, on trouvera des documents anciens évoquant les fouilles du siècle dernier. Vestiges préhistoriques de Chalosse (meule, haches polies) et objets découverts à Brassempouy depuis la reprise des fouilles en 1982 (restes d'animaux consommés et outils). Enfin, présentation de la statuaire féminine préhistorique avec reproductions des principales statuettes connues au monde et copies des figurines découvertes à Brassempouy même. *Avr.-oct. : tlj sf lun. 15h-18h (juil.-sept. : tlj) ; nov.-mars 14h30-17h30. 15F. ☎ 05 58 89 21 73.*

Château de Gaujacq

6 km à l'Est de Brassempouy par D 58. Voir p. 273

Samadet

10 km à l'Est par la D 2. Voir p.273

Hendaye ♨♨

Quelques brasses dans la Bidassoa et l'on se retrouve en Espagne. Ville frontière entre mer et montagne, Hendaye vit, au cours des siècles, son sol foulé par bien des escarpins royaux. Mais pour l'heure, oubliée l'Histoire, elle se contente de bronzer, nager, surfer...

La situation
Cartes Michelin nos 85 pli 1 ou 234 pli 33 – Pyrénées-Atlantiques (64). Sur la rive droite de la Bidassoa qui vient se jeter dans l'océan, Hendaye est formé de trois quartiers : Hendaye-Gare, Hendaye-Ville et Hendaye-Plage. 🛈 *12 r. des Aubépines, 64700 Hendaye-Plage,* ☎ *05 59 20 00 34.*

Le nom
Hendi, signifie « grand » en basque et *ibaï,* « rivière ». Ce serait donc la Bidassoa qui a donné son nom à la ville.

> **CHAMPION !**
> Hendaye est la ville natale de Bixente Lizarazu, un des champions de l'équipe de France de football, qui a remporté la coupe du monde en 1998.

> **L'ÎLE DES FAISANS**
> Un lambeau de terre boisé menacé par les flots, perdu au milieu de la Bidassoa. Voilà ce qu'il reste de l'île aux Faisans. Elle fut pourtant autrefois un haut lieu diplomatique. 1463 : Louis XI y rencontre Henri IV, roi de Castille ; 1526 : François Ier, prisonnier en Espagne, y est échangé contre ses deux fils ; 1615 : deux fiancées royales, Élisabeth, sœur de Louis XIII, choisie pour l'Infant d'Espagne, et Anne d'Autriche, sœur de l'Infant, choisie pour Louis XIII, prennent là officiellement contact avec leur nouvelle patrie ; 1659 : signature du traité des Pyrénées. Suite à ce traité, au printemps 1660, l'île est le théâtre de préparatifs fiévreux. Vélasquez (qui mourra d'un refroidissement contracté au cours des travaux) décore le pavillon où sera signé le contrat du mariage de Louis XIV avec Marie-Thérèse, fille de Philippe IV d'Espagne. Chaque délégation désirant rester sur son territoire, le bâtiment est divisé par une ligne de démarcation imaginaire.

Les gens
12 596 Hendayais. L'écrivain Pierre Loti, qui fut appelé, en tant que commandant du stationnaire *Le Javelot,* à contempler longuement l'estuaire de la Bidassoa, mourut à Hendaye le 10 juin 1923 dans une modeste maison basque.

> **POUR MARCHER**
> Le casino mauresque est le point de départ du GR 10 traversant les Pyrénées d'Ouest en Est. Guide des sentiers pédestres en vente à l'Office de tourisme.

séjourner

Hendaye-Plage
Si une chose ne manque pas à Hendaye-Plage, c'est bien le vert : dans les jardins ou sur les avenues, magnolias, palmiers, tamaris, eucalyptus, mimosas et lauriers foisonnent. Dans l'ancien casino mauresque, vous flânez entre boutiques, cafés et restaurants. Au Nord-Est de la plage, vous pouvez voir les rochers des Deux-Jumeaux,

Au large de la pointe Ste-Anne, les Deux-Jumeaux surgissent de l'océan.

PASSAGE EN ESPAGNE
Formalités – Voir p. 43.
Transport – Le forfait Passbask, valable de fin mai à fin sept., permet de voyager librement entre Bayonne et San Sebastián (nombreux arrêts entre les deux villes), sur la ligne SNCF (Bayonne-Hendaye) et sur l'Euskotren (Hendaye-San Sebastián).

RESTAURATION
• À bon compte
Marco Polo – 2 bd de la Mer - Résidence La Croisière - ☎ 05 59 20 64 82 - fermé 8 au 21 janv., le soir de nov. à mars sf sam. - 80/160F. L'on pourrait se croire en croisière sur un bateau dans ce restaurant avec ses boiseries claires, ses rampes et objets en cuivre. Et par ses larges baies vitrées, la baie d'Hendaye, l'estuaire de la Bidassoa, la mer et... l'Espagne. Cuisine simple du Sud-Ouest avec foie gras maison.

• Valeur sûre
Bakéa – 64700 Biriatou - 4 km au S d'Hendaye par N 121 et D 258 - ☎ 05 59 20 76 36 - fermé 29 janv. au 6 mars, dim. soir et lun. d'oct. à Pâques - 150/215F. Laissez-vous tenter par la terrasse ombragée s'il fait beau. La vue est bien agréable sur la vallée de la Bidassoa. Murs de pierre, poutres et cheminée dans la salle d'inspiration montagnarde. Aux fourneaux le chef s'active toujours pour le plus grand bonheur de vos papilles. Quelques chambres.

HÉBERGEMENT
• Valeur sûre
Chambre d'hôte Maison Haizean – Chemin rural d'Acharry Ttipy - 64122 Urrugne - 11 km à l'E d'Hendaye par N 10 - ☎ 05 59 47 45 37 - ▱ - 4 ch. : 280/330F. Perchée sur une colline, cette jolie maison basque domine sa grande pelouse, ses palmiers, lauriers et autres arbres fruitiers. Voilà le paysage que vous admirerez en ouvrant la fenêtre de votre chambre. Décor intérieur aux couleurs tendres dans le style du pays.

• Une petite folie !
Hôtel Serge Blanco – Bd de la Mer - ☎ 05 59 51 35 35 - fermé 9 au 24 déc. - 🅿 - 90 ch. : à partir de 595F - ☲ 55F - restaurant 190/250F. Ce centre de thalassothérapie est idéal pour vous bichonner le corps et... l'esprit. Les chambres sont fonctionnelles avec larges baies vitrées et balcon donnant sur la mer ou la cour intérieure. Restauration adaptée à votre envie : gastronomique, diététique ou simple grill l'été.

LOISIRS-DÉTENTE
Centre nautique d'Hendaye – ☎ 05 59 48 06 07. Pratique de la voile et de la planche à voile.

au large de la pointe de Ste-Anne ; à l'opposé, le cap du Figuier (Cabo Higuer) marque l'embouchure de la Bidassoa. Une piste cyclable relie la plage au centre-ville par la baie de Chingoudy.

Baie de Chingoudy
L'estuaire de la Bidassoa forme à marée haute un lac tranquille, la baie de Chingoudy, où l'on peut pratiquer toutes sortes d'activités nautiques. Port de plaisance avec navettes pour le petit port pêcheur espagnol de Fontarabie.

visiter

Église St-Vincent
◀ Grande église de type basque. La présentation actuelle – fragments de retable détachés de leur meuble, statues en bois polychrome – permet de détailler chaque œuvre. À droite, un baptistère a été installé dans une niche à fronton du 17e s. ; un bénitier roman décoré de la croix basque sert de cuve. La première galerie des tribunes supporte un petit orgue dont le buffet doré est décoré d'une Annonciation.

À VOIR
La chapelle du Saint-Sacrement, près du sanctuaire, se dispose au pied d'un grand crucifix★, œuvre sereine du 13e s.

alentours

Domaine d'Abbadia
Sortir d'Hendaye par la D 912, en direction de St-Jean-de-Luz (par la corniche). Tourner à gauche en suivant l fléchage « Domaine d'Abbadia ».
◀ À la pointe Ste-Anne, le domaine d'Abbadia est un site naturel protégé qui vous fait profiter des principale caractéristiques géographiques de la Côte basque : pra ries couvertes de landes à ajoncs et bruyères s'arrêtan en falaises abruptes sur la mer. Là encore, vous pouve voir les fameux rochers « des Deux-Jumeaux ».

JUMELLES AU POING
Abbadia est un poste intéressant pour l'observation d'oiseaux migrateurs comme le pluvier argenté, le busard cendré, l'outarde canepetière et le milan royal.

Château d'Antoine Abbadie★★

Suivre la D912 que l'on quitte à gauche pour entrer dans le parc du château. Juin-sept. : tlj sf dim. 10h-18h30 ; oct.-mai : tlj sf w.-end 10h-12h, 15h-17h. Fermé de mi-déc. à fin janv. et j. fériés. 30F. ☎ *05 59 20 04 51.*

Étonnant bâtiment néo-gothique, demeure de l'explorateur et astronome Antoine Abbadie (1810-1897). Ce savant éclairé, après 10 ans passés à mesurer l'Éthiopie pour la mettre en carte, vint s'installer dans le pays d'origine de son père. Il choisit la pointe Ste-Anne pour faire bâtir un château digne de ses rêves africains mais servant son goût pour le Moyen Âge et surtout pour la science. Pour ce faire, il fit appel à Viollet-le-Duc et à son élève Edmond Duthoit. Le mélange ne manque pas de piquant : tours crénelées à la médiévale et toits en poivrière dominent le parc planté d'essences et de plantes exotiques. Dans toutes les pièces – peintes, ornées de fresques, tendues de cuir de buffle...–, on peut lire des vers, des devises en anglais, en basque et en amharique (langue éthiopienne). Dans le grand **salon**★, peint en bleu foncé, brillent les monogrammes d'Antoine et de son épouse Virginie. Une façon de s'élever au rang d'étoile. L'observatoire conserve une lunette méridienne, utilisée par des prêtres astronomes jusqu'en 1975 ; elle servait principalement à déterminer le positionnement des étoiles dans le ciel.

Devise en amharique, langue qu'Antoine Abbadie avait apprise durant ses voyages en Éthiopie.

Biriatou

5 km au Sud Est. Quitter Hendaye par la route de Béhobie. Au-delà de Béhobie, la route longe la Bidassoa avant de s'élever en serpentant vers ce minuscule village.
Une placette à fronton, l'auberge attenante, quelques marches et une église. Voilà une image de carte postale. La vue s'étend sur les montagnes boisées, la rivière frontière en contrebas et l'Espagne de l'autre côté.

Hossegor

Il y a la mer, le soleil... et le vent. Rajoutez une bonne houle venue du Gouf de Capbreton et les surfeurs viennent réveiller la petite station balnéaire. Un brin boisé, un brin marin, laissez-vous y bercer par cet air de vacances.

La situation

Cartes Michelin nos 78 pli 17 ou 234 pli 25 – Landes (40). Hossegor n'est séparée de la localité voisine de Capbreton *(voir ce nom)* que par le canal du Boudigau.
🛈 *Pl. des Halles, 40150 Hossegor,* ☎ *05 58 41 79 00.*

Le nom

Ce serait « la grande fosse » (*hoos* : grand ; *gor*, le gouf).

Les gens

Des intellectuels – écrivains et artistes –, séduits par le site au début du siècle, y formèrent un cercle culturel, la « Société des amis du Lac ». Ainsi fut « lancée » Hossegor. Rien qui ne saurait déplaire aux 3 390 Hossegoriens.

> **SURFEURS ÉMÉRITES**
> Tous les ans durant la 2e quinzaine d'août a lieu l'**Hossegor Curl Pro**, championnat du monde de surf professionnel.

séjourner

Le site

Agréable station balnéaire et climatique qui, au fil du siècle, a su intégrer dans un environnement naturel généreux (pins, chênes-lièges, arbousiers) parcs, jardins, hôtels, terrain de golf, casino et un complexe sportif. Spots de surf sur la plage de la Gravière, ou Côte sauvage vers Seignosse.

carnet pratique

RESTAURATION

• Valeur sûre

Sporting Grill – *119 av. Maurice-Martin - au Sporting Casino -* ☎ *05 58 41 99 99 - 135/150F.* Au bord du canal, ce bâtiment des années 1930, de style régional, est classé. Ses boiseries et cuivres évoquent à la fois le style colonial et Art déco. Au menu, grillades de viandes et de poissons. Terrasse au calme.

Le Hittau – *R. Nouaou - 40230 St-Vincent-de-Tyrosse - 12 km à l'E d'Hossegor par D 33 -* ☎ *05 58 77 11 85 - fermé fév., dim. soir et lun. de sept. à juin et lun. midi en juil.-août - 140/400F.* Dans un jardin fleuri, cette ancienne bergerie landaise avec ses murs blancs et ses colombages a été aménagée en restaurant. Ambiance feutrée sous la charpente de la salle à manger au mobilier de style Louis XIII. Cuisine traditionnelle.

HÉBERGEMENT

• À bon compte

Chambre d'hôte Le Bosquet – *4 r. du Hazan (rte de St-Vincent-de-Tyrosse) - 40230 Tosse - 10 km à l'E d'Hossegor par D 33 puis D 652 -* ☎ *05 58 43 03 40 -* 🖵 *- 3 ch. : 230/260F.* Ouvrez la porte-fenêtre de votre chambre... le parc de pins et de chênes s'ouvre à vous. Cette maison basse moderne à proximité d'Hossegor est tranquille et conviviale, à l'instar de ses propriétaires. Salle à manger basque en hiver ou terrasse avec barbecue aux beaux jours.

• Valeur sûre

Les Hortensias du Lac – *Av. du Tour-du-Lac -* ☎ *05 58 43 99 00 - fermé 16 nov. au 14 mars -* **P** *- 11 ch. : 470/770F -* 🖵 *65F - restaurant 195F.* Un repos bien mérité vous attend dans cette maison au bord du lac et à 500 m de la mer. Sa façade blanche et ses fenêtres arrondies surplombent ses eaux paisibles. Les chambres aux murs crépis blancs sont fonctionnelles, meublées de bois clair. Quelques duplex pour les séjours en famille.

Chambre d'hôte Tyboni – *1831 rte de Capbreton - 40150 Angresse - 3 km à l'E de Hossegor par D 33 -* ☎ *05 58 43 98 75 -* 🖵 *- 3 ch. : 375F.* Dans le parc, au bord de la piscine près du lac, ne pensez plus à rien ! Seuls le chant des oiseaux et le vent dans les pins troubleront votre rêverie. La maison est récente, de style régional, et les chambres sont sobres et agréables. L'accueil chaleureux ne gâte rien.

PETITE PAUSE

Hôtel-Bar-Restaurant du Rond Point – *866 av. du Touring-Club-de-France -* ☎ *05 58 43 53 11 - Tlj 7h30-22h.* Bâti en 1876, l'hôtel du Rond Point fut l'une des premières constructions d'Hossegor. Il est habité par les Vergez, ostréiculteurs depuis 1904. Joël, l'arrière petit-fils du fondateur de la maison, continue de vendre des huîtres qu'il fait déguster dans un bar resté presque intact au fil des années. Partout dans la ville, vous trouverez des cartes postales montrant le père Vergez dans sa barque.

SORTIES

Située en bord de mer, la **place des Landais** vit au rythme de l'activité nocturne de la ville et l'on vient de toute la région pour s'y amuser. Certes, les surfeurs y forment une communauté nombreuse, car ils y sont à pied d'œuvre pour se lancer à l'assaut des vagues. Mais, entre les bars d'ambiance, les bodega, les bars basques, les glaciers, les restaurants et les bars à vin (comme le Lou Balou), chacun y trouve son compte.

Rock Food – *Pl. des Landais -* ☎ *05 58 43 43 27 - rolandcalaudi@hotmail.com - Hiver : jeu.-dim. 10h30-2h ; avr.-oct. : tlj 10h30-2h.* Roland est un ancien animateur du Club Med qui, micro en main, n'a pas son pareil pour enflammer une salle. Il en fait la démonstration chaque soir dans son bar et il l'a prouvé à de nombreuses reprises en animant les championnats du monde de surf d'Hossegor. Les pros ne s'y trompent pas qui sont légion à fréquenter son bar pour y parler « spot », « swell » et « tube »...

Casino Barrière d'Hossegor – *119 av. Maurice-Martin -* ☎ *05 58 41 99 99 - Hiver : dim.-jeu. 10h-3h, ven.-sam. jusqu'à 4h ; juil.-août : tlj jusqu'à 5h.* Construit en 1923, cet édifice est un chef-d'œuvre de l'architecture basco-landaise. Depuis 1998, le groupe Barrière l'a transformé en complexe de jeux avec casino (50 machines à sous), tennis, mini-golf, piscine, fronton, discothèque et restaurant.

ACHATS

Marcot' – *Av. du Touring-Club-de-France -* ☎ *05 58 43 52 15 - Hors saison : mar.-dim. 8h-20h. Été : tlj 8h-1h.* Fondée en 1927, cette pâtisserie-salon de thé est une référence de qualité. Gâteaux, glaces, chocolats : tout y est fait maison.

Rip Curl – *407 av. de la Tuilerie -* ☎ *05 58 41 78 00 - Lun.-ven. 10h-13h, 14h-18h.* C'est le magasin d'usine de la société Rip Curl qui fabrique planches, combinaisons et accessoires de surf. Chaque année, cette société organise les championnats du monde de surf à Hossegor. Autre boutique située avenue du Touring-Club-de-France.

LOISIRS-DÉTENTE

Jaï Alaï – *201 av. Maurice-Martin -* ☎ *05 58 43 54 12 - Compétitions en juil.-août.* Jouxtant le Sporting Casino, ce fronton couvert (jaï alaï) accueille des parties de pala corta et de cesta punta. Au fronton extérieur du Casino se déroulent des parties de grosse pala et de grand chistera.

Hossegor Surf Club – *22 impasse de la Digue-Nord -* ☎ *05 58 43 80 52 - Permanence : lun.-ven. 9h-12h30 ou vac. scol. 9h-12h30, 14h-17h.* Situé à côté de la fédération française de Surf, ce club propose des stages de surf et de body-board.

Yacht Club Landais – *2987 av. du Touring-Club-de-France -* ☎ *05 58 43 96 48 - De mi-mars à mi-nov. : lun.-sam. 10h-12h, 14h-17h30 ; juil.-août : tlj 9h30-12h, 14h-18h30. Fermé Jan. et fév.* Ce club nautique, qui organise des stages et des cours particuliers, loue aussi des bateaux, des planches à voile et des canoës.

Le grand casino blanc et rouge, de style basque, date des années 1930. Il jouxte le fronton de pelote où s'illustra le célèbre Chiquito de Cambo.

Le centre-ville
Un petit air « toc » à la Deauville. Mais preuve est faite que le kitsch peut vraiment être sympathique.

Le lac★
Ce lac salé cerné par la forêt de pins et des villas basco-landaises, occupe l'ancien bras de l'Adour. Il subit l'influence des marées grâce au canal du Boudigau qui le relie à l'océan. Nombreuses activités nautiques. Plages parfaitement adaptées à la baignade des petits car l'eau y est calme. La plage du Rey, sur la rive Est, est plus sportive : on y trouve des locations de matériel, des cours pour pratiquer la planche à voile, la voile, le kayak, le dériveur, etc.

Courant d'**Huchet**★

Un courant ? L'eau fuit l'étang pour rejoindre l'océan. Elle se fraye un chemin à travers des arceaux de vieux arbres, envahis par le lierre et la mousse. La barque qui suit son sillage vous fait glisser dans un univers à part, presque exotique. Un voyage au fil de l'eau, en famille ou en duo.

La situation
Cartes Michelin nos 78 pli 16 ou 234 pli 21 – Landes (40). Faites de préférence l'excursion en barque dans la matinée en juillet, août ou septembre.

Les gens
Ils furent nombreux à s'émerveiller de ce voyage : Gabriele d'Annunzio au début du 20e s., François Mitterrand à la fin du même siècle, beaucoup d'autres entre les deux.

> **POUR MARCHER**
> ⛳ À partir du pont de Pichelèbe, départ d'une balade à pied le long du courant (1/2h AR).

Plongée au cœur d'une végétation luxuriante sur les rives du courant d'Huchet.

carnet pratique

RESTAURATION

• À bon compte

Ferme-auberge Lesca – *428 chemin du Stucs - 40260 Castets - 18 km à l'E de Léon par D 142 puis N 10 dir. Bordeaux -* ☎ *05 58 89 41 45 - ouv. juin à sept., le midi aux vacances scolaires de Pâques, w.-end et j. fériés de mai - réserv. obligatoire - 80/150F.* Ah ! la bonne cuisine des Landes. Dégustez la garbure et les produits du canard gras dans cette ancienne grange du pays. Vous apprécierez son atmosphère champêtre, surtout en regardant la campagne de la petite terrasse à l'arrière.

HÉBERGEMENT

• À bon compte

Camping Parc de Couchoy – *40260 Lesperon - 12 km au N de Castets par D 5 puis D 331 -* ☎ *05 58 89 60 15 - ouv. avr. à sept. - réserv. conseillée du 15 juil. au 15 août - 71 empl. : 82F.* Plantez votre tente à l'ombre des pins dans ce camping de la forêt landaise et, pour vous rafraîchir, plongez dans la piscine. Terrain de volley-ball. Location de mobile homes.

Camping La Paillotte – *40140 Azur - 7 km au N de Soustons par D 50 -* ☎ *05 58 48 12 12 - ouv. 22 avr. à sept. - réserv. conseillée - 310 empl. : 159F - restauration.* Aménagé comme une île tahitienne avec ses bungalows-paillotes perdus dans une jungle tropicale (on vous recommande le « Faré » pour le dépaysement), ce camping est vraiment étonnant. Complexe aquatique original bordé de végétation luxuriante. Mini-club et plage.

Camping Les Vignes – *40170 Lit-et-Mixe - 2,7 km au SO de Lit-et-Mixe par D 652 et D 88 (rte du Cap-de-l'Homy) -* ☎ *05 58 42 85 60 - ouv. avr. au 15 oct. - réserv. conseillée juil. et août - 420 empl. : 175F - restauration.* Calme et détente assurés dans ce camping dans les Landes où vous poserez vos valises en toute sérénité. Petit ou grand, vous serez ravi de vous adonner à votre sport favori au terrain omnisports. Piscines et cascades. Club enfants. Location de mobile homes et bungalows.

se promener

D'avr. à mi-oct. : dép. à 10h pour l'île aux Chênes (65F), à 14h30 pour le pont de Pichelèbe (80F) et pour la plage d'Huchet (110F). Réservation obligatoire. ☎ *05 58 48 75 39.*
À la sortie de l'étang de Léon, le courant coule entre les joncs et les nénuphars. À gauche, un refuge de pêcheurs. La barque glisse sous une voûte de verdure. Le « pont Japonais » enjambe le courant qui se rétrécit au « pas du Loup » et s'engage bientôt dans la « Forêt Vierge ». Des cyprès chauves, et voilà Pichelèbe. La végétation redevient dense, difficilement pénétrable. Puis le paysage se transforme. Les hibiscus sauvages se font abondants : ce sont les Bains d'Huchet. Au-delà de la dune côtière, le grondement de l'océan... ça vous tente ?

PÊCHE MIRACULEUSE
Les courants sont très poissonneux. Les pêcheurs, certaines nuits, prennent dans le courant d'Huchet jusqu'à 500 kg d'anguilles.

Grottes d'**Isturitz** et d'**Oxocelhaya**★★

Stalagmites et stalactites se rejoignent dans la grotte d'Oxocelhaya.

Un calme de cathédrale, des voûtes de dentelle, des parois ciselées dans le plus fin des cristaux. Quels compagnons purent travailler à ces merveilles ? Ces tailleurs de verre sont l'eau, le calcaire..., le temps. Un étonnant voyage au centre de la Terre.

La situation

Cartes Michelin nos 85 pli 3 ou 234 pli 34 – 14 km d'Hasparren, 21 km de St-Palais – Schéma p. 268– Pyrénées-Atlantiques (64). Accès par le village de St-Martin-d'Arberoue (tournez à gauche dans la rampe des grottes). Pas très chaud à l'intérieur (14°) : prévoyez une petite laine.

Les gens

Un abri si douillet ne pouvait qu'attirer les hommes en quête de refuge. On retrouve des traces d'occupation humaine au paléolithique entre 80 000 et 15 000 avant J.-C. Une continuité exceptionnelle.

visiter

Juil.-août : visite guidée (3/4h) ttes les 1/2h 10h-12h, 13h-18h ; juin-sept. : à 11h, 12h, 14h, 15h, 16h, 17h ; mars-mai et oct.-nov. : à 14h15, 15h15, 16h15, 17h15, dim. et j. fériés visite supp. à 11h. Fermé de mi-nov. à mi-mars. 35F (enf. : 18F). ☎ *05 59 47 07 06.*
Les grottes, superposées, correspondent à deux niveaux, abandonnés, du cours souterrain de l'Arberoue. Elles sont groupées en une même visite.

Grotte d'Isturitz
Vous pénétrez dans la montagne par cette grotte. Elle a un intérêt surtout scientifique. Les fouilles y ont mis au jour des baguettes demi-rondes à décor sculpté curvi-ligne et des gravures à retrouver dans le musée.

Grotte d'Oxocelhaya
Descendez-y pour admirer les salles décorées de concré-tions : stalactites, stalagmites, colonnes, disques, drape-ries translucides, cascade pétrifiée toute scintillante.

RESTAURATION
Chez Onésime – 64640 St-Esteben - 4 km au S des Grottes d'Isturitz et d'Oxocelhaya par D 251 et D 14 - ☎ 05 59 29 65 51 - fermé mars et mer. - 190/250F. Un petit restaurant familial à l'entrée du village. Salle à manger rustique bien briquée. À sa table quelques spécialités régionales avec un menu moins cher pendant l'été.

Lacanau-Océan

Des pins, des dunes, un long ruban de plages de sable fin, des lames géantes narguées par les sur-feurs. Que choisir ? Se balader à pied, nager, pédaler, bouger ? Ne rien faire... Pour des vacances-nature, à son rythme.

La situation
Cartes Michelin nos 233 pli 36, 234 pli 2 – 55 km de Bor-deaux – Gironde (33). Les routes entre Bordeaux et la côte atlantique sont étroites et très empruntées par les « habi-tués ». Attention donc.
🄳 *Pl. de l'Europe, 33680 Lacanau-Océan,* ☎ *05 56 03 21 01.*

Le nom
Depuis des siècles, les Landes sont parcourues de canaux naturels et artificiels (entre les étangs ; pour l'ir-rigation des terres). Lacanau, c'est « le canal ».

Les gens
Même si les 3 142 Canaulais ne passent pas leur temps en vacances (chanceux qu'ils seraient), la plage les appelle. Quoi de plus naturel alors pour les enfants de faire des pâtés de sable géants, des trous béants, des cul-butes dans l'océan ?

CHAUD-FROID
Le 45e parallèle de latitude Nord (à égale distance entre Équateur et pôle Nord) coupe l'Aquitaine au niveau de Lacanau. Il passe aussi à Saint-André-de-Cubzac.

séjourner

Face à l'océan, Lacanau s'est posé au pied des dunes couvertes de pins maritimes. Aucune excuse donc pour ne pas se balader dans les « lèdes » (vallons sablonneux parcourus de futaies) et sur les 20 km de plages. Pour

Le calme du lac de Lacanau, une fois les véliplanchistes et les plaisanciers rentrés chez eux.

carnet pratique

RESTAURATION

• À bon compte

Le Squale – Pl. du Gén.-de-Gaulle -
☎ 05 56 26 33 70 - fermé sept.-juin -
90/200F. Telle une grande halle aux poissons,
ce restaurant-self pittoresque fera le bonheur
des amateurs de produits de la mer. Le matin,
ses filets de pêche sont vidés devant vous
pour votre menu. Ne craignez pas l'affluence
et servez-vous directement à la cuisine
panoramique.

HÉBERGEMENT

• À bon compte

Camping Talaris – 33680 Moutchic - 3,5 km
à l'E de Lacanau par D 6 - ☎ 05 56 03
04 15 - ouv. 20 mai au 15 sept. - réserv.
conseillée du 15 juil. au 15 août - 200 empl. :
140F - restauration. Un camping sympathique
avec ses emplacements ombragés et sa
piscine. Tennis et location de VTT. Aire de jeux
pour les enfants. Si vous n'avez pas de tente,
vous pourrez louer un mobile home.

• Une petite folie !

Hôtel Aplus – Rte de Baganais - ☎ 05 56
03 91 00 - fermé déc. à fév. - 🅿 - 57 ch. : à
partir de 520F - 🍽 55F - restaurant 145F.
Venez seul ou en famille, pour un séjour en
hôtel, en appartement, et même accompagné
de votre cheval. Ce complexe moderne au
milieu des pins a tout prévu. Chambres au
calme avec balcons. Piscines intérieure et
extérieure et salon de remise en forme.

Hôtel du Golf – Domaine Ardilouse -
☎ 05 56 03 92 92 - 🅿 - 50 ch. :
à partir de 600F - 🍽 50F - restaurant
110/150F. À 4 km de la plage, cet hôtel en
bordure du golf est entouré d'une pinède.
C'est dire combien votre séjour sera
tranquille. Les chambres sont
contemporaines et fonctionnelles.
Salle à manger avec terrasse ouverte sur la
nature.

LOISIRS-DÉTENTE

**Domaine départemental de sports et de
loisirs de Bombannes** – 33121 Carcans-
Maubuisson - ☎ 05 56 03 84 84 -
Ouv. Pâques-Toussaint pour les individuels.
Il s'étend sur 200 ha de forêt entre l'océan
et le lac d'Hourtin-Carcans. Plus de
20 activités sont proposées, en stages
d'initiation ou de perfectionnement
(de 200 à 600 F selon la durée et la
discipline). La base est également équipée
pour la pratique de sports non accompagnée :
base nautique (location de bateaux), piscine
olympique, minigolf, complexe multisports
(sauna, hammam, salle de musculation),
escalade, pistes cyclables (location de vélos),
etc.
Sail Wheeling Club – 68 rte de Bordeaux -
33121 Carcans-Maubuisson -
http://ls.w.c.carcans.free.fr -
☎ 05 57 70 14 60. Char à voile.

les dynamiques, 100 km de pistes cyclables longent la
côte dans la pinède. Plusieurs spots de surf réputés aussi : plage Centrale, Nord, Sud et Super Sud (à choisir en
fonction des déplacements de bancs de sable). Et encore,
trois parcours de golf dont un de dix-huit trous.

alentours

LACS ET ÉTANGS

Les cours d'eau arrêtés par la barrière des dunes ont
formé le long de la côte un chapelet de lacs et d'étangs
reliés entre eux par des canaux. Amoureux de la nature
ou sportif invétéré, vous trouverez forcément chaussure
à votre pied. Alors, plutôt bottes en caoutchouc ou chaus-
sons de véliplanchiste ?

Lac de Lacanau★
2 000 ha pour 8 km de long.
Nombreux brochets, anguilles, perches à taquiner de
l'hameçon. Et toutes les possibilités de distractions nautiques : voile, planche à voile (notamment au Moutchic),
ski nautique, surf, bodyboard, canoë-kayak, location de
bateaux, de dériveurs et de pédalos. Vous pouvez également faire le tour du lac à pied ou à vélo.

Étang de Cousseau
Visite guidée sur demande auprès de la SEPANSO. ☎ 05 56
91 33 65.
Vous accédez à cette réserve naturelle par un sentier traversant la forêt domaniale de Lacanau ou par des pistes
cyclables bétonnées *(laissez votre vélo dans les parcs aménagés aux différentes entrées).* Bordé à l'Ouest par une
série de dunes paraboliques, l'étang se prolonge à l'Est
par un marais *(non accessible).*
À **Maubuisson**, dans une maison en brique est installé
le **musée des Arts et Traditions populaires** des
Landes, consacré à la forêt landaise. ♿ *De mi-juin à mi-
sept. : tlj sf w.-end 15h-19h. Fermé 14 juil. et 15 août. 20F.*
☎ 05 56 03 41 96.

À SUIVRE
Le sentier
d'interprétation : pour
découvrir la faune
(sangliers, vaches marines,
oiseaux migrateurs,
insectes, etc.) et la flore
(pins, arbousiers, chênes
verts, osmondes royales,
nénuphars…) de la
réserve, ainsi que la
technique du gemmage.

Lac d'Hourtin-Carcans

Ce lac sauvage et solitaire couvre une superficie de plus de 6 000 ha. Véritable petite mer intérieure, il est bordé de marais au Nord et en quelques endroits de la rive Est, généralement sablonneuse ; des dunes, hautes de plus de 60 m par endroits, longent la rive Ouest. Au lieu-dit **Bombannes**, une « base de plein air » disséminée au milieu des pins, sur plus de 200 ha, de nombreuses installations de sports et de loisirs : centres nautique et culturel, gymnase, piscine, tennis, tir à l'arc, aires de pique-nique et de jeux... De la plage Nord, vue agréable sur une partie étendue du lac. Au lieu dit le Contaut, circuit aménagé dans le site lacustre protégé de la lagune.

Hourtin⚓

Tête de la « route » des lacs et canaux du Sud-Ouest praticable en canoë, le lieu sert aussi de base aux bateaux de plaisance avec le développement de Hourtin-Port.

> **CONSEIL**
> Pour une journée au bord d'un lac ou d'un étang, se munir d'eau et de lotion anti-moustiques.

Parc naturel régional des
Landes de Gascogne★

Que ceux qui étouffent loin des fumées de pots d'échappement passent leur chemin. Ici la nature est reine : refuges pour la faune et la flore, forêt piquée de-ci, de-là par un petit village ou un airial, souvenirs d'un passé rural original... Des richesses et des paysages à découvrir à pied, à cheval, sur l'eau, à vélo.

La situation

Cartes Michelin n⁰ˢ 78 plis 1 à 5 et 79 plis 1 à 11 ou 234 plis 6, 10, 11, 14, 15, 18 et 19 – Landes (40) et Gironde (33). Le parc groupe 40 communes des Landes et de Gironde et couvre 301 500 ha au cœur du massif forestier gascon. Il s'étend à partir de l'extrémité Est du bassin d'Arcachon, de part et d'autre du val de l'Eyre, englobant au Sud les vallées de la Grande et de la Petite Leyre et les zones boisées de Grande Leyre.
🛈 *Parc naturel régional des Landes de Gascogne, 33 rte de Bayonne, 33830 Belin-Béliet,* ☎ *05 57 71 99 99.*

Le logo

Sur le logo du parc naturel régional, on voit une poule et un renard, deux habitants de ces merveilleuses forêts de pins, que vous rencontrerez peut-être en chemin.

Les gens

Aux landes marécageuses, semées de quelques îlots de résineux, a succédé au 19 ᵉ s. une immense mer de pins. ►
La récolte de la résine ou gemmage *(voir p. 66)*, activité déjà traditionnelle dans la région, s'intensifie. À la fin du 20ᵉ siècle, tous les hommes de plus de cinquante ans ont connu le métier. Il a aujourd'hui disparu et les petits-fils des gemmeurs sont devenus bûcherons. Mais là aussi, il y a du pain sur la planche !

circuit

AU CŒUR DES LANDES DE GASCOGNE

127 km – compter une journée.
Pour partir à la découverte de la grande forêt landaise traversée par la Grande et la Petite Leyre, avec ses sites ► de régénération, ses clairières, ses réserves de chasse et ses maisons basses typiques.

> **LES PARCS NATURELS RÉGIONAUX**
> Ce sont des zones habitées, choisies pour être l'objet d'aménagements et le terrain d'activités propres à développer l'économie (création de coopératives, promotion de l'artisanat), à protéger le patrimoine naturel et culturel, à initier les visiteurs à la nature.

> **BOIS DE PIN**
> Un pin de dix ans servira à faire du papier ; à vingt ans, on en fera des poteaux ; à trente ans, il deviendra meuble, palette, planche ou lambris. Bref, pas de retraite en perspective.

> **ÉCOMUSÉE LANDAIS**
> Composé de 3 unités situées dans les communes de Sabres, Luxey et Moustey, l'écomusée de la **Grande Lande★** évoque la vie quotidienne et les activités traditionnelles propres à la campagne landaise aux 18ᵉ et 19ᵉ s.

carnet pratique

RECOMMANDATIONS

Ne pas cueillir les plantes, ni couper des branches d'arbre d'autant plus qu'elles portent des bourgeons.

Ne jamais allumer de feu et ne pas fumer en dehors des haltes prévues à cet effet. La forêt s'enflamme très vite ; elle met nettement plus de temps à se reformer.

Ne pas laisser ses détritus après un pique-nique, ne rien jeter par terre ; des poubelles sont installées à certains endroits.

Ne pas stationner son véhicule sur les chemins ; des parkings sont aménagés à cet effet.

Respecter le silence et la tranquillité des promeneurs, des pêcheurs et des riverains.

Emporter de l'eau (celle des Landes n'est pas toujours potable), du produit contre les moustiques (dans les zones marécageuses). En été, se munir d'un chapeau et de lunettes de soleil. Le climat aquitain ne requiert pas de vêtements particuliers, si ce n'est des chaussures de marche pour une longue randonnée pédestre et des vêtements imperméables pour les sorties printanières, parfois arrosées.

RESTAURATION

• À bon compte

Le Haut-Landais – *Pl. des Platanes - 40410 Moustey -* ☎ *05 58 07 77 85 - fermé 15 sept. au 31 mars et lun. sf j. fériés - 94/199F.* Sur la place du village, une auberge vit depuis le 17e s. Landais de cœur et hollandais d'origine, le patron vous fera goûter les spécialités des deux pays : aiguillettes de canard, palombes rôties, harengs « petite vierge » et assiette du « port d'Amsterdam ». Deux gîtes.

Café de Pissos – *Au bourg - 40410 Pissos -* ☎ *05 58 08 90 16 - fermé 15 nov. au 1er déc., mar. soir et mer. sf juil.-août - 100/240F.* Les platanes centenaires protègent la terrasse de cette auberge familiale au centre du village. C'est aussi le bar local fréquenté par les villageois. Cuisine régionale simple. Quelques chambres modestes.

• Valeur sûre

Ferme-auberge du Jardin de Violette – *Manoir des Jourets - 40120 Lencouacq - 20,5 km au SE de Luxey par D 9 -* ☎ *05 58 93 03 90 - fermé lun. -* ✉ *- réserv. obligatoire - 120/220F.* Au cœur de la forêt landaise, dans ces anciennes écuries rénovées, retrouvez la saveur des légumes anciens du potager : crosnes, pourpier doré ou rutabagas... La mère de Violette les mitonne avec talent pour accompagner les volailles de la ferme. Armagnac et apéritif maison. Un gîte disponible.

HÉBERGEMENT

• À bon compte

Chambre d'hôte Les Arbousiers – *Le Gaille - 40630 Sabres - 7,5 km à l'O de Sabres par D 44 -* ☎ *05 58 07 52 52 -* ✉ *- 6 ch. : 220/280F - repas 90F.* Toute de colombage vêtue, avec sa belle charpente de bois, cette maison landaise est simple et élégante, au milieu d'une clairière dans les pins. L'accueil est simple aussi et vous entendrez parler d'oiseaux par la propriétaire passionnée et chaleureuses. Chambres sobres et chaleureuses.

Chambre d'hôte Chez M. et Mme Clément – *1 r. du Stade - 33830 Belin-Béliet -* ☎ *05 56 88 13 17 -* ✉ *- 5 ch. : 250F -* ✉ *35F - repas 120F.* Dans un parc ombragé d'arbres centenaires, c'est une belle maison bourgeoise du 19e s. Portes en chêne, parquets cirés et cheminées de marbre font le raffinement de la décoration. Toutes les chambres sont claires et la plupart ouvrent sur la nature. Un gîte.

LOISIRS-DÉTENTE

Centre du Graoux – *33830 Belin-Béliet -* ☎ *05 57 71 99 29 .* Centre permanent du Parc proposant canoë-kayak (descente de la Leyre), cyclotourisme, VTT, sentiers de découverte, parcours d'orientation, tir à l'arc et escalade d'arbres.

Atelier-gîte de Saugnacq-et-Muret – *40410 Saugnacq-et-Muret -* ☎ *05 58 07 73 01.* Deuxième centre permanent du Parc proposant canoë-kayak, cyclotourisme, VTT, circuits pédestres thématiques, parcours d'orientation et tir à l'arc.

Maison de la Nature et du bassin d'Arcachon – *33470 Le Teich -* ☎ *05 56 22 80 93.* Troisième centre permanent du Parc proposant canoë, kayak de mer, sentiers de découverte et sorties oiseaux.

Domaine de loisirs d'Hostens - *Plage d'Hostens - 33125 Hostens -* ☎ *05 56 88 53 44.* Base VTT proposant 6 circuits de 10 à 30 km de sentiers balisés. Pour connaître les points de location : ☎ *05 56 88 55 65.* Également pêche, baignade, sentiers pédestres, centre équestre, tir à l'arc, escalade, ski à roulettes...

Maison de l'Échasse - *Moulin de Jamine - 44 chemin des Meuniers - 33830 Belin-Béliet -* ☎ *05 56 88 80 58.* Elle propose des initiations et des sorties sur des échasses. Vente.

ADEL – *21 cours de l'Intendance - 33000 Bordeaux -* ☎ *05 56 51 05 62.* L'Association de Développement de l'Équitation de Loisirs regroupe différents centres équestres de la haute Lande et organise des randonnées équestres.

Baignade – Le plan d'eau du **Teich** (☎ *05 56 22 88 99)* et le domaine de loisirs d'**Hostens** (☎ *05 56 88 53 44)* assurent la baignade surveillée en juillet et août. Des piscines de plein air, ouvertes en juillet et août, existent à **Audenge** *(au port -* ☎ *05 56 26 85 17),* **Bourideys** *(15h-19h -* ☎ *05 56 25 71 57),* **Sore** *(rte de Luxey -* ☎ *05 58 07 60 55),* **Sabres** *(rte de Luglon -* ☎ *05 58 07 52 51)* et **Pissos** *(rte de Sore -* ☎ *05 58 08 91 45).*

Randonnées pédestres – Le Comité départemental du tourisme de la Gironde diffuse deux plans guides décrivant les sentiers du Val de l'Eyre et de la Haute Lande girondine/Vallée du Ciron. Par ailleurs, les *Chemins du Parc* proposent plusieurs boucles de promenade à partir de 12 villages landais. Le parc propose tout au long de l'année différentes possibilités de découverte à effectuer en liberté ou accompagné.

Belin-Béliet

Aliénor d'Aquitaine aurait vu le jour dans ce petit village en 1123. Un bas-relief a été érigé à sa mémoire à l'emplacement du château des ducs d'Aquitaine *(accès par la rue Ste-Quitterie : suivre le fléchage « Hôtel d'Aliénor »).* Au Nord de la localité se trouve le centre d'animation du Graoux.

ÉLÉMENTS POUR UN PAYSAGE LANDAIS

La maison landaise typique, crépie de couleur claire et s'élevant le plus souvent dans une clairière – survivance de l'ancien « airial » – fait partie du paysage. Elle est dépourvue d'étage et ne comporte qu'un grenier avec lucarne sous le toit de tuiles. La façade est protégée par un large auvent soutenu par des poutres de bois, l'« estantade ».
On peut encore voir, le long des routes forestières, des petites cabanes où les gemmeurs rangeaient leurs outils. Ces cabanons rectangulaires, assez bas et sommaires, sont fabriqués en pin des Landes (planches assemblées horizontalement) et couverts d'un toit de tuiles peu pentu. Deux cabanes sont souvent accolées l'une à l'autre.

Quitter Belin-Béliet à l'Est par la D 110. À Joué, prendre à droite la D 110 E5 pour gagner Moustey en traversant Peyrin et Biganon.

Moustey

Sur la place centrale, deux églises construites en « garluche » (pierre ferrugineuse locale). Le mur Sud de Notre-Dame possède une porte murée « porte des Cagots ». Dans l'église, **musée du Patrimoine religieux et des Croyances populaires.** *D'avr. à déb. nov. : w.-end et j. fériés 14h-18h (juil.-août : 10h-12h, 14h-19h). 25F.* ☎ *05 58 08 31 31.*

Gagner Pissos par la N 134 au Sud.

Pissos

L'église, un peu en dehors du village, est coiffée par un ▶ clocher en bardeaux.

Prendre la D 34 au Sud. À Commensacq, la D 626 à droite mène à Labouheyre. À l'entrée du bourg, une route à gauche, au niveau de l'église (suivre le fléchage « gendarmerie »), mène à Solférino. Elle traverse le parc de Peyre (gîtes forestiers, centre équestre).

Solférino

En 1857, Napoléon III achète quelque 7 000 ha de landes. Les terres assainies, il aménage un domaine expérimental où il installe des fermes modèles. Un village est créé en 1863.

De **Sabres** part le petit train pour Marquèze.

Marquèze

Accès par chemin de fer au départ de Sabres. Le train parcourt près de 5 km en forêt, puis vous dépose dans l'airial de Marquèze. ♿ *Juil.-août : dép. de la gare de Sabres 10h-12h, 14h-17h20 ; juin et sept. : 10h-12h, 14h-16h40 ; avr.-mai et déb. nov. : 14h-16h, sam. 14h-16h40, dim. et j. fériés 10h-12h, 14h-16h40 ; oct. : à 14h40, sam. 14h-16h40, dim. 10h10-12h, 14h-16h40. Fermé de déb. nov. à fin mars. 48F.* ☎ *05 58 08 31 31.*

SOUVENIRS

Route de Sore, un airial artisanal est aménagé dans une ancienne auberge landaise. *De mi-juin à mi-sept. : 10h-12h, 15h-19h ; de mi-sept. à mi-juin : 15h-18h. Gratuit.* ☎ *05 58 08 90 66.*
En face, dans une ancienne bergerie, **atelier de souffleur de verre.** ♿ *15h-18h (de mi-juin à mi-sept. : 10h-12h, 15h-19h). Se renseigner pour périodes de fermeture. Gratuit.* ☎ *05 58 08 97 42 ou 05 58 08 90 66.*

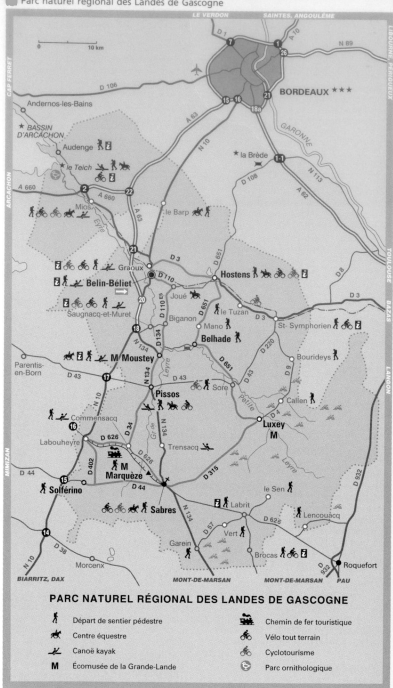

PARC NATUREL RÉGIONAL DES LANDES DE GASCOGNE

🚶	Départ de sentier pédestre	🚂	Chemin de fer touristique
🐎	Centre équestre	🚵	Vélo tout terrain
🚣	Canoë kayak	🚲	Cyclotourisme
M	Écomusée de la Grande-Lande	🦅	Parc ornithologique

Cette partie de l'écomusée occupe près de 70 ha dans la zone protégée des vallées de l'Eyre. Il regroupe sur un airial un ensemble de bâtiments d'origine ou remontés sur place : maison de maître et à proximité, maison des domestiques (ou « brassiers »), au poutrage plus grêle et aux dimensions plus modestes ; plus loin, maison des métayers et son cortège de granges, loges à porcs, ruches et poulaillers.

Une petite promenade sous bois... et vous voilà à la maison du meunier. Elle date de 1834 et se trouve (vous vous en doutez) à côté du **moulin de bas** aux deux meules

La spacieuse maison de maître, à Marquèze, date de 1824 : larges poutres, murs de torchis et toit à trois pentes.

broyant gros et petits grains. L'allée débouche sur les **charbonnières** où s'opérait la combustion lente des vieux arbres pour la production du charbon de bois, et reconduit à l'airial. Là, un centre de documentation vous fournira cartes, maquettes et images commentées sur l'écomusée, la vie agricole et pastorale. La visite ne serait pas complète sans un détour pour voir les anciens défricheurs de la lande dont le fumier enrichissait les champs, dans le parc... à moutons !

De l'autre côté de la voie ferrée, vous découvrez, entre une volière et un puits à balancier, une seconde maison de maître ainsi qu'une grange exposition présentant l'ancien système agro-pastoral.

Retour à Sabres, où prendre à gauche la direction de Luxey, D 315.

> **BONNE POIRE**
> Le verger conservatoire préserve plus de 1 600 espèces fruitières propres à la Grande Lande : pommiers, pruniers, cerisiers, néfliers, cognassiers, etc.

LA VIE AUTREFOIS À MARQUÈZE

L'écomusée de la Grande Lande organise plusieurs manifestations permettant de faire revivre les traditions landaises du 19e s. Le lundi de Pâques, les bergers se réunissent autour d'une omelette pour conter des légendes et jouer de la vielle et de la cornemuse. La Maillade, qui a lieu le 1er mai, est la fête du printemps : des arbres de mai, des mâts fleuris et décorés sont plantés afin d'honorer une jeune fille ou un ami. Mi-mai a lieu la tonte des moutons. La laine sera ensuite cardée, filée et enfin tricotée.

Mi-juin, on sort les bassines pour la grande lessive, la bugade. La cendre remplace ici notre lessive en poudre, mais le rinçage se fait toujours dans la rivière. Le 24 juin est le jour de la Saint-Jean. Pour marquer la venue de l'été et espérer obtenir de bonnes récoltes, on brûle de grandes croix de bois.

Enfin, toute la saison (de fin mars à novembre), on peut voir des artisans travailler au gemmage des pins, au pétrissage et à la cuisson du pain, au meulage du seigle, au labourage à l'aide des bœufs, etc.

> **PRATIQUE**
> Pour assister à toutes ces festivités, un seul numéro, ☎ 05 58 08 31 31.

Luxey

L'atelier de Produits résineux Jacques et Louis Vidal a fonctionné entre 1859 et 1954. Il illustre le fonctionnement d'une structure économique au début de la révolution industrielle dans la Grande Lande. Depuis la réception des gemmes (sucs résineux) jusqu'au stockage de l'essence de térébenthine, toutes les étapes du traitement de la résine. *Juil.-août : 10h-12h, 14h-19h ; juin et sept. : 10h-12h, 14h-18h, dim. et j. fériés 10h-12h, 14h-19h ; avr.-mai et oct. : 10h-12h, sam. 14h-18h, dim. et j. fériés 10h-12h, 14h-18h. Fermé nov.-mars. 25F.* ☎ 05 58 08 31 31.

La D 651 mène à Belhade par Sore et Argelouse.

Belhade

Signifierait « belle fée » en gascon. Église landaise à clocher-mur et portail aux beaux chapiteaux sculptés.

À l'Ouest de la localité, sur la gauche, vue sur le château de Belhade et ses tours rondes crénelées.

Le sous-bois de la forêt landaise : un régal de couleurs et d'odeurs.

Hostens

On y exploita la lignite à ciel ouvert entre 1933 et 1963. Puis les excavations furent comblées par des remontées de la nappe phréatique formant les lacs de Lamothe et du Bousquey. Le **domaine départemental d'Hostens**, créé sur l'ancien site d'exploitation, est un parc de détente de 500 ha. Un sentier d'interprétation vous permet de découvrir le milieu naturel.

Retour à Belin-Béliet par la D 3 et la N 10.

Libourne

Ampleur du fleuve, maisons cossues à la bordelaise, marchés renommés et actifs, vins prestigieux exportés dans le monde entier. Pas de doute, Libourne est bien la petite sœur de Bordeaux. Son père ? Le prince Édouard, fils du roi d'Angleterre, qui donna jour à cette bastide portuaire en 1268 pour qu'elle vienne seconder la grande cité du vin.

La situation

Cartes Michelin n°s 75 pli 12 ou 233 pli 39 – Schéma p. 169 – Gironde (33). Le cœur de la ville se trouve place Abel-Surchamp.

🛈 *Pl. Abel-Surchamp, 33500 Libourne, ☎ 05 57 51 15 04.*

Le nom

Roger de Leyburn, lieutenant du roi d'Angleterre, termina la bastide et lui donna son nom.

L'emblème

Le mascaret. C'est une vague qui secoue le confluent des deux cours d'eau. Il est provoqué par la marée de l'océan qui remonte à contre-courant (c'est cette marée qui, au Moyen Âge, amenait jusqu'ici les navires anglais et hollandais, venus embarquer le vin des alentours).

> **ATOUTS LIBOURNAIS**
> Au cœur d'une région fertile, étape sur la route de Paris à Bordeaux avant que ne fussent construits les ponts de Cubzac, Libourne bénéficia de sa position au confluent de l'Isle et de la Dordogne (point de jonction entre la navigation fluviale et maritime) pour être le débouché naturel du Périgord.

se promener

Place Abel-Surchamp

Spacieuse et aérée, elle est bordée de maisons bâties entre le 16e s. et le 19e s. L'**hôtel de ville** du 15e s. a été modifié au début du 20e s.

Quais de l'Isle et des Salinières

C'est là que se trouvait le port dont il reste... les platanes. La **tour du Grand-Port**, située quai des Salinières, est flanquée d'une ancienne porte de ville qui faisait partie des remparts élevés au 13e s.

> **D**errière la tour, la rue des Chais rappelle qu'on stockait là le vin en partance.

Quai Souchet

Au confluent de la Dordogne et de l'Isle, ce quai vous permet de voir le **grand pont** (1824) avec ses 9 arches et le tertre de Fronsac.

carnet pratique

RESTAURATION

• À bon compte

Le Bord d'Eau – *4 Poinsonnet - 33126 Fronsac - 4 km au NE de Libourne par D 670 -* ☎ *05 57 51 99 91 - fermé 11 au 26 fév., dim. soir et lun. - 100/270F.* Sur pilotis, ce restaurant a les pieds dans la Dordogne. Choisissez une table en bordure des larges baies vitrées : la vue sur la rivière et Libourne est très agréable. La cuisine est soignée avec un bon choix de menus.

HÉBERGEMENT

• À bon compte

Camping Le Pressoir – *33570 Petit-Palais-et-Cornemps - 21 km au NE de Libourne par N 89 jusq. St-Médard-de-Guyenne puis D 21 -* ☎ *05 57 69 73 25 - ouv. avr. à sept. réserv. conseillée juil. et août - 100 empl. : 130F - restauration.* Accueil convivial dans cette ferme vinicole transformée en camping. Beaucoup d'efforts sont faits pour rendre le cadre agréable : rénovations régulières, décor floral, emplacements bien délimités et ombragés. Ne manquez pas le bar dans un ancien chais.

Chambre d'hôte Domaine de Guillomat – *33420 Genissac - 9 km au S de Libourne par N 89, D 121 puis D 18 -* ☎ *05 57 24 49 14 - fermé janv. -* 🖃 *- 3 ch. : 250/300F.* Qu'elle est tranquille cette ferme basse dans la campagne entre Libourne et St-Émilion ! L'accueil est simple et votre jolie chambre de plain-pied avec ses tomettes blondes ou rouges s'ouvre sur le gros tilleul, les lauriers ou la glycine de la grange.

LE TEMPS D'UN VERRE

De jour comme de nuit, l'**esplanade François-Mitterrand** est un lieu très animé grâce aux nombreux bars et brasseries qui mêlent leurs terrasses sur la place. Parmi nos adresses préférées, citons le Bar du Lycée où le vin est servi au verre, et l'Orient, une brasserie du début du siècle.

La Guinguette – *Quai du Gén.-d'Amade -* ☎ *05 57 51 87 87 - Juin-sept. : tlj 12h-0h.* Cette guinguette est pourvue d'une vaste terrasse offrant une superbe vue sur l'Isle et la Dordogne. Le meilleur moment pour en profiter est sans doute le soir, lorsque le soleil couchant irise le fleuve de toutes les couleurs. Jazz ou chansons françaises le soir et thé dansant le dimanche après-midi. Attention, tenue correcte exigée...

Café du Port – *Pl. du 8-Mai-1945 - Lieu-dit Saint-Pardon - 33870 Vayres -* ☎ *05 57 74 85 98 - Oct.-mai : tlj 10h-21h ; juin-sept. : tlj 10h-2h.* Vous serez ici aux premières loges pour assister au spectacle du mascaret : des vagues hautes et puissantes qui remontent la Dordogne. « On entend un grondement lointain qui ressemble au tonnerre », explique Annie, la patronne de l'établissement. L'été, une foule nombreuse vient assister à ce phénomène pendant que les surfeurs se précipitent par centaines vers les premières vagues.

ACHATS

Eclancher – *16 r. Victor-Hugo -* ☎ *05 57 51 01 44 - Mar.-ven. 8h30-12h, 14h-19h, sam. 8h30-12h, 14h-18h.* Ne manquez pas cette boutique installée dans une pittoresque maison du 18e s. : elle n'a presque rien changé à ses habitudes depuis 1830. Vous y trouverez les mêmes produits qu'on y vendait à cette époque : des articles de cave, de chais et de vendange, des échelles, de la vannerie, des sièges en rotin et en châtaignier...

Manuel Lopez – *18 r. Gambetta -* ☎ *05 57 51 15 76 - Mar.-dim. 8h-12h30, 14h30-19h.* Parmi les spécialités de cette pâtisserie, citons les macarons, les canelés et les bouchons (amandes grillées enrobées de praliné).

LOISIRS-DÉTENTE

Maison de l'Isle – *Pl. du Champ-de-Foire - 33910 St-Denis-de-Pile – 10 km au NE de Libourne par D 910 -* ☎ *05 57 55 44 30 - Mars-juin, sept.-nov. : lun.-ven. 9h-12h30, 13h30-17h30. Juil.-août : lun.-ven. 9h-12h30, 13h30-17h30, sam.-dim. 14h-18h.* Des expositions de peinture, de sculpture et d'artisanat local ont lieu dans ce centre qui organise aussi, du 15 avril au 15 octobre, des balades en bateau sur l'Isle. D'écluse en écluse, vous suivrez les traces des bateliers d'autrefois.

CALENDRIER

Abbatiale de Guîtres – *Mairie de Guîtres - 33230 Guîtres -* ☎ *05 57 69 11 48 et 05 57 61 10 82.* Chaque été, cette abbatiale reçoit des orchestres et des musiciens de réputation internationale pour des concerts de musique classique.

visiter

Musée des Beaux-Arts et d'Archéologie

Pl. Abel-Surchamp, 2e étage de l'hôtel de ville. Tlj sf lun. et j. fériés 10h-12h, 14h-18h. 21F (enf. : gratuit). ☎ *05 57 51 91 05.*

Belles œuvres des écoles flamande, française et italienne (16e s.-20e s.) pour ce petit musée axé sur les beaux-arts plus que sur l'archéologie. Vous y trouverez notamment *Trois têtes de vieillards* par Jordaens, *Jésus chassant les vendeurs du Temple* par Bartolomeo, *La Pentecôte* par Charles Le Brun, *L'Amitié* par Foujita et les tableaux de Raoul Dufy. L'école libournaise est illustrée par des portraits de Lacaze et des natures mortes de Jeanne-Louise Brieux, mais surtout par un ensemble d'œuvres du peintre René Princeteau (1843-1914). Maître et ami de Toulouse-Lautrec, ce dernier conquit le Tout-Paris

> **À VOIR**
> Au cours de la montée par l'escalier, beau groupe en marbre blanc de Falconet (18e s.).

Nu couché par R. Dufy, un des trésors du musée des Beaux-Arts et d'Archéologie de Libourne.

malgré son infirmité (il était sourd et muet) grâce à ses scènes de courses *(Le Saut dans la rivière)* et ses images de la vie rurale *(L'Arrivée au pressoir)*.

alentours

Fronsac

2,5 km à l'Ouest. Quitter Libourne par la D 670 vers St-André-de-Cubzac.

Franchissez en voiture le portail d'entrée (accès autorisé) menant au sommet du tertre que couronne le château. De cette éminence, belle **vue**, très étendue, sur les vallées de la Dordogne et de l'Isle, sur Libourne et les vignobles de Fronsac.

Château de Vayres

9,5 km à l'Ouest. Quitter Libourne par la N 89 vers Bordeaux. Après Arveyres, tourner à droite dans la D 242 et, près de l'église de Vayres, prendre le chemin qui conduit au château. Pâques-Toussaint : visite guidée (3/4h) dim. et j. fériés 14h-18h (de juil. à mi-sept. : tlj). 35F. ☎ 05 57 84 96 58.

> **À VOIR**
> Au 1er étage, le poêle en céramique ouvragé de la chambre du Dôme, une tapisserie d'Aubusson du 18e s. et les belles cheminées des salons.

◄ Ancienne demeure de la famille d'Albret réaménagée au 16e s. par Louis de Foix, l'architecte du phare de Cordouan. Dans la grande cour d'honneur, il ajouta une galerie d'apparat à la manière italienne. La façade sur la Dordogne fut remaniée en 1695 et embellie d'un pavillon placé en saillie et coiffé d'un dôme, ainsi que de terrasses et d'un escalier tourné vers le parc. Le parterre à la française, relié à la façade par un pont enjambant les douves sèches, s'étend jusqu'à la rivière. À l'intérieur, visite de quelques pièces utilisées pour des réceptions.

St-Denis-de-Pile

12 km au Nord. Quitter Libourne par la D 910 et, à 8 km environ, prendre à gauche.

Dans l'église située au bord de l'Isle, *Visitation*, peinture des frères Le Nain donnée par Louis XVIII. Vierge à l'enfant, en bois, du 17e s.

Après St-Denis-de-Pile, reprendre la D 910 vers le Nord et la suivre sur 6 km.

Guîtres

Seul vestige d'une abbaye bénédictine, l'**église** de style saintongeois fut fortifiée et maintes fois remaniée au cours des siècles avant d'être restaurée au 19e s. et en 1964. Voir la façade avec portail 13e s. et pignon 14e s., le puissant chevet à cinq absidioles et la façade 12e s. du croisillon Nord du transept, au portail demi-enterré.

Détail d'une vieille locomotive à vapeur au musée du Chemin de fer de Guîtres.

Dans l'ancienne gare, des collectionneurs ont réuni de vieux wagons et locomotives en un **musée du Chemin de fer**. La Mountain P9 (1947), une des plus puissantes machines à vapeur utilisées par la SNCF, est maintenue avec son fourgon en excellent état de conservation et de marche. ⊡ *Ouv. du musée liée à la circulation du train touristique. De mai à fin oct. : dim. et j. fériés dép. à 15h30, retour à 18h15 (de mi-juil. à fin août : mer., sam.). Train à vapeur : 58F AR (enf. : 35F AR) ; train diesel : 45F AR (enf. : 25F AR). ☎ 05 57 69 10 69.*

Marmande

Prunes, pêches, melons, tabac, et surtout tomates, ces « pommes d'amour » qui font la renommée de Marmande. Voilà une ville qui a bien su profiter de la fertilité de la plaine garonnaise environnante. Une cité pas précisément belle, mais qui a la plénitude de l'opulence.

La situation
Cartes Michelin n°s 79 pli 3 ou 234 pli 12 – Lot-et-Garonne (47). 🔲 *Bd Gambetta, 47200 Marmande,* ☎ *05 53 64 44 44.*

Le nom
Marmande se fortifia au Moyen Âge. D'où son nom, qui signifierait tout simplement la « ville fortifiée ».

Les gens
Devant l'hôtel de ville, place Clemenceau, une gracieuse statue de jeune fille porteuse d'une « pomme d'amour » symbolise la ville et ses 17 199 Marmandais.

Jeune fille à la pomme d'amour, symbole de Marmande.

visiter

Église Notre-Dame
Sa construction remonte du 13e au 16e s. ; le chœur a été restauré au 17e s. Remarquer à gauche en entrant une Mise au tombeau du 17e s. Dans la première chapelle à droite du chœur, retable du 17e s. représentant saint Benoît en prière et persécuté par le diable. Du côté Sud de l'église s'ouvre un cloître Renaissance aux beaux jardins à la française.

alentours

Casteljaloux
23 km au Sud par D 933. Casteljaloux est une ancienne bastide, traversée par l'Avance. Devenue place forte protestante, elle a été démantelée en 1621 mais conserve de son passé, dominé du 11e s. au 16e s. par la présence de la famille d'Albret, quelques belles demeures.

carnet pratique

Le Mas-d'Agenais

15 km au Sud par la N 113 et la D 6. D'origine romaine, le site a été le lieu d'importantes fouilles qui ont notamment mis au jour la Vénus du Mas. Dans le chœur de l'**église** romane St-Vincent, la stalle centrale, celle du prieur, montre le Christ tenant le globe surmonté d'une croix. Intéressants chapiteaux dans la nef et les bas-côtés (mythes païens, scènes de l'Ancien Testament et de l'Évangile). Le sarcophage en marbre blanc portant le monogramme du Christ, au centre, date du 5e s.

> **À VOIR**
> La **Crucifixion**★, de Rembrandt (1631) qui met en scène un Christ à l'expression à la fois douloureuse et extatique.

Mauléon-Licharre

Au pied d'une colline où s'élèvent les ruines d'un château fort coule le Saison. Joli nom pour un gave. De part et d'autre, l'ancienne place forte dont le capitaine-châtelain était gouverneur du rude pays de Soule demeure la capitale de la plus petite des sept provinces basques. Surtout, n'oubliez pas les chaussures de marche, vous rateriez de superbes balades.

La situation

Cartes Michelin n°s 85 plis 4, 5 ou 234 pli 38 – Schéma p. 216 – Pyrénées-Atlantiques (64). Le quartier de Licharre, siège des États de Soule, s'étend sur la rive gauche autour de la place des Allées, bordée par quelques édifices dont le château d'Andurain. La ville neuve se lotit vers l'aval. ▯ *10 r. B.-Heugas, 64130 Mauléon-Licharre* ☎ *05 59 28 02 37.*

> **ACHATS-VISITE**
> **Espadrilles** – Visite d'ateliers de fabrication d'espadrilles : s'adresser à l'Office de tourisme.

Le nom

Mauléon, c'est le « mauvais lion » : qu'en est-il des 3 533 Mauléonnais ?

L'emblème

L'espadrille fait marcher Mauléon depuis 150 ans.

carnet pratique

RESTAURATION

• À bon compte

Le Chalet Pedro – *Dans la forêt d'Iraty (près de la D 18) - 64220 Mendive -* ☎ *05 59 28 55 98 - ouv. Pâques au 11 nov., vac. scol. et w.-ends en hiver, fermé mar. en avr.-mai -* ▱ *- 80/140F.* À deux pas de la frontière espagnole, ce charmant chalet est niché dans un petit vallon au milieu de la forêt. Décor simple style bistrot familial avec ses tables en chêne. Dégustation des truites de la rivière en saison. Location d'appartements dans la maison d'en face.

Auberge du Lausset – *64130 L'Hôpital-St-Blaise - 13 km à l'E de Mauléon-Licharre par D 24 puis D 25 -* ☎ *05 59 66 53 03 - fermé 20 oct. au 15 nov. et lun. sf juil.-août - 90/170F.* Face à la belle église romane, cette auberge familiale est bien tranquille. Salle à manger contemporaine aux tons pastel. Quelques chambres peu spacieuses mais fonctionnelles et bien tenues. Terrasse ombragée.

Le Pont d'Abense – *Abense-de-Haut - 64470 Tardets-Sorholus - 13 km au S de Mauléon-Licharre par D 918 -* ☎ *05 59 28 54 60 - fermé janv., 1er au 15 déc., mer. soir et jeu. - réserv. obligatoire - 95/180F.* Le grand âge (plus de 200 ans) de cette maison familiale inspire le respect. Sa table vous surprendra par les préparations soignées et par ses prix tout à fait raisonnables. Quelques chambres confortables, deux avec terrasse, certaines plus simples mais bien tenues. Terrasse ombragée.

HÉBERGEMENT

• À bon compte

Chambre d'hôte Maison Elichondoa – *64120 Pagolle - 13 km à l'O de Mauléon-Licharre par D 918 puis D 302 -* ☎ *05 59 65 65 34 - jeanwalter@online.fr - fermé vacances de Toussaint -* ▱ *- 4 ch. : 230/270F - repas 100/130F.* Dans un petit village perché, cette ferme du 17e s. bien restaurée sera parfaite pour méditer au calme en pleine nature. Campagne et collines pour décor extérieur, vieilles poutres et pierres apparentes à l'intérieur : un charme pastoral rare !

De mains expertes naissent chaque jour des espadrilles basques.

visiter

Château d'Andurain

De juil. à mi-sept. : visite guidée (3/4h) tlj sf jeu. 11h-12h, 15h-18h, dim. 15h-18h. 25F. ☎ 05 59 28 04 18.

Cet édifice à décor Renaissance fut construit vers 1600 ► par un membre d'une illustre famille souletine, Arnaud Ier de Maytie, évêque d'Oloron. Belles cheminées sculptées, in-folio des 16e et 17e s.

> **À VOIR**
> Les combles couverts de bardeaux de châtaignier et munis d'une belle charpente de chêne.

alentours

Navarrenx

7,5 km – Quitter Mauléon au Nord-Est par la D 2.

Ancienne position stratégique au carrefour d'une des ► voies de Compostelle et de l'ancienne grand-route de la rive droite du gave d'Oloron, Navarrenx est une bastide (fondé en 1316) ceinte de fortifications postérieures au Moyen Âge. La **porte St-Antoine**, défendant la tête du pont du gave au Nord-Ouest, reste l'élément le mieux conservé de ce système fortifié. De son couronnement, vue agréable sur le gave et le pont.

> **BONNE PÊCHE ?**
> À Navarrenx, on pêche la truite et le saumon, de mars à juillet. Lors des championnats de pêche au saumon, les curieux se pressent le long du « pool » du gave d'Oloron, en aval de la digue (remarquer l'échelle à saumons).

circuits

LA SOULE★

On est ici aux portes du Béarn. Déjà les maisons se couvrent d'ardoises, même si elles conservent la chaux du Pays basque. Province tourmentée, ravinée par les violents torrents montagnards, la Soule a préservé ses danses carnavalesques (mascarade) et ses traditions théâtrales (pastorale).

① La basse Soule

78 km – environ 3h. Quitter Mauléon au Sud par la D 918.

Ce circuit passe par des petits villages et des sites évoquant le souvenir des célèbres « mousquetaires ». Le Béarn n'est pas loin.

Église de Gotein avec son clocher trinitaire caractéristique (à trois pointes).

> **UN POUR TOUS, TOUS POUR UN**
>
> Les mousquetaires d'Alexandre Dumas ne sont pas qu'une invention : M. de Tréville est le véritable Arnaud Jean du Peyer, comte de Trois-Villes et fut nommé capitaine-lieutenant des mousquetaires en 1625. C'est Arnaud de Sillègne d'Athos qui inspira... Athos : originaire d'Autevielle, sur la rive gauche du gave de Pau, il devint mousquetaire en 1640. Porthos fut Isaac de Porthau : né à Pau en 1617, il devint mousquetaire en 1643, après avoir été garde du roi. Il avait une résidence à Lanne. Quant à Aramis, c'est Henri d'Aramits, écuyer et abbé laïque d'Aramits, devenu mousquetaire en 1643. C'est le cousin de Tréville. Enfin, le Gascon du lot : d'Artagnan, qui emprunte ses traits à Charles de Batz, mousquetaire en 1647.

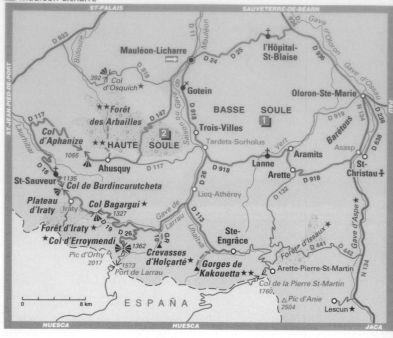

Trois-Villes

Le nom, plus que le château construit par Mansart, rappelle la carrière militaire et le personnage littéraire de M. de Tréville.

Le **Barétous**, pays de transition entre le Pays basque et le Béarn, semble un damier de champs de maïs et de magnifiques prairies, entrecoupé de bouquets de chênes, avec un arrière-plan de sommets calcaires.

Lanne

Jolie église à double porche. C'est l'ancienne chapelle du château qui fut la résidence d'Isaac de Porthau.

Aramits

Ancienne capitale du Barétous. « Aramis » se prévalait du titre d'une abbaye disparue aujourd'hui, dont il recevait le bénéfice comme « abbé laïque ».

Arette

Bourg reconstruit après le tremblement de terre du 13 août 1967. Une route de montagne donne accès à **Arette-Pierre-St-Martin** *(voir ce nom)*.

Après une agréable montée sinueuse au-dessus du bassin d'Arette, la route passe sur le versant de la vallée d'Aspe.

À Asasp, traverser le gave d'Aspe.

St-Christau *(voir p.123)*

Oloron-Ste-Marie *(voir ce nom)*

Suivre la D 936 sur environ 12 km, puis prendre la D 25 à gauche.

L'Hôpital-St-Blaise

Ce minuscule village du pays de Soule se distingue par son **église★**, construction romane très ramassée et rare témoin de l'art hispano-mauresque au Nord des Pyrénées. *Visite avec dispositif audioguidé et son et lumières : 10h-19h.* ☎ *05 59 66 11 12.*

Revenir à Mauléon-Licharre.

② La haute Soule★★

130 km – compter la journée. Prendre la D 147 au Sud de Mauléon.

La haute Soule est séparée du bassin de St-Jean-Pied-de-Port par les massifs d'Iraty et des Arbailles qui forment écran par leur relief difficile et la densité de leur couverture forestière. Pour les adeptes de randonnées en forêt, de pêche, et en hiver, de ski de fond.

RAMÈNE-MOI UN MOUTON !

Fin septembre a lieu à Aramits une grande fête pastorale avec concours de chiens de berger. Les épreuves ? Ramener à la course dix moutons, faire franchir une haie au bétail, le faire sortir d'un enclos, etc. Les épreuves bien sûr sont chronométrées. Pas un concours pour chiens de salon !

Forêt des Arbailles★★

Elle s'étend sur les hautes surfaces (1 265 m au pic de Behorléguy) d'un bastion calcaire bien détaché entre les sillons du Saison, du Laurhibar et de la Bidouze. À cette hêtraie, criblée de gouffres, succède, au Sud, une zone pastorale s'achevant à pic face à la frontière.

Tourner à droite dans la D 117.

Ahusquy

De ce lieu de rassemblement de bergers basques, établi dans un **site★★** panoramique, subsiste une auberge (rénovée). En montant par la piste, sur 1 km, vous pouvez aller « déguster » l'excellente source d'Ahusquy (derrière un abreuvoir nettement visible sur la pente) qui, jadis, justifiait des cures de boisson très courues (affections des reins et de la vessie).

Col d'Aphanize

Dans les pacages autour du col évoluent librement les chevaux. Les pâturages servent de lieux d'estive pour de nombreux troupeaux. Un kilomètre à l'Est du col, la **vue★★** devient immense, du pic des Escaliers, immédiatement au Sud, au pic de Ger, à l'horizon au Sud-Est, en passant par le pic d'Orhy, le pic d'Anie, le massif de Sesques (entre Aspe et Ossau).

À Mendive, emprunter à gauche la D 18.

Chapelle St Sauveur

Elle ne se distingue guère, vue de loin, d'une bergerie. À cette ancienne chapelle-hôpital de l'ordre de Malte se rattache un pèlerinage, le jour de la Fête-Dieu. À l'extérieur : suite de colonnettes, stations de chemin de croix.

Col de Burdincurutcheta

Faites halte 1 km en contrebas au Nord du col, à l'endroit où la route se rapproche d'une crête rocailleuse. Vue sur les contreforts, tout lacérés, du massif frontière, séparés par des vallons ; au loin s'épanouit le bassin de St-Jean-Pied-de-Port, centre du pays de Cize.

Plateau d'Iraty

Chevaux et têtes de bétail à l'estive. Vente de fromage de brebis.

Forêt d'Iraty★

A cheval sur la frontière, la hêtraie d'Iraty, qui dès le 18e s. fournissait des mâts de navires aux marines de France et d'Espagne, constitue l'un des plus vastes massifs feuillus d'Europe.

Col Bagargui★

Vue★ à l'Est sur les montagnes de haute Soule et les hautes Pyrénées d'Aspe et d'Ossau. Proche sur la droite, la masse du pic d'Orhy, plus loin les sommets calcaires du massif du pic d'Anie derrière lequel se profile le pic du Midi d'Ossau. Sous les couverts de la forêt s'échelonnent les différents centres du village touristique d'Iraty.

À Larrau, prendre la route du port de Larrau (généralement obstruée par la neige de novembre à juin).

Col d'Erroymendi★

À 1 362 m d'altitude, vaste **panorama★** de montagne, caractérisant la vocation pastorale et forestière du haut pays de Soule. Faites quelques pas vers l'Est pour découvrir les vallées du haut Saison et, à l'horizon, le massif rocheux du pic d'Anie.

Crevasses d'Holçarté★

🚶 *1h1/2 à pied AR par le sentier balisé GR 10, s'amorçant aussitôt après le café et le pont de Laugibar.*

Après une montée rude, vous apercevez l'entrée des « crevasses », gorges taillées dans le calcaire sur près de 200 m de hauteur. Le sentier passe au-dessus de la gorge affluente d'Olhadubi, qu'il franchit sur une impressionnante passerelle lancée, en 1920, à 171 m !

SAVOUREUX MARIAGE

Le lait des brebis locales des estives basques et béarnaises (manechs à tête noire ou rousse) donne un fromage longuement affiné : le délicieux Ossau-Iraty. Le nec plus ultra ? Le goûter avec de la confiture de cerises noires d'Itxassou.

POUR SKIER

Le petit village de loisirs des « Chalets d'Iraty » fut construit dans les années 1960 au cœur de la forêt d'Iraty. Entre 1 200 et 1 500 m d'altitude, les 109 km de pistes de ski de fond et les nombreux sentiers pédestres offrent une vue unique sur la montagne.

Rafraîchissante et splendide cascade de Kakouetta.

Conseil
Faites plutôt cette balade fatigante et parfois impressionnante en période de basses eaux (de début juin à fin oct.). Munissez-vous de bonnes chaussures en raison du terrain glissant.

À voir
Les chapiteaux du chœur. À gauche : scènes de bateleurs ; au centre : scènes de chasse et une Résurrection ; à droite : Salomon et la reine de Saba.

Gorges de Kakouetta★★

🚶 *Accès par la D 113, route de Ste-Engrâce. Traverser l'Uhaïtxa sur une passerelle, escalader l'autre rive et descendre dans les gorges. De mi-mars à mi-nov. : de 8h à la tombée de la nuit. 25F. ☎ 05 59 28 73 44 (Bar La Cascade) ou ☎ 05 59 28 60 83 (mairie).*

Taillées à pic dans le calcaire, ces gorges sont très belles. L'entrée du « Grand Étroit » est le passage le plus grandiose de Kakouetta. C'est un splendide canyon, large seulement de 3 à 10 m et profond de plus de 200 m. Le torrent mugit dans la longue fissure très riche en végétation. Le sentier, souvent difficile, s'approche du torrent que vous franchissez sur des passerelles. Il aboutit en vue d'une cascade haute de 20 m formée par une résurgence. Une grotte ornée de stalactites et de stalagmites géantes marque le terme de ce parcours sportif.

Ste-Engrâce

◄ Village de bergers entouré de montagnes boisées. L'**église** romane, une ancienne abbatiale du 11e s., dresse son toit asymétrique dans le **site**★ pastoral de la combe supérieure de l'Uhaïtxa ; elle jalonnait un itinéraire vers St-Jacques-de-Compostelle.

Retour à Mauléon par les D 113, 26 puis 918.

Mimizan

Perfide, la dune ! À pas de loup, elle s'est avancée. A englouti Segosa, la Mimizan gallo-romaine, puis la sauveté de Mimizan douze siècles plus tard. Nulle crainte à avoir aujourd'hui, la dune s'est fait prendre dans les filets des joncs et on peut aujourd'hui profiter sans crainte des attraits balnéaires de la station.

La situation

À voir
Entre Mimizan-Plage et Mimizan-Ville, au bord de la route, l'**église abbatiale** avec son portail roman, surmonté d'un Christ en gloire entouré de statues de saints (celle de saint Jacques est la plus ancienne que l'on connaisse en Aquitaine).

◄ *Cartes Michelin nos 78 pli 14 ou 234 plis 13, 14 – Landes (40).* Deux têtes à cette station : Mimizan-Ville et Mimizan-Plage, distantes d'environ 6 km. 🛈 *38 av. Maurice-Martin, 40202 Mimizan-Plage, ☎ 05 58 09 11 20.*

Le nom

La ville est d'origine romaine, voilà qui est sûr mais on ne sait pas si elle s'appelait Segosa ou Mimesius.

Les gens

Avant-guerre, le duc de Westminster y possédait un manoir où il invita Winston Churchill et Coco Chanel : du beau monde, en somme ! C'était au temps des premiers « congés-payés » et Coco Chanel fit venir ses cousettes prendre le bon air à Mimizan.

carnet pratique

RESTAURATION

• À bon compte

L'Auberge de St-Paul – *Quartier Villenave - 40200 St-Paul-en-Born - 7 km à l'E de Mimizan par D 626 -* ☎ *05 58 07 48 02 - fermé oct. à mars et lun. sf juil.-août - 90/250F.* Passez une bonne journée en famille dans cette auberge au milieu des pins. Tout le monde sera ravi : bonne table aux spécialités du Sud-Ouest et promenades pour découvrir les animaux de la ferme et du parc alentour. Jeux pour les enfants.

HÉBERGEMENT

• À bon compte

Camping Sen Yan – *40170 Mézos - 17 km au S de Mimizan par D 652 puis D 38 -* ☎ *05 58 42 60 05 - ouv. 15 juin au 15 sept. - réserv. conseillée - 310 empl. : 140F - restauration.* Insolite, ce camping offre aux nostalgiques des îles tropicales un coin de paradis artificiel : palmiers, bananiers, hibiscus et autres fleurs exotiques créent l'illusion du voyage... Nombreux services, trois piscines et un grand complexe commercial. Mini-golf et club-enfants.

• Valeur sûre

Hôtel Airial – *6 r. de la Papeterie -* ☎ *05 58 09 46 54 - fermé nov. à avr. -* 🅿 *- 16 ch. : 280/300F -* 🍽 *35F.* Un petit hôtel familial construit dans les années 1970 dans un quartier résidentiel plutôt calme. L'accueil est sympathique, les chambres simples mais bien tenues et les prix raisonnables. Jardin agréable.

séjourner

Mimizan-Plage

Quatre plages surveillées au bord de l'océan et une sur le courant (de Mimizan) près de son embouchure. Pistes cyclables entre l'océan et le lac d'Aureilhan ainsi que de Mimizan-Plage à Contis (13 km). Pour les marcheurs, chemin pédestre le long du courant de Mimizan entre Mimizan-Plage et Mimizan-Ville.

Lac d'Aureilhan-Mimizan

Le long des rives, à partir d'Aureilhan, vues pittoresques. Agréable promenade.

Mimizan-Plage : l'endroit rêvé pour lézarder au soleil.

itinéraire

50 km – environ 2h. Prendre la D 652 au Sud, et avant St-Julien-en-Born, à droite.

Courant de Contis

Le courant de Contis draine jusqu'à l'océan les eaux de plusieurs ruisseaux landais. Par une série de méandres, il se fraye un passage à travers le marais puis, en fin de parcours, entre les dunes, tantôt sous un berceau de feuillage, tantôt entre deux haies naturelles de roseaux, fougères, vergnes (aulnes) ou vignes sauvages. Des plantations de pins, peupliers, chênes-lièges, cyprès chauves complètent le tableau. À l'approche de l'océan prédominent les pins, en aval du Pont-Rose. Chemin pédestre. *À St-Julien-en-Born, prendre la D 41 vers Lesperon.*

CONSEIL

Passez l'après-midi au lac de Léon pour vous balader dans les environs et pour pouvoir faire la promenade en barque sur le courant d'Huchet le lendemain matin.

Après la plage, un peu de sports nautiques sur le lac de Léon.

Lévignacq

Ce village typiquement landais a gardé ses vieilles maisons basses à pans de bois et toits de tuiles. L'église, fortifiée au 14e s., offre un aspect insolite avec son clocher-donjon et son portail Louis XIII. À l'intérieur, sa **voûte★** de bois est décorée de peintures du 18e s. ; le chœur présente un retable entouré de colonnes torses et un devant d'autel en bois doré.

Par la D 105 revenez à la D 652, à gauche à Miquéou. À Vielle, une petite route mène à l'étang de Léon.

POUR MARCHER
Juste avant le lieu-dit « Pichelèbe », un pont enjambe le courant d'Huchet. Un petit sentier pédestre vous en fait apprécier la tranquillité.

Étang de Léon

Distractions sportives dans le cadre d'un paysage reposant.

Revenir à Vielle et prendre la D 328 vers Moliets-et-Maa.

◄ Contournant l'étang de Léon, la route traverse un très joli paysage alternant forêts de pins et landes. Maisons landaises à appareil de brique en épi.

Courant d'Huchet★ *(voir ce nom)*

Montaner

Une route sinueuse à travers la campagne. Un hameau perdu entre champs et bois. C'est Montaner. Des vaches traversent paisiblement la route, rentrant à l'étable. Au loin un donjon isolé se dresse sur une butte, vigile, en son temps, du puissant Gaston Fébus. Un rien évocateur de la tranquillité du terroir où nous devrions tous plonger de temps à autre.

La situation

Cartes Michelin nos 85 pli 8 ou 234 pli 35 – Pyrénées-Atlantique (64). Se garer sur le terre-plein devant le château.

Le nom

Montaner évoque un « lieu élevé », l'« éminence » sans laquelle une forteresse n'est pas digne de ce nom.

visiter

ÇA NE RIGOLE PAS
Lire la devise de Fébus inscrite dans la pierre au-dessus de l'entrée : « Toque si gause » (« Touche si tu oses »).

Château

D'avr. à fin oct. : tlj sf mar. 10h-12h30, 14h-19h (juil.-août : tlj). 20F. ☎ 05 59 81 98 29.

◄ Élevée entre 1374 et 1380, la forteresse de brique servait à surveiller les confins du Béarn, de la Bigorre et de l'Armagnac. Le donjon carré, accessible par un pont basculant, s'élève à 42 m. Les fouilles effectuées à l'intérieur de l'enceinte permettent de retrouver le plan et l'affectation des constructions aujourd'hui disparues.

De la plate-forme du donjon, le **panorama★** vers le Sud s'ouvre sur la chaîne des Pyrénées.

CONSEIL
Faites le tour de l'enceinte. Des panneaux explicatifs (assez techniques) reconstituent des différentes parties de la forteresse.

Église St-Michel

En sais. : visite guidée 10h-12h, 15h-17h ; hors sais. : sur demande auprès de Mme Lafeuille. ☎ 05 59 81 50 94.

Élevée au 15e s. en contrebas de la butte castrale. Peintures murales du début du 16e s. relatant dans le chœur la Création et la Nativité. Dans la nef figurent les Apôtres et, sur le mur Ouest, le Jugement dernier.

alentours

Tarasteix

5 km au Sud. Prendre la D 225. À 1 800 m, tourner à droite dans la D 263 en direction de Tarasteix. Au lieu-dit Jacou, s'engager dans la petite route presque en face ; au carrefour signalé par une chapelle, poursuivre tout droit puis prendre à gauche dans la D 27. Un chemin non revêtu, à droite,

Fresque illustrant le Jugement dernier dans l'église romane St-Michel de Castéra-Loubix.

mène à travers bois jusqu'à l'abbaye. À l'emplacement du monastère du Saint-Désert, fondé au 19ᵉ s. par le père Hermann Cohen, élève de Liszt, s'élève aujourd'hui l'**abbaye N.-D.-de-l'Espérance**. Ce centre d'accueil et de vie communautaire (en cours d'aménagement) est situé face à la chaîne pyrénéenne au milieu d'une végétation aux essences exotiques. *Visite guidée de préférence ap.-midi. Messe en grégorien dim. à 11h et possibilité de partager le repas (prévenir la veille).* ☎ *05 62 31 11 93.*

Castéra-Loubix
6 km au Nord. Prendre la D 225. À *Pontiacq-Viellepinte, tourner à droite dans la D 202 jusqu'à Castéra-Loubix.*
Dans le chœur de l'**église romane St-Michel** (11ᵉ s. mais remaniée aux 15ᵉ s. et 18ᵉ s.), bel ensemble de peintures murales représentant la Passion du Christ et le Jugement dernier. *Visite sur demande auprès de Mme Gouyen.* ☎ *05 59 81 97 88.*

Mont-de-Marsan

Que deviennent la Douze et le Midou lorsqu'ils se rencontrent ? La Midouze, bien sûr ! Alentour, Mont-de-Marsan est une de ces villes un peu méconnues, qui vit discrètement dans sa quiétude administrative de capitale landaise. Mais son climat doux la pare l'été de palmiers, de magnolias, de lauriers-roses... et des senteurs balsamiques des forêts de pins.

La situation
Cartes Michelin nᵒˢ 82 pli 1 ou 234 pli 23 – Landes (40). Le principal intérêt de la ville résidant dans le musée Despiau-Wlérick, suivez les panneaux « Terrasses des Musées » (parkings payants). **🛈** *6 pl. du Général-Leclerc, 40000 Mont-de-Marsan,* ☎ *05 58 05 87 37.*

Le nom
Une bastide fut fondée en 1114 par le vicomte de Marsan au pied de la paroisse Saint-Pierre-du-Mont. Il ne reste qu'à assembler... facile.

Les gens
29 489 Montois qui donnèrent du relief à la ville : Charles Despiau et Robert Wlérick, tous deux sculpteurs du début du 20ᵉ s., modelèrent une réputation artistique très honorable à Mont-de-Marsan.

visiter

Musée Despiau-Wlérick★
Tlj sf mar. 10h-12h, 14h-18h (dernière entrée 1/2h av. fermeture). Fermé j. fériés. 20F, gratuit lun. ☎ *05 58 75 00 45.* Installé dans deux édifices massifs (12ᵉ s.-14ᵉ s.) en pierre coquillière ocre, le musée se divise en deux parties reliées par une galerie.

> **FÊTES DE LA MADELEINE**
> En juillet, c'est corridas et courses landaises pour la grande fête locale. Et naturellement, pendant ces jours de liesse, les bodegas ne désemplissent pas...

> **TRÈS RÉUSSI**
> Le contraste entre ces œuvres modernes et le donjon de pierre brute où courent des solives et dont les fenêtres gothiques ogivales laissent le soleil caresser le joli carrelage du sol.

carnet pratique

VISITE

Visite guidée de la ville – 1h1/2. Toute l'année sur RV. 30F. S'adresser à l'Office de tourisme.

RESTAURATION ET HÉBERGEMENT

• À bon compte

Le Domaine de Paguy – *40240 Betbezer-d'Armagnac - 5 km au NE de Labastide d'Armagnac par D 11 puis D 35 -* ☎ *05 58 44 81 57 - fermé 26 mars au 8 avr., ch. d'hôte : ouv. toute l'année ; repas : ouv. dim. midi de Pâques au 30 juin et du 15 sept. au 31 oct. et tlj sf mer. du 1ᵉʳ juil. au 15 sept. -* ⌀ *- réserv. obligatoire - 4 ch. : 235/300F. repas 90/180F.* L'accueil est charmant dans cette noble maison du 16ᵉ s. entourée de vignes où courent canards, poules et poulets. Cuisine généreuse des produits maison avec visite du chai d'Armagnac. Joli jardin avec piscine. Chambres d'hôtes agréables. Quatre gîtes.

• Valeur sûre

Hôtel Abor – *2287 av. du Prés.-John-Kennedy - 40280 St-Pierre-du-Mont - 3 km au S de Mont-de-Marsan par rte de Grenade -* ☎ *05 58 51 58 00 -* 🅿 *- 68 ch. : 278/341F -* 🍽 *48F - restaurant 95/130F.* Cet hôtel est aux abords de la ville, près de la rocade. Ses équipements simples et son décor actuel en font une étape pratique sur la route des vacances. En attendant la mer, faites un plongeon dans sa piscine.

LE TEMPS D'UN VERRE

American Rock Café – *Allée Brouchet -* ☎ *05 58 75 41 88 - Tlj 7h-2h.* Un endroit populaire où la jeunesse locale se mêle aux soldats et où tous ne jurent que par la bière. Pendant la guerre de Bosnie, les Américains qui travaillaient à la base aérienne de Mont-de-Marsan venaient nombreux, séduit par un décor qui évoque l'Amérique des années 1950.

La Cidrerie – *7 r. du 4-Septembre -* ☎ *05 58 46 07 08 - Lun. 18h2h, mar. 10h-2h, mer.-sam. jusqu'à 2h.* Installée dans une ancienne écurie, cette auberge perpétue la tradition basque du cidre. De grandes tables en bois invitent au dialogue et l'ambiance est bon enfant. Clientèle d'âge mûr.

La Rhumerie – *13 pl. St-Roch -* ☎ *05 58 75 76 83 - Lun.-sam. 17h-5h.* Ce bar est spécialisé dans les punchs maison et les cocktails à base de rhum, de gin et de champagne.

Le Divan – *5 pl. du Gén.-de-Gaulle -* ☎ *05 58 75 00 87 - Lun.-sam. 7h30-0h, dim. 10h-20h.* Non, il ne s'agit pas du cabinet de psychanalyste mais de l'un des plus vieux bistrots de la ville, ouvert en 1912. Certains octogénaires viennent ici depuis l'époque où ils quittaient à peine le giron de leur mère. La terrasse s'ouvre sur la place des Halles et la véranda offre une vue imprenable sur les trois rivières de Mont-de-Marsan.

SPECTACLES

Comité des Fêtes – *39 pl. Joseph-Pancaut -* ☎ *05 58 75 39 08 - Lun.-sam. 9h-12h, 14h30-19h.* Cet organisme gère la billetterie des corridas de la ville.

Arènes de Plumaçon – *Pl. des Arènes -* ☎ *05 58 75 39 08 - Lun.-ven. 8h30-12h, 14h-18h.* Corridas, concours de vaches landaises, concerts, fête de la Madeleine (à la mi-juillet), ces arènes en voient de toutes les couleurs ! Chaque jour, une visite des arènes, de la chapelle et du bloc opératoire vous est proposée.

10 bis – *10 bis r. Montluc -* ☎ *05 58 75 98 84 - Mar.-sam. 19h-2h.* Ce bar à vocation culturelle programme fréquemment des pièces de théâtre, des concerts de blues, de jazz et des soirées philo. Il attire un monde fou pendant le festival de flamenco et lors de la semaine de la Madeleine. Jolie petite cour intérieure.

ACHATS

Marché – *Mar. et sam. matin.* Le marché de la place St-Roch compte parmi l'un des plus beaux de France.

La Tourtière – *7 allée Raymond-Farbos -* ☎ *05 58 75 77 00 - Mar.-sam. 8h-19h, dim. 7h-12h30.* On prend une leçon de cuisine dans cette pâtisserie qui prépare sous vos yeux la tourtière (légère pâte feuilletée garnie de pommes ou de pruneaux et parfumée à l'Armagnac), le pastis landais (brioche parfumée au pastis), et le nid d'abeille (gâteau à la crème pâtissière).

Lafitte – *62 r. Léon-Gambetta -* ☎ *05 58 06 06 91 - Mar.-sam. 8h30-12h30, 14h30-19h.* Avant de repartir, vous pourrez remplir vos valises d'une sélection des meilleurs produits régionaux : foie gras, vins blancs de prestige (jurançon, sauternes), confitures...

LOISIRS-DÉTENTE

Parc des Nahuques – 📷 *- Rte de Villeneuve -* ☎ *05 58 75 94 38 - Lun.-ven. 9h-12h, 14h-18h, sam.-dim. 15h-19h. Été : tlj 9h-19h. Entrée gratuite.* Ce parc animalier fait œuvre de pédagogie auprès des enfants qui voient évoluer en liberté chèvres, moutons, mouflons de Corse, lamas, daims, émeus, cygnes et flamants roses sur une superficie de 4 ha.

Le **musée Dubalen**, du nom du premier conservateur du musée en 1885, occupe la maison romane et abrite des collections de préhistoire et d'histoire naturelle (actuellement fermées au public).

Le **musée Despiau-Wlérick**, situé dans le donjon, est consacré à la sculpture moderne figurative. Parmi les 700 œuvres rassemblées, dont la majeure partie date des années 1930, figurent des pièces maîtresses d'une centaine d'artistes dont Zadkine (anguleuse *Mélancolie assise*), Orloff *(Dame enceinte)*, Gargallo *(Urano)*. Voir aussi de Charles Despiau, une *Liseuse* au naturel saisissant, e

MONT-DE-MARSAN

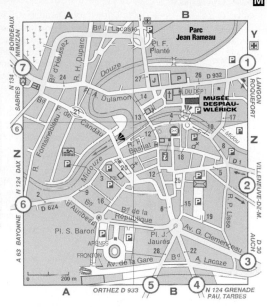

la série de bustes de femmes, dont *Paulette* qui valut au sculpteur l'attention de Rodin. De Robert Wlérick (1882-1944) – père de la statue équestre du maréchal Foch, placée du Trocadéro à Paris –, remarquez une œuvre de jeunesse, *L'Enfant aux sabots*, et encore *Le Faune*. Dans les escaliers, belles faïences de Samadet.

Dans le jardin, sculptures monumentales de Despiau.

se promener

Point de vue

De la passerelle piétonne qui mène de l'Office de tourisme au musée, jolie vue sur les berges verdoyantes du Midou.

Parc Jean-Rameau

L'ancien jardin de la Préfecture se love le long de la Douze. Ponctué d'œuvres de Despiau, fleuri, et planté de beaux arbres (platanes, magnolias), c'est un poumon vert dans la ville.

> **PARFUM D'ASIE**
> Près de la passerelle vers la préfecture Empire (accès interdit), un petit jardin japonais ajoute au parc montois une originale note venue d'ailleurs.

circuit

Environ 133 km – compter la journée. Quitter Mont-de-Marsan à l'Est par la D 1.

Villeneuve-de-Marsan

Ancienne bastide du 13e s., Villeneuve-de-Marsan a gardé de cette époque son église de brique ainsi que sa vieille tour crénelée qui domine le vignoble d'appellation bas-armagnac.

Prendre, au Sud-Est, la D 1, direction Eauze. À 2 km, tourner à droite vers Perquie.

Le classique **château de Ravignan** (17e s.) est ceint d'un parc à la française. Intérieur richement meublé et décoré de portraits de famille et de gravures évoquant Henri IV. &. *Juil.-sept. : visite guidée (1h) w.-end et j. fériés 15h-19h, lun.-ven. sur demande ; avr.-juin et oct. : sur demande. 30F.* ☎ *05 58 45 22 04.*

Prendre la D 354 vers Labastide-d'Armagnac.

Labastide-d'Armagnac★

Très jolie bastide fondée en 1291. Autour de la place Royale, vieilles maisons de pierre à pans de bois sur arcades qui, à la belle saison, resplendissent sous le soleil et les fleurs. Imposante tour clocher du 15e s.

Belle collection de vêtements de cour d'époque Louis XVI au château de Ravignan.

Pour tout comprendre sur les bastides, voir le **Temple des Bastides**. *S'adresser à la mairie ou à l'Office de tourisme. 20F.* ☎ *05 58 44 81 06 ou 05 58 44 67 56.*

Pour tout comprendre sur l'armagnac, voir l'**écomusée de l'Armagnac** au **château Garreau** : musée des vignerons au 16e s., musée des alambics, distillerie, bois de culture de cèpes, arboretum etc. *9h-12h, 14h-18h, sam. 15h-18h, dim. 15h-19h (nov.-mars : tlj sf dim.). 25F.* ☎ *05 58 44 88 38.*

De l'écomusée, rejoindre la D 626 vers Barbotan-les-Thermes, en passant devant Notre-Dame-des-Cyclistes. Puis direction Parleboscq.

Chapelle Notre-Dame-des-Cyclistes

En Aquitaine, Notre-Dame veille sur les sportifs. Elle est patronne de la « petite reine » à Notre-Dame-des-Cyclistes qui abrite des accessoires, des maillots, des souvenirs des grands du cycle. À Larrivières (au Sud de Grenade-sur-Adour), elle devient protectrice du rugby, sport par excellence de tout le Sud-Ouest.

Parleboscq

Le long de la Gélise, la commune de Parleboscq marque la limite du Gabardan, région anciennement marécageuse qui a été convertie à la production vinicole et céréalière.

La commune possède sept paroisses, chacune d'entre elles ayant conservé son église médiévale.

La D 37 mène au Nord à Gabarret d'où l'on rejoint Roquefort.

Roquefort

Berceau des vicomtes de Marsan au 10e s., Roquefort fut une ville fortifiée (remparts et tours des 12e et 14e s.). Fondée par les Bénédictins de St-Sever au 11e s., l'église, en majeure partie gothique, abrita ensuite une commanderie d'Antonins, religieux hospitaliers qui soignaient le mal des ardents, fièvre violente appelée aussi « feu de saint Antoine » (est-ce à dire qu'ils avaient le feu sacré ?). À côté, ancien prieuré : portes et baies de style flamboyant.

Rejoindre Mont-de-Marsan par la D 932.

L'EAU-DE-VIE DE GASCOGNE

Autrement dit l'armagnac, qui séduit les papilles des gourmets depuis le 15e s. Son aire de production s'étend sur les Landes, le Lot-et-Garonne et le Gers et il comprend trois appellations dont le très apprécié bas-armagnac.

Nérac

Fine fleur du pays d'Albret, Nérac a le charme robuste que l'on connaît au maître des lieux, Noste Henric. Sans hésiter, suivez les traces de panaches blancs pour découvrir la ville où Clément Marot trouva « un asile plus doux que la liberté ».

La situation

Cartes Michelin nos 79 pli 14 ou 234 pli 20 – Lot-et-Garonne (47). La ville ancienne comprend le quartier du château et, sur la rive droite, le Petit Nérac. La ville moderne, bâtie au 19e s., s'est collée parallèlement aux allées d'Albret. 🛈 *Av. Mondenard, 47600 Nérac,*☎ *05 53 65 27 75.*

DES TÊTES BIEN FAITES

Sous l'influence successive de trois femmes lettrées – Marguerite d'Angoulème, sœur de François Ier et reine de Navarre ; Jeanne d'Albret, mère du futur Henri IV ; Marguerite de Valois (Margot), femme du même Henri IV – la cour de Nérac accueillit maints penseurs du temps de la Renaissance. S'y cotoyèrent et s'y succédèrent des poètes, humanistes, théologiens (Clément Marot, Lefèbvre d'Étaples, Jean Calvin, Théodore de Bèze, Agrippa d'Aubigné, Michel de Montaigne…) Le « Béarnais », quant à lui, fera de Nérac une citadelle huguenote et la principale base de ces expéditions guerrières dirigées contre les places catholiques.

Le nom

Comme dans bien des sites de France ou de Navarre, ce sont les eaux de la rivière (ici, la Baïse) qui ont valu son nom à la ville. Mais Nérac était-elle *Neronis Aquae* (« les eaux de Néron ») ou *ner aig* (le « partage des eaux » en celte) ? Une seule chose est sûre, c'est une histoire d'eau...

Les gens

Selon les 6 787 Néracais, le Vert Galant brisa le cœur de la jeune Fleurette, qui, pauvrette, s'en jeta de désespoir dans la Baïse (prononcer Béïse).

se promener

LA VIEILLE VILLE

Compter 1h1/2. Se garer le long du fleuve près de la capitainerie (du côté opposé au château).

La rue Séderie, aux façades anciennes envahies de vigne vierge, mène au Pont Vieux.

Pont Vieux

Pont gothique en dos d'âne. Vue sur les bâtisses vermoulues du quartier des tanneries en amont, et sur le barrage et l'écluse en aval.

Traverser le pont. Place des Tanneurs, tourner à gauche pour longer la Baïse.

Jolies vues sur les maisons du Petit Nérac. Une rampe conduit à l'église Saint-Nicolas et au château.

Rejoindre le Pont Neuf.

> **TIRER, POINTER**
> Au moindre rayon de soleil, les joueurs de pétanque se retrouvent près de Saint-Nicolas pour taquiner le cochonnet.

Pont Neuf

Là encore, de jolies vues : sur les quais du port – qui fut actif au 19e s. lorsque intervint la canalisation de la rivière –, sur le Pont Vieux et sur d'antiques demeures. En amont verdoient les frondaisons de la Garenne.

Promenade de la Garenne

Antoine de Bourbon, père d'Henri IV, choisit l'emplacement d'une ancienne villa romaine (vestige de mosaïque romaine dans une niche, à gauche du chemin) pour faire dessiner cette longue promenade (2 km) le long de la Baïse. Sous les chênes et les ormes centenaires, un collier de fontaines : celle de Fleurette, celle des Marguerites, celle du Dauphin (1602). On y voit aussi un théâtre de verdure. Sur l'autre rive, on aperçoit le pavillon des Bains du Roi.

Traverser l'avenue Georges-Clemenceau.

> **TOUTE UNE ÉPOQUE**
> Rue Sully, voir la maison de... Sully (bien sûr), riche demeure datant de la Renaissance (seconde moitié du 16e s.).

Petit Nérac

Balade au fil de ruelles escarpées.

NÉRAC

carnet pratique

RESTAURATION

• À bon compte

Les Délices du Roy – *7 r. Château -*
☎ *05 53 65 81 12 - fermé vacances de
Toussaint, de fév. et mer. - 98/250F.* Dans ce
restaurant au détour d'une ruelle derrière le
château, le poisson est roi. Sa petite salle, à
l'atmosphère rustique, est simple. Une bonne
idée pour changer des spécialités régionales...

HÉBERGEMENT

• À bon compte

Hôtel du Château – *7 av. Mondenard -*
☎ *05 53 65 09 05 - fermé 2 au 17 janv. -
16 ch. : 200/250F -* 🛏 *30F - restaurant
68/240F.* Cette ancienne bâtisse de pierre
blanche est à deux pas du château. Un hôtel
sans prétention qui propose des chambres
modestes mais bien tenues. Cuisine classique
et régionale.

• Valeur sûre

Chambre d'hôte Le Domaine du Cauze –
2,5 km à l'E de Nérac par D 656 dir. Agen -
☎ *05 53 65 54 44 - fermé 15 oct. au
18 mars - réserv. obligatoire - 4 ch. : 285/335F
- repas 120F.* Sur une colline verdoyante, cette
bâtisse agricole restaurée est accueillante. Par
beau temps, on aperçoit les premières forêts
des Landes. Et nul doute qu'à la table d'hôte,
sous la tonnelle, vous partagerez la passion
des propriétaires pour la cuisine. Piscine.

LE TEMPS D'UN VERRE

L'Escadron Volant – *7 r. Henri-IV - Face au
château -* ☎ *05 53 97 19 04 - Juin-sept. :
mar.-dim. 9h-2h. Oct.-mai : mar.-jeu. 9h-1h,
ven.-sam. jusqu'à 1h.* L'un des atouts de ce
petit pub de standing, c'est la superbe vue
que sa terrasse offre sur le château.

Comptoir en ormeau et étagères en
sapin contribuent à la chaleur du décor
qu'un jeu de fléchettes (pub oblige) vient
parfaire. À une clientèle d'âge mûr s'ajoute
pendant l'été celle de nombreux touristes.

ACHATS

Château du Frandat – *D 7 -* ☎ *05 53 65
23 83 - Tlj 9h-12h, 14h-19h. Fermé 2 nov.
au 31 mars.* Le domaine du Château du
Frandat s'enorgueillit de trois appellations
d'origine contrôlée : buzet (vins rouges,
rosés et blancs), floc de Gascogne (rosé et
blanc) et armagnac.

Chocolaterie artisanale La Cigale – *2 r.
Calvin -* ☎ *05 53 65 15 73 -
www.lacigale.net - Lun.-ven. 9h-12h, 14h-
18h15. Fermé 10 juil.-25 août.* C'est plutôt
l'antre de la fourmi que celui de la cigale,
car il y a bien de quoi tenir tout l'hiver dans
cette chocolaterie artisanale : plusieurs
dizaines de variétés de petits chocolats et de
bouchées, et de nombreuses sortes de
pruneaux enrobés de chocolat. Il est parfois
possible d'assister, derrière les baies vitrées,
au travail des chocolatiers.

LOISIRS-DÉTENTE

Aquitaine Navigation – *Quai de la Baïse -*
☎ *05 53 65 66 66 - www.aquitaine-
navigation.com - Avr.-juin et sept.-oct. : tlj
9h-12h, 14h-18h. Juil.-août : tlj jusqu'à 19h.*
Trois types de croisières au fil de la Baïse
vous sont proposées : croisières commentées,
croisières musicales et croisières-dégustation.
C'est l'une des plus belles croisières du Sud
de la France : vous découvrirez le Parc Royal
de la Garenne, les Tanneries, les Bains du
Roy et le château des Templiers. Location de
gabares et de vedettes possible.

visiter

Château

*Juil.-sept. : tlj sf lun. matin et mar. 10h-12h, 15h-19h ; oct.-
juin : tlj sf lun. matin et mar. 10h-12h, 14h-17h (avr.-juin :
fermeture à 18h). Fermé en janv. et 25 déc. 20F.* ☎ *05 53 65
21 11.*

◀ De cet édifice Renaissance terminé sous Jeanne d'Albret,
il ne reste qu'une aile sur les quatre qui délimitaient la
cour, et une tourelle d'escalier. Le **musée** présente des
collections archéologiques dans les belles salles voûtées
du rez-de-chaussée. À l'étage, souvenirs des Albret et de
la cour de Navarre.

> **RAFFINÉE**
> Dans l'aile rescapée,
> galerie aux arcades en
> anse de panier et aux
> graciles colonnes
> torsadées. Prenez le
> temps d'y aller, cela vaut
> le détour.

circuit

LE PAYS D'ALBRET

*77 km – compter 3h. Quitter Nérac au Sud par la route de
Condom, D 930. À 6,5 km, sur la droite, dissimulé par les
frondaisons, s'élève le château de Pomarède.*

Entre forêt landaise et Gascogne s'ouvre le doux pays
d'Albret. Un paysage légèrement vallonné qui a échappé
à l'industrialisation rurale. Là, un pigeonnier, un manoir.
Plus loin, un château. Et des champs à perte de vue.
Et puis une table pantagruélique : foies gras et confits,
chasselas, prunes, tomates et melons, le tout arrosé d'un
buzet AOC... Certains appelleront certainement ça le
bonheur.

À Barbaste, le moulin de Henri IV surveille les eaux de la Gélise.

Château de Pomarède
De mi-juil. à mi-sept. : visite guidée (1/2h) 9h-12h, 14h-18h ; de mi-sept. à mi-juil. : sur demande auprès du propriétaire. 20F. Château de Pomarède, 47600 Moncrabeau. ☎ 05 53 65 43 01.
Maison de maître de type gascon datant des 17ᵉ s. et 18ᵉ s.
Revenir sur la route et à 1 km, tourner à droite dans la D 149.

Mézin
La localité, qui travaille la vigne et le liège, occupe un site de hauteur surplombant le confluent de la Gélise et de l'Auzoue. L'ancienne église du prieuré clunisien fondé au 11ᵉ s., l'**église St-Jean-Baptiste**, arbore un style composite. Au **musée du Liège et du Bouchon**, souvenirs de l'époque où Mézin était une des capitales du bouchon en France. Exposition consacrée à Armand Fallières, enfant du pays et président de la République entre 1906 et 1913. Une troisième exposition rassemble quelques objets du patrimoine mézinais. ⏱ *Juin-sept. : 10h-12h30, 14h-19h (dernière entrée 1/2h av. fermeture) ; fév.-mai et oct. : tlj sf lun. 14h-18h30. Fermé j. fériés sf 14 juil. et 15 août. 20F. ☎ 05 53 65 68 16.*
Sortir de Mézin à l'Ouest par la D 656.

À VOIR
Sur la gauche, à la sortie de Mézin, pigeonnier « gascon » reposant sur des colonnes.

Poudenas
Le village, sillonné de rues pentues, est dominé par son **château**, bâti sur les bases d'une forteresse médiévale du 13ᵉ s. Il a subi d'importantes transformations à la fin du 16ᵉ s., et surtout au 17ᵉ s. : la façade italienne date de cette époque. ⏱ *De mi-juil. à fin août : visite guidée (3/4h) tlj sf lun. 15h-18h. 25F. ☎ 05 53 65 78 86.*
Rejoindre Mézin où l'on prend la D 149 vers Réaup. Puis la D 283 vers Durance.

PHOTO
Du vieux pont qui enjambe la Gélise, jolie vue sur le château, le clocher de l'église et au premier plan sur l'Hôtellerie du Roy Henry ornée d'une galerie en bois.

Durance
Isolé dans la pinède, ce minuscule village est une ancienne bastide du 13ᵉ s. dont seule subsiste la porte Sud. À côté des vestiges des remparts et du « château Henri IV », ruine qui fut un rendez-vous de chasse des souverains de Navarre. L'église gothique a été érigée en 1521.
Prendre la D 665 vers Barbaste.

Barbaste
Gagner le centre du village puis suivre le balisage « moulin des tours ». Sur la rive droite de la Gélise, le **moulin de Henri IV** dresse ses 4 tours carrées de hauteur inégale depuis la guerre de Cent Ans. On le nomma ainsi car le Vert Galant, qui y entretenait une garnison, aimait à s'en intituler « le meunier ». Le vieux pont roman, à dix arches que défendait l'ouvrage, est toujours là.
Prendre la route de Casteljaloux, D 655. À Lausseignan, prendre à droite la route en montée vers Xaintrailles.

Xaintrailles
En grimpant sur ce village (il est en haut d'une colline), vous aurez de très belles **vues** sur la vallée de la Garonne et Port-Ste-Marie, d'un côté, la forêt des Landes de l'autre. Le château du 12ᵉ s. a été reconstruit au 15ᵉ s. par Jean Poton de Xaintrailles, compagnon de Jeanne d'Arc.

Étalé sur une colline, le coquet bourg de Xaintrailles est dominé par un château datant du 15ᵉ s.

Vianne
Cette ancienne bastide d'origine anglaise fondée en 1284 a conservé presque intacte son enceinte fortifiée rectangulaire et son plan en damier. Près de la porte Nord, l'église, défendue par un clocher avec chambre forte, et l'ancien cimetière. La vie de la petite cité est animée par une verrerie d'art et un atelier de créations artisanales.
Empruntant la D 642, traverser la Baïse et gagner Lavardac.

Lavardac
La petite ville, établie sur la terrasse dominant la Baïse – grossie de la Gélise quelques centaines de mètres en amont – fut, avant l'éphémère canalisation de la rivière, le port d'embarquement des barriques d'armagnac amenées par chars du Condomois.
La D 930 ramène à Nérac.

Oloron-Sainte-Marie

Une ville un peu austère, comme on en trouve souvent en montagne, qui semble murmurer des secrets de famille entre les murs de ses hautes maisons coiffées d'ardoises. Si vous vous y arrêtez pour prendre des forces avant de vous aventurer dans le Béarn des hauteurs, jetez-y un coup d'œil, pour le plaisir.

La situation
Cartes Michelin nos 85 plis 5, 6 ou 234 pli 38 – Schéma p. 125 – Pyrénées-Atlantiques (64). Pour aller visiter Sainte-Marie, prenez la voiture car le quartier est un peu excentré et pas particulièrement intéressant. ☒ *Pl. de la Résistance, 64400 Oloron-Sainte-Marie,* ☎ *05 59 39 98 00.*

carnet pratique

RESTAURATION

• À bon compte
Ferme-auberge Estrem – *64360 Cardesse - 11 km au N d'Oloron-Ste-Marie par D 9 -* ☎ *05 59 21 40 04 - fermé 2 sem. fin sept., sem. de Noël, dim. soir et lun. -* ☒ *- réserv. obligatoire - 60/188F.* Tout le Béarn savoureux est ici mais les recettes sont gardées secrètes par les 17 générations qui se sont succédé dans cette ferme. Une authentique cuisine du pays mitonnée avec des produits d'autrefois : cassoulet fermier, poule au pot au chou farci, omelettes aux grattons...

• Valeur sûre
Chilo – *64130 Barcus - 16 km à l'O d'Oloron-Ste-Marie par D 59 -* ☎ *05 59 28 90 79 - fermé janv., dim. soir, mar. midi et lun. hors sais. - 170/380F.* Au cœur du petit village mais tournée vers la montagne, une grande maison traditionnelle aux volets bleus. Salle à manger cossue avec ses boiseries et sa cheminée. Terrasse dans le jardin. Cuisine soignée de produits frais. Les chambres sont cossues et confortables. Piscine.

HÉBERGEMENT

• À bon compte
Chambre d'hôte Marie Lavie – *Quartier Auronce - 64360 Lucq-de-Béarn - 10 km au N d'Oloron-Ste-Marie par D 9 puis D 110 -* ☎ *05 59 39 18 39 -* ☒ *- 3 ch. : 200/240F - repas 85F.* Cette ferme rénovée en pleine campagne est proche du Gave d'Oloron.

Les chambres sont classiques et proprettes. Convivialité assurée : vous cueillerez vous-même, si vous le souhaitez, les légumes au potager pour votre menu du soir.

• Valeur sûre
Hôtel Alysson – *Bd des Pyrénées -* ☎ *05 59 39 70 70 - fermé 4 au 17 déc. -* 🅿 *- 34 ch. : 380/480F -* ☒ *55F - restaurant 130/250F.* Voilà un hôtel moderne où poser vos valises en toute sérénité. Les chambres contemporaines sont spacieuses et confortables. Vaste salle à manger entourée de baies vitrées. Jardin avec piscine.
Chambre d'hôte Le Château de Boues – *64570 Féas - 8 km au SO d'Oloron-Ste-Marie par D 919 -* ☎ *05 59 39 95 49 - fermé d'oct. à Pâques -* ☒ *- 4 ch. : 300/360F.* Ce château du 18e s. a l'air très fier avec sa façade blanche dominant la route mais les hôtes vous accueilleront avec simplicité et joie de vivre. Jolie vue des chambres sur la campagne et le jardin avec sa piscine et son potager.

ACHATS
Maison Artigarrède – *1 pl. de la Cathédrale -* ☎ *05 59 39 01 38.* Le « russe » est la spécialité maison depuis trois générations. Il s'agit d'un gâteau préparé à base d'amandes et de crème pralinée, recette qui reste tout de même un secret de famille. Un salon de thé à l'étage de la boutique permet de le déguster, tout en admirant la cathédrale en face.
Marché – Marché traditionnel le vendredi.

Le nom

Oloron aurait été un poste ibère et tient son nom d'*Illuro*, à la fois nom de lieu ibérique et nom de dieu pyrénéen. Ste-Marie, bourg épiscopal et rural, s'est développé au milieu du 11ᵉ s. sur la rive gauche du gave d'Aspe. Les deux parties ont été réunies en 1858 et abritent aujourd'hui 11 067 Oloronais.

L'emblème

Avec Nay, Oloron est la capitale du béret. Eh oui ! ce symbole de la France est originaire du Béarn avant d'être basque. Le béret de laine servait aux bergers des montagnes à se protéger du froid.

visiter

Église Ste-Marie

De mi-juin à fin sept. : possibilité de visite guidée tlj sf sam. 15h-18h. ☎ *05 59 39 04 15.*

Cette ancienne cathédrale date des 12ᵉ et 13ᵉ s.

Le clocher-porche abrite un magnifique **portail**★★ roman qui, miraculeusement, est resté presque intact. Cela tient autant à la chance qu'à la dureté du marbre pyrénéen. Avec les siècles, la pierre a pris le poli de l'ivoire. Arrêtez-vous un moment et prêtez attention aux différents « tableaux », c'est une vraie collection d'histoires : atlantes enchaînés (allusion aux hommes de l'Ancien Testament, restés dans l'errcur – le 19ᵉ s. y voyait des Sarrasins !), descente de croix, Daniel dans la fosse aux lions et Ascension d'Alexandre. À la voussure consacrée au Ciel, les 24 vieillards de l'Apocalypse jouent de la viole et adorent l'Agneau divin portant la Croix. Le Mal est représenté par la tête d'un dragon. À la voussure consacrée à la Terre et à la vie paysanne : chasse au sanglier, pêche et découpage du saumon, confection d'un tonneau, fabrication du fromage, préparation du jambon, plumage d'une oie, etc. À la retombée des voussures, statue équestre de Constantin piétinant le Paganisme (*à droite*) et monstre dévorant un homme (*à gauche*).

À l'**intérieur**, dans la première colonne, à gauche en entrant, est incrusté un curieux bénitier des lépreux, du 12ᵉ s. Remarquez dans le chœur un candélabre et un lutrin de bois peint (17ᵉ s.) La crèche à santons de bois du 17ᵉ s. dans le bas-côté gauche, la chaire du 16ᵉ s. et le buffet d'orgues de 1650 (récemment restauré) valent aussi le coup d'œil.

> **POUR Y VOIR CLAIR**
> Deux minuteries sont cachées derrière le 3ᵉ pilier de la nef centrale sur la gauche en entrant et à l'entrée du chœur à gauche.

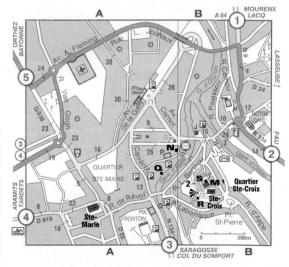

OLORON-STE-MARIE

Maison du Patrimoine . . . **B M¹**   Sculptures contemporaines. . . **AB N,Q,R**   Tour de la Grède . . . . . **B S**

Les 24 vieillards de l'Apocalypse jouent de la viole ou du rebec – violon à trois cordes dont se servaient les ménestrels (portail de l'église Ste-Marie).

se promener

QUARTIER STE-CROIX
L'ancien quartier du château vicomtal (détruit en 1644) occupe une situation avancée entre les deux gaves.

Église Ste-Croix
L'intérieur est plus original que l'extérieur, avec la coupole de la croisée du transept montée sur des nervures en étoile (13ᵉ s.) et inspirée de la mosquée de Cordoue.

Maisons anciennes
À côté de l'église, deux maisons Renaissance sur « couverts » ; en contrebas, rue Dalmais, **tour de la Grède** à baies géminées (14ᵉ s.).
La **maison du Patrimoine,** installée dans une demeure du 17ᵉ s., rassemble sur trois niveaux des collections d'archéologie, d'ethnographie et de minéralogie relatives à la ville et au haut Béarn ainsi que des peintures et des souvenirs du camp d'internement de Gurs. *De juil. à mi-sept. : tlj sf lun. 10h-12h30, 15h-19h ; de mi-sept. à la Toussaint : mar., jeu. et sam. 15h-19h. 10F. ☎ 05 59 39 10 63.*

Promenade Bellevue
À l'Ouest de l'église, descendez à la terrasse dominant le gave d'Aspe et le quartier Ste-Marie ; suivez à droite la promenade Bellevue tracée sur les anciens remparts : vue d'enfilade sur la vallée d'Aspe et ses montagnes.

alentours

Monein
20 km. Quitter Oloron par la route de Mourenx.
À chaque bourg son église. Celle de Monein, l'**église St-Girons**, est imposante, avec un décor gothique flamboyant et un clocher de 40 m ! Immense charpente de chêne en forme de carène renversée, datant du 15ᵉ s. *Juil.-août : spectacle son et lumière de la charpente (3/4h) à 11h, 15h, 16h, 17h, dim. et j. fériés à 16h et 17h ; sept.-juin : tlj sf sam. à 16h et 17h. 25F. ☎ 05 59 21 29 28.*

MARCHEURS DE DIEU
Oloron et Ste-Marie étaient autrefois une étape importante avant le passage du Somport pour les pèlerins se rendant à St-Jacques-de-Compostelle. Des sculptures contemporaines, disséminées autour des quartiers historiques, nous rappellent cette tradition.

Orthez

À quoi font penser les toits d'Orthez ? À des jupes empesées sous lesquelles dépassent des jupons de dentelle. Coquetterie que peut bien se permettre une ancienne capitale. Celle du Béarn avant Pau. Elle eut ses galants en son temps : Gaston VII Moncade, vicomte de Béarn, qui la choisit au 13e s. Puis Gaston Fébus, qui y tint une brillante cour, après l'union du comté de Foix et du Béarn.

La situation

Cartes Michelin nos 78 pli 8 ou 234 pli 30 – Pyrénées-Atlantiques (64). Se garer devant l'hôtel de ville.
🅱 *Maison Jeanne-d'Albret, r. du Bourg-Vieux 64300 Orthez,* ☎ *05 59 69 02 75 ou 05 59 69 37 50.*

Le nom

Du latin *hortensis* (« pourvu de jardins »).

Les gens

10 121 habitants. Le poète Francis Jammes (dont Brassens a emprunté la *Prière* pour la mettre en musique) habita Orthez de 1897 à 1907. Sa maison est située à la sortie de la ville sur la route de Pau.

> **À VOIR**
> Si vous aimez le typique et l'ancien, allez voir la maison Jeanne d'Albret (16e s.).

se promener

La ville comtale

Au temps de Gaston VII et de Fébus, Orthez ne s'ordonnait pas parallèlement au gave, comme aujourd'hui, mais suivant la perpendiculaire Pont Vieux – château de Moncade. Aussi l'empreinte du passé subsiste-t-elle dans les rues du Bourg-Vieux, de l'Horloge et Moncade, bordées de demeures à portails parfois sculptés.

Pont Vieux★

Moussu, couvert de lierre, ce pont défendu autrefois par une tour percée d'une porte couvrait l'entrée de la ville. La tour remplit encore son office en 1814, lors de la lutte contre Wellington. Très jolie vue sur le gave.

> **À VOS JUMELLES**
> Quatre belles clés de voûte sculptées ornent la nef. Elles sont malheureusement très haut placées.

Tour Moncade

Elle subsiste de la grandiose forteresse des 13e et 14e s., construite par Gaston VII.

Église Saint-Pierre

Jadis reliée aux remparts de la ville, cette église du 13e s. servit de poste de défense, comme le prouvent les fenêtres-meurtrières dans le mur Nord.

Monument du Général Foy

3,5 km au Nord. Souvenir de la bataille d'Orthez au cours de laquelle Wellington triompha de l'armée Soult. Et en plus, le site est joli : belles fermes béarnaises aux grands toits à plusieurs pentes, vues lointaines vers les Pyrénées.

carnet pratique

RESTAURATION ET HÉBERGEMENT
• *À bon compte*
Au Temps de la Reine Jeanne – *44 r. du Bourg-Vieux* - ☎ *05 59 67 00 76* - *fermé 1er au 15 mars* - *20 ch. : 250/320F* - 🍽 *30F* - *restaurant 85/180F.* En plein cœur de la vieille ville, cet hôtel est composé de deux maisons des 18e et 19e s. Les petites chambres au calme sont desservies par un bel escalier ancien, autour d'un patio sous une verrière. Restauration classique.

ACHATS
Lors du 600e anniversaire de la mort de Fébus, en 1991, des vignes ont été plantées autour de la ville. Elles produisent désormais chaque année des vins rouge et blanc commercialisés sous le nom de « Château Fébus » (appellation béarn-bellocq contrôlée).

alentours

Entre Orthez et Pau, sur les bords du gave de Pau, sont regroupés plusieurs usines et complexes industriels liés au développement des gisements de gaz naturel autour de Lacq.

Mourenx

20 km au Sud-Est d'Orthez par la D 9. La cité construite au début des années 1960 pour loger les salariés du complexe de Lacq. Spectacle quelque peu insolite : des immeubles-tours au milieu des coteaux béarnais.

Belvédère – C'est la colline la plus élevée de la ville. Du parc de stationnement, côté plaine du Gave, vue sur la zone industrielle. Côté montagne, vous découvrez au premier plan les coteaux béarnais, puis les Pyrénées centrales, du pic d'Anie au pic du Midi de Bigorre, et, plein Sud, la vallée d'Aspe.

Le haut **Ossau**★★

Amoureux de nature, vous allez être servis. Paysages revigorants de fraîcheur et de pureté, pics se reflétant dans le miroir des lacs, cascades et torrents de montagne. Pour parfaire la chose, vous pouvez regarder tournoyer les grands rapaces dans le ciel, apercevoir une timide marmotte au seuil de son terrier, ou même un isard aux sabots légers sauter de rocher en rocher. Bref, ne vous en privez sous aucun prétexte, à pied, en voiture ou en petit train.

La situation

Cartes Michelin nᵒˢ 85 plis 16, 17 ou 234 plis 43, 47 – Pyrénées-Atlantiques (64). Dominée par l'imposante silhouette du pic du Midi d'Ossau, la vallée d'Ossau se divise en amont des Eaux-Chaudes en trois branches : vallée du gave de Bious, vallée du Soussouéou, vallée du gave de Brousset.

Le nom

La vallée d'Ossau était autrefois l'*Ursialensis vallis*, la « vallée aux Ours ». Il y a en d'ailleurs toujours quelques-uns qui parcourent cette région des Pyrénées (5 en 1998 dans le Béarn). Mais rassurez-vous, les hommes ne les intéressent pas du tout !

Les gens

Le pic du Midi d'Ossau (encore lui !) est le stade d'escalade des Palois qui le fréquentent beaucoup en fin de semaine. Prenez vos jumelles pour les voir évoluer sur les parois rocheuses.

Le pic du Midi d'Ossau, un repère dans le coin.

comprendre

Créé en 1967 pour la protection de la nature, le **Parc national des Pyrénées** dessine le long de la chaîne frontière, sur plus de 100 km, entre la vallée d'Aspe à l'Ouest et la vallée d'Aure à l'Est, une bande large de 1 à 15 km, entre 1 000 m et 3 298 m d'altitude (sommet du Vignemale). Il compte 45 700 ha, réserve naturelle de Néouvielle comprise. Le parc proprement dit est enveloppé par une zone périphérique de 206 000 ha partagée entre 86 communes des départements des Hautes-Pyrénées et des Pyrénées-Atlantiques.

Le parc donne asile à 4 000 isards, notamment dans les vallées d'Ossau et de Cauterets où ils sont le plus facilement visibles, ainsi qu'à plus de 200 colonies de

carnet pratique

O

ADRESSES UTILES

Parc national des Pyrénées – *59 rte de Pau - 65013 Tarbes -* ☎ *05 62 93 36 60 - www.parc-pyrenees.com - 3615 isard.*

Maisons du parc – Les maisons du parc national donnent des informations sur la flore et la faune du parc, les randonnées en montagne et présentent diverses expositions sur le thème de l'ours, du pyrénéisme...
Dans le secteur compris dans les Pyrénées-Atlantiques, deux maisons : **maison du Parc** (vallée d'Ossau) *- 64440 Laruns -* ☎ *05 59 05 32 13* ; **maison du Parc** (vallée d'Aspe) *- 64880 Etsaut -* ☎ *05 59 34 88 30 ou 05 59 34 70 87.*

HÉBERGEMENT

Refuges du parc – Parmi les refuges du parc national, il faut distinguer les refuges gardés, qui ne sont ouverts que de mi-juin à septembre, et les refuges non gardés, qui sont permanents (10 places en général). Tous sont destinés aux randonneurs de passage. Dans les refuges gardés, on mange ses propres provisions ou le repas préparé par le gardien. En été, les refuges gardés, dont la capacité d'accueil est limitée (30 à 40 places), sont pris d'assaut. Il faut donc réserver à l'avance. Leur liste avec numéros de téléphone est disponible auprès du Parc national des Pyrénées.
Dans les Pyrénées-Atlantiques, les refuges tenus par le Parc sont au nombre de deux : **refuge d'Ayous** (1 960 m), dans la vallée d'Ossau, 50 places, ☎ 05 59 05 37 00 , **refuge d'Arlet** (1 990 m), dans la vallée d'Aspe, 40 places, ☎ 05 59 36 00 99.

Refuges gérés par le Club Alpin – Les refuges n'appartiennent pas au parc national des Pyrénées sont en général gérés par le Club Alpin Français (commission de gestion des refuges et chalets) *- 24 av. de Laumière - 75019 Paris -* ☎ *01 53 72 00 00.*

Camping – Le camping est interdit dans le Parc national, mais le bivouac est autorisé (uniquement pour la nuit ou en cas d'intempéries, on peut monter une petite tente, à condition d'être à plus d'une heure de marche de tout accès motorisé).

Les offices de tourisme et syndicats d'initiative mettent à la disposition des touristes la liste des campings à proximité du parc.

LOISIRS-DÉTENTE

Activités dans le parc national des Pyrénées – Plus de 350 km de sentiers tracés et jalonnés ; le sentier de grande randonnée (GR 10) traverse le parc par endroits. La chasse, la cueillette des fleurs, les feux, l'introduction des chiens y sont interdits ; en revanche, la pêche dans les gaves et dans les quelque 230 lacs du parc (salmonidés) relève de la réglementation générale.

Domaine skiable d'Artouste-Fabrèges – Alt. 1 400-2 100 m. 9 remontées mécaniques. Aux portes du Parc national des Pyrénées, il recouvre un site grandiose, sur les deux versants du pic de la Sagette. Les 13 pistes de ski alpin, très variées, dévalent principalement le versant Est, au-dessus du gave de Soussouéou. Les skieurs de niveau moyen peuvent découvrir la totalité du domaine sur la piste du Grand Coq, tandis que les skieurs confirmés mettent à l'épreuve leur endurance et leur agilité sur les pistes techniques du Soussouéou et des Isards. La station s'est récemment équipée d'un stade de snowboard.
Le forfait séjour est valable sur les stations de Gourette et d'Arette-Pierre-St-Martin ; le forfait saison s'étend à trois stations espagnoles.
Du pont de Camps part une piste de ski de fond de niveau débutant, qui longe le gave de Brousset et le lac de Fabrèges.

marmottes. Il n'est pas exceptionnel d'apercevoir en vol des vautours fauves, des aigles royaux ou des gypaètes barbus dans ces régions des Pyrénées fréquentées encore par le coq de bruyère, le lagopède (perdrix des neiges) ou le desman dit des Pyrénées (petit mammifère aquatique).

itinéraires

① VALLÉE DU GAVE DE BIOUS★

4,5 km en voiture au départ de Gabas, puis marche à pied.

Gabas

Ce village de montagne, blotti au pied des torrents descendus du pic du Midi d'Ossau, est connu pour ses fromages de brebis. Sa chapelle du 12e s. a fait l'objet d'une décoration moderne.
Prendre au Nord la D 934 sur 5 km. Un large chemin forestier part sur la gauche, juste avant le pont sur le Bitet.

> ► **AU LOIN**
> Deux kilomètres après Gabas, au « Chêne de l'Ours », vue sur le pic du Midi.

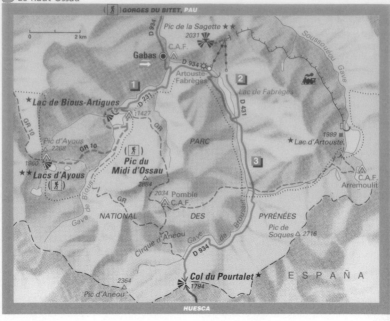

Gorges du Bitet

🚶 *1h à pied AR par le chemin forestier.*

En remontant ces gorges très ombragées, vous profitez de très jolies cascades. Attention, conduite forcée en fin de promenade.

Revenir vers Gabas que l'on traverse puis prendre à droite la D 231.

La route, en forte montée, aboutit au barrage qui a noyé l'« artigue » de Bious.

Lac de Bious-Artigues★

À proximité du barrage (rive gauche), les **vues**★ se dégagent sur les pics d'Ayous et du Midi d'Ossau dont les parois passent au coucher du soleil par toutes les nuances des rouges et des violacés.

Pic du Midi d'Ossau

Alt. 2 884 m. Sa cime en forme de croc, identifiable dès l'arrivée à Pau, tranche, avec le style des crêtes pyrénéennes généralement découpées avec plus de finesse que de vigueur. Les contreforts Est sont le domaine d'un millier d'isards.

POUR MARCHER

🚶 Pour randonneurs très entraînés, tour du pic au départ de Bious-Artigues (balisée comme variante du GR 10). Nous vous invitons à le couper par une nuit au **refuge CAF de Pombie**. *De juin à fin oct. 80F la nuitée (enf. : 64F).* ☎ 05 59 05 31 78.

Entouré d'immenses montagnes, le lac d'Ayous au printemps.

Lacs d'Ayous★★

🚶 *Montée 2h1/2, descente 1h1/2 (dénivellation : 560 m). Suivre les pancartes du Parc national et le balisage rouge-blanc du GR 10.* Du refuge d'Ayous, **vue★★★** grandiose sur le pic du Midi se reflétant dans le lac.

② VALLÉE DU SOUSSOUÉOU★

Compter 4h.

Cette excursion combine la télécabine de la Sagette, partant de la rive droite du lac de Fabrèges, et le chemin de fer du lac d'Artouste.

Montée en télécabine à la Sagette

De fin mai à déb. oct. et w.-end d'oct. : (ttes les 1/2h) 8h30-19h30. Billet forfaitaire avec petit train. ☎ *05 59 05 36 99.* De la station supérieure (alt. 1 950 m), la **vue★★**, plongeant sur l'ancienne vallée glaciaire du gave de Brousset – noyée en partie par la retenue de Fabrèges – ne se détache guère de la silhouette du pic du Midi d'Ossau. 🚶 Monter jusqu'à la table d'orientation du **pic de la Sagette★★** *(1h à pied AR).*

De la Sagette au lac d'Artouste

Le **petit train** serpente à flanc de montagne, sur un parcours de 10 km, à 2 000 m d'altitude. Il offre des **vues★** plongeantes sur la vallée du Soussouéou, 500 m en contrebas. *De déb. juin à fin sept., w.-end d'oct et vac. scol. Toussaint (excursion : 3h1/2). Billet combiné avec télécabine : de fin juil. à fin août 99F AR (enf. : 72F) ; juin, sept. 69F AR (enf. : 49F).* ☎ *05 59 05 36 99.* 🚶 Du terminus *(arrêt limité à 1h1/2),* un sentier *(1/2h à pied AR)* mène au **lac d'Artouste★**. Un barrage a rehaussé le plan d'eau du lac qui baigne les pentes granitiques d'un cirque dont les sommets approchent les 3 000 m.

③ VALLÉE DU GAVE DE BROUSSET

15 km au départ de Gabas.

La route longe les centrales de Fabrèges et d'Artouste, puis s'élève pour arriver au niveau de la retenue de Fabrèges. En avant se dégagent les flancs du pic de Soques très tourmentés. La route escalade un verrou et débouche dans le cirque d'Anéou.

Col du Pourtalet★

Alt. 1 794 m. Le col du Pourtalet reste généralement obstrué par la neige de novembre à juin. **Vue★** sur l'immense cirque pastoral d'Anéou, tout pointillé de moutons en été, et sur le pic du Midi d'Ossau.

> **PRATIQUE**
> En hiver, la télécabine de la Sagette dessert directement les pistes de la petite station d'Artouste, où règne une ambiance familiale et décontractée.

> **ATTENTION !**
> Parcours en train déconseillé aux personnes sujettes à des problèmes respiratoires : la locomotive diffuse des émanations de fuel, en particulier dans le tunnel de départ.

Pau★★

C'est la ville natale d'Henri IV et la plus élégante des cités de la bordure pyrénéenne. Même si elle n'a pas la grandiloquence d'un Versailles, elle porte son royal passé avec sobriété et raffinement, dont le château est la pierre d'angle. Pau n'en a pas pour autant le nez dans le passé et, héritage de sa colonie britannique, elle est sportive, intellectuelle et culturelle.

La situation

Cartes Michelin nᵒˢ 85 plis 6, 7 ou 234 pli 35 – Schéma p. 125 – Pyrénées-Atlantiques (64). Évitez les alentours du château en voiture à partir de la fin de l'après-midi, le trafic est infernal. 🛈 *Pl. Royale, 64000 Pau,* ☎ *05 59 27 27 08.*

Le nom

C'est une modeste palissade (*pau* en langue d'Oc) défendant le poste fortifié, premier état de la ville, qui lui a donné son nom.

Les gens

Les 78 732 Palois ont un ancêtre illustre... et non des moindres. Le 13 décembre 1553 naît, à Pau, Henri de Navarre, futur Henri IV.

carnet pratique

RESTAURATION

• À bon compte

Au Fin Gourmet – *24 av. G.-Lacoste -*
☎ 05 59 27 47 71 - fermé 24 juil. au 7
août, vacances de fév., dim. soir et lun. -
100/220F. En face de la gare et au pied du
funiculaire, ce restaurant fait penser à un
kiosque à musique avec sa grande salle en
verrière. Tomettes au sol et jolies tentures sont
de bon ton. Cuisine au goût du jour.

Auberge Labarthe – *Derrière l'église -*
64230 Bosdarros - 15 km au SO de Pau par
D 100 et D 285 - ☎ 05 59 21 50 13 - fermé
dim. soir, mar. midi et lun. - réserv. obligatoire
le w.-end - 98/300F. Cette auberge fleurie est
très sympathique. Un petit côté bistrot dans la
salle à manger colorée avec ses tomettes au
sol. Cheminée de brique dans le bar. La
cuisine est bien tournée et d'un excellent
rapport qualité/prix.

• Valeur sûre

La Concha – *36 r. de Liège - ☎ 05 59 27*
55 09 - 120/200F. C'est le royaume des
amateurs de produits de la mer. La grande
salle à manger est décorée dans le style
hispano-basque, très colorée. Plateaux de fruits
de mer et poissons grillés ou à la « plancha »
arrivent tous les deux jours de St-Jean-de-Luz.

HÉBERGEMENT

• À bon compte

Hôtel Central – *15 r. L.-Daran - ☎ 05 59 27*
72 75 - 28 ch. : 185/350F - ☕ *35F.* Vous
serez bien accueilli dans ce petit hôtel
modeste en plein centre-ville. Bien
insonorisées, les chambres de tailles et de
confort variés sont simples et très bien tenues.
Salon avec billard.

Hôtel Montpensier – *36 r. Montpensier -*
☎ 05 59 27 42 72 - 🅿 *- 22 ch. : 250/370F*
- ☕ *40F.* À 500 m du château, cette
imposante maison rose est en léger retrait de
la rue. Les chambres sont classiques, au décor
un peu désuet mais en général assez
spacieuses.

PETITE PAUSE

L'Isle au Jasmin – *28 bd des Pyrénées.* Sous
l'ancien hôtel Gassion, ce petit salon de thé
sert toutes sortes de thés et de cafés
accompagnées de pâtisseries ; sa terrasse
garnie de transats, face aux Pyrénées, est un
lieu de détente prisé après une visite au
château.

LE TEMPS D'UN VERRE

Le **boulevard des Pyrénées** est un des
pôles d'animation de la commune de Pau.
De la terrasse des nombreux cafés et
brasseries, on contemple la chaîne des
Pyrénées. Parmi nos adresses préférées : le
Café Russe – que sa couleur rouge signale à
la ronde – et le Black Bear.
La petite **place Reine-Marguerite** possède
un charme discret avec ses arcades à
appareillage de galets ; là s'installé le West
Side, bar donnant des concerts de jazz une
fois par semaine.
Baracuba – *16 r. des Orphelines - ☎ 05 59*
82 82 83 - www.baracuba.com - Mar.-sam.
17h30-2h. Été : mar.-sam. 17h30-3h. Toute La
Havane recréée dans ce bar cubain où
musique et professeur de rythmes afro-
cubains plantent le décor de la manière la
plus convaincante qui soit. Débutants et
danseurs confirmés viennent danser la salsa
chaque fin de semaine avant de s'offrir le
plaisir de jeter les sacs de cacahuètes vides
par terre tout en buvant un verre de mojito
au comptoir. Dégustation de cigares.
Black Bear – *1 bd Aragon - ☎ 05 59 27*
52 67 - Tlj 9h-2h. Tenu par la sœur du
rugbyman Robert Paparemborde, ce bar
ressemble à un musée du sport grâce aux
nombreux souvenirs (maillots de Michel Platini
et de Bernard Hinault) qui ornent les murs.
Mais il faut compter sans la vedette, rarement
là : Pierrette Paparemborde qui est la véritable
cheville ouvrière de cette adresse clef de la vie
paloise.
Le Boucanier Ferrand José – *64 r. Émile-*
Garet - ☎ 05 59 27 38 80 - Sept.-juin : lun.-
sam. 18h-2h. Juil.-août : lun.-sam. 21h-3h.
L'un des plus beaux bars de Pau, dont le
décor évoque une cale de bateau. Plus de
130 bières à la carte.

SORTIES

Zénith – *R. Suzanne-Bacarisse - ☎ 05 59 80*
77 66 - billetterie : lun.-ven. 9h-12h, 14h-
18h. Cette immense salle de spectacles très
moderne peut accueillir jusqu'à 6500
personnes. Elle donne lieu à de nombreuses
manifestations : opéras, concerts, variétés,
cabarets...
Casino Municipal de Pau – *Allée Alfred-de-*
Musset - ☎ 05 59 27 06 92 - Dim.-jeu. 10h-
3h, ven.-sam. jusqu'à 4h. Ce casino est
équipé d'une centaine de machines à sous en
plus d'une salle de jeux traditionnels, d'un
restaurant et d'un bar. Animation musicale les
vendredis et samedis.

ACHATS

Le centre-ville de Pau offre une agréable
promenade à travers ses rues piétonnes, où
nombre de petits commerces sont venus
s'installer. Le **Centre Bosquet**, à quelques pas
de là, abrite un grand centre commercial, très
moderne : boutiques de prêt-à-porter, de
loisirs, FNAC, etc.
Confiseur-chocolatier Verdier – *6 r. des*
Druides - ☎ 05 59 72 70 30 - Lun.-ven. 9h-
12h, 14h-18h, sam. 9h-12h. Fermé août.
Monsieur Verdier voulait être musicien mais
pour satisfaire à la volonté de son père, il
devint pâtissier, excellant dans la fabrication
de chocolats. De ses mains habiles sortent
aujourd'hui non pas des symphonies,

des cantates ou des tangos, mais de délicieux raisins au jurançon, des cailloux au chocolat et des dents d'ours.

Francis Miot – *48 r. du Mar.-Joffre - ☎ 05 59 27 69 51 - Mar.-sam. 10h-12h, 15h-19h, lun. 15h-19h.* Francis Miot se consacre à la confiture depuis 1985 : meilleur confiturier du monde en 1991, vainqueur de la coupe de France de la confiserie en 1995, il est le confiturier de plus de 30 chefs d'État et vient de remporter le titre de Meilleur Bonbon de France 2000 avec sa nouveauté « les coucougnettes »...

Josuat – *2 r. du Mar.-Joffre - ☎ 05 59 27 45 93 - Mar.-sam. 9h-12h, 14h30-19h15, lun. 14h30-19h15.* Fondée en 1880, cette maison de chocolatier réalise de nombreuses pâtisseries, chocolats et bonbons maison.

Fromagerie Bâchelet – *24 r. du Mar.-Joffre.* Un large choix de fromages des Pyrénées et d'ailleurs est proposé dans cette jolie boutique aux tonalités bleues ; de précieux conseils sont prodigués afin de composer son plateau et l'accompagner des vins les mieux appropriés.

Au Parapluie des Pyrénées – *1 r. de Laussat - ☎ 05 59 27 53 66 - Lun.-ven. 8h-12h, 14h-19h, sam. 8h-12h.* Depuis 1890, on fabrique ici les immenses parapluies des Pyrénées qui sont les seuls capables de résister aux pires averses du Sud-Ouest. C'est aujourd'hui la dernière entreprise du genre en France.

Librairie des Pyrénées et de Gascogne – *14 r. Saint-Louis - ☎ 05 59 27 78 75.* On y trouvera tous les ouvrages consacrés aux montagnes franco-espagnoles et à la région : guides de tourisme, de randonnée, histoire, langues (gascon, basque, occitan), faune et flore, etc.

Librairie Marrimpouey – *2 pl. de la Libération - ☎ 05 59 27 52 11.* On y déniche d'utiles ouvrages sur le Béarn, le Pays basque, les Landes, les Pyrénées, la langue occitane. Littérature, histoire, géographie, langues, tourisme…

LOISIRS-DÉTENTE

Le Plantier de Pau – *5 allée du Grand-Tour - ☎ 05 59 62 37 96 - Lun.-sam. 14h-19h.* Pratiqué dans les Landes, les Pyrénées-Atlantiques et les Hautes-Pyrénées où l'on dénombre 650 licenciés, le jeu de quilles de neuf est l'ancêtre du bowling. Il se pratique avec une boule de 6,2 kg et neuf quilles de 96 cm. Les joueurs, des retraités pour la plupart, se réunissent ici chaque après-midi

comprendre

Gaston Fébus – Il dote Pau d'une enceinte et jette les bases du château actuel. Il y séjourne souvent. En 1450, Pau devient capitale du Béarn, après Lescar, Morlaàs et Orthez. Modeste capitale à vrai dire : les jours où se tiennent les États, une partie des députés ne peut trouver de logis et doit coucher à la belle étoile !

La « Marguerite des Marguerites » – En 1527, Henri d'Albret, roi de Navarre, seigneur souverain du Béarn, comte de Foix et de Bigorre, prend pour épouse la savante Marguerite d'Angoulême, sœur du roi François Ier. Elle transforme le château dans le goût de la Renaissance et crée de somptueux jardins où sont jouées des pastorales de sa composition.

Une dame de fer – Jeanne d'Albret, fille de Marguerite, mariée à Antoine de Bourbon, n'a rien d'une femmelette. Bien que portant le futur Henri IV, elle accompagne son mari qui se bat en Picardie contre Charles Quint. Quand le terme approche, elle revient à Pau pour que l'enfant y naisse. Dix-neuf jours de carrosse, et sur quels chemins !

> **GAILLARDE !**
>
> Comme le lui a recommandé Henri d'Albret, Jeanne d'Albret chante en béarnais pendant les douleurs d'enfantement afin que l'enfant ne soit « ni pleureux, ni rechigné »…

> « Grandiose dans la lumière du jour, le matin, aux premières lueurs de l'aube dont s'éclairent les glaciers, [le panorama] devient fantastique ».
> La vue depuis
> le boulevard des Pyrénées,
> par Michelet.

BORDEAUX
Mt-DE-MARSAN, N 134   D

N 134   OLORON-STE-MARIE
SARAGOSSE   D

Henri de Navarre passera sa « jeunesse paysanne » au château de Coarraze, près de Pau, puis est envoyé étudier à Paris. C'est sa mère, convertie au protestantisme, qui, pendant ce temps, maintient les Palois sous une férule austère. Finie l'aimable fantaisie du règne précédent. Plus de fêtes brillantes, plus d'arbres de mai, plus de danses ni de jeux. Les églises sont transformées en temples, les sculptures brisées, les prêtres emprisonnés ou pendus, les catholiques traqués. Après la mort de Jeanne d'Albret, c'est la sœur d'Henri, Catherine, qui devient régente du Béarn, pendant que son frère fait campagne. Elle poursuit l'aménagement du château et en embellit les jardins.

Pau mania – À partir de la Monarchie de Juillet, Pau compte des résidents anglais, dont certains anciens officiers attachés au pays pour y avoir combattu en 1814. Ce n'est toutefois qu'en 1842 qu'un médecin écossais, le docteur Alexander Taylor (1802-1879), préconise la cure

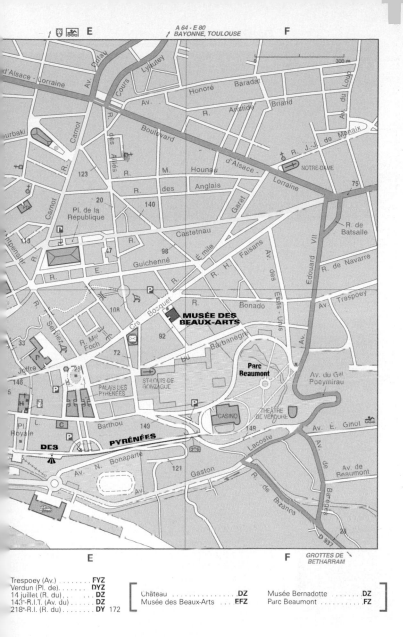

hivernale à Pau, par un ouvrage rapidement traduit dans la plupart des langues européennes. Le succès en est éclatant auprès des malades.

La colonie donne une impulsion décisive au sport : *steeple chase* (1841) – le parcours de Pont-Long est l'un des plus redoutables d'Europe avec Liverpool –, golf (1856, premier terrain du continent), chasse au renard (1842), encore pratiquée aujourd'hui.

LA VILLE ANGLAISE

Attirés par la douceur du climat « mol et qui cicatrise », les Anglais se font construire à Pau de somptueuses villas sur le pourtour du centre-ville. Le style architectural adopté est le plus souvent éclectique, comme nombre de constructions publiques ou privées au 19ᵉ s. Chaque villa possède son parc et ses dépendances : les serres et surtout les écuries sont deux éléments essentiels à la vie britannique. Aujourd'hui encore, on peut découvrir ces villas, pour la plupart privées, en parcourant le quartier du parc Lawrence, au Nord du centre-ville, et le quartier Trespoey, à l'Est.

se promener

Boulevard des Pyrénées★★

C'est sur l'initiative de Napoléon Ier que la place Royale fut prolongée en véritable terrasse au-dessus de la vallée : le boulevard des Pyrénées était né. À son extrémité se trouve le petit **parc Beaumont**, avec de nombreuses essences d'arbres, un lac et le casino municipal.

Le boulevard domine des jardins en terrasses qui relient haute et basse villes par les Sentiers du Roy. Magnifique vue sur la chaîne des Pyrénées.

Au-delà des coteaux de Gelos et de Jurançon, le **panorama★★★** s'étend du pic du Midi de Bigorre au pic d'Anie. Le pic du Midi d'Ossau se détache parfaitement. Par temps clair, surtout le matin et le soir et en période hivernale, le spectacle est d'une grande beauté.

Quartiers anciens

À l'Est du château s'étend un lacis de rues pittoresques, bordées de magasins d'antiquaires et de restaurants, où il fait bon flâner. Face au château, la maison dite de Sully, du 17e s., et, à côté, le bâtiment de l'ancien parlement de Navarre, rénové au 18e s. La tour accolée est l'ancien clocher de l'église St-Martin, érigée au 15e s. La place Reine-Marguerite, bordée d'arcades, est l'ancienne place du Marché, où l'on dressait jadis le gibet et la roue pour les exécutions capitales.

visiter

Château★★

De mi-juin à mi-sept. : visite guidée (1h) 9h30-12h15, 13h30-17h45 ; de mi-sept. à mi-juin : 9h30-11h45, 14h-17h. Fermé 1er janv., 1er mai, 25 déc. 25F. ☎ 05 59 82 38 19.

Dominant le gave, le château, élevé par Gaston Fébus au 14e s., a perdu tout caractère militaire, malgré son donjon de brique, typique des constructions de Sicard de Lordat. Au cours des siècles, chacun y va de son aménagement, ce qui donne au château une silhouette éclectique. Transformé en palais Renaissance par Marguerite d'Angoulême, il est entièrement restauré au 19e s. sous Louis-Philippe et Napoléon III.

Les **appartements** forment une suite de salles richement décorées au 19e s. qui abritent, en particulier, une admirable collection de **tapisseries★★★** constituée sous Louis-Philippe (nombreuses tapisseries des Gobelins).

La **salle aux Cent Couverts**, dont la table peut accueillir cent convives, révèle un plafond à solives apparentes. Les murs sont tendus de somptueuses tapisseries représentant *Les Chasses de Maximilien* (Gobelins du début du 18e s.) et une partie des Mois Lucas, du nom de leur créateur (17e s.). Parmi les autres pièces, remarquez au premier étage le fastueux grand salon de réception ; suite des Mois Lucas ; vases de Sèvres ; lustres néogothiques ; vases de style japonais (18e s.).

La **chambre des Souverains** conserve son curieux li[t] monumental de style Louis XIII. L'**appartement de l'im[pératrice] Eugénie** a été restitué dans son état du Second Empire ; la toilette garnie se trouve dans le boudoir. Découvrez également l'étonnant berceau de Henri IV : une écaille de tortue des Galapagos, présentée sous un panache blanc et entouré d'un faisceau de lances portes drapeaux. Les salles historiques renferment des portrait[s] d'Henri IV (16[e]-17[e] s.) sous toutes les coutures (en Mars des amours jouant avec ses armes ; à quatre pattes, se enfants sur le dos...).

Musée des Beaux-Arts★

R. Mathieu-Lalanne. Tlj sf mar. 10h-12h, 14h-18h. Ferm[é] j. fériés. 10F. ☎ 05 59 27 33 02.

Un musée conçu avec esprit, au cœur du quartier étu[di]ant, et qui se laisse savourer sans longueurs inutile[s]. Grands noms de la peinture et de la sculpture y côtoie[nt]

Le château de Gaston Fébus, adapté au goût de la Renaissance par Marguerite d'Angoulême.

artistes locaux, plus méconnus. Un savoureux mélange d'œuvres anciennes et contemporaines rehaussé de clins d'œil esthétiques et thématiques. Ainsi dans la première salle à gauche de l'entrée, le *St-François en extase* du Greco (1590) – expression fébrile de la ferveur mystique – voisine avec une œuvre abstraite de 1993 *(Considération sur la métaphysique)*.

Dans les salles consacrées à la peinture italienne, flamande, hollandaise, espagnole, française, anglaise, du 15e au 20e s., admirez particulièrement les œuvres de Jordaens, Brueghel de Velours, Rubens, José de Ribera, Zurbaran, Nattier, Van Loo...

L'achat par les Beaux-Arts de Pau, en 1878, du *Bureau du coton à La Nouvelle-Orléans*, de Degas, marque l'entrée des impressionnistes au musée. La période moderne est également servie par des tableaux de Berthe Morisot, Armand Guillaumin ou André Lhote.

Présentation consistante, aussi, des diverses tendances de l'art contemporain. La sculpture mérite une mention particulière, avec des créations de J. Arp, Gilioli, J. et B. Lasserre, etc.

La note régionale est donnée par l'œuvre romantique d'Eugène Devéria (1805-Pau 1865) – scènes et paysages pyrénéens, *Naissance d'Henri IV* – et des toiles de son élève Victor Galos (Pau, 1828-1879), peintre par excellence du Béarn, de ses gaves tumultueux et de ses horizons barrés par la « sublime enceinte »

MYSTICISME ET SENSUALITÉ
Entre St-François et les Pénitents de Roda repose une sculpture de jeune fille nue alanguie sur son lit de repos (A. Boucher, 1892).

Musée Bernadotte

8 r. Tran. Tlj sf lun. 10h-12h, 14h-18h. Fermé 1er janv., 1er mai, Pentecôte, 14 juil., 1er nov., 25 déc. 10F. ☎ *05 59 27 48 42.*

La famille de Bernadotte – maréchal de France devenu, en 1818, roi de Suède – était locataire au 2e étage de cette bâtisse traditionnelle en pisé de galets. Vous pouvez visiter le logement natal (vieille cuisine béarnaise) et les salons du 1er étage consacrés aux fastes dynastiques.

alentours

Haras national de Gelos

1 r. du Mar.-Leclerc, à Gelos. Sortir de Pau au Sud par la route d'Oloron puis prendre celle de Nay. 🅿 ♿ *De juil. à fin sept. : visite guidée (1h1/2) tlj sf w.-end à 14h30 ; oct.-juin : visite guidée sur demande. Fermé j. fériés. 25F.* ☎ *05 59 06 60 57.*

Installé dans un ancien château du 18e s., le haras de Gelos fut créé par Napoléon en 1807. Vous pouvez voir dans ce centre de reproduction et d'élevage hippiques, des pur-sang arabes et anglo-arabes, des chevaux de trait bretons, ardennais et franc-comtois, des pottoks, des poneys landais.

La Cité des Abeilles

À St-Faust. 11 km. Quitter Pau à l'Ouest par la route de Mourenx. À Laroin, prendre la D 502, en lacet, vers St-Faust-de-Bas et poursuivre sur 2 km. 🅿 *D'avr. à mi-oct. : (dernière entrée 1h av. fermeture) tlj sf lun. 14h-19h (juil.-août : tlj) ; de mi-oct. à mars : w.-end et j.fériés 14h-19h. Fermé de mi-déc. à mi-janv. 35F (enf. : 22F).* ☎ *05 59 83 04 60.*

Pour découvrir l'abeille et son environnement, cet écomusée didactique, en constante évolution, propose un parcours pédestre tracé à flanc de pente, au milieu de plantes mellifères. Au programme, monde apicole d'hier et d'aujourd'hui : ruches anciennes typiques de certaines régions de France, rucher couvert provenant d'un monastère de Corrèze, ruche vivante.

AU TRAVAIL
À travers des parois vitrées de la ruche d'observation, vous assistez au travail des ouvrières sur leurs rayons.

circuits

DE CAPITALE EN CAPITALE

65 km – compter 4h. Quitter Pau au Nord-Est par la D 943. Dépasser le panneau Morlaàs-Berlanne, traverser une zone boisée. Morlaàs est indiqué sur la gauche.

Aqu. 7

L'incroyable décor sculpté du portail de l'église de Morlaàs hésite entre plusieurs motifs : rosaces, canards, vieillards de l'Apocalypse, monstres et décorations géométriques.

Morlaàs

Capitale du Béarn après la destruction de Lescar, au 9e s., et ce jusqu'à ce qu'Orthez prenne le relais, au 12e s. Aujourd'hui, seule son église témoigne de son importance passée.

Le **portail★** de l'**église Sainte-Foy** (11e s.) est la partie la plus intéressante de l'église romane. Les portes sont séparées par un pilier dont la base repose sur deux hommes enchaînés. Les tympans représentent, à gauche, le Massacre des Innocents, à droite, la Fuite en Égypte ; au-dessus, le Christ en majesté, entre un homme ailé et un aigle, attributs des évangélistes saint Matthieu et saint Jean. Les voussures sont ornées de damiers, de losanges, de rosaces et autres motifs décoratifs dans l'intervalle desquels est représentée une théorie de canards montant vers le ciel (qui peut symboliser la marche des pèlerins vers Compostelle), les 24 vieillards de la Vision de l'Apocalypse tenant dans leurs mains des harpes ou des vases de parfums et les juges de l'Ancien Testament.

Les voussures retombent sur des colonnettes aux chapiteaux sculptés de figurines, de monstres, d'entrelacs : entre les colonnettes, à gauche et à droite du portail, se dressent les statues nimbées des douze apôtres.

Prendre la jolie D 206 et rejoindre après Garos la D 946 que l'on prend sur la gauche.

Morlanne

À VOIR
Parmi les tableaux exposés, une *Vue de Venise* de Canaletto et une *Tête de vieillard* de Fragonard.

◄ Le petit **château** de brique faisait partie du groupe de forteresses élevées à la fin du 14e s. par Gaston Fébus. Ensembles mobiliers au 1er étage : chambre Consulat et Empire avec ses deux lits d'acajou ; chambre Louis XVI, tendue d'une soierie bouton-d'or à bouquets ; bureau-bibliothèque. Au 2e étage, chambre Louis XVI et galerie de tableaux. *D'avr. à fin oct. : tlj sf mar. 10h-19h (juil.-août : tlj). 25F.* ☎ 05 59 81 60 27.

Par la D 269, rejoindre la D 945 vers Lescar.

Lescar

Après la destruction par les Normands (vers 850) de *Beneharnum*, ville romaine importante qui avait donné son nom au Béarn et en était devenue la capitale, une nouvelle ville est élevée sur la colline. Les rois de Navarre de la lignée d'Albret choisissent la cathédrale pour abriter leur sépulture.

Prendre au fond de la vallée une rampe en forte montée pénétrant dans la vieille ville par une porte fortifiée.

STRATÉGIQUE
Placez-vous dans le cimetière : rassurez-vous, ce n'est que pour admirer les absides (fleurons à marguerites de la corniche, modillons décorés).

◄ La **cathédrale Notre-Dame★**, commencée par le chœur en 1120, fut saccagée par les protestants sous le règne de Jeanne d'Albret. D'importantes restaurations aux 17e s. et 19e s. la sauvèrent de la ruine. Le chevet a conservé la pureté de son architecture romane.

Entrez dans l'église par le portail Sud, à droite duquel deux inscriptions ont été dégagées. Le vaisseau donne une impression d'ampleur. La décoration romane du chœur et du transept est remarquable : admirer les **chapiteaux★** historiés des piliers Est de la croisée et ceux des retombées des arcades ouvrant sur les absidioles (scènes du cycle de Daniel, de la naissance du Christ, sacrifice d'Abraham). Le chœur est pavé d'une mosaïque du 12e s., représentant des scènes de chasse, avec un pittoresque personnage de petit archer estropié, à jambe de bois.

2 LA FRANGE DES PYRÉNÉES★ *(voir p. 124)*

Penne-d'Agenais★

Des petites rues qui montent, qui montent, qui montent jusqu'à cette drôle d'église à coupole argentée. Difficile ne pas se laisser séduire par la rose Penne, jolie vigile au-dessus des coteaux fertiles de l'Agenais. Une bien bonne balade en perspective !

La situation
Cartes Michelin nos 79 Sud-Ouest du pli 6 ou 235 pli 13 – Lot-et-Garonne (47). Se garer à l'entrée du vieux centre, place Gambetta. La balade se fait à pied. Mais mieux vaut éviter les chaussures à talons hauts. Elles supporteraient mal la montée.
🛈 *Porte de la ville, 47140 Penne-d'Agenais,* ☎ *05 53 41 37 80.*

CONSEIL
Si vous aimez la tranquillité, mieux vaut visiter Penne hors saison, avant qu'elle ne soit envahie par les nombreux artisans et visiteurs.

Le nom
Penne signifie la colline, le rocher escarpé. On se rend vite compte que son nom lui va comme un gant !

Les gens
La Vierge veille sur Penne-d'Agenais et ses 2 330 Pennois depuis Notre-Dame-de-Peyragude qui voit passer nombre de pèlerins de St-Jacques entre mai et juin.

se promener

LA VILLE HAUTE
Place Gambetta
Terrasse ombragée, c'est un bon point de départ pour faire le tour de Penne. La « porte de la ville » s'ouvre sous deux belles maisons du 16e s., dont l'une a longtemps servi de prison consulaire.
Franchir la porte et emprunter, tout de suite à droite, le passage couvert devant l'Office de tourisme. Place Aliénor-d'Aquitaine, prendre la rue du 14-Juillet, puis, à gauche, la rue Notre-Dame.

Notre-Dame-de-Peyragude
Ce sanctuaire moderne, plutôt anachronique (il est de style néo-roman byzantin) se dresse au sommet de la colline. De là, vue étendue sur la vallée du Lot.
Contourner l'église et longer les quelques pans de murs qui constituent les restes du château fort.

Point de vue★
De la table d'orientation, on domine la vallée du Lot, de Villeneuve à Fumel ; la vue porte au loin sur le haut Quercy.
S'engager dans la rue de Peyragude.
Cette rue, livrant de belles échappées à droite, mène à la porte de Ferracap.

Qu'il fait bon se chauffer au soleil sur les pavés des ruelles escarpées de Penne !

Rue de Ferracap

Cette rue ainsi que les ruelles adjacentes sont bordées de belles maisons rénovées, certaines à colombage et en encorbellement.

Place Paul-Froment

Pour prendre le temps d'un verre et d'une expo, vous découvrez un café et des salles d'exposition.

Emprunter la rue entre l'église et la mairie.

Porte et fontaine de Ricard

L'ancienne porte fortifiée et la fontaine en contrebas tirent leur nom de Richard Cœur de Lion (« Ricard » en langue d'Oc) qui apporta à la cité ses premières fortifications.

Revenir place Gambetta, à droite.

alentours

Tournon-d'Agenais

16 km à l'Est par la D 661. Sur la crête d'une colline proche de la vallée du Lot. C'est ce qu'on appelle un **site★** : au fur et à mesure que vous pénétrez dans le bourg, vous découvrez l'ancienne ligne des remparts sur lesquels se sont établies des maisons : vue sur la vallée cultivée de vigne et de maïs. La localité a gardé le plan des bastides avec ses rues étroites se coupant à angle droit. Du petit jardin public, jolie **vue**, au Sud, sur le Quercy.

Moulin de Lustrac

10 km au Nord-Ouest par la D 159 puis la D 243. Tourner à gauche à Clauzade. Dépendance du château du même nom, ce moulin fortifié du 13e s. a conservé ses meules et vannes. Des abords, agréable point de vue sur les méandres du Lot.

Peyrehorade

Autrefois, son marché du mercredi faisait accourir les foules. Aujourd'hui, il a perdu un peu de son panache, mais on peut faire halte à Peyrehorade avant d'aller explorer les environs. Ne serait-ce que pour le plaisir d'entendre, au café du coin, un pêcheur de pibales raconter sa pêche miraculeuse de la nuit.

La situation

Cartes Michelin nos 78 Sud des plis 17, 7 ou 234 pli 30 – Landes (40). Le pays d'Orthe, dont Peyrehorade est le chef-lieu, est une excroissance méridionale du département des Landes. **🛈** *Quai-promenade du Sablot, 40300 Peyrehorade, ☎ 05 58 73 00 52.*

carnet pratique

RESTAURATION

• *Valeur sûre*

La Vieille Auberge – *40300 Port-de-Lanne - 6 km à l' O de Peyrehorade par N 117 -* ☎ *05 58 89 16 29 - fermé oct. à avr., lun. midi et mar. midi - 120/185F.* Cette auberge a le charme d'une maison de famille qui sent bon la cire. Salle à manger avec véranda ouverte sur le jardin fleuri. Chambres réparties dans des cottages autour de la piscine. Musée des traditions locales à visiter.

HÉBERGEMENT

• *À bon compte*

Camping La Comtesse – *40300 Bélus - 6 km au N de Peyrehorade par D 417 -* ☎ *05 58 57 69 07 - ouv. 15 mars à oct. - réserv. conseillée - 115 empl. : 75F.* Un terrain de conception moderne, avec des emplacements spacieux et bien délimités par des haies d'arbustes, deux piscines bien conçues et un bel étang dans lequel vous pourrez pêcher carpes et anguilles... Tennis et terrain de jeux.

C'est tout une expédition que d'aller pêcher les pibales : c'est en effet à la faveur de la lune que la pêche sera miraculeuse.

Le nom
« *Peyre hourade* », c'est la « pierre trouée » en gascon. Quant à savoir laquelle, il faudrait le demander au gave qui roule ses flots à travers les lieux.

L'emblème
Ce sont les gaves réunis (celui de Pau et celui d'Oloron) qui traversent la ville avant d'aller se jeter dans l'Adour. Le long des quais, les yachts tendent à remplacer les gabares de jadis.

L'OR BLANC DES ESTUAIRES

Les pibales, dont raffolent les Espagnols, sont des alevins nés des œufs d'anguilles dans la mer des Sargasses. En hiver, elles remontent bravement la Gironde et l'Adour ; les pêcheurs bordelais et basques s'adonnent alors à une curieuse pêche qui vaut de l'or (environ 800 F le kilo). La pibale se pêche la nuit à l'aide d'un tamis qui permet, à chaque sortie, d'en prendre quelques grammes. La concurrence est rude et le braconnage très fréquent. Il existe quatre criées à la pibale : Peyrehorade, Saubusse, Ste-Marie-de-Gosse et Capbreton. Les pibales se mangent frites dans l'huile d'olive parfumée à l'ail et au piment d'Espelette.

---

se promener

Sur la grande place centrale, près de l'Office de tourisme, se dresse un fronton on ne peut plus basque. Bayonne n'est pas bien loin ! Près de là, au bord du gave, voir le château d'Orthe (16e-18e s.) à quatre tourelles d'angle, qui abrite la mairie. Vous pouvez ensuite monter jusqu'aux ruines du château d'Aspremont (11e s.).

> **PRATIQUE**
> ⓧ À l'Office de tourisme, vous trouverez le document sur la boucle qui monte jusqu'aux ruines d'Aspremont (1h).

circuit

RIVES DES GAVES RÉUNIS ET DE L'ADOUR
66 km – compter 1/2 journée. Prendre la D 29 à l'Est de Peyrehorade.

Sorde-l'Abbaye
Cette ancienne bastide doit son intérêt aux vestiges de son abbaye (11e s.), bordant l'un des plus jolis plans d'eau du gave d'Oloron. Un passage, signalé au chevet de pierre rose de l'église, mène au logis des Abbés.

Logis des Abbés – *Fermé provisoirement à la visite.* Le bâtiment, flanqué d'une tour d'escalier polygonale, fut construit sur les ruines de thermes romains des 3e et 4e s. D'une galerie d'observation intérieure, la vue plonge sur les restes du système d'hypocauste et sur de très importants fragments de mosaïques.

Monastère bénédictin – *De mi-avr. à mi-nov. : visite guidée (1/2h) 10h30-12h, 14h30-19h de mi-nov. à mars : sur demande. 10F.* ☎ *05 58 73 04 83.*

> **PHOTO**
> Pour avoir une belle vue d'ensemble du site, contournez les bâtiments de l'abbaye et placez-vous aux abords de la petite centrale électrique.

De la terrasse et de la galerie couverte (cryptoportique), flanquée de celliers, belle vue sur le gave d'Oloron.

Rejoindre Peyrehorade que l'on quitte par le pont sur le gave et la D 19. Aussitôt avant la montée, tourner à droite.

Abbaye d'Arthous

Fermé pour travaux. ☎ 05 58 05 40 92.

En pleine campagne, une jolie abbaye 12e s., convertie en bâtiments d'exploitation agricole au 19e s. Elle servit de halte aux pèlerins de Compostelle. Les bâtiments abbatiaux ont été reconstruits, non sans charme, aux 16e et 17e s. dans le style traditionnel des maisons landaises à colombage.

L'église est surtout remarquable pour son **chevet**, entièrement restauré. Sous la galerie à colombage des bâtiments conventuels sont exposées deux belles mosaïques du 4e s. provenant d'une villa gallo-romaine située à Sarbazan.

Continuer sur la D 48 en direction de Came.

À DÉTAILLER

Les modillons du chevet : loup tenant en sa gueule un mouton, personnages simiesques jumelés, corps de femme.

Came

Traversé par la Bidouze dont les berges sont aménagées en promenades, Came se consacre, depuis le 19e s., à la confection artisanale de chaises, utilisant des bois fruitiers comme le hêtre, le merisier, le chêne, le noyer et, pour le paillage, le jonc des marais de l'Adour. Plusieurs ateliers chaisiers sont encore installés dans le village.

Prendre la D 936 en direction de Bidache.

Came, un village bien assis au bord de la Bidouze.

Bidache

Les seigneurs de Gramont établis là depuis le 14e s. tirèrent parti de la situation féodale de leurs terres à la limite de la Navarre, du Béarn et du royaume de France pour s'ériger en princes souverains. Le bourg est encore navarrais par l'aspect de son unique rue aux maisons claires et percées de portes cintrées.

Château de Gramont – ⓘ *Laissez la voiture au carrefour Est de Bidache.* ♿ *De mi-avr. à fin sept. : 14h30-18h30, démonstration de vol de rapaces (3/4h) à 15h30, dim. et j. fériés à 15h30 et 17h (de mi-juin à mi-sept. : démonstration tlj à 15h30 et 17h). 38F (enf. : 22F).* ☎ 05 59 56 08 79.

Franchissez la porte d'entrée : le fronton a été construit, au 18e s., entre les deux tours, du 14e s. Vous débouchez alors dans l'ancienne cour d'honneur. Le premier pavillon (17e s.), à droite, contre l'ouvrage d'entrée, abritait l'appartement personnel du duc Antoine III, maréchal de France.

Dans la **volerie du château**, 25 espèces de rapaces diurnes vivent à l'année... en échange de vols commentés.

Prendre la D 936 en direction de Bayonne.

La route monte parmi les premières collines basques. En vue de Bados, faites halte sur un terre-plein. À gauche, **vue**★★ sur les Pyrénées basques jusqu'au pic d'Anie, premier sommet (alt. 2 504 m) de la haute chaîne.

Après Bardos, continuer sur la D 936 jusqu'à Séquillon. Tourner à droite sur la D 123 puis, après 3 km environ, prendre à gauche vers Urcuit.

DIPLOMATE

Antoine III, seigneur de Gramont, reçut Mazarin à l'époque de la paix des Pyrénées et se rendit en Espagne pour demander la main de l'infante Marie-Thérèse pour Louis XIV.

Urcuit

Comme sa voisine Urt, cette petite ville s'est mise à l'ambiance basque, avec son **église** à galerie extérieure. Des stèles discoïdales pointent dans le cimetière attenant.

Rejoindre Urt par la D 257 puis prendre la D 261.

Longeant de près l'Adour, la D 261 passe à côté de vergers de kiwis, caractéristiques par leur culture en treille.

Après 6 km sur la D 261, prendre à droite vers Guiche.

Guiche

Au-dessus de l'entrée du cimetière, une amusante construction sur piles dite **maison du Fauconnier** (ancienne mairie). Plus bas à Guiche-Bourgade se dressent les ruines du château avec son donjon carré.

Descendre à l'ancien port sur la Bidouze et, par la D 253, gagner l'aire d'Hastingues.

Une église basque typique, celle d'Urcuit, avec son clocher carré, sa galerie extérieure et son cimetière à côté.

Aire d'Hastingues

Sur l'autoroute A 64 dans le sens Pau-Bayonne. Des accès sont ménagés pour atteindre l'aire en provenance de Bayonne et des localités voisines.

Sa configuration géométrique symbolise le tout proche point de jonction des itinéraires français au départ de Paris, Vézelay et Le Puy et menant au sanctuaire de St-Jacques-de-Compostelle. Jalonnés par des pictogrammes évoquant des sites connus, des chemins bordés de buis convergent vers un bâtiment circulaire consacré à l'histoire du célèbre pèlerinage. Sitôt entré, vous êtes plongé dans un calme nuancé de documents sonores et d'une musique sacrée. Bien agréable si on vient de l'autoroute ! L'intéressante exposition s'articule comme un cheminement de pèlerin : première salle : qui était saint Jacques ? Quelles étaient les routes de pèlerinage, etc. Vous assistez ensuite à la vie quotidienne des pèlerins confrontés à toutes sortes d'épreuves au cours de leur périple. Enfin, au bout d'un couloir, c'est la « La fin des terres », où l'arbre de Jessé décorant le trumeau du portique de la Gloire à St-Jacques évoque le terme du pèlerinage.

Prendre à droite la D 23 qui longe la rivière.

Fidèle reproduction du trumeau du portique de la Gloire de la cathédrale de St-Jacques-de-Compostelle (aire d'Hastingues).

Hastingues

La minuscule bastide tire son nom du sénéchal du roi d'Angleterre, John Hastings, qui la fonda en 1289 sur ordre d'Édouard Ier Plantagenêt, duc d'Aquitaine. La ville haute, installée sur un promontoire dominant les barthes (prairies basses) d'Arthous, n'a gardé qu'une porte fortifiée, ainsi que plusieurs maisons des 15e et 16e s.

Retour à Peyrehorade par la D 23.

POUR SE DÉFOULER
On peut laisser la voiture à l'aire d'Hastingues et monter à pied jusqu'à la bastide (une dizaine de minutes)

La Réole

Si La Réole veut dire la « Règle », elle n'a rien d'une cité tracée au cordeau. Ses rues étroites et sinueuses grimpent au-dessus de la Garonne. Jadis fermée, apte à rester vaillante siège après siège, elle ne demande pas mieux qu'à ouvrir ses portes. Faites-y une halte sans hésiter.

La situation

Cartes Michelin nos 79 plis 2, 3 ou 234 pli 11 – Schéma p. 169 – Gironde (33). Il vaut mieux éviter d'arriver par la D 9 (au Nord), particulièrement peu attractive. Prendre plutôt la D 9E1 qui longe la Garonne et offre une jolie vue sur le château, l'église et les bâtiments conventuels.

🅱 *Pl. de la Libération, 33190 La Réole,* ☎ *05 56 61 13 55.*

Le nom

C'est l'établissement bénédictin fondé sous Charlemagne, qui donna son nom à La Réole (du latin *regula* : « règle »).

Les gens

La Réole est la patrie de deux jumeaux aux noms d'empereurs romains, César et Constantin de Faucher (1760-1815) qui, tous deux généraux, se rallièrent de concert à la Révolution. Nés en même temps, ils moururent de même, condamnés à mort et exécutés tous deux pour la même faute. Les 4 187 Réolais ne vont pas forcement par deux... (de toute façon, ils sont en nombre impair).

se promener

Ancienne abbaye

L'**église St-Pierre** possède une nef gothique de type méridional dont les voûtes datent du 17e s. L'église se termine par un chevet à pans qu'il faut contourner pour aller visiter les bâtiments conventuels aujourd'hui occupés par des services administratifs et la mairie.

La longue façade à contreforts du **logis des moines** (18e s.) donne sur une terrasse d'où se découvre une **vue** étendue vers la vallée de la Garonne. Vous y pénétrez par un escalier à double révolution ; à l'intérieur, il faut voir les deux escaliers monumentaux. L'un est coiffé d'une coupole, l'autre d'une peinture représentant saint Benoît en extase.

Le **cloître**, du 18e s., s'ouvre place Albert-Rigoulet par une charmante porte Louis XV.

> **NE PAS MANQUER**
> Retournez-vous pour admirer à contre-jour la belle grille d'entrée.

Ancien hôtel de ville

Rare édifice civil roman encore intact, l'ancien hôtel de ville fut offert par Richard Cœur de Lion aux bourgeois réolais. En bas se trouvait la halle aux grains et, à l'étage, la salle de réunion des jurats, suivant une disposition qu'on retrouve à l'époque gothique dans les halles flamandes.

Au-delà, rue Peysseguin, ouvrez l'œil pour dénicher les maisons de bois en encorbellement ainsi que la boutique du 16e s. avec baie en anse de panier.

visiter

Musée de l'ancienne abbaye

Fermé pour cause de réaménagement. ☎ *05 56 61 13 55.*
Il est situé dans une salle voûtée du sous-sol des bâtiments conventuels. Consacré à l'histoire locale, il contient des objets d'art religieux, des produits de fouilles, des objets trouvés dans la Garonne (fers de lances, épées gauloises). Reconstitution de l'atelier d'un tonnelier.

Musées de La Réole

Accès par la rue des Moulins, à gauche de la N 113, route de Marmande. 🖬 ઇ *Vac. scol. : 14h-18h ; avr.-nov. : tlj sf lun. et mar. 14h-18h, dim. et j. fériés 10h-18h (de mi-juin à mi-sept. : tlj 10h-18h) ; déc.-mars : mer. et sam. 14h-18h, dim. et j. fériés 13h-18h. Fermé pdt vac. scol. de Noël. 60F (enf. : 30F).* ☎ *05 56 61 29 25.*

Quatre musées consacrés aux véhicules automobiles, militaires, agricoles et ferroviaires : de quoi régaler les amateurs de vieilles roues !

Parmi la centaine de véhicules de la section automobile exposés dans les trois halls : une berline Ford T (1928) utilisée par Laurel et Hardy sur leurs tournages, la Citroën P17B à chenilles de la Croisière Jaune Paris-Pékin (1931-1932), une Buick Roadmaster berline (1948), « belle américaine » particulièrement longue.

À l'étage inférieur, la section militaire évoque la Seconde Guerre mondiale à travers armes, affiches de propagande et véhicules lourds.

> **RESTAURATION**
> Le Régula – *31 r. André-Benac -* ☎ *05 56 61 13 52 - fermé 2 au 18 nov., dim. soir sf juil.-août et mer. - 95/210F.* La règle de la maison repose sur la tradition artisanale et les produits régionaux. Découvrez-les dans un décor simple à travers le menu spécial avec un vin différent adapté à chaque plat ou l'assiette des trois foies gras et son verre de saint-macaire. Terrasse d'été.

La section automobile, comme les sections militaire, agricole et ferroviaire, est installée dans l'ancienne manufacture des tabacs de La Réole.

La section agricole rassemble tracteurs à roues pleines des années 1920 et à chenilles, énormes locomotives à vapeur et moissonneuse de 1925.

Enfin, la section ferroviaire, de loin la plus intéressante, s'ouvre sur une gare miniature des années 1930 où deux wagons-lits et Pullmann ont été reconstitués grandeur nature (exposition de maquettes et de trains jouets à l'intérieur). Il faut prendre le train (réplique de la Lord of the Isles, du 19e s.) pour se rendre dans les salles suivantes où sont présentées des pièces rares et anciennes.

> **ANNÉES FOLLES**
> À la fin de cet original voyage, allez jouer les dandies dans l'ambiance années 1930 du salon de thé de la voiture Pullmann.

Château de **Roquetaillade**★★

Étonnant château que Roquetaillade. On s'attend à trouver, derrière les murs épais couronnés de créneaux, une austérité toute médiévale. Que nenni, Viollet-le-Duc est passé par là et s'en est donné à cœur joie, matérialisant avec une délectation évidente ses fantasmes néogothiques. Un régal pour les yeux !

La situation
Cartes Michelin nos 79 pli 2 ou 234 pli 11 – 7 km au Sud de Langon – Gironde (33). Par mesure « esthétique », on ne peut pas rentrer en voiture dans le parc du château (parking à l'entrée).

Le nom
Le château se trouve sur un piton rocheux troglodytique (« roque »), dont les cavités furent habitées dès la préhistoire.

L'emblème
Le cygne est l'emblème des Mauvesin qui firent restaurer le château au 19e s. On le retrouve partout. Dans la cour d'entrée, dans le grand escalier, sur les murs, sur les chaises...

visiter

Pâques-Toussaint : visite guidée (1h) 14h30-17h (juil.-août : 10h30-19h) ; Toussaint-Pâques : dim., j. fériés, vac. scol. zone B 14h30-17h. Fermé 25 déc. 35F. ☎ 05 56 76 14 16.

Une chambre rose au décor néogothique ? Pas de doute, Viollet-le-Duc et Edmond Duthoit sont passés par là !

Le château

Cet imposant château féodal a été construit en 1306 par le cardinal Gaillard de la Mothe, neveu du pape Clément V. Il fait partie d'un ensemble composé de deux forteresses des 12e et 14e s. situées à l'intérieur d'une même enceinte. À droite du Château Neuf, restes du **Château Vieux** (donjon de la fin du 11e s.).

Les six énormes tours rondes du **Château Neuf**, percées d'archères et crénelées, encadrent un corps rectangulaire ; deux d'entre elles flanquent l'entrée. Dans la cour se dressent le puissant donjon carré et sa tourelle. Les baies géminées et tréflées rappellent les dispositions des châteaux clémentins de la région.

Viollet-le-Duc, à partir de 1866, commença à restaurer et à réaménager le château. On lui doit l'escalier monumental du hall d'entrée et les étonnantes décorations des pièces dont les motifs stylisés annoncent déjà les arts décoratifs anglais de la fin du 19e s. (William Morris en particulier) et l'Art nouveau. Le mobilier, attribué à Edmond Duthoit, collaborateur de Viollet-le-Duc sur ce chantier, suit la même tendance. Ici, la décoration est partout présente, notamment dans la **chambre rose**★. La salle synodale, dont la décoration reste inachevée, possède une belle cheminée Renaissance et un mobilier de style classique. Vous pouvez visiter également la grande cuisine, avec son fourneau central.

Le parc

Le parc, planté d'arbres centenaires, abrite une chapelle dont l'intérieur, par Duthoit, est de style oriental. L'autel néogothique à émaux bleus est de Viollet-le-Duc.

Face à l'entrée du château, la **métairie** vous fait découvrir le monde rural du milieu du 19e s. dans le Bazadais.

Saint-Émilion★★

Si vous allez à Saint-Émilion pour le plaisir des papilles (c'est une valeur sûre), attendez-vous à en avoir aussi pour le plaisir des yeux. C'est vraiment l'une des plus jolies cités d'Aquitaine. Une ville médiévale de pierre dorée, de placettes et de venelles. Que ceux qui pensent avoir tout vu mettent de l'eau dans leur vin (au sens figuré, bien sûr... !).

La situation

Cartes Michelin nos 75 pli 12 ou 234 pli 3 – Schéma p. 169 – Gironde (33). À cause des risques d'effondrement dus aux cavités creusées dans le sous-sol, la largeur des véhicules pouvant circuler à l'intérieur de la vieille cité est limitée à 2 m. De toute façon, il est beaucoup plus agréable d'y marcher. **𝕚** *Pl. des Créneaux, 33330 Saint-Émilion,* ☎ *05 57 55 28 28.*

carnet pratique

Le Train des Grands Vignobles – *Château Rochebelle* - ☎ *05 57 51 13 76 - www.visite-saint-emilion.com - Tlj 10h30-12h30, 14h-18h30. Fermé 11 nov.-Pâques.* En petit train, vous ferez la visite commentée des coteaux, des vignobles, des châteaux et des sites médiévaux de la région.

RESTAURATION
• *Valeur sûre*
Le Bouchon – *1 pl. du Marché* - ☎ *05 57 24 62 81 - fermé nov. à fév. - 129/336F.* Choisissez entre la terrasse sur la place du marché et la salle élégante de style Art déco, plus tranquille. La lecture de la carte des vins fera des envieux avec plus de 350 références, certains se dégustent au verre autour de recettes délicates mises au point par le chef.
Francis Goullée – *R. Guadet* - ☎ *05 57 24 70 49 - fermé 2 au 18 déc., dim. soir et lun. - 130/240F.* Une ancienne maison dans la rue principale de la ville. La petite salle à manger de ce restaurant est coquette avec ses boiseries et pierres apparentes. Cuisine classique.
L'Envers du Décor – *11 r. du Clocher -* ☎ *05 57 74 48 31 - fermé 23 déc. au 2 janv. et w.-ends en hiver - 148F.* Adossée à la collégiale, la belle terrasse, au calme, avec son figuier et ses fleurs, prolonge la salle à manger au design sobre de bois et de métal. Grands vins de St-Émilion pour accompagner un tournedos de magret sauce miel et badiane ou autres plats de la cuisine du marché.

HÉBERGEMENT
• *Valeur sûre*
Auberge de la Commanderie – *R. des Cordeliers* - ☎ *05 57 24 70 19 - fermé janv. et fév. -* 🅿 *- 17 ch. : 350/550F -* 🍽 *50F.* Au centre de la cité, c'est une ancienne commanderie du 17ᵉ s. Chambres peu spacieuses mais bien insonorisées. Préférez celles dans l'annexe en face, plus modernes, avec pierres apparentes. Salon avec cheminée.
Hostellerie de Plaisance – *Pl. du Clocher -* ☎ *05 57 55 07 55 - fermé janv. - 12 ch. : 500/1100F -* 🍽 *60F - restaurant 150/280F.* Offrez-vous un petit séjour dans cette maison de pierre du 14ᵉ s. au cœur de la cité médiévale. Les chambres personnalisées sont cossues. Belle salle à manger bourgeoise avec jolie cheminée, ouvrant en partie sur les toits de tuiles roses.

ACHATS
Mme Blanchez – *R. Guadet (à côté de la poste)* - ☎ *05 57 24 72 33.* Véritables macarons de St-Émilion, fabriqués selon une recette datant de 1620.
Matthieu Mouliérac – *Tertre de la Tente et r. de la Cadène* - ☎ *05 57 74 41 84 et 05 57 74 43 94.* Fabrication de véritables macarons sous les yeux des touristes.

Macarons de St-Émilion.

DÉGUSTATION DE VINS
Vignobles et Châteaux – *R. du Clocher.* Propose une dégustation « du jour ».
L'Atelier du Vin – *Pl. du Marché-au-Bois -* ☎ *05 57 24 61 10.* Initiation à la dégustation (séances 11h-19h ; 45F).
Club des Œnophiles – *R. Élie-Guadet.* « Dégustation conseil » de vins de propriétés.
Maison du Vin de St-Émilion – *Pl. Pierre-Meyrat.* Grand choix de vins présentés par millésimes (exception faite des grands crus classés) ; elle propose également des cours de dégustation.

Le nom
Au 8ᵉ s., Émilion abandonna sa Bretagne natale pour embrasser la vie monastique près de Royan. Il était, au monastère, chargé de la boulange. Mais sa vie était ailleurs, et il se mit en quête du havre de tranquillité nécessaire à sa méditation. Il trouva le lieu rêvé sur les pentes calcaires de la vallée de la Dordogne, et s'y aménagea une grotte alimentée en eau par une source. L'ermite Émilion allait faire des émules qui bâtirent là un monastère et le village élevé alentour prit tout simplement son nom.

Les gens
2 345 St-Émilionnais. Dix siècles après Émilion, ce fut un proscrit qui vint chercher refuge à St-Émilion. Élie Guadet était devenu un des chefs du parti girondin à la Convention et fut victime de la haine que Robespierre portait à la Gironde. Déguisé en tapissier, il s'évada alors de Paris pour gagner la Normandie puis St-Émilion, sa ville natale, où il se terra en compagnie de Pétion et Buzot, ses collègues à l'Assemblée. C'est là qu'un jour de 1794 il fut arrêté et emmené à Bordeaux où il mourut sur l'échafaud.

se promener

Le site★★

Face au Midi, St-Émilion essaime, sur deux collines calcaires, de petites maisons blondes aux toits de tuiles vieux-rose. À la jonction des deux collines, le haut clocher de l'église monolithe surmonte un promontoire creusé de cavités : l'église monolithe, l'ermitage d'Émilion, les catacombes, la chapelle de la Trinité et de nombreuses caves. Au pied du promontoire et de l'église, la place du Marché est le cœur de la ville. Elle fait la liaison entre les quartiers couvrant les deux collines, dont l'une arbore le château du Roi, jadis siège du pouvoir civil, et l'autre la collégiale, symbole de la puissance religieuse.

Le circuit suivant passe par les principaux monuments que l'on peut visiter seul. On peut bien sûr panacher cette balade, à son goût, de tours et détours dans le dédale des ruelles de la ville.

Le village médiéval de St-Émilion, dominé par le haut clocher de l'église, règne sur les douces pentes calcaires de la vallée de la Dordogne.

Place du Marché

Petite place pavée où les restaurants ont planté leurs parasols. De là, très jolie vue sur la charmante chapelle de la Trinité et sur l'église monolithe que domine un majestueux clocher, percé de baies romanes, et terminé par une flèche du 15e s.

Une rampe mène à la porte Cadène.

PHOTO
Pour avoir une belle vue d'ensemble du site, montez en haut du clocher de l'église monolithe ou en haut de la tour du Roi. De l'esplanade près du cloître des Cordeliers, place du Cap-du-Pont, vous avez aussi une jolie vue sur St-Émilion.

Porte et logis de la Cadène

La porte de la Cadène tient son nom de la chaîne (du latin *catena*) qui la fermait pendant la nuit : au travers de son arche, curieuse perspective sur la tour de l'église monolithe. Une maison à pans de bois du 15e s. est accolée à la porte.

Prendre à droite dans la rue de la Porte-Brunet.

De l'ancien **logis de la Commanderie** *(sur la droite)* qui accueillait jadis les officiers, il ne subsiste que le chemin de ronde et une échauguette d'angle.

Cloître des Cordeliers

Juin-oct. : visite guidée 10h30-19h ; mars-mai : 10h30-12h30, 14h-18h ; nov.-fév. : 14h-18h. Fermé 1er janv. et 25 déc. Gratuit ☎ 05 57 24 72 07.

Construit, ainsi que la chapelle, au 14e s., le **cloître★** carré est composé de colonnettes géminées, sur lesquelles prennent appui des arcs d'aspect roman. Au fond et à droite, un arc ogival du 15e s. précède l'escalier qui conduisait aux cellules des moines. L'ensemble, tout recouvert d'une végétation où trillent les oiseaux, est très romantique.

Continuer la rue de Porte-Brunet jusqu'aux remparts.

À GOÛTER
Dans la nef de l'ancienne église, accès aux caves creusées dans le roc à 20 m de profondeur, où naissent le crémant de Bordeaux blanc et rosé.

Porte Brunet

C'est l'une des six portes qui jalonnaient les remparts du 13e s., renforcés aux siècles suivants par un chemin de ronde sur mâchicoulis. De la porte Brunet, vue sur le vignoble. C'est par cette issue que s'échappèrent, une nuit de janvier 1794, les proscrits girondins, compagnons de Guadet.

Au loin, pointant haut au-dessus du dédale des ruelles, la tour du Roi et la grande flèche du clocher.
De rampes en escaliers, et d'escaliers en culs-de-sac, on rejoint la tour du Roi.

Château du Roi
10h30-12h45, 14h15-18h45 (juin-août : fermeture à 20h30), accès en haut de la Tour du Roi. 6F. ☎ 05 57 24 61 07..
Fondé selon les uns par Louis VIII, selon les autres par Henri III Plantagenêt au 13e s., il a servi d'hôtel de ville jusqu'en 1720. Le donjon rectangulaire, dit **tour du Roi**, isolé sur un socle rocheux, est muni de latrines sur sa face extérieure. Du sommet, **vue**★ sur la ville et, au-delà, sur les vallées de la Dordogne et de l'Isle.
Prendre la rue de la Grande Fontaine puis la bien-nommée ruelle du Tertre-des-Vaillants, très pentue, qui court entre des maisons creusées à même la roche.

Collégiale
Vaste édifice à la nef romane et au chœur gothique. L'entrée se fait sur le côté gauche du chœur par un somptueux portail du 14e s. monté à l'époque où Gaillard de la Mothe, neveu de Clément V, était doyen des chanoines. Son tympan est sculpté d'un Jugement dernier. Il ne reste que les bases des statues d'apôtres qui garnissaient les niches.

> **POUR SOURIRE**
> Dans le chœur, personnages des stalles (15e s.), pleins de fantaisie.

ST-ÉMILION

Du haut de la tour du Roi, la jurade proclame le jugement du vin nouveau.

À l'extrémité du mur droit de la nef, peintures murales du 12e s. représentant la Vierge et la légende de sainte Catherine.

Logis de Malet de Roquefort
En face de la collégiale, une maison du 15e s. est incorporée dans le rempart : sous son toit passe le chemin de ronde de l'enceinte à créneaux et mâchicoulis.

Cloître de la collégiale
Passer par l'Office de tourisme. ♿ *Mêmes horaires que le clocher de l'église monolithe. Gratuit.*
Ce cloître du 14e s. présente des analogies avec celui des Cordeliers, notamment dans le dessin des colonnettes géminées, d'une grande élégance.
Aux angles, des arcs consolident les galeries dont l'une abrite une série de beaux enfeus qui servaient jadis de sépultures. Le réfectoire et le dortoir des religieux, restaurés, forment le « Doyenné », siège de l'Office de tourisme.
Revenir à la place du Marché.

visiter

AUTOUR DE LA PLACE DU MARCHÉ
Pour les monuments ci-dessous : *Avr.-oct. : visite guidée (3/4h) 9h30-12h30, 13h45-18h30 (juil.-août : 9h30-20h) ; nov.-mars : 9h30-12h30, 13h45-18h. 33F.* ☎ *05 57 55 28 28.*

Ermitage St-Émilion

◄

Cette grotte fut agrandie par Émilion qui lui donna la forme d'une croix grecque. On peut y voir le lit du saint (lit de pierre... on est ermite ou on ne l'est pas !), son siège creusé dans la roche et la source où il donnait le baptême, et qui fait office aujourd'hui de puits aux vœux. Au fond, un autel est surmonté d'une statue de saint Émilion.

Catacombes
Dans la falaise voisine de la chapelle s'ouvrent des galeries qui servaient à l'origine de nécropole, comme le montrent de nombreuses tombes creusées dans la pierre. Plus tard, la partie principale fut transformée en charnier : on distingue dans la coupole centrale un orifice par lequel étaient déversés les ossements du cimetière établi au sommet de la falaise. À la base de cette coupole, remarquer une représentation naïve de la Résurrection des morts : trois personnages sculptés sortent de leurs sarcophages en se tendant la main.

Chapelle de la Trinité

◄

Ce petit édifice fut construit au 13e s. par les bénédictins. Rare exemple dans le Sud-Ouest d'une abside gothique à pans, il se distingue à l'intérieur par une élégante voûte, à nervures rayonnantes convergeant sur une clef frappée de l'agneau symbolique. Convertie un temps en tonnellerie, la chapelle conserva ses jolies fresques gothiques, retrouvées sous une couche de suie.

Église monolithe★

Attention rareté : cette église souterraine « d'une seule pierre », la plus vaste de France, a été aménagée dans le rocher, de la fin du 8e au 12e s., en agrandissant des grottes et des carrières déjà existantes. On dit que les moines qui la creusèrent étaient, selon les moments, de cinq à cinquante-cinq (rudes gaillards !)

L'intérieur frappe tant par l'ampleur des nefs taillées en profondeur dans la pierre que par la découpe parfaitement régulière des voûtes et des piliers quadrangulaires, dont deux seulement soutiennent le clocher. Au fond de la nef centrale, sous l'arcade de travée, un bas-relief représente deux anges tétraptères ou chérubins, gardiens des portes du paradis.

Des travaux de consolidation ont entraîné la mise en place provisoire dans l'édifice de poteaux de soutènement défigurant malheureusement la beauté du lieu.

Du **clocher** (198 marches), **belle vue d'ensemble** sur la bourgade, ses monuments et le vignoble. *Avr.-oct. : 9h30-12h30, 13h45-18h30 (juil.-août : 9h30-20h ; de mi-juin à fin juin et de déb. oct. à mi-oct. : 9h30-19h) ; nov.-mars : 9h30-12h30, 13h45-18h. 6F.* ☎ *05 57 55 28 28.*

L'entrée principale de l'église monolithe se faisait par un portail gothique du 14e s. au tympan orné d'un Jugement dernier et d'une Résurrection des morts.

Saint-Jean-de-Luz★★

Oh ! Combien de marins, combien de capitaines ont quitté St-Jean-de-Luz pour des courses lointaines... Après avoir ainsi fait fortune sur les mers, la ville maria le Roi-Soleil, puis fut happée par le tourbillon mondain né à Biarritz dans les années 1850. Les villas balnéaires poussèrent aux côtés des maisons basques aux bois peints et des palais du 17e s. Il se dégage de cet heureux mariage de style une exquise douceur de vivre que l'on savoure de farniente sur la grande plage en balades sur le petit port de pêcheurs. Ou bien encore en s'attablant, pourquoi pas, devant des piquillos farcis à la morue, face à la maison Louis XIV.

La situation

Cartes Michelin nos 85 pli 2 ou 234 plis 29, 33 – Pyrénées-Atlantiques (64). Se garer place du Mar.-Foch, à deux pas de la place Louis-XIV et du port. 🛈 *Pl. du Mar.-Foch, 64500 St-Jean-de-Luz,* ☎ *05 59 26 03 16.*

Le nom

Le nom basque de la ville, *Donibane-Lohizun* (St-Jean-des-Marais) évoque les marais de l'estuaire où la rivière Nivelle divague à basse mer.

Les gens

À la pêche à la baleine, les Luziens y allèrent hauts les cœurs dès le 11e s. Quant au début du 17e s., les perfides Hollandais et Anglais – après avoir profité des leçons de pêche des harponneurs basques – leur interdisent l'accès des rivages arctiques, le capitaine Sopite trouve le moyen de fondre le lard à bord du navire même. Trois tonneaux de graisse produisent un tonneau d'huile plus facile à transporter. Un seul bateau, rendu ainsi autonome, peut rapporter la dépouille de sept baleines. Fort heureusement, les 13 247 Luziens d'aujourd'hui s'adonnent à d'autres pêches.

comprendre

Le mariage du Roi-Soleil – Le mariage de Louis XIV avec l'infante d'Espagne Marie-Thérèse est prévu par le traité des Pyrénées *(voir Hendaye).* Accompagné de sa suite, le roi arrive à St-Jean-de-Luz le 8 mai 1660.

> **GUERRE DE COURSE**
> Outre leur activité de pêche lointaine, les Luziens sont également de fiers corsaires, au grand dam des Anglais qui considèrent la ville comme un véritable « nœud de vipères ».

> **ROMANTIQUE**
> Le mariage est retardé par la passion que le roi éprouve pour Marie Mancini, nièce de Mazarin. Mais le cardinal exile la jeune fille et le roi cède à la raison d'État.

VISITE

Visite guidée de la ville – 1h1/2 à 2h. En juil.-août : mar. et sam. à 15h. 30F. S'adresser à l'Office de tourisme.

RESTAURATION

• À bon compte

Les Trois Fontaines – 64310 Col de St-Ignace - 11 km au SE de St-Jean-de-Luz par D 918 puis D4 - ☎ 05 59 54 20 80 - fermé janv. et mer. du 15 sept. au 30 juin - 75/145F. Toute proche du départ du train de la Rhune, cette petite auberge est néanmoins au calme dans un vallon verdoyant. N'hésitez pas à vous installer en terrasse si le temps le permet, vous apprécierez son décor et sa tranquillité. Cuisine simple.

• Valeur sûre

Petit Grill Basque « Chez Maya » – 4 r. St-Jacques - ☎ 05 59 26 80 76 - fermé 20 déc. au 20 janv. et mer. - 105/145F. Un petit restaurant de quartier bien sympathique d'autant qu'il est tenu par la même famille depuis trois générations. L'intérieur basque patiné par le temps a du cachet avec ses vieilles assiettes et ses fresques au mur. Copieuse cuisine régionale.

La Taverne Basque – 5 r. de la République - ☎ 05 59 26 01 26 - fermé janv., mars, lun. et mar. hors sais. - 110/160F. Perdu parmi les autres restaurants de cette rue menant à la plage, celui-ci s'en distingue par son souci de qualité. Ambiance basque dans la salle à manger sous les poutres sombres, avec ses colombages et murs de pierre. Cuisine de produits frais bien tournée à prix sages.

Chez Pantxua – Au port de Socoa - 64500 Ciboure - 4 km à l'O de St-Jean-de-Luz par N 10 - ☎ 05 59 47 13 73 - fermé 3 nov. au 11 fév., lun. soir et mar. - 140F. Face au port de plaisance, la grande terrasse de ce restaurant vous donnera l'occasion d'admirer les bateaux tout en savourant un plateau de fruits de mer. Ou bien préférerez-vous la fraîcheur de la salle à manger au décor typiquement basque.

Chez Mattin – 63 r. E.-Baignol - 64500 Ciboure - 4 km à l'O de St-Jean-de-Luz par N 10 - ☎ 05 59 47 19 52 - fermé janv., fév. et lun. - 160/240F. Dans une ruelle de la vieille ville, ce petit restaurant familial est très simple. Le décor basque est sobre et l'on vient ici déguster les spécialités du terroir bien mitonnées par « maman » aux fourneaux.

HÉBERGEMENT

• À bon compte

Hôtel Pikassaria – Quartier Lehembiscay - 64310 Sare - 13 km au SE de St-Jean-de-Luz par D 918 et D 4 - ☎ 05 59 54 21 51 - fermé 12 nov. au 19 mars et mer. d'oct. à juin - 🅿 - 32 ch. : 210/270F - 🍽 32F - restaurant 90/170F. Montagne et campagne entourent cette maison basque, pour les amateurs d'espace et de tranquillité. Les chambres de tailles différentes, plus petites pour les singles, sont confortables et bien tenues. Repas dans la salle à manger ouvrant sur le jardin.

• Valeur sûre

Les Goëlands – 4 av. Etcheverry - ☎ 05 59 26 10 05 - fermé 4 au 31 janv. - 🅿 - 35 ch. : 290/560F - 🍽 38F - restaurant 120/140F. Nombre d'habitués apprécient cette pension de famille dans un quartier résidentiel, à 2 mn de la plage. Deux villas basques 1900 où les chambres sont assez spacieuses. Salle à manger avec véranda où l'on ne sert que les résidents. En saison, demi-pension imposée.

Chambre d'hôte Villa Argi-Eder – Av. Napoléon III - Plage Lafitenia - 5 km au NE de St-Jean-de-Luz par N 10 dir. Biarritz puis rte secondaire - ☎ 05 59 54 81 65 - 🍽 - 4 ch. : 325/350F. Une maison basque bien sûr, une pelouse, des fleurs, le calme et la plage des surfeurs à 100 m. Voilà de quoi séduire plus d'un vacancier ! Les grandes chambres sont simples et s'ouvrent sur des terrasses privatives côté jardin.

Hôtel de la Plage – Prom. J.-Thibaud - ☎ 05 59 51 03 44 - fermé 16 nov. au 31 mars - 🅿 - 27 ch. : 410/510F - 🍽 40F - restaurant 95/150F. Vous aurez deviné facilement où se trouve cet hôtel, face à la grande plage. Côté chambres, elles sont simples mais bien tenues. Côté restauration, une brasserie vous ouvre ses portes, avec vue sur la mer.

Chambre d'hôte Olhabidea – 64310 Sare - 13 km au SE de St-Jean-de-Luz par D 918 et D 4 - 🍽 - ☎ 05 59 54 21 85 - fermé déc. à fév. - 🍽 - 5 ch. : 300/380F. Cette maison labourdine des 17e et 18e s. fut restaurée par des artisans locaux. Les chambres sont coquettes avec leurs jolies couleurs basques et leurs meubles patinés. Attention ! Sa renommée a dépassé la région. Venez plutôt hors-saison ou réservez longtemps à l'avance.

Hôtel Arraya – 64310 Sare - 13 km au SE de St-Jean-de-Luz par D 918 et D 4 - ☎ 05 59 54 20 46 - fermé 6 nov. au 31 mars - 21 ch. : 445/595F - 🍽 50F - restaurant 135/190F. Tout le charme des maisons basques anciennes avec leurs murs blancs, leurs colombages et leurs balcons. Un vieil escalier conduit aux chambres dont certaines coquettes, meublées à l'ancienne. Cuisine traditionnelle. Terrasse ombragée et petit jardin.

• Une petite folie !

Chambre d'hôte Lehen Tokia – 1 chemin Achotarreta - 64500 Ciboure - 4 km à l'O de St-Jean-de-Luz par N 10 - ☎ 05 59 47 18 16 - www.lehen-tokia.com - fermé 15 nov. au 15 déc. - 6 ch. : à partir de 600F - 🍽 60F. Cette maison, décorée dans le plus pur style Art déco, domine la mer. Raffinement des meubles, tapis et gravures des années 1930 et, dans l'escalier, un vitrail d'époque de l'artiste Gruber. Jardin et piscine sur la baie.

SORTIES

Autour de la **place Louis XIV** s'étalent les terrasses de nombreux bars, brasseries et autres restaurants. Lieu de rendez-vous de nombreux Luziens et Luziennes, cette place vit en été au rythme des manifestations et concerts qui y sont organisés.

Le Brouillarta – 48 prom. Jacques-Thibault - ☎ 05 59 51 29 51 - Hors saison : mar.-sam. 9h-2h, dim. 9h-18h. Été : tlj 9h-3h. Grâce à sa vue imprenable sur l'océan et la digue centenaire de l'Artha, cet établissement est idéalement situé pour voir s'approcher la

masse noire et inquiétante du « brouillarta », cette tempête qui survient subitement en mer. Décor sobre et classique.

Le Duke – *Pl. Maurice-Ravel - ☎ 05 59 51 12 96 - Hors saison : tlj 8h-2h. Été : tlj jusqu'à 3h.* Ce bar d'ambiance est tenu par Michel Chardie, un ancien champion de surf qui a baptisé ce bar du nom de son idole, le Duke, une star hawaïenne du surf qui se jouait les vagues dans les années 1950. Musique et clientèle branchées.

Pub du Corsaire – *16 r. de la République - ☎ 05 59 26 10 74 - Hors saison : tlj 17h-2h. Juil.-août : 16h-3h.* La patronne connaît le monde des bars depuis l'âge de 15 ans. Elle est aujourd'hui propriétaire de ce pub décoré comme une cale de bateau, établissement renommé qui est une référence absolue à St-Jean-de-Luz. À la carte : 130 bières et une centaine de whiskies.

Bar Xala – *R. de la Fontaine - 64500 Ciboure - 4 km à l'O de St-Jean-de-Luz par N 10 - ☎ 05 59 47 02 10 - lun.-jeu. 7h-22h, ven., sam.et dim. 9h-2h.* Une vieille maison sombre et humide, aux poutres apparentes, abrite ce « bar-casse-croûte », comme l'appelle son patron. C'est ici que les petits vieux viennent boire leur canon et que les pêcheurs se rassasient entre deux tournées. Le soir venu, leurs enfants viennent les remplacer au comptoir.

ACHATS

Maison Adam – *6 r. de la République - ☎ 05 59 26 03 54 - Mar.-dim. 7h45-12h30, 14h-19h30.* Depuis 1660, la Maison Adam perpétue la fabrication des macarons dont se délectait Louis XIV en personne. En effet, en cette même année 1660, le Roi Soleil et son épouse Marie-Thérèse d'Autriche logaient en face de la boutique.

Pariès – *9 r. Gambetta - ☎ 05 59 26 01 46 - Mi-fév. à mi-janv. : Lun.-dim 8h30-13h, 15h-19h30. Été : jusqu'à 22h30. Fermé de mi-janv. à mi-fév.* Robert Pariès est maître chocolatier et sa pâtisserie du début du siècle est une référence en matière de gourmandise. Parmi ses spécialités, citons le mouchou basque (macaron à base d'amandes, de sucre et de blancs d'œuf), les caramels mous Kanougas et les chocolats confectionnés selon la tradition de Bayonne.

Gâteaux basques – Le gâteau basque est à la confiture de cerises noires d'Itxassou est savoureux, mais on le trouve également (et plus facilement) fourré à la crème :

Moulin de Bassilour – *64210 Bidart - ☎ 05 59 41 94 49.*

Maison Pereuil – *64310 St-Pée-sur-Nivelle - ☎ 05 59 54 10 05.* Petite boutique avec une porte d'entrée en fer forgé. Maison créée en 1876.

LOISIRS-DÉTENTE

Fronton Municipal – *1 av. André-Ithurralde - ☎ 05 59 26 13 93 - Tlj horaires diurnes.* De juillet à septembre, vous pourrez assister à des parties de chistera le lundi et de grand chistera le jeudi (à 21h15). Ouvert à tous en dehors des compétitions, le fronton est souvent occupé par des enfants venus frapper la pelote contre le fronton avec leur pala (raquette en bois).

Jaï Alaï – *Av. André-Ithurralde - ☎ 05 59 51 65 30 - Lors des internationaux professionnels de Cesta Punta, lun.-ven. 9h-19h.* De juin à septembre, des matchs professionnels de cesta punta ont lieu à cette adresse le mardi et le vendredi.

Trinquet Maïtena – *42 r. du Midi - ☎ 05 59 26 05 13 - Tlj 9h-22h.* Même si les Basques pratiquent volontiers d'autres sports comme le squash, le tennis ou le golf, ils en reviennent tous à la pala, où ils pratiquent dans un trinquet (petite salle couverte). Après une partie, c'est à cette adresse qu'ils se retrouvent pour se rafraîchir et pour chanter.

Association Sportive de la Nivelle – *Pl. William-Sharp - 64500 Ciboure - ☎ 05 59 47 18 99 - Hors saison : tlj sf jeu. 8h-19h ou 7h30-19h30. Été : tlj sf jeu. 7h-20h30.* Si, en France, l'engouement pour le golf demeure un phénomène récent, ce sport a toujours compté parmi les plus populaires au Pays Basque. Le lieu ne verse donc guère dans le snobisme. Outre un golf de 18 trous, cette association possède 3 tennis et 2 squash.

Le Spot – *16 r. Gambetta - ☎ 05 59 26 07 93 - Lun. sam. 9h30-12h30, 14h30-19h30. Juil.-août : lun. sam. 9h30-21h.* Cette boutique de sport organise des cours de surf et de body-board. Deux autres boutiques situées dans la même rue proposent les mêmes services : il s'agit de Bakea (au n°37) et du H2O (au n°72).

Sports Mer – *7 bd Thiers - Digue aux Chevaux - ☎ 06 80 64 39 11 - Juil.-août : tlj 10h-20h.* Enfants et adultes pourront frissonner en s'essayant au parachute ascensionnel (formule solo ou tandem) ou à la bouée tractée (vitesse adaptée pour les enfants).

École de Voile Internationale – *Parking de Socoa - 64500 Ciboure - 4 km à l'O de St-Jean-de-Luz par N 10 - ☎ 05 59 47 06 32 - De Pâques à la Toussaint : mar.-dim. 9h30-12h, 14h-19h ; juil.-août : tlj 9h30-19h.* Cette école propose des stages de voile, de ski nautique, de bouée tractée et loue bateaux et planches à voile.

Le Marie Rose – *100 r. Gambetta - ☎ 06 08 25 49 74 ou 05 59 26 39 84 - D'avr. à mi-oct. : tlj 8h-12h (pêche en mer), 14h-16h (croisière), 16h-17h30 (promenades).* À bord de cet ancien bateau pilote construit en 1932, vous pourrez découvrir les falaises de schiste de la Côte Basque ou pratiquer la pêche en mer. À quelques encablures de là, *Le Nivelle III* offre des prestations similaires.

Le 9 juin au matin, logé à la maison Lohobiague, il rejoint la maison de l'infante. Entre les Suisses qui font la haie, le cortège s'ébranle en direction de l'église. Derrière deux compagnies de gentilshommes, le cardinal Mazarin, en costume somptueux, ouvre la marche, suivi par Louis XIV, en habit noir orné de dentelles.

À quelques pas derrière, Marie-Thérèse, en robe tissée d'argent et manteau de velours violet, la couronne d'or sur la tête, précède Monsieur, frère du roi, et l'imposante Anne d'Autriche. Toute la cour vient derrière. Non, ce n'est pas un film en costume..., on appelle ça l'Histoire. Le service, célébré par Mgr d'Olce, évêque de Bayonne, dure jusqu'à 3h. La porte par laquelle sort le couple royal est murée après la cérémonie.

Le cortège regagne la maison de l'infante. Puis les jeunes époux soupent à la maison Lohobiague en présence de la cour. Une étiquette rigoureuse les conduit jusqu'au lit nuptial dont la reine mère ferme les rideaux en donnant la bénédiction traditionnelle.

Marie-Thérèse sera, pour Louis XIV, une épouse douce et digne. Quand elle mourra, le roi dira : « C'est le premier chagrin qu'elle me cause. »

CORBEILLE DE NOCE

La jeune reine a reçu des présents dignes des Mille et Une Nuits : six parures complètes de diamants et de pierres précieuses, douze garnitures de robes en pierreries, douze cent mille livres de diamants et de perles, un grand service de table en or massif et deux calèches d'apparat tirées l'une par six chevaux de Russie, l'autre par six chevaux des Indes, dont les robes sont assorties aux couleurs des voitures (ça, c'est chic).

se promener

Le port★

Le temps des baleines est fini, mais le port reste important pour la sardine, le thon et l'anchois. C'est un vrai port de carte postale avec bateaux peints de couleurs très

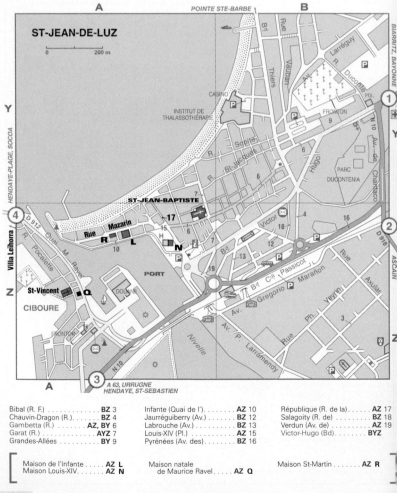

Bibal (R. F.) . . . . **BZ** 3	Infante (Quai de l'). . . . . . . **AZ** 10	République (R. de la). . . . **AZ** 17
Chauvin-Dragon (R.). . . . . . **BZ** 4	Jaurréguiberry (Av.) . . . . . . **BZ** 12	Salagoity (R. de) . . . . **BZ** 18
Gambetta (R.) . . . . **AZ, BY** 6	Labrouche (Av.) . . . . **BZ** 13	Verdun (Av. de) . . . . **AZ** 19
Garat (R.) . . . . **AYZ** 7	Louis-XIV (Pl.) . . . . **AZ** 15	Victor-Hugo (Bd) . . . . **BYZ**
Grandes-Allées . . . . **BY** 9	Pyrénées (Av. des). . . . . . . **BZ** 16	

Maison de l'Infante . . . . **AZ** L	Maison natale	Maison St-Martin . . . . . . **AZ** R
Maison Louis-XIV . . . . . . **AZ** N	de Maurice Ravel . . . . **AZ** Q	

Toute de rose vêtue, la maison de l'Infante, un des derniers témoins du mariage royal célébré en 1660.

vives et pêcheurs œuvrant sur le quai auprès des filets amoncelés. Avec en plus une odeur de saumure qui flotte et un délicieux concert cristallin joué par le ponton sur pilotis, qui roule avec la marée. La majestueuse **maison de l'Infante** semble veiller sur les bateaux. Cette riche demeure en briques et pierres avec des galeries à l'italienne accueillit l'infante et la reine mère. De l'autre côté du port, l'église et les maisons de Ciboure.

Rue Mazarin

Domaine des armateurs au 17ᵉ s., la langue de terre isolant la rade du port fut réduite des deux tiers par le raz de marée qui, en 1749, anéantit 200 maisons de la ville. Elle conserve quelques demeures distinguées.
Dans la rue Mazarin voir surtout la **maison St-Martin** au n°13.

Centre-ville

Avec ses nombreuses rues piétonnes (rue de la République, rue Gambetta), il a beaucoup de caractère. Au n° 17 de la rue de la République se trouve la plus vieille maison de la ville ; en pierre de taille, elle contraste avec les maisons basques voisines.

> **POUR MIEUX VOIR**
> Du sommet de la digue, vous verrez mieux les combles et la tour-belvédère de la maison St-Martin, d'où le maître surveillait les mouvements des bateaux.

visiter

Maison Louis-XIV★

De juin à mi-oct. : visite guidée (1/2h) 10h30-12h, 14h30-17h30, dim. 14h30-17h30 (juil.-sept. : 18h30). Fermé 14 juil. et 15 août matin. 25F. ☎ *05 59 26 01 56.*
Cette noble demeure fut construite par l'armateur Lohobiague en 1643. À l'intérieur, le caractère vieux-basque est donné surtout par l'escalier à volées droites, travail robuste de charpentiers de marine : comme pour tous les planchers anciens des pièces d'habitation, les lattes sont fixées par de gros clous apparents, qui interdisent le rabotage et le ponçage. Du palier du 2ᵉ étage, une passerelle intérieure conduit aux appartements où la veuve de Lohobiague reçut Louis XIV en 1660. En passant dans la galerie à arcades, prenez le temps de savourer le panorama des Pyrénées basques. Dans la salle à manger aux lambris verts, table de marbre Directoire et cadeau de l'hôte royal à la maîtresse de maison : un service de trois pièces en vermeil décoré d'émaux niellés.

> **LAQUELLE ?**
> On reconnaît aisément la maison Louis-XIV, sise à un angle de la place, à ses tourelles d'angle. Avec la mairie, c'est la seule demeure de la place à ne pas être de style basque.

Musée Grévin

3 r. Mazarin. ▣ *D'avr. à fin oct. et vac. scol. : 10h-12h, 14h-18h30. 35F (enf. : 17,50F).* ☎ *05 59 51 24 88.*
Aménagé dans le pavillon de l'Infante, ancienne dépendance de la maison du même nom, il présente quelques événements majeurs qui ont eu lieu au 17ᵉ s. dans le Pays basque et notamment à St-Jean-de-Luz. Vous pouvez assister au traité des Pyrénées, ratifié solennellement le 6 juin 1660 sur l'île des Faisans au milieu de la Bidassoa, et au mariage de Louis XIV célébré trois jours plus tard dans l'église St-Jean-Baptiste ; la scène a été reconstituée d'après un tableau de Laumosnier.

Église St-Jean-Baptiste★★

C'est la plus grande et la plus célèbre des églises basques. Extérieurement elle est d'une architecture très sobre, presque sévère avec ses hautes murailles percées de maigres ouvertures, sa tour massive sous laquelle se glisse un passage voûté. Un bel escalier à rampe de fer forgé donne accès aux galeries.

L'intérieur, somptueux, date, pour l'essentiel, du 17e s. Trois étages de galeries de chêne (cinq au mur du fond) encadrent la nef unique que couvre une remarquable voûte en carène lambrissée. Le chœur très surélevé, clos par une belle grille de fer forgé, porte un **retable**★ (vers 1670, restauré en 1987) resplendissant d'or. Entre les colonnes et les entablements qui l'ordonnent en 3 registres, des niches abritent une foule de statues : anges, saints populaires locaux, apôtres, saint Laurent et son gril. Remarquez en outre la chaire (17e s.) supportée par des sphinges (sphinx femelles) menaçantes ; dans l'embrasure de la porte murée, la statue parée de **N.-D.-des-Douleurs** et, à côté, une petite Vierge de Rosaire en tenue de cérémonie.

À VOIR
À droite du portail d'entrée, sur le flanc droit, la porte qui fut murée après le mariage royal.

alentours

Ciboure

Petite sœur de Saint-Jean-de-Luz, la très charmante Ciboure gravit une colline, de l'autre côté du port.

La **rue Pocalette** mêle les maisons labourdines à pans de bois (maison de 1589 à encorbellement, au coin de la rue Agorette) et de hautes demeures de pierre plus nobles, comme le n° 12, au chevet de l'église.

Église St-Vincent – 16e s. Vous apercevez de loin son original clocher de charpente à deux étages. Elle est accessible, latéralement, par un beau parvis dallé au milieu duquel est plantée une croix de pierre de 1760.

Villa Leïhorra – *1 impasse Muskoa. Avr.-oct. : visite guidée (3/4h) tlj sf lun., mer., ven. 15h-18h30, ; janv.-mars : mar. et w.-end 14h-17h ; nov.-déc. : w.-end 14h-16h30. Fermé j. fériés. 25F, 5F visite libre des jardins.* ☎ *05 59 47 07 09.*
Construite en 1926-1928 par l'architecte Hiriart pour sa famille, cette villa est de style Art déco, tant dans son architecture que dans sa décoration intérieure. Une partie de la maison, qui s'ordonne autour d'un patio, se visite (en particulier une magnifique salle de bains) ainsi que le jardin.

POUR FREDONNER
Au n° 27 du quai Maurice-Ravel se dresse la maison natale de Ravel, compositeur du fameux *Boléro*.

Socoa

🚶 *3 km à l'Ouest, par ④ du plan. Laisser la voiture sur le port et poursuivre (3/4h à pied AR) vers la jetée.*
L'entrée de la baie de St-Jean-de-Luz était défendue autrefois par le fort de Socoa, construit sous Henri IV et remanié par Vauban.
Du port, prendre à droite et monter au phare (rue du Phare), puis au sémaphore (rue du Sémaphore) ; **vue**★★ au Sud-Ouest sur la Côte basque, du cap Higuer jusqu'à Biarritz. Au premier plan, les falaises plongent en oblique leurs roches feuilletées vigoureusement attaquées par le flot. Le site est particulièrement beau les jours de tempête.

POUR SE RECUEILLIR
La tombe de l'écrivain de *L'Atlantide*, Pierre Benoit, au cimetière de l'Untxin à Socoa.

circuits

① LA CORNICHE BASQUE★★

30 km – environ 3h. Quitter St-Jean-de-Luz par ④ du plan, D 912.
La route sinueuse, bordée d'ajoncs, se rapproche des falaises de Socoa. Au gré des échappées ou au détour d'un tournant s'ouvrent de jolies **vues**★★ sur l'océan qui vient battre les rochers.

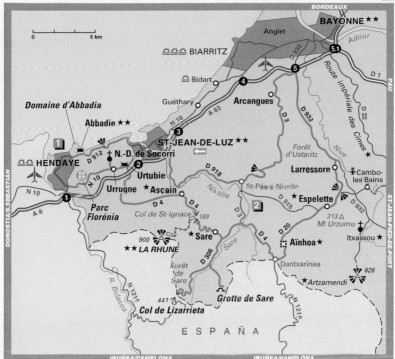

Domaine d'Abbadia *(voir p.198)*

Château d'Antoine Abbadie★★ *(voir p.199)*

Hendaye ≙≙ *(voir ce nom)*
*Sortir d'Hendaye par la route de Béhobie et prendre la N 10
vers St-Jean-de-Luz.*

Parc Florénia
3 km avant Urrugne. &. *Avr.-oct. : tlj sf lun. 10h-19h (juil.-
août : tlj) ; de déb. oct. à déb. nov. : tlj sf lun. 14h-18h. 36F.*
☎ *05 59 48 02 51*
Un parcours vallonné vous mène de sous-bois de pins ▶
(pins de Monterrey, rhubarbe géante) en terrasses médi-
terranéennes (eucalyptus, palmiers, jasmin) en passant
par un jardin de curé (plantes aromatiques), une rose-
raie et un jardin aquatique aménagé au bord d'un plan
d'eau (nénuphars, lotus).

Urrugne
L'église, dont le vaisseau peu ajouré garde à l'extérieur
une allure militaire, s'adosse à un clocher-porche du
16e s. à cadran solaire.
*Prendre sur la grand-place d'Urrugne le chemin en montée
vers N.-D.-de-Socorri*

Notre-Dame-de-Socorri
Joli **site**★ de chapelle de pèlerinage, dans l'enclos d'un
ancien cimetière, en vue du paysage mamelonné que
dominent l'éperon de la Rhune et, à l'horizon, le Jaizkibel et les Trois Couronnes.
*À la sortie d'Urrugne, tourner à gauche, en contrebas de la
N 10.*

Château d'Urtubie
*De mi-mars à mi-nov. : visite guidée (1h) 14h-19h (à 11h tlj
sf mer. et jeu.). 35F.* ☎ *05 59 54 31 15.*
Du simple donjon construit par autorisation du roi
Edouard III d'Angleterre en 1341, ce château est devenu
au fil des âges une élégante demeure classique avec ses
toits à l'impériale coiffant les deux tours qui, au 14e s.,

> **ROMANTIQUE**
> En soirée, le parc est
> illuminé. Pour voir les
> fleurs sous un autre jour.

> **HÉBERGEMENT**
> Chambre d'hôte du
> Château d'Urtubie –
> *64122 Urrugne - 2 km
> au S de St-Jean par
> N 10 (dir. Hendaye) -*
> ☎ *05 59 54 31 15 -
> fermé 15 nov. au
> 15 mars -* 🅿 *- 6 ch. :
> 500/800F -* 🍽 *60F.*
> Goûtez à la vie de
> château dans les belles
> chambres d'hôte de
> caractère de ce
> monument historique
> qui appartient à la
> même famille depuis
> 1341. Ne vous laissez
> pas effrayer par la
> proximité de la route,
> l'isolation phonique est
> est efficace et les pièces
> sont climatisées.

Le petit train de la Rhune, une excursion à ne pas manquer. Renseignez-vous toutefois avant de partir sur la visibilité au sommet (si le temps est couvert, inutile d'y monter, vous ne verrez rien).

encadraient le pont-levis. L'intérieur est décoré de grandes tapisseries de Bruxelles du 16e s. (Grand Salon), d'un ensemble de chaises et de fauteuils espagnols de l'époque Louis XIV (salle à manger) ainsi que de divers meubles et bibelots ayant appartenu depuis des générations aux châtelains d'Urtubie. Dans la salle de chasse, au rez-de-chaussée, plusieurs pièces (coffre, armoire) évoquent le mobilier basque traditionnel.

Le château, entouré de douves en eau jusqu'au 18e s., s'inscrit aujourd'hui au cœur d'un parc à l'anglaise.

Retour à St-Jean-de-Luz par la N 10.

2 LE LABOURD★

116 km – compter une journée. Quitter St-Jean-de-Luz par ③ et prendre la N 10 jusqu'à Urrugne. Là, à la station Total, rejoindre la D 4 vers Ascain.

Si la Rhune n'atteint pas des sommets (900 m), c'est pourtant le plus haut de cette région du Labourd, tout en coteaux et en landes. Ce circuit traverse des villages traditionnels et des paysages vallonnés, domaine des pottoks et des brebis manech.

Ascain★

Une place de village, on ne peut plus basque : maisons labourdines où le bleu, le vert ou le rouge tranchent sur les crépis blancs, et inévitable fronton de pelote où jouent les enfants. C'est là qu'un certain Otharré, ami de Pierre Loti et contrebandier à ses heures disputait à la fin du siècle dernier de farouches parties de pelote. Ascain possède aussi un trinquet dans un restaurant. Au bord de la place, l'église, au massif clocher-porche et à 3 étages de galeries, ressemble à celle de St-Jean-de-Luz. Derrière, dans le cimetière, sur la droite, voir la stèle discoïdale de 1657.

Dans un cadre de lande, la route (D 4) s'élève au-dessus d'un gracieux vallon et atteint le col de St-Ignace (alt. 169 m).

La Rhune★★

Du col de St-Ignace, prendre le petit chemin de fer à crémaillère. Retour possible à pied (se munir de bonnes chaussures). 📷 *De mi-mars à mi-nov. : dép. en fonction de la météo et de l'affluence, en général toutes les 1/2h à partir de 9h. 60F AR. (enf. : 35F AR).* ☎ *05 59 54 20 26.*

La Rhune (en basque, *larrun* : « bon pâturage ») est la montagne-emblème du Pays basque français. Du sommet-frontière (avec son émetteur de télévision) **panorama★★★** splendide sur l'océan, la forêt des Landes, les Pyrénées basques et, au Sud, la vallée de la Bidassoa.

La descente s'effectue au milieu des « touyas » (landes d'ajoncs et de fougères). Vue sur les monts fermant à l'Est le bassin de la Nivelle (Artzamendi).

Sare★

Joli village que Pierre Loti a décrit sous le nom d'Etchxezar dans *Ramuntcho*. Là aussi un bourg tout ce qu'il y a de plus basco-basque avec son grand fronton, ses rues ombragées, sa belle église à trois étages de galeries et aux riches retables baroques.

Le haut vallon de Sare est jalonné de hameaux et de champs peuplés de brebis manech, de vaches laitières et de pottoks.

Prendre la D 306 au Sud.

> ### L'« ENFER DES PALOMBES »
>
> C'est ainsi que les connaisseurs appellent Sare. Mais leur enfer s'étend en fait à tout le Sud-Ouest, où la chasse au pigeon ramier prend des allures de sport national. Elle a lieu en automne, quand les palombes venues des pays nordiques descendent vers des horizons plus cléments. Ces dernières font halte, les inconscientes, dans les forêts landaises ou pyrénéennes, vivant là leur dernière heure.
>
> De la palombière (tour-cabane placée sur un lieu de passage des oiseaux), on les rabat à grand renforts d'appeaux et de fausses palombes vers les filets tendus ou, usage de plus en plus fréquent, vers les canons des fusils.

Dans la palombière très haut perchée, les chasseurs attendent patiemment les malheureux pigeons ramiers.

Grotte de Sare

Des vac. scol. Pâques à fin sept. : visite guidée (1h) 9h30-18h, w.-end 9h30-19h (juil.-août : 9h30-20h) ; d'oct. au 11 nov. : 10h-17h, w.-end 10h-18h ; du 11 nov. aux vac. scol. de Pâques : 14h-17h, w.-end et vac. scol. (tlj) 10h 17h (de janv. aux vac. scol. hiver : 11h-16h, w.-end 10h-16h). Fermé 1ᵉʳ janv. et 25 déc. 35F (enf. : 20F). ☎ 05 59 54 21 88.

La grotte de Sare ou Lezea (« grotte » en basque) fait partie d'un vaste réseau de galeries creusées dans du calcaire dur : le travail de corrosion et d'abrasion a fait apparaître toutes sortes de cavités karstiques. Les outils de silex (grattoirs, haches, pointes de sagaie...) et débris d'os découverts témoignent d'une occupation humaine, dont la phase la plus dense s'est située au périgordien supérieur (20 000 avant J.-C.).

Passé le vaste porche, on suit un parcours de 900 m, balisé au sol par des lumières bleues et mis en valeur par un montage audiovisuel sur fond de *txalaparta* (instrument à percussions qui évoque le son d'un galop).

Au-delà d'agréables sous-bois, proches du ruisseau, la D 306 s'élève à travers les chênes de la forêt de Sare.

Col de Lizarrieta

Alt. 441 m. Très animé à l'époque de la chasse à la palombe (postes de guet et de tir le long du chemin de crête).

Ainhoa★ *(voir ce nom)*

Espelette★ *(voir ce nom)*

Avant la descente dans la vallée de la Nive, la vue se déploie une nouvelle fois sur les Pyrénées basques, de la Rhune à l'Artzamondi. En avant, apparaît le sommet proche de Cambo, le mont Ursuya, aux lignes émoussées et aux pentes d'un vert reposant.

Par la D 20, gagner Larressore.

Manche de makila, petit bijou finement sculpté. Chaque pièce est unique.

> ### UNE DRÔLE DE CANNE
>
> Le (ou la) *makila* est une canne finement ouvragée, symbole de liberté pour le peuple basque. Utilisée par les pèlerins de Compostelle, c'est à la fois un bâton de marche et un arme de défense (il comporte une pointe d'acier acéré dissimulée dans le manche). Toutes les cannes, quelle que soit la nature de leur pommeau (plaqué or, argent ou maillechort), sont gainées dans leur partie supérieure de cuir tressé (le tressage reste un secret de famille inventé en 1789 par un ancêtre tisserand).

Larressore

À côté du fronton, l'**atelier Ainciart-Bergara** fondé avant la Révolution, est animé par des artisans de cette même famille qui, selon des méthodes d'antan, fabriquent des *makilas. Tlj sf dim. 8h-12h, 14h-18h30. Fermé j. fériés. Gratuit.* ☎ *05 59 93 03 05. Site internet : www.makhila.com Prendre la D 932 en direction de Bayonne. Juste avant l'autoroute, emprunter la D 3.*

Arcangues

Ce village avec son église, son fronton et son auberge compose un décor à proprement parler pittoresque. À l'intérieur de l'église, à galeries sculptées, grand lustre Empire et bas-relief illustrant la décollation de saint Jean Baptiste, patron de la paroisse.

◄ Le cimetière paysager aux nombreuses stèles discoïdales offre un **panorama**★ sur les Pyrénées basques.

Continuer sur la D 3.

La route sinueuse traverse la forêt d'Ustaritz. La descente sur St-Pée offre des vues lointaines sur la Rhune et le bassin d'Irun, le promontoire du Jaizkibel et l'océan. À l'Est, le chaînon de l'Artzamendi ferme le bassin de la haute Nivelle.

À St-Pée-de-Nivelle, prendre la D 918 à droite vers St-Jean-de-Luz.

Saint-Jean-Pied-de-Port★

Les maisons de l'ancienne capitale de Basse-Navarre ont les pieds dans la Nive. La citadelle rénovée par Vauban veille sur la ville aux murs rougis par le grès. Somme toute, un endroit bien tranquille blotti dans ses remparts du 15e s. et du 17e s.

La situation

Cartes Michelin nos 85 pli 3 ou 234 pli 37 – Pyrénées-Atlantiques (64). Laisser la voiture près de la porte de France ; suivre les remparts et prendre l'escalier pour gagner la **porte St-Jacques** par laquelle les pèlerins pénétraient dans la ville. ☐ *14 pl. Charles-de-Gaulle, 64220 St-Jean-Pied-de-Port,* ☎ *05 59 37 03 57.*

Le nom

Le nom de St-Jean-Pied-de-Port rappelle que la ville constituait la dernière étape des voyageurs avant la montée au port (ou col) de Roncevaux (Ibañeta).

Les gens

1 417 Saint-Jeannais. Au Moyen Âge, St-Jean-Pied-de-Port, dernière étape avant l'Espagne, est un grand centre de regroupement de jacquets venus de tous les coins d'Europe. Dès qu'un cortège est signalé, la ville est en émoi : les cloches sonnent, les prêtres récitent des

Baignées par les eaux paisibles de la Nive, les maisons de St-Jean-Pied-de-Port, plaquées les unes contre les autres, se « serrent les coudes. »

carnet pratique

VISITE

Visite guidée de la ville – 2h. S'adresser à l'Office de tourisme. Juil.-août : jeudi à 10h. 15F.

RESTAURATION

• À bon compte

Chez Arbillaga – *8 r. de l'Église -* ☎ *05 59 37 06 44 - fermé 6 au 20 juin, 4 au 18 oct., mar. soir et mer. hors sais. - 80/165F.* Posé contre les remparts, ce restaurant joue le répertoire régional. L'hiver, les pibales ou l'agneau de lait à l'ail vert cuit dans la cheminée, au printemps, l'omelette aux mousserons de la St-Georges ou la lamproie à la bordelaise, toute l'année la garbure et autres spécialités du terroir.

Pecoïtz – *64220 Aincille - 7 km au N de St-Jean-Pied-de-Port par D 933 et D 18 -* ☎ *05 59 37 11 88 - fermé 1er janv. au 10 mars et ven. d'oct. à mai - 85/185F.* Faites une halte dans ce petit village de campagne et dans cette maison basque à côté de l'église. Demandez une table en bordure des baies vitrées pour profiter de la vue sur la nature. La copieuse cuisine familiale est soignée. Quelques chambres modestes mais propres.

Cidrerie Aldakurria – *64220 Lasse - 3,5 km à l'O de St-Jean-Pied-de-Port par D 918 puis D 403 -* ☎ *05 59 37 13 13 - cidrerie-aldakurria.com - fermé janv., dim. soir et lun. du 1er oct. au 15 juin - réserv. conseillée - 100/150F.* À la mode espagnole, cette cidrerie propose omelette de morue et côte de bœuf avec cidre à volonté. Le cadre est rustique dans cette maison au milieu des champs : roues de charrettes, poutres et murs crépis, grandes tables avec bancs de bois. Chambres confortables.

HÉBERGEMENT

• À bon compte

Chambre d'hôte Ferme Etxeberria – *64220 Ispoure - 0,8 km au NE de St-Jean-Pied-de-Port par D 933 -* ☎ *05 59 37 06 23 - fermé 20 déc. au 31 janv. - ⊠ - 4 ch. : 200/250F.* Dormez dans l'ancienne grange de cette ferme en pleine campagne, à deux pas de St-Jean-Pied-de-Port. Chambres modernes, sobres mais jolies. Belle véranda pour un petit-déjeuner face aux vignobles d'Irouleguy. Balades en famille inoubliables à dos d'âne.

• Valeur sûre

Hôtel Central – *Pl. Ch.-de-Gaulle -* ☎ *05 59 37 00 22 - fermé 15 déc. au 10 fév. - 14 ch. : 350/490F - ⊑ 48F - restaurant 110/230F.* Bien situé en centre-ville, comme son nom l'indique, cet hôtel est un peu désuet avec son décor des années 1960. Installez-vous sur la petite terrasse au-dessus de la rivière pour votre déjeuner dehors ou dans la salle à manger rafraîchie.

Hôtel Arcé – *Rte du col d'Ispéguy - 64430 St-Étienne-de-Baïgorry - 11 km à l'O de St-Jean-Pied-de-Port par D 15 -* ☎ *05 59 37 40 14 - fermé mi-nov. à mars - ◻ - 23 ch. : 460/750F - ⊑ 50F - restaurant 110/215F.* Tranquille, au bord de la rivière qui coule au pied de sa terrasse, cette maison basque fait face au village. Les chambres sont hétérogènes et certaines un peu désuetes mais en préférant celles en façade, vous aurez le plaisir de la jolie vue sur l'eau. Jardin avec piscine.

prières ; les enfants escortent les pèlerins vêtus du manteau gris, le bâton à la main ; les habitants, sur le pas de leur porte, tendent des provisions. Le cortège s'éloigne en chantant des répons. Ceux qui sont trop las peuvent faire halte rue de la Citadelle où le monastère de Roncevaux leur a ménagé un abri.

se promener

LE TRAJET DES PÈLERINS★

Rue de la Citadelle

En descente vers la Nive, elle est bordée de maisons des 16e et 17e s. avec de beaux portails arrondis et linteaux droits sculptés.

Église Notre-Dame

Gothique. Beaux piliers de grès.

Rue de l'Église

Elle mène à la porte de Navarre. Vous y verrez l'**ancien hôpital** transformé en librairie et la **maison Jassu**, ancêtres paternels de saint François-Xavier (1506-1552). *Revenir à l'église, passer sous la voûte du clocher et franchir la Nive.*

Vieux pont

Belle vue sur l'église qui fait partie des remparts et les vieilles maisons au bord de l'eau.

Rue d'Espagne

Elle monte vers la porte d'Espagne par où les pèlerins quittaient la ville : elle est restée très commerçante, fidèle au temps où les jacquets l'empruntaient.

ST-JEAN PIED-DE-PORT

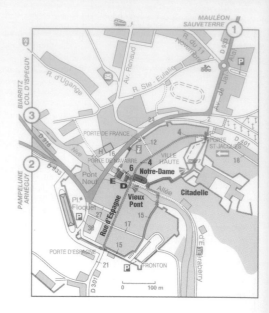

Prendre à gauche l'avenue du Fronton. Retraverser la Nive et prendre les escaliers derrière l'église pour monter à la citadelle.

Citadelle
Du bastion formant belvédère face à l'entrée du fort, vous pouvez voir tout le bassin de Saint-Jean et ses jolis villages.

Revenir à la porte St-Jacques.

circuits

LA BASSE-NAVARRE★
La Basse-Navarre montagneuse, boisée et zébrée de cours d'eau, se dessine de la Nive à la Bidouze. Grâce à elle – coupée depuis 1512 de la province mère de Navarre, au Sud des Pyrénées –, les rois de France, de Henri IV (héritier des rois de Navarre de la maison d'Albret) jusqu'à Charles X, purent revendiquer le glorieux titre de « roi de France et de Navarre ».

1 Vallée de la Nive★
80 km – environ 4h. Quitter St Jean-Pied-de-Port par la D 22 au Nord.
La route s'élève au milieu d'un paysage de collines et traverse les petits villages de Jaxu et Irissarry.
À Hélette, la D 245 puis la D 251 mènent à St-Esteben. De là, prendre à gauche vers St-Martin-d'Arberoue, d'où l'on gagne la rampe des grottes.

La singulière Bastide-Clairence continue à surveiller avec beaucoup de patience la vallée de la Joyeuse.

Grottes d'Isturitz et d'Oxocelhaya★★ (voir ce nom)

La Bastide-Clairence

Cette bastide fut fondée en 1312 dans la vallée de la Joyeuse pour protéger la frontière Nord-Ouest de la Navarre. La composition de sa population – un tiers de Basques et deux tiers de Gascons – a à peine changé depuis l'établissement de la bastide.

La rue montante a déjà, avec ses maisons blanches barrées de rouge, un air de village du Labourd. L'église, typiquement basque avec ses étages de galeries, est flanquée de deux cloîtres pavés de dalles funéraires des plus vieilles familles de La Bastide.

Hasparren

La ville est très animée lors des épreuves de pelote et des lâchers de vaches dans les rues.

Francis Jammes (1868-1938) a passé ici les dix-sept dernières années de sa vie. La **maison** du patriarche, « Eyhartzia », est visible à la sortie de la ville, à gauche dans un virage de la route de Bayonne. Le jardin a été aménagé en parc public. On peut voir sa tombe dans le cimetière (à l'angle de deux murs, à gauche en entrant).

Cambo-les-Bains✚ (voir ce nom)

Quitter Cambo au Sud par la route de St-Jean-Pied-de-Port. À hauteur de Louhossoa la route pénètre en Basse-Navarre, pays du grès rouge très utilisé pour la construction.

Bidarray

Par un pont en dos d'âne, du 14e s., qui aurait été, dit la légende, bâti en une nuit, vous pouvez monter au plateau de l'église romane. Bien située dans un paysage mouvementé, elle présente un clocher-mur dessinant un fronton. Ses parties basses, en grès rouge, appartiennent à un ancien prieuré de Compostelle fondé là en 1132.

En suivant le cours principal de la Nive, la route rejoint St-Jean.

LOISIRS-DÉTENTE
Ur Bizia – 64780 Bidarray ☎ 05 59 37 72 37. Stages et sorties pour plusieurs sports d'eaux vives.

② Col d'Osquich★

94 km – environ 4h. Quitter St-Jean-Pied-de-Port par la D 933.

De St-Jean à la bifurcation de Larceveau, la route filant dans une large dépression suit approximativement le tracé du tronc principal de la route de Compostelle.

Prenant à droite à Larceveau, la D 918 remonte la haute vallée de la Bidouze pour s'élever ensuite vers le col d'Osquich.

Col d'Osquich★

Limite entre la Basse-Navarre et le pays de Soule.

Du col géographique (alt. 392 m) au point culminant de la route (alt. 500 m), le **trajet★** au-dessus de la combe de Pagolle flâne dans un paysage au relief très doux.

Peu avant Musculdy, prendre à gauche. Forte pente dans la descente sur Pagolle. Prendre la D 302 au Nord. À Uhart-Mixe tourner à gauche dans la D 933, puis à droite.

Harambels

Le hameau, isolé au milieu des chênes, était une halte sur le chemin de Compostelle. Une communauté de « donats » y assurait l'hébergement des pèlerins. La chapelle St-Nicolas signalait l'étape aux voyageurs arrivés de St-Palais par les hauteurs, au Nord-Est (à l'opposé de l'accès actuel).

CONSEIL
Attention, la chapelle St-Nicolas présente des ruines dangereuses !

Revenir à la D 933 que l'on prend à gauche. À Uhart-Mixe, prendre à gauche la D 302 en forte montée. Laisser la voiture à un carrefour multiple de chemins pour prendre le 1er à droite.

Stèle de Gibraltar : pour orienter sa marche vers St-Jacques-de-Compostelle.

Stèle de Gibraltar

Au flanc du mont Saint-Sauveur, ce monument, surmonté d'une stèle discoïdale, marque le point de convergence de trois des chemins de Compostelle.

St-Palais

Dans la Basse-Navarre des collines et des rivières calmes, St-Palais justifie son appartenance au monde basque surtout par ses traditions : galas de pelote, festival de la force basque... Les ponts, gués, chapelles, tronçons d'antiques chemins pavés rencontrés aux environs évoquent le passage des pèlerins de Compostelle.

Quitter St-Palais au Sud-Ouest par la D 8.

Iholdy

L'église avec sa grande galerie extérieure en bois et le fronton accolé forment un bel ensemble.

La D 22 prise à Irissarry ramène à St-Jean-Pied-de-Port.

③ Vallée des Aldudes★

123 km – compter la journée. Quitter St-Jean-Pied-de-Port par ③ du plan, route de Bayonne, puis prendre la D 15 à gauche.

La Nive des Aldudes, affluent de la Nive, prend sa source en Espagne. Sa vallée boisée est une des plus caractéristiques du Pays basque. « Aldudes » signifie « chemin des Hauteurs » et la haute vallée fut longtemps l'enjeu de luttes épiques entre les habitants de Baïgorry et ceux du val d'Erro en Espagne.

St-Étienne-de-Baïgorry★

Village basque à la fois caractéristique par ses maisons typiques, sa belle place ombragée de platanes, et original par sa disposition en longueur dans la vallée et sa division en deux quartiers autrefois rivaux de part et d'autre du torrent. En amont du pont moderne, vieux pont « romain ».

Reconstruite au 18ᵉ s. sur une souche romane remaniée, l'**église St-Étienne★** est intéressante par ses trois étages de galeries, son chœur surélevé dont les 3 autels sont ornés de retables de bois doré, son orgue (contemporain) de style baroque et son arc triomphal peint.

Au 18ᵉ s. la forge d'Échaux appartenant par moitié à la célèbre famille basque et à la vallée produisait des canons et des boulets de corsaires.

Banca

Le village s'est développé au 18ᵉ s. autour de la poudrerie qui traitait le cuivre découvert dans la montagne.

Après un défilé, la vallée s'épanouit dans le bassin des Aldudes.

Aldudes

Cette localité est un grand centre de la chasse à la palombe. Sur la placette, évidemment pittoresque, église à la belle voûte de bois en berceau et galeries originales.

Urepel

Église basque intéressante avec une voûte de bois et une coupole.

La D 158 (6 km AR) qui s'amorce à hauteur de l'église d'Urepel mène au pays Quint.

Pays Quint

Autrefois indivis entre les vallées française et espagnole, ce territoire présente, depuis le traité de Bayonne signé en 1856, la particularité d'être reconnu à l'Espagne mais donné en bail perpétuel aux habitants de la vallée des Aldudes, les Quintoars, qui jouissent – au nombre d'une trentaine de familles – des pâturages en territoire espagnol et ont le statut de ressortissants français à l'étranger.

Pour gagner la frontière espagnole, retourner à Aldudes où l'on prend la D 58 vers le Sud. Elle devient N 138 après la frontière. Après 23 km en territoire espagnol, prendre la N 135 sur la gauche jusqu'à Orreaga-Roncevaux (Roncesvalles).

Roncesvalles (Roncevaux)

Passage frontalier très fréquenté au Moyen Âge par les pèlerins de St-Jacques-de-Compostelle, Roncevaux est célèbre pour la déroute qu'en 778 les Basques de Navarre y infligèrent à l'arrière-garde de Charlemagne, qui rentrait en France sous les ordres de Roland.

Ensemble monumental – De vastes bâtiments aux murs gris et aux toits de zinc bleuté apparaissent, entourés d'épaisses frondaisons ; leur fondation remonte au 12ᵉ s. L'ensemble comprenait alors une importante hostellerie qui accueillait et réconfortait les pèlerins, une chapelle funéraire, actuelle chapelle du Saint-Esprit, et une collégiale riche en reliques.

La **collégiale** est un édifice gothique, très inspiré des églises d'Île-de-France (1212). *Juil. sept. : 10h-19h30 ; oct.-juin . w.-end et j. fériés 10h-17h30. 200 PTAS (environ 8F)*. ☎ 948 76 00 00.

La **salle capitulaire**, belle salle gothique, abrite le tombeau du fondateur de l'église, le roi de Navarre Sanche VII le Fort (1154-1234) et de son épouse.

Un **musée★** est installé dans les anciennes écuries. Intéressantes pièces d'orfèvrerie ancienne : coffret mudéjar, évangéliaire émaillé et reliquaire émaillé du 14ᵉ s. À signaler aussi, un triptyque flamand du 16ᵉ s., une émeraude et une très belle *Sainte Famille* de Morales. *Juil.-sept. : 10h-14h, 16h-20h, w.-end et j. fériés 11h-13h30, 16h-18h. 200 PTAS (environ 8F).* ☎ 948 76 00 00.

Revenir à St-Jean-Pied-de-Port par la D 933.

Petits cochons noirs des Aldudes qui finiront en jambons de Bayonne...

> **À VOIR**
> Sous le dais du maître-autel, le symbole actuel du pèlerinage : une Vierge à l'enfant en bois recouverte de plaques d'argent, œuvre d'un atelier français du 13ᵉ ou 14ᵉ s.

Saint-Macaire

Une cité médiévale à deux pas de Bordeaux... quel bonheur ! De l'image de carte postale, Saint-Macaire a le charme, mais certainement pas le glacé (du papier). Vous y sentirez une vie permanente derrière les balcons et les façades restaurées des vieilles ruelles. Une balade à ne pas manquer !

RESTAURATION
L'Abricotier – 2 r. François-Bergœing - ☎ 05 56 76 83 63 - fermé 12 nov. au 12 déc., lun. soir du 15 sept. au 30 juin et mar. soir - 120/250F. Ne ratez pas cette maison en retrait de la nationale 113 qui traverse la commune. La bâtisse cache en son sein trois petites salles au décor modernisé et sur l'arrière, un jardin-terrasse près du vieil abricotier. Cuisine classique. Trois chambres côté jardin.

La situation

Cartes Michelin n°s 79 pli 2 ou 234 pli 11 – Schéma p 169 – Gironde (33). St-Macaire est longée par la N 113 mais est cependant étonnamment préservée du bruit de la route. On en a une jolie vue d'ensemble depuis la route de Sauveterre (D 672).

🛈 *33490 St-Macaire,* ☎ 05 56 63 03 64.

Le nom

C'est un saint homme d'origine grecque (Makarios) qui, établi dans la ville au 5e s., lui légua son nom.

Les gens

Jusqu'au 18e s., la Garonne coulait au pied de la ville. La présence d'un port dynamique fit fleurir les classes marchandes qui avaient pignon sur la place du Mercadiou et dont les 1 541 Macariens sont aujourd'hui les héritiers.

se promener

Enceinte

Remontant au 12e s., époque de l'établissement de la ville, elle a conservé trois portes. L'une d'elles, couronnée de puissants mâchicoulis, constitue encore, au Nord, l'accès principal à la vieille ville. Admirez la perspective du front Sud des remparts, au bord de la falaise calcaire baignée jadis par la Garonne et creusée par elle de cavités.

Église St-Sauveur

Possibilité de visite guidée sur demande. ☎ 05 56 63 34 52.
Agréablement située sur le rocher de St-Macaire, au-dessus du front Sud de l'enceinte, elle domine la vallée.

◄ À la croisée du chœur et sur la voûte de l'abside Est, peintures murales aux couleurs chaudes (14e s.), sur le thème de l'Apocalypse et de la vie de saint Jean.

◄ Vaste et imposant, l'édifice possède une abside romane ceinturée d'un cordon de billettes ; le plan de cette église se dessine un trèfle suivant une formule peu courante, présente au St-Sépulcre de Jérusalem, la 4e abside étant remplacée par la nef. Sous le porche du 13e s., couronné d'une rosace flamboyante, se trouvent de curieux vantaux de cœur de chêne à ferrures, de la même époque. Au tympan, scènes sculptées montrant onze apôtres auréolés et assis. De la terrasse, vue sur la Garonne.

Place du Mercadiou ou Marché-Dieu

Très séduisante place entourée de couverts gothiques et Renaissance, ou « embans ». Belles demeures des 15e et 16e s., avec baies en accolade ou fenêtres à meneaux.

Maisons anciennes

Gothiques ou Renaissance, elles subsistent nombreuses et sont régulièrement restaurées.

Saint-Sever

« Cap de Gascogne », St-Sever occupe, sur le rebord du plateau de Chalosse, une position dominante en vue des immensités landaises. Ses activités, en revanche, sont orientées dans l'autre direction, côté Béarn. Après avoir jeté un coup d'œil sur l'église et sur le panorama alentour, il faut aller découvrir les richesses du Tursan et de la Chalosse.

La situation
Cartes Michelin nᵒˢ 78 Sud-Est du pli 6 ou 234 pli 27 – Landes (40). Suivre le panneau « centre historique » et se garer près de l'église.
🄱 *Pl. Tour-du-Sol, 40500 St-Sever,* ☎ *05 58 76 34 64.*

Le nom
Ledit Severus, venu évangéliser la région au début du 5e s., fut, dit-on, martyrisé et décapité par les Vandales. La cité se développa autour du martyrium du saint homme.
Prononcez « Sevé ».

Les gens
La statue du général Lamarque (1770-1832), tribun notoire de l'Opposition à la fin de la Restauration, se dresse au centre du jardin public de la promenade de Morlanne. C'est que le grand homme était originaire de la ville et les 4 455 St-Severins en sont fiers.

visiter

Église
De nov. à fin avr. : fermé dim. ap. midi
Ancienne abbatiale romane, connue pour son chœur à 6 absidioles de profondeur décroissante (plan dit bénédictin). Les colonnes de marbre du chœur et du transept proviennent du palais des gouverneurs romains de Morlanne. ▶

> **POUR SAVOIR OÙ ON EN EST**
> Sur l'église, une plaque datée de 1884 indique : les latitude, longitude et altitude de la ville, sa superficie, sa distance par rapport à Paris…

carnet pratique

• À bon compte
Auberge du Moulin – *Rte de Dax - 40330 Amou - 11 km au S de Gaujacq par D 158 puis D 15 (dir. Dax) -* ☎ *05 58 89 30 09 - fermé nov. à mai sf dim. en mai -* 🖃 *- 80/180F.* Préparé sous toutes ses formes, le canard gras est la spécialité de cette maison simple. La salle à manger est un peu désuète mais mignonne avec son carrelage coloré et ses nappes basques. Tranquillité garantie en terrasse sous les parasols. Quelques chambres au calme.

• Valeur sûre
Le Relais du Pavillon – *2 km au N de St-Sever au carrefour D 933 et D 924 -* ☎ *05 58 76 20 22 - fermé 4 au 18 janv., 4 au 9 sept., dim. soir et lun. - 150/280F.* Dans un bâtiment des années 1960, un restaurant traditionnel en dehors du centre-ville. Si le temps le permet, préférez la terrasse près de la piscine. Salle à manger claire avec ses baies vitrées. Quelques chambres rénovées et bien tenues.

La Ferme aux Grives – *111 r. des Thermes - 40320 Eugénie-les-Bains -* ☎ *05 58 05 05 06 - fermé 3 janv. au 9 fév., lun. soir et mar. du 17 juil. au 27 août sf j. fériés - 195F.* Au cœur du village thermal rendu célèbre par Michel Guérard, cette ferme joliment restaurée vous racontera son histoire par ses pierres, ses planchers et ses meubles anciens. Décor sobre et atmosphère conviviale. Cuisine campagnarde bien tournée. Quelques chambres décorées avec goût.

HÉBERGEMENT
• À bon compte
Hôtel Alios – *40500 Bas-Mauco - 4,5 km au NE de St-Sever par rte de Mont-de-Marsan -* ☎ *05 58 76 44 00 -* 🅿 *- 10 ch. : 220/300F -* 🖃 *30F - restaurant 85/165F.* Voilà un hôtel bien pratique pour une simple étape sur la route des vacances, à prix très abordables. Les chambres, toutes sur le même modèle, sont fonctionnelles. Salle à manger contemporaine lumineuse. Cuisine classique.

Les **chapiteaux★** sont remarquables : chapiteaux à « feuilles d'eau » (début du 11e s.) ou à décor de lions : voir l'énorme chapiteau à feuilles d'eau, entre la 1re et la 2e absidiole de gauche, le chapiteau à quatre grands lions de la colonne supportant la tribune du transept droit ; chapiteaux historiés, au revers de la façade : à gauche, le banquet chez Hérode et la décollation de saint Jean Baptiste ; à droite, huit personnages escaladant des arbustes.

La **sacristie** donne accès au **cloître** dont il ne reste que deux côtés. Un **musée archéologique** y est installé abritant une exposition sur le **manuscrit enluminé** de l'Apocalypse de St-Sever (11e s.), chef-d'œuvre de l'enluminure romane du Midi (95 images). *Juil.-août : tlj 14h30-18h30.* ☎ *05 58 76 01 38.*

Longer extérieurement l'église par la gauche (rue des Arceaux). Prendre du recul sur la place de Verdun pour voir le chevet.

Le **chœur** couvert d'un dôme à lanternon apparaît flanqué au Nord par les absidioles romanes aux amusants modillons (voir aussi ceux de l'absidiole Sud représentant des têtes d'animaux).

se promener

De l'église, prendre la rue des Arceaux.

Rue du Général-Lamarque
Elle conserve quelques hôtels du 18e s. (nos 6, 18, 20 et 26) et du 19e s. (nos 8 et 11, ancienne maison du général Lamarque flanquée de deux pavillons et s'ouvrant sur un portail néo-classique). Au no 21, hôtel particulier du 16e s.

L'**ancien couvent des Jacobins**, transformé en centre culturel, possède un cloître en brique de la fin du 17e s.

Promenade de Morlanne
Accès en voiture. Du belvédère, la vue se porte sur l'Adour en contrebas et sur l'immense « mer de pins » dont la platitude contraste avec la Chalosse vallonnée.

alentours

Souprosse
18 km à l'Ouest par la D 924. L'**église St-Pierre** abrite un ensemble original : derrière un imposant maître-autel en chêne massif et un tabernacle en cuivre et laiton richement décoré d'émaux se dressent un Christ ressuscité (haut de 2,20 m) en cuivre rouge martelé et une croix (haute de 3 m) en marqueterie d'olivier.

circuits

① LE TURSAN★

63 km – compter 4h.

Vielle-Tursan

De la terrasse de la mairie, vue agréable sur le pays vallonné de Tursan, dont le vignoble exportateur au 17e s. connaît un regain de faveur. Les arènes accueillent des courses landaises.

La route, accidentée, franchit les dos de terrains qui séparent les vallées parallèles des affluents de l'Adour.

Eugénie-les-Bains

La commune, créée en 1861, doit son nom à l'impératrice Eugénie, qui en fut la marraine. Deux sources, « L'Impératrice » et « Christine-Marie », offrent leurs propriétés curatives dans les affections rhumatologiques, métaboliques (obésité), urologiques et gastro-entérologiques.

La D 11, offrant des vues sur la chaîne des Pyrénées, mène à Geaune.

> **POUR MINCIR**
> La station est également spécialisée dans les stages « minceur ».

Geaune

Ancienne bastide d'origine anglaise, Geaune, où se trouve la cave coopérative des vignerons du Tursan, conserve une place bordée d'arcades sur trois côtés ; à l'Ouest, les maisons sont en bois.

Par la D 2, gagner Samadet.

Samadet

Le **musée de la Faïencerie**, situé sur la route d'Hagetmau, abrite de riches et rares collections des célèbres « Samadet » : pièces à décor de roses, œillets, papillons et plats en camaïeu vert à grotesques ou chinoiseries.

À voir aussi : un intérieur landais bourgeois du 18e s., des salles artisanales, la reconstitution de l'ancienne et célèbre faïencerie royale et les costumes du 18e s. reflétant la vie des bourgeois et des paysans. ⌖ *Fermé pour travaux.* ☎ *05 58 05 40 92.*

À Hagetmau, on revient en Chalosse.

> **L**a grande époque du « Samadet » se situe entre 1732 et 1811. La faïencerie utilisait alors la technique du « grand feu » mettant en valeur le fondu de l'émail et des couleurs et celle du « petit feu » permettant une palette plus raffinée. Ci-dessus, belle soupière.

Hagetmau *(voir ce nom)*

Rejoindre St-Sever par la D 933.

② LA CHALOSSE★

71 km – compter une demi-journée. Prendre la D 21 au Sud-Ouest de St Sever.

Audignon

Église intéressante, prise dans une boucle du Laudon et se retranchant dans un cimetière d'allure fortifiée. Le retable en pierre du chœur est remarquable avec ses fresques colorées.

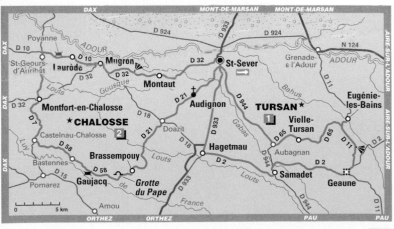

Le chevet roman contraste avec le clocher-porche à flèche octogonale gothique. Le donjon médiéval est devenu clocher de l'église au 14e s.

Poursuivre la petite D 21 qui sinue entre les coteaux boisés.

Brassempouy *(voir p. 196)*

De Brassempouy à Bastennes se succèdent des paysages vallonnés, le long de la D 58.

Château de Gaujacq

♿ *De mi-fév. à mi-nov. : visite guidée (3/4h) tlj sf mer. à 15h, 16h, 17h (juil.-août : à 11h, 14h, 15h, 16h, 17h, 18h). 30F. ☏ 05 58 89 01 01.*

POUR LA VUE
Sortez par le portail opposé à la route, et suivez, à partir des débris d'une porte d'enceinte (du sommet, vue plongeante sur la cour), l'allée d'érables conduisant à une terrasse aménagée au-dessus de la vallée, face aux Pyrénées (panorama de la Rhune au pic du Midi de Bigorre).

◄ Le **château** apparaît derrière un rideau de magnolias. Le bâtiment en quadrilatère a le charme des « chartreuses » du Bordelais. Par beau temps, la chaîne des Pyrénées se dessine au loin. La cour intérieure forme un cloître avec son jardin et sa galerie.

On visite plusieurs pièces, entre autres la chambre dénommée « du Cardinal » en souvenir de François de Sourdis, archevêque de Bordeaux, de qui Louis XIII et Anne d'Autriche reçurent la bénédiction nuptiale en 1615. Derrière le château, le **plantarium** *(entrée à droite du château)*, divisé en huit parterres, rassemble de nombreuses espèces de plantes parmi lesquelles des pivoines, des camélias, des acers et des pieris japonais très odorants, des hostas. ♿ *Tlj sf mer. 14h30-18h30 (juil.-août : tlj sf mer. 14h-18h30). Fermé de mi-déc. à mi-janv. 30F (enf. : 10F). ☏ 05 58 89 24 22.*

À Castelnau-Chalosse, prendre au Nord la D 7 vers Montfort.

Au musée de la Chalosse, coquette chambre rustique du 19e s.

Montfort-en-Chalosse

Le centre de ce petit village, sur une hauteur, est coupé de ruelles et de rues en escalier.

Consacré à l'économie rurale et au monde paysan en Chalosse, le **musée de la Chalosse★** s'organise autour de la maison de maître, meublée et décorée dans un style rustique du 19e s. Vous traversez les parties privées (salon, salle à manger, chambres) et les parties réservées aux tâches domestiques (« salle noire » où l'on rangeait les aliments, cuisines). Autour de la maison, le four à pain, la souillerie (avec son cochon noir gascon), l'étable, le chai et le pressoir ainsi que l'atelier du maréchal-fer-

POUR PERDRE LA BOULE
Voir le quillier en bois constitué d'une boule de 6 kg et de 9 quilles de 0,96 cm de haut.

◄ rant. À l'étage de la maison, une médiathèque rassemble de nombreux documents sur la vie rurale locale. *De mars à fin nov. : 14h-19h. 30F. ☏ 05 58 98 69 27.*

Poursuivant par la D 7, puis la D 10, qui passe devant le château de Poyanne, du 17e s., on atteint Laurède.

Laurède

L'**église** du village abrite une étonnante décoration baroque : monumental autel surmonté d'un baldaquin, chaire et lutrin, boiseries de la sacristie.

Mugron

Chef-lieu de canton très lié au développement agricole de la Chalosse (cave coopérative, silos). Son port sur l'Adour expédiait, au temps des intendants, les vins de la région jusqu'en Hollande. Des jardins aménagés aux abords de la mairie, **vues**★ sur la vallée de l'Adour.

Entre Mugron et Montaut, la route multiplie les vues sur le revers du plateau de la Chalosse dont les promontoires s'abaissent vers l'Adour et la pignada.

Montaut

L'ancien bourg fortifié allonge sa rue principale sur la ▶ crête du dernier pli de terrain de la Chalosse, dominant la plaine de l'Adour et la forêt landaise. La tour de l'église, formant porte de ville, est une reconstruction entreprise après les ravages des bandes de Montgomery.

Retour à St-Sever par la D 32.

Salies-de-Béarn⚓

Comme confite dans le sel de sa précieuse source, la vieille ville de Salies a conservé ses ravissantes maisons d'antan. Le Saleys s'y attarde paresseusement, reflétant dans ses miroirs d'eau, de part et d'autre du pont de la Lune, un chapelet de toits bruns retroussés à la béarnaise. Impossible donc de visiter la région sans s'arrêter dans cette charmante petite station thermale, façonnée au fil du temps par le sel de ses eaux souterraines.

La situation

Cartes Michelin nos 78 pli 8 ou 234 pli 30 – Pyrénées-Atlantiques (64). La vieille ville, tassée autour de la place du Bayàa, n'est séparée de la cité thermale que par le ruisseau. Tout faire à pied donc.

🚩 *R. des Bains, 64270 Salies-de-Béarn,* ☎ *05 59 38 00 33.*

carnet pratique

RESTAURATION

• *À bon compte*

La Belle Auberge – *64270 Castagnède - 8 km au SO de Salies-de-Béarn par D 17, D 27 puis D 384 -* ☎ *05 59 38 15 28 - fermé mi-déc. à fin janv. et dim. soir sf juil.-août - 65/120F.* Voilà une petite auberge familiale sympathique. Si le temps le permet, profitez de la terrasse à l'ombre des arbres et prolongez l'instant au jardin ou par un petit bain dans la piscine. Cuisine soignée et copieuse d'un bon rapport qualité/prix. Quelques chambres simples.

HÉBERGEMENT

• *À bon compte*

Camping Municipal de Mosqueros – *À la Base de Plein Air - 1 km à l'O de Salies par D 17 rte de Bayonne -* ☎ *05 59 32 12 94 - ouv. 15 mars au 15 oct. -* 🚫 *- réserv. conseillée juil. et août - 55 empl. : 65F.* Dans un cadre plaisant, en bordure d'un bois de chênes, le terrain fonctionnel est bien tenu. Ses emplacements groupés par deux ou trois sont délimitées par de belles haies de lauriers et ombragés. Bon accueil.

Camping Aire Naturelle les Tilleuls – *40290 Habas - 17 km au N de Salies-de-Béarn par D 430, N 117, D 103 puis D 3 -* ☎ *05 58 98 04 21 - ouv. Pâques à Toussaint -* 🚫 *- réserv. conseillée en été - 12 empl. : 40F.* Un tout petit camping rural installé sur une aire à côté d'un potager. Ses équipements, simplissimes, sont quand même bien tenus et proprets. L'accueil est gentil et le cadre agréable.

ACHATS

Espace Athanor – *Chemin du Marais - 64270 Bellocq -* ☎ *05 59 37 92 41 - www.nautile.net/bourdon -* Fabrication de bourdon, grand bâton qui accompagne depuis toujours les pèlerins jusqu'à St-Jacques-de-Compostelle.

LOISIRS-DÉTENTE

Cure thermale – L'eau de Salies est sept fois plus salée que l'eau de mer. Elle est idéale pour soigner les affections gynécologiques, rhumatologiques et pédiatriques.

Parc de loisirs – Sur la route de Bayonne, les installations sportives du parc de Mosqueros ont renouvelé l'équipement de la station.

Un sanglier sur une barrique de sel : l'emblème de Salies.

Le nom

Saleys, Salies… n'y aurait-il pas un arrière-goût salé derrière tout ça ?

L'emblème

On raconte qu'au Moyen Âge, c'est grâce à un sanglier, trouvé mort tout couvert de cristaux de sel dans un marécage asséché, que l'on se rendit compte des propriétés des eaux du site, sur lequel on construisit alors une ville. La devise du sanglier : « *Sé you nou y éri mourt, arrès n'y biberé* » (Si je n'y étais mort, personne n'y vivrait).

se promener

La vieille ville

Le cœur de la vieille ville est l'irrégulière place du Bayaà où se trouve le bassin (recouvert en 1867) où l'on puisait l'eau de la source. En face de la mairie, voir la fontaine du sanglier (1827), érigée avec des éléments d'architecture gothique.

Alentours, des ruelles aux noms évocateurs et aux jolies maisons 17e et 18e s. : rue Orbe, rue des Puits-Salants, rue du Pont-Mayou. Cette dernière possède le dernier « coulédé » de Salies (bac de pierre devant la maison, où on déversait l'eau salée).

POUR JOUER, POUR CHANTER
L'Hôtel du Parc servit de cadre à plusieurs films et de studio d'enregistrement aux Négresses vertes.

La ville thermale‡

L'Office de tourisme se tient dans l'ancien casino rouge et blanc (1930). Devant le jardin public se dresse l'**Hôtel du Parc** (1893) au somptueux hall à galeries et escalier à double révolution. Il côtoie les thermes néo-mauresques.

HISTOIRE SALÉE

Véritable manne pour les habitants, le sel servait notamment à conserver les aliments (dont le jambon dit de Bayonne), évitant ainsi les famines. Il était indispensable de réglementer la répartition du sel entre les Salisiens. C'est chose faite en 1587, lorsque naît la « Corporation des parts-prenants de la Fontaine salée ». Une charte définit les conditions nécessaires pour obtenir le droit de puisage à la fontaine : résider à Salies depuis six mois, tenir famille, etc. Des abus suivirent bien sûr la définition de cette charte. Ainsi, certains jeunes gens, ne trouvant pas femme parmi les jeunes filles mais ne voulant pas pour autant perdre la jouissance de leur droit au sel, épousèrent des femmes âgées, espérant fort qu'ils seraient bientôt libres. Les violations de droits, les injustices, les conflits… nés autour de la fontaine salée valurent à celle-ci d'être nommée la *praube müde* (« la pauvre muette »).

CONSEIL
Préférez la passionnante visite guidée à une visite libre car le musée possède beaucoup de documents écrits, un peu difficiles à appréhender seul.

visiter

Musée du Sel

R. des Puits-Salants. De mi-mai à mi-nov. : tlj sf dim. et lun. 15h-18h. 15F. ☎ *05 59 38 00 33.*

Le musée est aménagé dans une maison traditionnelle salisienne. Il faut y faire un tour pour tout savoir sur la présence géologique du sel dans les eaux de Salies, sur

Au pied du Saleys, le temps semble suspendu à Salies-de-Béarn ; figé dans le sel ?

les premières civilisations locales, sur la Corporation des Parts-Prenants, sur le puisage du sel, sur son exploitation au fil des âges... Grâce à la connaissance de son originale histoire, la ville prendra plus de relief et n'en sera que plus agréable à visiter.

alentours

Bellocq
7 km au Nord par la D 30. Cette bastide, la plus ancienne du Béarn, fut fortifiée au 13e s. par Gaston VII de Moncade. Elle en a conservé le plan caractéristique. Remarquer, sur la porte Ouest de l'église, une des plus anciennes représentations du béret (fin 15e-début 16e s.). Le **château**, bâti au bord de la rivière, présente, si l'on fait exception de sa tour carrée-porte d'entrée, un ensemble de quatre tours rondes, ainsi construites pour mieux résister aux projectiles. Réaménagé au 14e s. à l'époque de Gaston Fébus, le château fut démantelé sous Louis XIII de peur qu'il ne serve de refuge aux protestants. *Fermé provisoirement au public pour travaux.*

La Sauve

Une balade parmi les vestiges d'une ancienne abbaye où la pierre le dispute aux herbes folles. De pans de murs en absidioles à ciel ouvert. Vous avez l'impression de suivre un jeu de piste en déchiffrant les chapiteaux. Pour un dimanche en famille qui sort des sentiers battus.

La situation
Cartes Michelin n°s 75 Ouest du pli 12 ou 234 pli 7 – Schéma p. 168 – Gironde (33). Faire cette visite par beau temps.
Abbaye de la Sauve-Majeure, 33670 La Sauve, ☎ 05 56 23 01 55.

Le nom
Son nom viendrait de la grande forêt, *Silva major*, défrichée par les moines bénédictins

visiter

Ancienne abbaye★
Juin-sept. : 10h-18h30 ; oct.-mai : 10h-12h30, 14h30-17h30, dim. et j. fériés 10h-12h30, 14h30-18h. Fermé 1er janv., 1er mai, 1er et 11 nov., 25 déc. 25F. ☎ 05 56 23 01 55.
Fondée en 1079 par le bénédictin Gérard de Corbie, futur saint Gérard, l'abbaye de la Sauve-Majeure devint une puissante seigneurie foncière. Elle avait établi de nombreux prieurés jusqu'en Espagne et en Angleterre. Interrompue au 16e s., la vie monastique reprend au 17e s, pour s'achever avec la Terreur. En 1809 les voûtes de l'abbatiale s'écroulent.
L'abbatiale, du 12e s., de style roman saintongeais, et du début du 13e s. (restaurée) marque la transition du roman au gothique. L'abside et les absidioles orientées, en cul-de-four, sont en effet romanes ainsi que les magnifiques **chapiteaux★** qui surmontent les colonnes de la travée droite du chœur. En revanche, les voûtes, dont subsistent les départs d'ogives, et le clocher à hautes baies ébrasées sont gothiques.
À droite de l'abbatiale s'étendent les vestiges du cloître du 13e s., de la salle capitulaire et du réfectoire.
Pour aller à l'église à pied, suivre, à la sortie de l'abbaye, la rue de l'Église. En voiture, prendre une petite route à gauche à la sortie du village.

POUR LA VUE
Montez en haut du clocher (157 marches) pour profiter du panorama sur l'abbaye, sur le petit village de la Sauve piqué de potagers et sur l'église St-Pierre, de l'autre côté du vallon.

À RECONNAÎTRE
Sur les chapiteaux, des scènes de l'Ancien et du Nouveau Testament, des animaux et des personnages fabuleux, des motifs végétaux... Explications sur le document prêté à l'entrée.

Église St-Pierre

De déb. juin à mi-sept. : w.-end et j. fériés 15h-18h30 ; hors sais. : demander la clé à la mairie. ☎ *05 57 97 02 20.*
Élevée en style gothique à la fin du 12e s., elle occupe une situation dominante. Prenez du recul pour sentir le caractère d'austère grandeur que revêt sa façade terminée par un clocher-mur et rythmée par des contreforts à ressauts. Le chevet plat est percé de trois baies aux côtés desquelles s'alignent quatre statues du 13e s. : de droite à gauche, saint Michel, saint Jacques, la Vierge et saint Pierre. Le portail Sud est surmonté d'une autre statue de saint Pierre.

Sauveterre-de-Béarn★

Au pied de Sauveterre, la belle médiévale, le gave d'Oloron chahute au milieu des bouquets d'arbres. Le vieux pont de la légende, dominé par la tour de Montréal, s'avance timidement vers l'île de la Glèbe. Un mariage heureux s'est, au fil du temps, noué à Sauveterre : celui des vieilles pierres et de la verdure.

La situation

Cartes Michelin n°s 78 pli 8 ou 234 pli 34 – Pyrénées-Atlantiques (64). Table d'orientation près de l'église.
🛈 *64390 Sauveterre-de-Béarn,* ☎ *05 59 38 58 65.*

Le nom

Sauveterre vient de *salva terra,* sauveté.

Les gens

À n'en pas douter, les 1 304 Sauveterriens ont dû abandonner quelques principes de justice venus de leurs ancêtres : en 1170, Sancie, veuve de Gaston V de Béarn, accusée d'avoir fait mourir l'enfant né après la mort de son époux, est soumise au jugement de Dieu. Sur l'ordre du roi de Navarre, son frère, elle est jetée dans le gave, pieds et poings liés, du haut du pont fortifié. Le courant l'ayant rejetée saine et sauve sur la rive, elle est reconnue innocente.

se promener

Terrasses de l'église et de la mairie

Vue plongeante sur le gave, le vieux pont, l'île boisée, la tour de Montréal, le clocher roman de l'église ; au loin se profilent les Pyrénées.

Le vieux pont de Sauveterre n'a plus qu'une arche mais n'a rien perdu de sa majesté.

Vieux pont

Il subsiste du pont , dont la légende (celle de la femme soumise au jugement de Dieu) est expliquée sur un panneau, une arche avec une porte fortifiée du 12e s.
De là, la **vue**★★ embrasse le gave, les fortifications, l'église et la superbe tour de Montréal.

Église St-André

Possibilité de visite guidée. S'adresser à l'Office de tourisme.
☎ *05 59 38 58 65.*
Le tympan du portail représente un Christ en majesté entouré des quatre Évangélistes. Les voûtes ogivales s'harmonisent parfaitement avec l'intérieur de style roman. Le chevet flanqué de deux absidioles est surmonté d'un clocher quadrangulaire percé de fenêtres géminées.

> **VICES**
> Au pilier situé à gauche du chœur, remarquez un chapiteau historié représentant la Médisance et la Gourmandise.

alentours

Château de Laàs

D'avr. à fin oct. : tlj sf mar. 10h-19h ; nov.-mars : w.-end et vac. scol. 14h-18h. 25F (billet donnant accès à l'ensemble du domaine). ☎ *05 59 38 91 53.*
En rassemblant le **mobilier**★, les objets d'art et les tableaux de famille provenant de trois résidences familiales, M. et Mme Serbat, les derniers propriétaires, constituèrent un musée d'arts décoratifs évoquant l'art de vivre dans le Hainaut au 18e s.
Les chambres et salons sont ornés de boiseries Louis XVI, de tapisseries, de toiles peintes (salon de musique) mettant en valeur des tableaux de l'École du Nord (Watteau de Lille).
L'histoire anecdotique n'est pas oubliée avec la chambre du 1er étage évoquant les lendemains de Waterloo : lit de Napoléon à Maubert-Fontaine (19 juin 1815).
Installé dans les communs du château, le **musée du Maïs** présente successivement l'outillage de la culture ancienne du maïs et les méthodes traditionnelles de récolte, dépouillage et égrenage ; la mécanisation survenue après la Seconde Guerre mondiale ; l'utilisation du maïs dans l'alimentation humaine et animale, et la révolution apportée par la mise au point d'espèces hybrides à fort rendement.

> **BESTIAIRE**
> Remarquez la décoration « aux fables de La Fontaine » de la chambre de Mme Serbat.

> **UNE CÉRÉALE VENUE D'AILLEURS**
> Le maïs, cultivé en Amérique centrale et australe depuis 5000 avant J.-C., fut introduit en Europe à la fin du 15e s. Il pénétra en France par l'Espagne et s'imposa dès le 17e s. comme une composante essentielle du système agricole traditionnel du Béarn, qui fut avec le Pays basque le berceau de la culture française du maïs.

Soulac-sur-Mer ⚓

À la fin du 19e s., la grande vague des bains de mer fit pousser à Soulac des centaines de maisons de poupées. De « briques et de broc », elles font montre du plus délicieux éclectisme. La mer est là, à portée de palmes, de même que la forêt. Farniente sur la plage et balades sous les pins en perspective.

La situation

Cartes Michelin nos 71 pli 16 ou 233 pli 25 – Gironde (33).
Le petit centre ancien se trouve autour de l'Office de tourisme. **🛈** *68 r. de la Plage, 33780 Soulac-sur-Mer,*
☎ *05 56 09 86 61.*

Le nom

Soulac viendrait du latin *solus*, « seul ». Pourquoi ? Pas de réponse. C'est à y perdre son latin !

Les gens

2 720 Soulacais. On dit que sainte Véronique, celle-là même qui essuya le visage du Christ pendant la montée au calvaire, vint évangéliser le Médoc et mourut à Soulac.

séjourner

AU LOIN
Du boulevard du Front-de-Mer, jolie vue sur le phare de Cordouan.

Soulac est relativement protégée de la houle par un banc en haut fond. Mais les quatre plages sont surveillées. Comme sur toute la côte Atlantique, la station est idéale pour tous les sports nautiques de glisse. Du quartier de l'Amélie, vous pouvez accéder à la plage centrale à vélo par une piste cyclable.

Lorsque la chaleur se fait trop forte au soleil, allez vous rafraîchir sous les pins. Au choix : balades à pied, à vélo, parcours de santé.

visiter

Basilique N.-D.-de-la-Fin-des-Terres

Cet édifice bénédictin du 10ᵉ s. qui était, au milieu du 18ᵉ s., presque entièrement recouvert par les sables a été dégagé et restauré à la fin du 19ᵉ s.

SE RECUEILLIR
Dans le bras droit du transept, remarquez la statue polychrome de N.-D.-de-la-Fin-des-Terres, objet du pèlerinage dont l'origine remonte au passage des pèlerins vers Saint-Jacques-de-Compostelle.

Il présente les caractères de l'architecture romane poitevine ; l'actuel clocher a remplacé au 14ᵉ s. celui qui se trouvait sur la croisée du transept. La manière de bâtir de l'école poitevine s'affirme dans la nef centrale sans ouverture, et par les collatéraux aussi hauts qu'elle. Certains chapiteaux sont historiés : au pilier gauche qui précède le chœur, le tombeau et la châsse de sainte Véronique ; à l'entrée du chœur, à gauche, saint Pierre aux liens ; dans le chœur, Daniel dans la fosse aux lions.

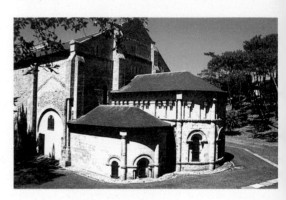

Le chevet de la basilique Notre-Dame-de-la-Fin-des-Terres, à Soulac, effectivement presque à la fin des terres...

Musée d'Art et Archéologie

1 av. El-Burgo-de-Osma. ♿ *De juin à mi-sept. : 15h-18h (juil.-août : 15h-19h). Gratuit.* ☎ *05 56 09 86 61.*

Le recul constant de la côte dans le Médoc a favorisé les découvertes archéologiques rassemblées ici par la Fondation Médullienne. De la période néolithique (5000-2200 avant J.-C.), silex, grattoirs, burins, poteries à décor cardial (coquilles dentelées), pointes de flèches. Les haches à bords rectilignes sont caractéristiques de l'âge du bronze dans le Médoc. La plage de l'Amélie et la pointe de la Négade ont fourni la plupart des vestiges de l'époque gallo-romaine : monnaies, céramiques sigillées, vases à engobe orangé (à décor de lunules ou à guillochages), verreries, fibules.

À VOIR
Le magnifique sanglier en laiton aux formes stylisées. C'est une enseigne militaire gauloise du 1ᵉʳ s. avant J.-C. Comme quoi, Uderzo était bien documenté !

Le musée expose également des peintures et des sculptures d'artistes contemporains d'Aquitaine.

alentours

Pointe de Grave

10 km au Nord. Laisser la voiture près du monumen commémoratif.

Face à Royan, la pointe de Grave est le cap formé pa l'estuaire de la Gironde où prennent fin, au Nord, la forêt de pins et les plages de sable rectilignes des Landes.

carnet pratique

VISITE

Petit train touristique – Promenade en forêt le long de l'océan entre la Pointe de Grave et Soulac. *De Pâques à mi-sept. : dép. de la Pointe de Grave à 15h et 17h (juil.-août : dép. à 10h, 12h, 15h, 16h, 17h) ; dép. de Soulac à 15h30 et 17h30 (juil.-août : dép. à 10h30, 12h30, 15h30, 16h30, 17h30). 25F AR, 20F aller. S'adresser au SIUU du Train Touristique (PGVS), 33123 Le Verdon-sur-Mer, à l'Office du tourisme du Verdon, ☎ 05 56 09 61 78, ou encore à l'Office du tourisme de Soulac-sur-Mer, ☎ 05 56 09 86 61.*

Promenades en bateau – La pointe de Cordouan, outre l'accès au phare de Cordouan, est le point de départ d'excursions en bateau. À bord de la vedette *La Bohème II* sont organisées des visites du phare de Cordouan (3 à 4h), des promenades le long des falaises de Meschers (2h), des pêches en mer avec matériel de pêche fourni (1/2 j.) ainsi que des pêches à pied sur le plateau de Cordouan lors des grandes marées (5h). *S'adresser au ☎ 05 56 09 62 93 (M. Grass, armateur) ou en juil. et août au pavillon du tourisme, face au bac de la pointe de Grave.*

HÉBERGEMENT

• *À bon compte*

Camping Les Lacs – *126 rte des Lacs - 3 km au S de Soulac par D 101 - ☎ 05 56 09 76 63 - ouv. avr. à sept. - ⊠ - 152 empl. : 100F.* De vraies vacances dans une ambiance tonique et conviviale. Deux piscines, l'une couverte et l'autre en plein air, une salle de jeux, un bar, une pizzeria, une épicerie et des animations... Sous la tente, en caravane ou en mobile home, le bonheur pour tous !

Hôtel des Pins – *92 bd Amélie - 33780 L'Amélie-sur-Mer, 4,5 km au SO de Soulac par D 101ᴱ - ☎ 05 56 73 27 27 - fermé 13 nov. au 17 mars - 🅿 - 34 ch. : 240/460F - ⊠ 45F - restaurant 100/250F.* Rien qu'une petite promenade de 100 m et vous voilà sur la plage. Cet hôtel est au calme et les chambres, si elles sont un peu démodées, sont bien tenues. Salle à manger avec terrasse. Cuisine traditionnelle avec coquillages au menu.

Un monument commémoratif remplace la pyramide de 75 m qui rappelait le débarquement des troupes américaines en 1917 et que les Allemands abattirent en 1942. La pointe fut l'une des poches où se retranchèrent, après le débarquement de 1944, les forces allemandes stationnées dans l'Ouest ; elle ne fut réduite qu'en avril 1945. Du haut de la dune, sur un ancien blockhaus, le **panorama**★ se développe sur un vaste horizon marin : phare de Cordouan distant de 9 km en mer, presqu'île et phare de la Coubre, les conches de Royan, la Gironde, les ▶ installations portuaires du Verdon.

Dans le phare de la pointe de Grave est installé le **musée du phare de Cordouan** (120 marches). Des photographies mettent en valeur l'exceptionnelle richesse architecturale de l'édifice et donnent un aperçu de la vie de ses gardiens. Des dessins d'enfants sur le thème du phare apportent une note originale à l'ensemble, que complète un aquarium peuplé d'espèces exotiques. De la plate-forme, vue splendide sur l'estuaire. *De Pâques à fin oct. : w.-end et j. fériés 15h-18h (juil.-août : tlj 10h-12h, 14h-18h). 10F. ☎ 05 56 09 61 78.*

Phare de Cordouan★ *(voir ce nom)*

Moulin à vent de Vensac

De Soulac, par la D 101Eᶜ à gauche, gagner le moulin à vent de Vensac signalisé par des panneaux orange. Juin-sept. : visite guidée (3/4h) w.-end 10h-12h30, 14h30-18h30 (juil.-août : tlj) ; avr.-mai et oct. : dim. 14h30-18h30. 18F. ☎ 05 56 09 45 00.

Cet authentique moulin à vent du 18ᵉ s. a été remonté sur son emplacement actuel en 1858. Il est du type tour en pierre, coiffé d'un toit conique. Sa visite vous fait découvrir les diverses opérations de la fabrication de la farine, depuis le broyage du blé jusqu'au tamisage dans la bluterie voisine, ainsi que le mécanisme principal d'entraînement dont certaines pièces, en chêne, sont d'origine.

À BON PORT
Le port du Verdon-sur-Mer offre le double avantage d'un port en eau profonde sans écluse ni marées et d'une passe d'entrée en Gironde, favorisant le libre accès des grands navires porte-conteneurs et pétroliers aux postes d'accostage. La puissance des équipements, la rapidité des opérations de manutention, les vastes entrepôts et moyens de stockage lui confèrent un rôle de premier plan en temps de guerre.

Verdelais

Notre-Dame de Verdelais protège les affligés. Est-ce pour cela que Toulouse-Lautrec le disgracié et Mauriac le tourmenté séjournèrent chacun un temps dans son ombre ? Toujours est-il que ce petit village de pierre blonde, caché au creux des vignes, dégage un charme certain que ne vient entamer nulle morosité.

La situation
Cartes Michelin nos 71 Sud-Est du pli 10 ou 234 pli 11 – Schéma p. 169 – Gironde (33). Se garer près de la basilique, voisine du cimetière et du chemin de croix.

Le nom
C'est la forêt qui donna son nom au site. De retour de la première croisade, le chevalier Géraud de Graves érigea un oratoire dans la « Verte Forêt » du Luc. Verdelais allait naître.

Les gens
869 Verdelaisiens. Les pèlerins se pressèrent sur les lieux de l'oratoire dès le 12e s. Peu à peu le pèlerinage prit de l'importance. Une basilique sortit de terre, un chemin de croix, des hôtels pour les pèlerins...

visiter

Basilique Notre-Dame

POUR ÊTRE EXAUCÉ
À l'entrée de l'église, un cahier invite le fidèle à noter sa prière à Notre-Dame de Verdelais, consolatrice des affligés.

◄ *Possibilité de visite guidée sur demande. ☎ 05 56 76 70 45.* L'église a été reconstruite au 17e s. Les jours de fête solennelle (15 août et 8 septembre) et les dimanches d'été, elle accueille une grande foule. Aussi les murs de ce sanctuaire, doucement éclairé par la lueur des cierges, sont-ils presque entièrement garnis d'ex-voto. Au-dessus du maître-autel trône la statue du 14e s., en bois, de la Vierge, invoquée surtout dans les naufrages et pour la guérison des paralytiques.

se promener

Tombe de Toulouse-Lautrec

REPÉRAGE
Repérer une grande tombe fleurie, couronnée d'un ballon de foot : la tombe de Lautrec est juste derrière.

◄ À droite de la basilique, dans le paisible cimetière de Verdelais repose le peintre Henri de Toulouse-Lautrec-Monfa (1864-1901). Sa pierre tombale, très simple, se trouve à l'extrémité de l'allée centrale, à gauche.

Calvaire
Après un chemin de croix (plutôt très agréable) qui grimpe à travers bois, vous atteignez le grand calvaire (19e s.). Le Christ en croix est entouré des deux larrons. À ses pieds se tiennent la Vierge et saint Jean. **Jolie vue★** sur la vallée de la Garonne et le Sauternais.

Un château au milieu des vignes : voilà où Toulouse-Lautrec passa une partie de son enfance (château de Malromé).

alentours

Château de Malromé★

3 km au Nord-Est de Verdelais. D'avr. à fin nov. : visite gui-dée (1h) jeu.-sam. à 15h, 16h et 17h, dim. et j. fériés 14h-18h (de mi-juin à mi-sept. : tlj 10h-12h, 14h-18h30). 30F. ☎ 05 56 76 44 92.

C'est dans ce château construit au 14e s. par Guiraud de Taste, comte de Béarn, puis reconstruit et agrandi aux 16e et 19e s., que Toulouse-Lautrec passa quelques années de sa vie aux côtés de sa mère, la comtesse Adèle de Toulou-se-Lautrec. Le célèbre peintre y mourut à l'âge de 37 ans. Quatre bâtiments se répartissent autour d'une cour : le logis seigneurial, l'aile du personnel, le chai et les écu-ries. Les premières salles traversées évoquent l'histoire de Malromé : chambre du maréchal de St-Arnaud (décor Second Empire) et collection d'armes des Premier et Second Empires. Les appartements des Toulouse-Lau-trec se situent au 1er étage. Le mobilier et le décor datent du 19e s. : chambre néo-renaissance du peintre, style Louis XV et japonais dans les appartements de la com-tesse. Des photos de famille, souvenirs et reproductions d'œuvres de l'artiste réveillent l'âme de cette demeure.

> **NE PAS MANQUER**
> Un auto-portrait dessiné en haut d'un mur, dans le bureau au rez-de-chaussée.

Domaine de Malagar

2 km à l'Ouest de Verdelais. ♿ Juin-sept. : visite guidée (1h) tlj sf mar. 10h-12h30, 14h-18h ; oct.-mai : tlj sf lun. et mar. 14h-17h, w.-end et j. fériés 10h-12h30, 14h-18h. Fermé 1er janv., 1er mai, 25 déc. 35F. ☎ 05 57 98 17 17

Surplombant la vallée de St-Maixant, ce domaine fut le lieu de villégiature de François Mauriac (1883-1970) pendant de nombreuses années. Sa maison, simple bâtisse de deux étages, s'ouvre, au rez-de-chaussée, sur le salon, « cœur de Malagar » dans lequel Mauriac rédigea *Le Nœud de vipères* et sur le bureau, tous deux renfermant de nombreux souve-nirs. Installé dans un des chais attenant à la maison, un musée présente l'œuvre et la vie de Mauriac, dans cet environnement tant aimé. Une promenade dans le parc s'impose, avec une halte sur la terrasse de pierre d'où Mau-riac aimait contempler ses vignes et au loin les Landes.

François Mauriac écrivit à Malagar l'essentiel de son œuvre.

Villeneuve-sur-Lot

Alentour, ce ne sont que moutonnement de verts coteaux fertilisés par le Lot, vignes et vergers à perte de vue. Nul doute, les cultures du pays des Serres portent leurs fruits... Villeneuve s'est abondamment nourri de cette manne née du fleuve. Il n'est qu'à goûter, pour s'en rendre compte, l'atmosphère de ses pantagruéliques marchés hebdomadaires.

La situation

Cartes Michelin nos 79 Sud du pli 5 ou 235 pli 13 – Schéma p. 85– Lot-et-Garonne (47). Se garer place Lafayette, d'où on peut rayonner à pied vers Ste-Catherine et le Musée municipal. 🛈 1 bd de la République, 47300 Villeneuve-sur-Lot, ☎ 05 53 36 17 30.

Le nom

Villeneuve (du gascon *bièle*, « bourgade » et *nave*, « nou-velle ») fut fondée en 1253 par Alphonse de Poitiers, aux confins du Périgord et de la Guyenne. Servant de point d'appui aux places fortes échelonnées dans le haut Age-nais, elle comptait parmi les plus vastes et les plus puis-santes bastides du Sud-Ouest.

L'emblème

Les 22 782 Villeneuvois pourraient en vouloir à Agen. Le véritable pruneau d'Agen, c'est d'ici qu'il vient !

La belle prune d'ente de Villeneuve, celle qui donne les fameux pruneaux... d'Agen !

carnet pratique

VISITE

France Prune – *Av. de la Prune-d'Ente - 47440 Casseneuil – 10 km au NO de Villeneuve par D 236 -* ☎ *05 53 36 19 00 - Accueil : lun.-ven. 8h-12h, 14h-18h. Visite sur RV.* Avec 35% des parts du marché national, France Prune est le plus gros producteur de prunes français. Des visites du site sont organisées chaque année (calibrage de la prune, réhydratation, reconditionnement, confiserie), ainsi que des croisières en péniche sur le Lot.

RESTAURATION

• À bon compte

Ferme-auberge de Roussy – *Roussy - 47380 Monclar-d'Agenais - 5 km au N de Fongrave par D 238 puis D 667 -* ☎ *05 53 41 82 10 - fermé 20 déc. au 2 janv. et dim. soir - réserv. obligatoire - 65/140F.* Ici, les produits sont frais et le savoir-faire traditionnel. Les connaisseurs viennent de loin déguster les saveurs authentiques du potage aux orties, des volailles à la gasconne, de la galette périgourdine...

Auberge Lou Calel – *47300 Pujols - 4 km au SO de Villeneuve-sur-Lot par D 118 et C 207 -* ☎ *05 53 70 46 14 - fermé 5 au 20 janv., 2 au 7 juin, mar. soir et mer. sf août - 85/210F.* Une auberge traditionnelle avec, en prime, une vue superbe qui s'offre à vos yeux. Les baies vitrées de la salle à manger ouvrent sur Villeneuve-sur-Lot. Par beau temps, vous pourrez admirer ce spectacle de la terrasse. Cuisine soignée à prix doux.

HÉBERGEMENT

• À bon compte

Hôtel La Résidence – *17 av. L.-Carnot -* ☎ *05 53 40 17 03 - fermé 27 déc. au 4 janv. -* 🅿 *- 18 ch. : 135/295F -* ☕ *29F.* Un petit hôtel familial qui ne va pas vous ruiner. Les chambres, très simples dans la maison principale, sont plus récentes, plus confortables et plus calmes dans la bâtisse juste derrière.

• Valeur sûre

Chambre d'hôte Château de Seiglal – *47380 Monclar-d'Agenais - 6 km au N de Fongrave par D 238 puis D 667 -* ☎ *05 53 41 81 30 - decourty-chambres-hotes@wordline.fr -* ✉ *- 5 ch. : 315/345F - repas 100F.* Bien-être et convivialité caractérisent cette belle demeure du 19ᵉ s. entourée d'arbres centenaires. Vous aimerez ses confortables chambres, baptisées du nom des cinq sœurs du propriétaire, avec vue sur le parc et les prairies. Table d'hôte chaleureuse dans la salle à manger aux meubles et à la cheminée ouvragés.

SORTIES

Située au cœur de Villeneuve-sur-Lot, la **place Lafayette**, dite aussi « place des Cornières », est toujours l'objet d'une animation intense (marché mardi et samedi matin). Les rues qui rayonnent autour de la place sont très commerçantes et il faut également compter avec les quelques bars où les couche-tard trouvent refuge.

Islay's Tavern – *46 pl. Lafayette -* ☎ *05 53 41 78 04 - Lun.-sam. 13h-1h.* Le patron est un ancien mécanicien d'équipes professionnelles de cyclisme (Z, Peugeot...) qui, grâce à la petite Reine, a fait le tour du monde et plusieurs fois le Tour de France. Il roule aujourd'hui pour ce pub à l'ambiance conviviale. Guitares et piano sont à la disposition des plus musiciens (ou téméraires) d'entre vous. Terrasse sous les arcades. Concerts de musique celtique le week-end. Tout près, un autre bar, La Mine, organise régulièrement des concerts.

La Loco – *2 pl. du 4-Septembre -* ☎ *05 53 40 09 27 - Jeu.-dim. à partir de 23h. Vac. scol. : mer.-dim. à partir de 23h.* Située dans le centre-ville, cette discothèque connaît un grand succès auprès des jeunes. Nombreuses soirées à thèmes.

ACHATS

La Boutique des Pruneaux – *Pl. de la Libération -* ☎ *05 53 70 02 75 - Tlj 8h-12h15, 14h-19h45.* On oublie souvent que les fameux pruneaux d'Agen viennent principalement de Villeneuve-sur-Lot et de ses alentours. Cette boutique, sise au pied de la Porte de Paris, est spécialisée dans les pruneaux (nature, fourrés...) et les vieux armagnacs (entre 40 et 50 ans d'âge).

Marchés – Marché traditionnel mardi et samedi pl. Lafayette. Marché bio mercredi pl. d'Aquitaine. Marché fermier sur les bds en juil.-août (17h-20h).

LOISIRS-DÉTENTE

Aviron Villeneuvois – *Quai d'Alsace -* ☎ *05 53 49 18 27 - Accueil : lun.-ven. 9h-12h, 14h-17h.* Situé en plein centre-ville, ce club d'aviron organise l'été des promenades en gabarre et en bateau sur le Lot.

Centre de Plein Air de Rogé – 📷 *- Au SE d'Agen par la D 661 direction Penne-d'Agenais. -* ☎ *05 53 70 48 13 - Juil.-août : tlj 10h-18h.* Ceint de verdure et épousant une courbe du Lot, ce centre de loisirs bénéficie d'un cadre idyllique. Il s'adresse aux enfants et organise pour eux des stages de kayak, d'aviron, de ski nautique, d'équitation, de tir à l'arc, de trampoline et de VTT. Prix du stage : 400F par semaine.

se promener

La ville, qui a conservé de nombreuses ruelles et de maisons du Moyen Âge (notamment autour de la plac Lafayette, place typique à cornières), s'étale largemer aujourd'hui sur les rives du Lot.

Portes de ville

Seuls vestiges des anciens remparts, les portes de Pujo et de Paris dressent leur haute silhouette au Sud-Oues et au Nord-Est de la ville ancienne.

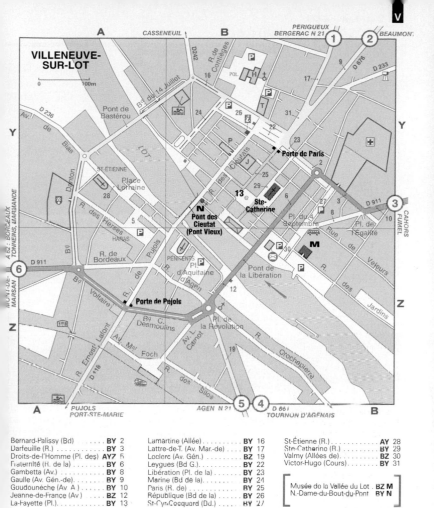

Toutes deux, bâties en pierre et en brique, sont couronnées de créneaux et de mâchicoulis et couvertes d'un toit de tuiles brunes. La porte de Pujols comporte trois étages, avec fenêtres à meneaux. La porte de Paris permit une farouche résistance aux troupes de Mazarin, lors du siège de 1653.

Église Ste-Catherine
De mi-juil. à mi-août : possibilité de visite guidée mar. à partir de 10h, s'adresser à la maison du tourisme.

Cette église de brique de style roman-byzantin fut consacrée en 1937. L'extérieur un peu austère contraste avec l'intérieur, où se dégage une atmosphère chaleureuse due à la lueur diffuse des cierges et aux vitraux clairs qui l'éclairent. Voir la suite de vitraux 14e et 15e s., restaurés, attribuées à l'école d'Arnaud de Moles, maître émailleur de la cathédrale d'Auch. De belles statues en bois doré des 17e et 18e s. garnissent les quatre piliers de la nef (N.-D.-du-Rosaire, saint Joseph, sainte Madeleine et saint Jérôme), au-dessus de la porte du baptistère Ste-Catherine d'Alexandrie. Les fonts baptismaux en marbre, sous les rayons de lumière bleutée, se détachent nettement. Les peintures de la nef montrent une procession se dirigeant vers le chœur.

Pont des Cieutat (ou Pont Vieux)
Ce pont aux arches inégales, construit au 13e s. par les Anglais, offre une vue pittoresque sur les bords du Lot et sur la **chapelle N.-D.-du-Bout-du-Pont**, du 16e s., dont le chevet s'avance au-dessus de l'eau.

INHABITUEL
L'orientation Nord-Sud de l'église. Le chevet des sanctuaires chrétiens est normalement orienté à l'Est (où doit apparaître le Christ au Jugement dernier).

visiter

Musée de la Vallée du Lot

2 r. des Jardins. En travaux. ☎ *05 53 40 48 00.*
Le nouveau musée municipal de Villeneuve, installé dans un ancien moulin surplombant le Lot, présente notamment des collections de peintures du 18e s. (école de Lebrun), du 19e s. (Hippolyte Flandrin, Eva Gonzalès et André Crochepierre) et du 20e s. (Henri Martin, Brayer), ainsi qu'un cabinet de gravures et d'art graphique (Piranèse). Une importante collection archéologique et une section « Histoire du Lot et de la bastide » sont également ouvertes à la visite.

circuits

LA BASSE VALLÉE DU LOT

65 km – compter la journée. Quitter Villeneuve, au Nord-Ouest, par la D 242 en direction de Casseneuil.
« Entre Agen et Marmande, c'est un pays aussi beau que l'Italie, le charme des coteaux, la couleur de la terre, le costume, jusqu'au langage évoquent les rives de Florence et de Sienne. Le Lot-et-Garonne est la Toscane de la France ». Dixit Stendhal qui s'y connaissait en Italie. À part pour le costume, la définition vaut toujours. Une région à découvrir d'urgence donc.

Casseneuil

Bâtie dans un méandre au confluent de la Lède et du Lot, Casseneuil groupe autour de son église ses toits couverts de jolies tuiles brunes. En contournant le bourg (en direction de St-Pastour puis Hauterive), belles perspectives sur les maisons anciennes à loggias penchées vers la Lède ainsi que sur les jardins en terrasses.
Descendre au Sud-Ouest par la D 217 jusqu'à Ste-Livrade et bifurquer à gauche dans la D 667. À 1 km, tourner à gauche vers Fongrave.

Fongrave

Le prieuré de Fongrave fut fondé en 1130 et placé sous la règle de Fontevraud n'admettant que des religieuses de noble extraction.
Rejoindre Castelmoron-sur-Lot à l'Ouest. Prendre la D 249 puis la D 263 vers Laparade.

> **À VOIR**
> Le monumental **retable**★ en chêne sculpté (17e s.) dans l'église de Fongrave. Des sarments de vigne s'enroulent autour de ses colonnes torses où rampent des serpents.

Laparade

Des remparts de cette bastide commandant la vallée du Lot se dégage une **vue**★ très étendue allant de Villeneuve-sur-Lot à gauche au confluent du Lot et de la Garonne à droite. La rivière décrit des courbes au milieu des cultures et des vergers.
De Laparade, prendre la D 202 à l'Ouest puis la D 911.

Clairac

Les pittoresques maisons à colombage comblé de briques sont les témoins du riche passé de Clairac. Siège d'une abbaye bénédictine, elle a maintes fois été détruite puis reconstruite au cours des guerres religieuses (les Croisés reprennent la ville aux Cathares en 1224, mais elle devient fief protestant en 1560). Elle abrite aujourd'hui trois musées qui feront en particulier le bonheur des enfants.
Au **musée du Train**, des trains miniatures roulent dans des décors animés de petits personnages. 🖼 *Mer., w.-end, j. fériés et vac. scol. 10h-18h (avr.-oct. : tlj). 25F (enf. : 20F).* ☎ *05 53 88 04 30.*
Dans la **Forêt Magique** vit un petit peuple de lutins et d'animaux-automates. 🖼 ♿ *Mer., w.-end, j. fériés et vac. scol. 10h-18h (avr.-oct. : tlj). 25F.* ☎ *05 53 84 27 54.*

Aménagé dans l'abbaye bénédictine, cet étonnant musée d'automates (**L'abbaye des Automates**) explique la vie quotidienne des moines dans les abbayes (ce sont ceux de Clairac qui auraient obtenu, par greffe, le prunier d'ente et retrace l'histoire de la cité : des personnages célèbres lui sont liés comme le poète Théophile de Viau (né à Clairac en 1590) ou Montesquieu, dont l'épouse était originaire de Clairac. ⊙ *Mer., w.-end, j. fériés et vac. scol. 10h-18h (avr.-oct. : tlj). 50F (enf. : 30F).* ☎ *05 53 79 31 84.*

Prendre la D 911 à l'Est et suivre les panneaux annonçant le « musée du Pruneau », peu avant Granges-sur-Lot.

> **INSPIRATION**
> C'est à Clairac que Montesquieu aurait écrit ses *Lettres persanes*.

Granges-sur-Lot

Le **musée du Pruneau**, au domaine du Grabach, entouré de pruniers d'ente, présente le matériel qui, il y a encore quelques années, servait au ramassage des prunes et à la préparation des pruneaux. Un film explique le déroulement de cette production ancestrale. &. *9h-12h, 14h-18h30, dim. et j. fériés 15h-18h30 (janv.-fév. : fermeture à 18h). Fermé de mi-janv. à fin janv., 1er janv. et 25 déc. 19F.* ☎ *05 53 84 00 69.*

Revenir à Villeneuve par la D 911.

> **BONNE BOUCHE**
> En fin de parcours, vous pouvez déguster les spécialités de la maison. À base de pruneaux bien entendu !

Au printemps, les vergers de la basse vallée du Lot se couvrent de fleurs blanches.

LES SERRES DU BAS QUERCY

95 km – compter la journée. Quitter Villeneuve, au Sud-Ouest, par la D 118.

Doux reliefs où s'égrènent le vert des cultures – maïs, vignes, sages rangées de pruniers... – et les bruns d'une terre rocailleuse qu'imitent les tuiles rondes des toits. En surplomb du monde, les villages se gardent du temps

Pujols

Ce bourg ancien est perché sur une colline d'où vous découvrez une belle **vue**★ sur la large vallée du Lot, couverte de cultures maraîchères et d'arbres fruitiers.

Un passage, ménagé sous une tour servant de clocher à l'église St-Nicolas, donne accès au vieux village encore enserré dans les restes de ses remparts du 13e s. La nef de Ste-Foy-la-Jeune sert de salle d'expositions

Prendre à gauche dans la D 118 puis dans la D 220.

Grottes de Lastournelles

Visite guidée (3/4h) sur RV (juil.-août : tlj sans RV). 25F. ☎ *05 53 40 08 09.*

Des ossements trouvés sur les lieux sont exposés dans des vitrines à l'entrée. Les galeries ont été creusées par le ruissellement souterrain. Des voûtes, tombent de petites stalactites en voie de formation ; parmi les sept salles, celle des Colonnes est décorée de robustes piliers.

Atteindre la D 212 où l'on tourne à gauche, puis tourner encore à gauche en direction de St-Antoine-de-Ficalba.

Grottes de Fontirou

D'avr. à mi-sept. : visite guidée (3/4h) 14h-17h30 (juin-août : 10h-12h30, 14h-18h). 33F (enf. : 22F). ☎ *05 53 41 73 97 ou 05 53 40 15 29.*

Les galeries et salles creusées dans le calcaire gris de l'Agenais sont ornées de concrétions, colorées en ocre rouge par l'argile, parmi lesquelles se détachent des stalagmites blanches. Des ossements d'animaux de l'époque tertiaire, trouvés sur place, sont rassemblés dans l'une des salles.
Rejoindre la N 21, tourner à droite, puis prendre à gauche la D 110.

La route traverse les serres, collines calcaires séparées par de larges vallées. On passe par **Laroque-Timbaut**, petite localité qui a conservé de vieilles demeures (dans sa partie Sud) et des halles anciennes.
Continuer la D 110.

Puymirol

Perché sur une colline qui domine la vallée de la Séoune, village de maisons de pierre blanche, coiffées de tuiles brun-roux.
La D 16 mène à St-Maurin.

St-Maurin

Au pied de tours carrées, vestiges d'une abbaye clunisienne. Le village étage ses maisons coiffées de tuiles rondes.
Continuer la D 16 puis prendre la D 122.

Beauville

Village des hauteurs, aussi joli que son nom. Sur sa place à arcades alternent maisons de pierre et maisons à pans de bois. À l'extrémité de l'éperon, un château Renaissance avec tour à mâchicoulis.
Revenir à la D 122 puis, au carrefour avec la D 656, suivre la direction de Frespech, au Nord.

Frespech

Entouré de murailles du 11e s. (renforcées durant la guerre de Cent Ans), ce petit village plein de charme conserve une église romane du 11e s. ainsi que quelques vieilles maisons de pierre.
À 3,5 km de Frespech, dans la ferme de Souleille, le chaleureux **musée du Foie Gras** réconcilie le visiteur avec la pratique du gavage. Au programme, panneaux didactiques, scènes historiées, vidéo et coups d'œil sur la poussinière et la salle de gavage, suivis d'une dégustation de spécialités maison… &. *15h-19h (de mi-juin à mi-sept. : 10h-19h). Fermé en janv. et 25 déc. 20F.* ☎ *05 53 41 23 24.*
Prendre à droite la direction de Hautefage-la-Tour.

Hautefage-la-Tour

Vous voyez de loin Hautefage où pointe une haute tour hexagonale Renaissance qui sert de clocher à l'**église**. Sur la placette, en contrebas, plantée de beaux platanes, se trouve un ancien lavoir et une fontaine de pèlerinage. Un havre de paix hors du temps. *Fermé pour travaux.*
La D 103, la D 223 à gauche, puis la N 21 à droite ramènent à Villeneuve-sur-Lot.

PHOTO
Pour avoir une jolie vue sur les plantureuses plaines de l'Agenais, rejoignez les remparts de Puymirol.

NE PAS MANQUER
La ravissante vue sur Beauville, depuis la petite D 402. Le village semble né de la roche.

BON ENFANT
Le marché paysan de la ferme de Souleilles. Au menu : poulets à la ficelle, escargots, foie gras, confits, armagnac, fruits, légumes… L'idéal est de venir à l'heure du déjeuner et de pique-niquer *(de déb. juil. à fin août : ven. 9h-14h).*

Paysage aux alentours de Beauville, entre vignes et champs de blé, au cœur des collines du bas Quercy.

Sources iconographiques

p. 1 : Roudinalexandre/DIAF
p. 4 : PHOTO JOSSE/Musée St-Germain-en-Laye
p. 4 : Ch. Braud/DIAF
p. 5 : G. Biollay/DIAF
p. 5 : D. Lérault/DIAF
p. 14-15 : Ch. Braud/DIAF
p. 15 : Ch. Braud/DIAF
p. 16 : G. Gsell/DIAF
p. 19 : A. Thuillier/MICHELIN
p. 21 : A. Thuillier/MICHELIN
p. 23 : B. Kaufmann/MICHELIN
p. 24 : B. Kaufmann/MICHELIN
p. 28 : B. Kaufmann/MICHELIN
p. 30 : J.-D. Sudres/DIAF
p. 32 : A. Thuillier/MICHELIN
p. 33 : A. Thuillier/MICHELIN
p. 34 : A. Thuillier/MICHELIN
p. 35 : A. Thuillier/MICHELIN
p. 38 : P. Somelet/DIAF
p. 39 : D. Lérault/DIAF
p. 40 : A. Thuillier/MICHELIN
p. 41 : A. Thuillier/MICHELIN
p. 42 : Collection CHRISTOPHE L.
p. 45 : J.-P. Garcin/DIAF
p. 47 : Tienda Brothers
p. 48-49 : J.-D. Sudres/DIAF
p. 49 : J.-D. Sudres/DIAF
p. 50-51 : J.-D. Sudres/DIAF
p. 50 : G. Guittot/DIAF
p. 51 : J. Sierpinski/DIAF
p. 51 : P. Somelet/DIAF
p. 52-53 : J.-D. Sudres/DIAF
p. 52 : J. Sierpinski/DIAF
p. 53 : P. Somelet/DIAF
p. 54-55 : J.-D. Sudres/DIAF
p. 54 : G. Guittot/DIAF
p. 54 : G. Simeone/DIAF
p. 55 : J.-Ch. Gérard/DIAF
p. 56 : Collection Musée basque, Bayonne
p. 57 : D. Faure/DIAF
p. 57 : Collection Musée basque, Bayonne
p. 58-59 : E. Baret
p. 58 : B. Kaufmann/MICHELIN
p. 59 : J.-P. Garcin/DIAF
p. 59 : H. Liard/MICHELIN
p. 60-61 : B. Kaufmann/TOP
p. 60 : G. Guittot/DIAF
p. 61 : R. Corbel/MICHELIN
p. 61 : R. Corbel/MICHELIN
p. 62-63 : A. Thuillier/MICHELIN
p. 63 : E. Sipp/JACANA
p. 63 : J. Daffis/JACANA
p. 64-65 : J.-P. Garcin/DIAF
p. 64 : B. Kaufmann/TOP
p. 65 : Pratt-Pries/DIAF
p. 65 : A. Thuillier/MICHELIN
p. 66-67 : M. Guillard/SCOPE
p. 66 : A. Thuillier/MICHELIN
p. 66 : A. Thuillier/MICHELIN
p. 67 : A. Thuillier/MICHELIN
p. 67 : G. Sioen/TOP
p. 68-69 : G. Biollay/DIAF
p. 68 : D. Repérant/TOP
p. 69 : Maximilian Stock Ltd/DIAF
p. 69 : A. Thuillier/MICHELIN
p. 70-71 : A. Thuillier/MICHELIN
p. 70 : H. Aimard/TOP
p. 71 : B. Kaufmann/MICHELIN
p. 71 : M. Schilder/TOP
p. 74-75 : PHOTO JOSSE/Paris, BN
p. 75 : PHOTO JOSSE/Versailles, musée du Château
p. 76-77 : PHOTO JOSSE/Paris, musée de Cluny
p. 77 : F. Le Diascorn/RAPHO

p. 78 : R. Corbel/MICHELIN
p. 79 : R. Corbel/MICHELIN
p. 80 : R. Corbel/MICHELIN
p. 81 : R. Corbel/MICHELIN
p. 82 : R. Corbel/MICHELIN
p. 83 : R. Corbel/MICHELIN
p. 84-85 : J.-D. Sudres/DIAF
p. 84 : E. Baret
p. 84 : A. Thuillier/MICHELIN
p. 86-87 : Ch. Braud/DIAF
p. 86 : A. Thuillier/MICHELIN
p. 87 : F. Ducasse/RAPHO
p. 87 : A. Thuillier/MICHELIN
p. 88-89 : FOLLET VISUEL
p. 89 : FOLLET VISUEL
p. 90 : A. Thuillier/MICHELIN
p. 93 : A. Thuillier/MICHELIN
p. 94 : A. Thuillier/MICHELIN
p. 95 : A. Thuillier/MICHELIN
p. 96 : D. Repérant/TOP
p. 97 : E. Baret
p. 97 : G. Gsell/DIAF
p. 99 : A. Thuillier/MICHELIN
p. 100 : J.-D. Sudres/DIAF
p. 102 : D. Le Lann/ZAPA
p. 103 : A. Thuillier/MICHELIN
p. 107 : DR
p. 108 : A. Thuillier/MICHELIN
p. 109 : A. Thuillier/MICHELIN
p. 110 : Ph. Saillans/ZAPA
p. 111 : A. Thuillier/MICHELIN
p. 112 : J.-D. Sudres/DIAF
p. 114 : D. Lérault/DIAF
p. 115 : A. Thuillier/MICHELIN
p. 116 : B. Kaufmann/MICHELIN
p. 118 : R.-G. Ojeda/RMN
p. 120 : R. Zeboulon/ZAPA
p. 123 : A. Thuillier/MICHELIN
p. 124 : D. Lérault/DIAF
p. 126 : A. Thuillier/MICHELIN
p. 127 : A. Thuillier/MICHELIN
p. 129 : A. Thuillier/MICHELIN
p. 130 : E. Baret/MICHELIN
p. 131 : B. Kaufmann/MICHELIN
p. 132 : C. Medale/ZAPA
p. 133 : E. Baret
p. 135 : A. Thuillier/MICHELIN
p. 136 : A. Thuillier/MICHELIN
p. 138 : A. Thuillier/MICHELIN
p. 140 : B. Kaufmann/MICHELIN
p. 142 : J. Damase/MICHELIN
p. 145 : P. Roy/ZAPA
p. 146 : D. Le Lann/ZAPA
p. 147 : F. Ducasse/ZAPA
p. 147 : PHOTO JOSSE/Paris, BNF
p. 148 : A. Thuillier/MICHELIN
p. 149 : A. Thuillier/MICHELIN
p. 156 : A. Thuillier/MICHELIN
p. 157 : A. Thuillier/MICHELIN
p. 158 : A. Thuillier/MICHELIN
p. 160 : PHOTO JOSSE/Musée des Beaux-Arts, Bordeaux
p. 163 : E. Baret
p. 165 : A. Thuillier/MICHELIN
p. 167 : D. Le Lann/ZAPA
p. 170 : E. Baret
p. 171 : G. Gsell/DIAF
p. 174 : D. Guittot/DIAF
p. 176 : A. Thuillier/MICHELIN
p. 176 : A. Roudin/DIAF
p. 178 : Ph. Saillans/ZAPA
p. 179 : Colette/IMAGES TOULOUSE
p. 180 : A. Thuillier/MICHELIN
p. 185 : Château de Cazeneuve
p. 186 : J.-D. Sudres/DIAF
p. 188 : G. Guittot/DIAF
p. 190 : A. Thuillier/MICHELIN

p. 191 : J.-L. Charmet/Paris, collection des Missions Lazaristes
p. 191 : J. Foley/OPALE
p. 192 : A. Thuillier/MICHELIN
p. 193 : B. Kaufmann/MICHELIN
p. 193 : D. Lérault/DIAF
p. 194 : A. Thuillier/MICHELIN
p. 195 : A. Thuillier/MICHELIN
p. 196 : A. Thuillier/MICHELIN
p. 197 : B. Kaufmann/MICHELIN
p. 199 : A. Thuillier/MICHELIN
p. 201 : A. Thuillier/MICHELIN
p. 201 : A. Thuillier/MICHELIN
p. 202 : B. Kaufmann/MICHELIN
p. 203 : A. Thuillier/MICHELIN
p. 206 : Parc naturel régional des Landes de Gascogne
p. 206 : Pratt-Pries/DIAF
p. 209 : A. Thuillier/MICHELIN
p. 210 : A. Thuillier/MICHELIN
p. 212 : S. Bois-Prévost/Musée des Beaux-Arts et d'Archéologie de Libourne/© Adagp, Paris 2000
p. 212 : A. Thuillier/MICHELIN
p. 213 : A. Thuillier/MICHELIN
p. 215 : J.-P. Garcin/DIAF
p. 215 : B. Kaufmann/MICHELIN
p. 218 : B. Kaufmann/MICHELIN
p. 219 : A. Le Bot/DIAF
p. 219 : J. Thomas/ZAPA
p. 221 : A. Thuillier/MICHELIN
p. 223 : A. Thuillier/MICHELIN
p. 227 : A. Thuillier/MICHELIN
p. 227 : A. Thuillier/MICHELIN
p. 230 : B. Kaufmann/MICHELIN
p. 231 : A. Thuillier/MICHELIN
p. 232 : A. Thuillier/MICHELIN
p. 233 : Parc national des Pyrénées
p. 234 : A. Thuillier/MICHELIN
p. 236 : A. Thuillier/MICHELIN
p. 237 : E. Follet/FOLLET VISUEL
p. 240 : A. Thuillier/MICHELIN
p. 242 : B. Kaufmann/MICHELIN
p. 243 : A. Thuillier/MICHELIN
p. 245 : E. Follet/FOLLET VISUEL
p. 246 : A. Thuillier/MICHELIN
p. 247 : A. Thuillier/MICHELIN
p. 247 : A. Thuillier/MICHELIN
p. 249 : Musée de l'Automobile et de la Roue, La Réole
p. 250 : Château de Roquetaillade
p. 251 : D. Le Lann/ZAPA
p. 252 : P. Somelet/DIAF
p. 254 : F. Ducasse/ZAPA
p. 255 : P. Somelet/DIAF
p. 257 : A. Thuillier/MICHELIN
p. 259 : B. Kaufmann/MICHELIN
p. 262 : B. Kaufmann/MICHELIN
p. 263 : B. Kaufmann/MICHELIN
p. 263 : D. Lérault/DIAF
p. 264 : B. Kaufmann/MICHELIN
p. 266 : E. Follet/FOLLET VISUEL
p. 268 : A. Thuillier/MICHELIN
p. 269 : B. Kaufmann/MICHELIN
p. 270 : P. Somelet/DIAF
p. 272 : A. Thuillier/MICHELIN
p. 273 : A. Thuillier/MICHELIN
p. 274 : A. Thuillier/MICHELIN
p. 276 : A. Thuillier/MICHELIN
p. 276 : Ph. Roy/ZAPA
p. 278 : A. Thuillier/MICHELIN
p. 280 : R. Zeboulon/ZAPA
p. 282 : A. Thuillier/MICHELIN
p. 283 : KEYSTONE
p. 283 : G. Biollay/DIAF
p. 287 : J.-D. Sudres/DIAF
p. 288 : J. Ducange/TOP

Index

Bayonne . . . . Villes, curiosités et régions touristiques.
Aliénor d'Aquitaine . . . . Noms historiques et termes faisant l'objet d'une explication.
Les curiosités isolées (châteaux, abbayes, grottes...) sont répertoriées à leur propre nom.

Par dizaines de millions, vous partez chaque année à la découverte de l'immense richesse du patrimoine bâti et naturel de la France. Vous visitez ces palais nationaux et ces sites classés que l'État protège et entretient. Mais vous admirez également ce patrimoine de proximité, ce trésor constitué de centaines de milliers de chapelles, fontaines, pigeonniers, moulins, granges, lavoirs ou ateliers anciens…, indissociables de nos paysages et qui font le charme de nos villages.

Ce patrimoine n'est pas protégé par l'État. Souvent abandonné, il se dégrade inexorablement. Chaque année, des milliers de témoignages de la vie économique, sociale et culturelle du monde rural, disparaissent à jamais.

La Fondation du Patrimoine, organisme privé à but non lucratif, reconnu d'utilité publique, a été créé en 1996. Sa mission est de recenser les édifices et les sites menacés, de participer à leur sauvegarde et de rassembler toutes les énergies en vue de leur restauration, leur mise en valeur et leur réintégration dans la vie quotidienne.

Les délégations régionales et départementales sont la clef de voûte de l'action de la Fondation sur le terrain. À partir des grands axes définis au niveau national, elles déterminent leur propre politique d'action, retiennent les projets et mobilisent les associations, les entreprises, les communes et tous les partenaires potentiels soucieux de patrimoine et d'environnement.

Rejoignez la Fondation du Patrimoine !

L'enthousiasme et la volonté d'entreprendre en commun sont à la base de l'action de la Fondation.

En devenant membre ou sympathisant de la Fondation, vous défendez l'avenir de votre patrimoine.

✂ ....

Bulletin d'adhésion

Nom et prénom :
....

....

Adresse :

Date :   Téléphone (facultatif) :

Membre actif (don supérieur ou égal à 300F)
Membre bienfaiteur (don supérieur ou égal à 3 000F)
Sympathisant (don inférieur à 300F)
Je souhaite que mon don soit affecté au département suivant :

....

Bulletin à renvoyer à :
Fondation du Patrimoine, Palais de Chaillot, 1 place du Trocadéro, 75116 Paris.
Merci de libeller votre chèque à l'ordre de la Fondation du Patrimoine.

Fondation du Patrimoine, Palais de Chaillot, 1 place du Trocadéro, 75116 Paris.
Téléphone : 01 53 70 05 70 – Télécopie : 01 53 70 69 79.

294

LE GUIDE VERT a changé, aidez-nous à toujours mieux répondre à vos attentes en complétant ce questionnaire.

Merci de renvoyer ce questionnaire à l'adresse suivante :
Michelin Éditions des Voyages / Questionnaire Marketing G. V.
46, avenue de Breteuil — 75324 Paris Cedex 07

---

1. Est-ce la première fois que vous achetez LE GUIDE VERT ? oui   non
Si oui, passez à la question n° 3. Si non, répondez à la question n° 2.

---

2. Si vous connaissiez déjà LE GUIDE VERT, quelle est votre appréciation sur les changements apportés ?

	Nettement moins bien	Moins bien	Égal	Mieux	Beaucoup mieux
La couverture					
Les cartes du début du guide					
Les plus beaux sites					
Circuits de découverte					
Lieux de séjour					
La lisibilité des plans					
Villes, sites, monuments.					
Les adresses					
La clarté de la mise en pages					
Le style rédactionnel					
Les photos					
La rubrique Informations pratiques en début de guide					

---

3. Pensez-vous que LE GUIDE VERT propose un nombre suffisant d'adresses ?

HÔTELS :	Pas assez	Suffisamment	Trop
Toutes gammes confondues			
À bon compte			
Valeur sûre			
Une petite folie			

RESTAURANTS :	Pas assez	Suffisamment	Trop
Toutes gammes confondues			
À bon compte			
Valeur sûre			
Une petite folie			

---

4. Dans LE GUIDE VERT, le classement des villes et des sites par ordre alphabétique est, d'après vous, une solution :

Très mauvaise	Mauvaise	Moyenne	Bonne	Très bonne

5. Que recherchez-vous prioritairement dans un guide de voyage ?
Classez les critères suivants par ordre d'importance (de 1 à 12).

6. Sur ces mêmes critères, pouvez-vous attribuer une note
entre 1 et 10 à votre guide.

	5. Par ordre d'importance	6. Note entre 1 et 10
Les plans de ville		
Les cartes de régions ou de pays		
Les conseils d'itinéraire		
La description des villes et des sites		
La notation par étoile des sites		
Les informations historiques et culturelles		
Les anecdotes sur les sites		
Le format du guide		
Les adresses d'hôtels et de restaurants		
Les adresses de magasins, de bars, de discothèques...		
Les photos, les illustrations		
Autre (spécifier)		

7. La date de parution du guide
est-elle importante pour vous ? oui   non

8. Notez sur 20 votre guide :

9. Vos souhaits, vos suggestions d'amélioration :

Vous êtes :   Homme   Femme   Âge

Agriculteur exploitant	Employé
Artisan, commerçant, chef d'entreprise	Ouvrier
Cadre et profession libérale	Préretraité
Enseignant	Autre personne sans activité professionnelle
Profession intermédiaire	

Nom et prénom :

Adresse :

Titre acheté :